재개정증보

훈민정음,
소리를 그리다

재개정증보

훈민정음,
소리를 그리다

2018년 초판인쇄
2020년 개정증보판 발행

인쇄 2024년 7월 1일
발행 2024년 7월 10일

지은이 박장원
발행인 서정환
펴낸곳 신아출판사
주소 전북특별자치도 전주시 완산구 공북 1길 16(태평동 251-30)
전화 (063) 275-4000 · 0484 · 6374
팩스 (063) 274-3131
이메일 shina2347@naver.com   sina321@hanmail.net
출판등록 제465-1984-000004호
인쇄 · 제본 신아출판사

저작권자 ⓒ 2024, 박장원
이 책의 저작권은 저자에게 있습니다. 서면에 의한 저자의 허락없이 내용의 일부를
인용하거나 발췌하는 것을 금합니다.
COPYRIGHT ⓒ 2024, by Park Jangwoon
All rights reserved including the rights of reproduction in whole or in part in any form.
저자와 협의, 인지는 생략합니다.
잘못된 책은 바꿔 드립니다.

ISBN 979-11-93654-99-6   93700
값 33,000원

Printed in KOREA

훈민정음,
소리를 그리다

박 장 원

북극전北極殿에
아버지
어머니에게

세종대왕世宗大王

인사말
- 재개정증보판을 내면서 -

2015년 5월 어느 날.

수필가 정진권鄭震權·강호형姜浩馨 선생님과 이수전철역 뒷골목 어느 식당에서 점심을 하다가, 우연히 훈민정음訓民正音 이야기가 나왔다.

잘 알지도 못하였지만, 정음28자에서 초성3자 〔△〕·〔ㆆ〕·〔ㆁ〕와 중성자 〔·〕를 정당한 근거도 없이 도태시킨 것은 잘못된 일이라고 나는 말하였다. 그러자 명예교수이며 국문학자였던 정진권 선생님이 '뺄 이유가 있었으니, 뺀 것이다'라는 단호한 논조로 반박하셨다.

분위기는 팽팽해지면서, 논쟁은 계속되었다.

이때, 강호형 선생님이 절묘한 중재에 나섰다.

"그러면, 박선생이 글을 쓰셔."

그러한 계기로, 나는 《훈민정음》을 공부하였다.

3년 후인 2018년 《훈민정음, 소리를 그리다》를 출간하였다.

어려운 작업의 연속이었지만, 뿌듯한 도전이었다.

많은 사람들과 대화하였다.

《훈민정음》의 바른 모습을 공유하려 학자·정치인·언론인 등과 만났지만, 현실의 커다란 벽이라 할까 반응은 냉정하다 못해 싸늘하기까지 하였다.

그러나 위대한 조선朝鮮의 바른 역사와 엄정한 지혜는 분명 태양처럼 드러날 것이다. 우리나라의 자부심을 《훈민정음》에서 나는 확실하게 느꼈기 때문이다.

세계 최초 음운론서音韻論書 《훈민정음訓民正音》과 《동국정운東國正韻》. 그 밑바닥을 드러내지 않는 한국韓國 역사와 철학과 문학의 보물 창고가 그것이다. 《훈민정음》과 《동국정운》을 읽지 않고서 누구도 위대한 조선을 말하지 못한다. 때문에 우리를 바로 알기 위해 나는 《훈민정음》과 《동국정운》을 본다. 《훈민정음, 소리를 그리다》를 엮으면서 행복하였다.

다만 《훈민정음》이 제대로 보존되지 못하였고, 세종世宗 본래 뜻대로 전해지지 않는 지금의 사정이 안타깝다.

"역사는 모두 거짓말이다."

어느 비평가 말이다.
역설처럼 들리는 이 이야기에 공감하면서 《훈민정음》을 살피고 또 살폈다.
아직도 훈민정음을 나는 잘 모른다.

전주全州 신아출판사新亞出版社 서정환徐廷煥 선생님 격려로 출간하면서 다시 읽고 고치고 다시 읽고 더하였다. 그런데 어떤 부분은 독창적이라 할 수도 있겠지만, 어떤 부분은 부족하였다. 다만 중심 줄거리에서 나름대로 확신도 있으니, 시작하는 마음으로 다시 고치고 더하였다.
세종대왕의 《훈민정음》을 속속 알지 못한 채 의욕만 앞섰다.

때문에 해석에서 오류와 정음28자 이해에서 미숙함이 많았음을 부끄러운 마음으로 삼가 정중히 밝힌다. 특히《훈민정음해례訓民正音解例》에서도 〈제자해制字解〉 그 가운데서도 초성자初聲字와 중성자中聲字에 대한 정확한 의의와 범주를 명징하게 파악할 수 없었다.

한계였다.

그리고 한껏 빛나야 할 위대한 음운론서인《동국정운》은 아직도 어둠 속에서 길을 잃고 헤매는 것을 눈으로 보고 있어야만 하는 실정이다.

2020년 개정증보를 거쳐 세 번째 재개정증보《훈민정음, 소리를 그리다》이다.

바른 소리를 과학적으로 분석한 바른 음을 그려낸 핵심을 드러내지 못하고서, 어설픈 겉모습만 찾은 것은 아닌지도 모른다.

계속 공부하고 싶다.

세종의 바른 소리를 그려낸《훈민정음》을 바로 세우기 위해서, 보고 듣기를 언제나 할 것이다.

2024년

박 장 원

시작하면서

우리는 훈민정음을 안다고 한다.

그러나 세종의 《훈민정음》 28자는 어둠 속에서 숨은 무늬처럼 제 모습을 드러내지 못하고 있다.

1940년 7월 30일.

《조선일보朝鮮日報》는 무려 500년 동안 종적이 묘연하였던 《훈민정음》 전모를 밝히는 기사를 실었다. 〈원본 훈민정음의 발견〉이라는 제목으로 5회에 걸쳐 연재하였다. 서울대학교 문리과대학 방종현方鍾鉉이 글을 썼는데, 조선일보 학예부장 홍기문洪起文과 함께 번역하였음을 밝히고, 언해諺解의 교감校勘은 양인兩人의 합작이라 하였다.

아무튼 국문학사에 있어 귀한 성과이다.

그러나 불행하게도 그들 번역은 불완전하다.

방종현과 홍기문 《훈민정음》 이해와 해석에 있어 문제가 있는 것은, 우선 그들이 《동국정운》 본래 모습을 몰랐기 때문이다. 만약 《동국정운》과 《훈민정음》을 교차적으로 연결하여 논리적인 분석과 합리적인 결론이 도출되었다면, 그들의 《훈민정음》 이해에 대한 줄거리는 분명 달라졌을 것이다. 홍기문과 방종현의 세심한 탐구를 부정할 수는 없지만, 이들의 해석이 못내 아쉽다.

《훈민정음》은 처음 모습이 망가졌다.

소위 집현전集賢殿 학자들 반대와 연산군燕山君 언문필화사건諺文筆禍事件을 거치면서 제 모습을 유지하기란 어려웠을 것이다. 그리고 급기야 불행하였던 일제강점기에는 가까스로 명맥을 이어오던 《훈민정음》 28자 체계는 시나브로 무너졌다. 게다가 방종현《정음발달사正音發達史》와 홍기문《훈민정음통사訓民正音通史》에서의 불충분한 해석 그리고 그 논리를 수정도 없이 따르는 사람까지, 아직도 어두운 질곡에서 벗어나지 못하고 있다.

바른 소리를 구현한 《훈민정음》 28자를 제작하고서, 세종은 대동大東 중심인 본국本國 위대한 조선이 오랜 세월의 어둠을 사라지게 하였다는 노래로 축하하였다. 위대한 조선에서 훈민정음을 반포하였으니, 바른 소리를 갖춘 빛나는 《훈민정음》 언문28자가 오래도록 쓰여 지기를 간곡히 축원하였다.

그러나 지금 《훈민정음》 28자는 원래 골격을 갖추지 못하였다.

세종은 분명 [훈민정흠]이라 하였는데, 정작 우리는 그렇게 부르지 못한다.

[정흠]을 [정음]이라 하여, 이상한 뜻으로 추락시킨 셈이다.

세종은 [흠]을 '㖃(소리 흠)'이라 하였는데, 우리는 [음]으로 읽는다. 《동국정운》에서는 [음]의 음가音價를 '吟(울음 음)'이나 '淫(음란할 음)'으로 정하였으니, 《훈민정흠》은 도리 없이 왜곡된 것이다.

미국의 제럴드 다이아몬드(J. Diamond)는 이런 이야기를 한다.

"세종이 만든 28자는 세계에서 가장 훌륭한 알파벳이자, 세계에서 가장 과학적인 표기법 체계이다."

외국 생물학자인 그가 《훈민정음》을 이렇게 평가한다는 것은 일견 놀라운 일이다.

그러나 그가 《훈민정음》을 속속들이 제대로 이해하고 있는지는 의문이다. 그 이유는 《훈민정음》을 평가하려면 문자文字인 소위 한자漢字와 우리나라 토박이말인 사투리 리어俚語를 숙지하여야 하는데, 이러한 문화적 자산도 없이 《훈민정음해례》 행간을 섬세하고 정확하게 읽어낼 수 있는지는 잘 모르겠다.

1997년 유네스코는 《훈민정음》을 세계기록문화유산으로 등재하였다.

다행스러운 일이라 하지만, 불합리하다. 최고 성음학 이론서《훈민정음》을 고작 기록으로 본 것은, 단연코 평가절하 된 결정이다.

일제강점기 마지막 총독인 아베 노부유끼(阿部信行)는 이런 말을 하였다.

"우리는 패했지만, 조선은 승리한 것이 아니다.

내 장담하건대, 조선국민이 제 정신을 차려 찬란하고 위대했던 옛 조선인 고조선 영광을 되찾으려면, 100년이라는 세월이 훨씬 더 걸릴 것이다.

우리 일본은 조선국민에게 총과 대포보다 무서운 식민교육을 심어 놓았기 때문이다.

결국 조선국민은 서로 이간질하며, 노예적인 삶을 살 것이다."

그의 망언은 도를 넘었다.

그런데 제정신을 가진 그가 그런 가당찮은 말을 하는 이유가 무엇인지 냉정하게 살펴야 한다. 그들은 찬란하였던 위대한 조선을 강점하고, 문화재를 약탈하고 악랄한 만행을 저질렀지만, 더 무섭고 교활한 것은 문화적인 와해를 조직적으로 자행하였다는 것이다. 일본인 아베 그는 옛날 고조선古朝鮮의 위대하였던 영광을 잘 알고 있었던 인물인 것 같다. 안타깝게도 정작 우리는 그것을 모르고 있다.

일본인은 '보통학교용 언문철자법'이라 하여 1912년 《훈민정음》〔•〕를 없애버렸다. 《훈민정음》 핵심이 사라진 것이다. 다른 말로 하면, 천지인天地人 3재三才는 '바른 소리(正音)' 언문28자를 만드는 근본인데, 그 하늘과 땅과 사람에서 하늘을 없애버린 것이다.

사람들은 이 〔•〕을 '아래 아'로 읽는다.

1527년 중종中宗22년, 최세진崔世珍은 《훈몽자회訓蒙字會》에서 뜬금없이 〔ㅏ〕를 〔阿〕로, 〔•〕를 〔兒〕로 읽었기에, 그 여파가 아닌가 여겨진다. 그러나 최세진의 그러한 논리적인 근거도 없는 시도는 세종의 훈민정음해례 원칙과 정신에 일치하지 않는다.

"•. 如呑字中聲
• '튼呑'자 가운데소리 같다"

세종은 〈예의例義〉에서 〔•〕를 '呑탄 가운데소리와 같다'고만 하였다. 《훈민정음》〈중성해〉〈결訣〉에서 중성을 이렇게 정의한다.

"母字之音各有中　어미글자 소리마다 중성이 있으니
須就中聲尋闢闔　반드시 중성에서 열림과 닫힘을 찾아야 한다"

어미소리인 초성은 중성에서 소리를 결정지으니, 하늘과 같은 중요한 음소音素라 하였다. 〔아〕로 발음할 수 있지만, 〔ㅏ〕와 〔•〕의 음가는 분명 다르다는 것을 강조하였다. 최세진의 무모한 논리 배경을 분명 다시 검토하고 확인하여야 할 것이다.

세종대왕(1397-1450)은 《훈민정음》 28자를 창제하면서, 주원장朱元璋의 명明나라에서 사용하고 있는 바르지 못한 변음變音에 의한 정확하지 않은 문자인 소위 한자로 얼룩진 《홍무정운洪武正韻》을 꼼꼼히 살폈다. 그리고 그 불합리한 '음운音韻(Phoneme)'의 병폐를 고치기 위하여 '바른 음(正音)'에 근거한 《훈민정음》 28자의 음가를 기준으로 《사성통고범례四聲通攷範例》를 편찬하였다. 그리고 이 범례는 《동국정운》을 간행하는 주춧돌이 되었다. 바로 위대한 조선에서 소리를 바로 잡은 정음正音의 일환이다. 이런 음운서 존재를 문자인 소위 한자를 사용하는 동방東邦 사람들에게 널리 전하겠다는 것이다.

《훈민정음》은 오로지 위대한 조선에서만 사용하는 바른 소리가 아니라, 바르지 못한 변음變音인 한음漢音을 사용하는 대동大東의 백성들을 위한 것이니, 훈민정음이라 이름하였던 것이다.

위대한 조선朝鮮 정음正音의 반대는 한음漢音인 변음變音이다.

그래서 '어리석은 백성(愚民)'을 불쌍하고 가엾게 여겨 정음인 바른 소리로 문자의 잘못된 음가를 고치겠다는 선언이다. 부연하면 훈민訓民의 '민民'은 위대한 조선의 백성도 포함되지만, 바르지 못한 한음으로 문자인 소위 한자를 사용하는 대동의 모든 사람에게 적용되는 말이다.

세종과 정인지鄭麟趾 그리고 신숙주申叔舟는 소위 한자라는 말을 한 번도 사용하지 않았다.

세종대왕은 한자漢字라 하지 않았고, 반드시 문자文字라 하였다.

위대한 조선에서 암묵적인 약속이며 자부심인 것이다.

그리고 명나라 사람들 저들이 사용하는 변형變形된 소리를 분명 제 스스로 한음이라 하였다. 그러나 세종이나 신숙주는 명나라 사람들이 자기 방식대로 멋대로 발음하는 한음을 바로 정음正音이 아닌 변음變音이라 분명 못을 박는다.

그리고 부처일대기를 적은 《석보상절釋譜詳節》에 근거하여, 석가모니 일대기를 운문韻文 형식으로 노래한 《월인천강지곡月印千江之曲》 편찬을 정성으로 추진하였다. 이 불교에 관한 이야기를 정음28자의 음가로 알기쉽게 설명한 불경언해佛經諺解는 나라의 평안과 유명을 달리한 조상과 가족의 극락왕생을 기원한 뜻도 담았지만, 그 본래 뜻은 당시 불교를 숭상하는 모든 국가로 전파하려고 시도하였던 것이라 여겨진다. 바른 음을 널리 구현하기 위해 정음28자로 음가를 정하여 언해하였으니, 이는 곧 바른 음에 의한 또 다른 문자통일이라는 원대한 희망이며 간절한 소원이었다.

《훈민정음》28자는 '나라 안 중국中國'인 대동大東에서 표준문자음이다.

이것을 뒷받침하는 내용은 신숙주 〈사성통고범례서四聲通攷範例序〉와 〈동국정운서東國正韻序〉 그리고 〈홍무정운역훈서洪武正韻譯訓序〉 행간에 뚜렷이 살아있다. 통일된 표준음에 근거한 말을 쓰면 문자인 소위 한자를 사용하는 다른 나라 사람도 결국에는 바른 음에 의한 같은 언어를 사용하게 된다는 위대한 조선을 이끄는 세종의 긍지이었다.

《훈민정음》28자 제작과정에서 범어梵語와 한음漢音과 언어諺語에 정통하였던, 혜각존자慧覺尊子 신미대사信眉大師가 주도적 역할을 하였다는 내용이 일부 학자들에 의해 제기되고 있다. 성리학을 추종하던 유학자들은 승려인 그를 달가워하지 않았기 때문에, 그에 대한 기록과 자료가 지금까지 온전하게 보존되었다고 볼 수 없다. 《훈민정음》28자로 언해된 불경이 글자를 쓰는 나라에 퍼져 정음인 바른 음을 사용하게 될 것이라는 믿음이 확실히 있었을 것이다.

《훈민정음》은 실패하였다.

불분명하지만, 우선 위대한 조선왕조 힘과 배경에 있어 명나라와 마찰이 분명히 있었을 것이고, 억불숭유에 근거한 성리학을 추종하였던 집현전학자의 끈질긴 반대가 있었다. 그리고 《훈민정음》28자 창제에 참여하였던 신미

신분이 바로 승려였다는 것이다. 무슨 이유인지 세종은 신미를 전면에 내세우지 않았다.

다시 말해서 그는 비밀스러운 인물이었다.

만약 승려인 신미가 주축이 되지 않고, 소위 집현전 유학자들이 주도하였다면 어떻게 되었을까. 유가儒家를 숭상한 그들은 범어梵語에 해박하지 못하기 때문에 불가능하였을 것이다. 《조선왕조실록朝鮮王朝實錄》에는 유학자들을 필두로 정인지와 신숙주조차도 신미에 대한 공격을 지속적으로 하였던 기록이 있다. 세종이 생존해 있을 때에도 곱지 않은 시선을 보내던 집현전학자들은, 세종이 죽자마자 기다렸다는 듯이 거세게 반발하였다. 곧 세종의 뜻을 정면으로 어긴 것이다. 하위지河緯地와 박팽년朴彭年과 사간원司諫院 상소가 줄을 이었고, 특히 신숙주도 신미를 간승奸僧이라 하면서 신랄하게 몰아부쳤다. 그는 박팽년 말을 빌려 신미를 간교한 중이라 하였고, 불교경전은 유교《춘추春秋》에도 못 미치는 해악이라 하였으니, 억불숭유의 이념에서 한 치도 벗어나지 못하였던 것이다.

나약한 문종文宗은 이런 반대를 감당하지 못하였다. 그리고 정인지나 신숙주는 막대한 경비가 소요되는 잦은 불경간행에 대해 강한 반감을 가지고 있었고, 마침내 정인지는 《월인석보月印釋譜》 편찬을 두고 사돈관계인 세조世祖와 정면으로 충돌하는 장면이 《조선왕조실록朝鮮王朝實錄》에 고스란히 노정되었다.

세종과 정인지 그리고 신숙주.

《훈민정음》과 《동국정운》의 편찬에 있어, 이 세 사람 역할은 표면상으로는 절대적이었다. 그런데 세종이 죽자, 그를 따르던 정인지와 신숙주마저도 본격적으로 세종이 간절하게 추구하였던 국가적인 사업에 반대하였다는 것이 엄연한 역사적 사실이며 기록이다.

무엇을 의미하는가.

혹여, 세종은 정인지나 신숙주도 모르게 이러한 사업을 비밀리에 진행하지는 않았는가 하는 의문이 든다. 세종과 왕족만이 아는 비밀스러운 집단이 있어, 그들이 뒤에서 정인지나 신숙주를 조정하였을 것이라는 추측에 무게감이 실린다. 아무튼 신미에 대한 가혹한 인신공격은 갈수록 거침이 없었다.

세종이 주도하였던 《사성통고범례四聲通攷範例》·《훈민정음訓民正音》·《동국정운東國正韻》·《홍무정운역훈洪武正韻譯訓》 그리고 언해한 불경 등에 대한 자료들이 대부분 사라졌다. 이 소중한 서적을 간행할 때, 사용되었던 그 많던 목활자나 금속활자도 약속이나 한 듯이 모습을 드러내지 않고 있다. 이런 일련 과정에서 어떤 역사적 사건이 있었는지는 기록이 존재하지 않아 정확한 사정을 알 수 없다. 다만 미루어 짐작할 수 있는 것은, 어떤 주도적인 어두운 집단에 의해 조직적으로 일거에 신속하게 폐기되었을 것이라는 추정만이 가능할 뿐이다.

세종의 훈민정음은 찬란한 빛을 발하지 못하고 단명하였다.

1481년 성종成宗12년 《두시언해杜詩諺解》와 1489년 성종20년 《구급간역방救急簡易方》에서는 훈민정음 표기법이 온전하지 못하였고, 1496년 연산군2년에 간행된 《육조대사법보단경六祖大師法寶壇經》 언해본에서는 변음인 명나라 한음으로 환원되었다는 학술적인 평가가 있으니, 《훈민정음》과 《동국정운》은 반포된 지 50년 만에 동력을 잃고 추락한 셈이다.

후세 학자들의 《훈민정음》에 대한 안이한 역사 인식과 무성의한 접근 태도로 《훈민정음》 28자는 어둠 속에 내팽개쳐졌다. 부끄럽게도 《훈민정음》에 대한 정확하고 합리적인 해석이 아직도 우리에게는 없다. 《훈민정음》의 올바른 보존과 발전은 무엇보다도 세종이 의도하였던 정확한 해석에서 출발하여야 한다. 특히 《훈민정음해례》에서 축자식逐字式으로 감추어진 뜻을 확실히 밝혀내지 못하면 난해한 암호 풀이처럼 엉뚱한 흐름으로 변형될 수 있다.

우여곡절 끝에 세상에 모습을 드러낸 국보70호인 전형필全鎣弼의 소위 간송본澗松本은 훼손된 채로 진면목을 갖추고 있지 못하였으니, 반드시 또 다른 완전한 원본을 찾아야 한다.

세종은 1446년 훈민정음을 발간하고서, 끝내 다시 인쇄하지 못하였다. 비운의 훈민정음은 초간본初刊本인 동시에 종간본終刊本이 된 셈이다. 간송 전형필이 거금으로 구입하였던 그 훈민정음 소재지가 경상북도 안동安東이었으니, 안동본安東本이라 부르는 것이 적당하다고 할 것이다.

어려운 작업이었다.

세종이 전하는 대로 완벽한 해석과 확실한 자리매김을 하였다고 절대로 말하지 못한다. 다만 본뜻에 가깝도록 보았을 뿐이다. 그리고 숨은 의미를 찾아서 지금까지 잘못된 것을 수정하였다. 그리고 그 끊임없는 퇴고 과정이 길면 길수록 좋다고 생각한다. 그렇게 하는 것이 《훈민정음》에 더욱 정확히 다가서는 길이기 때문이다.

최만리崔萬理의 〈상소上疏〉와 신숙주의 〈서序〉를 강조한 이유는, 세종이 이를 직접 거론하였거나 그것을 읽고서 자신 의견을 《훈민정음》에 반영시켰기 때문이다. 특히 최만리 〈상소〉의 잘못된 해석과 불합리한 평가는 《훈민정음》을 곡해하는데 결정타이다.

아픈 역사의 단면이며, 《훈민정음》의 슬픈 미래였다.

《훈민정음》을 열심히 읽었다.

신비롭기까지 한 세계 최초 음운학 정수를 제대로 읽어낼 수 없음을 밝힌다.

그리고 세종의 위대함과 치밀함에 한없는 경외심을 표한다.

부족한 지식과 좁은 시야로 인한 오류가 많다.

그러나 이러한 얼개를 바탕으로 수정하고 보완하면, 머지않아 《훈민정음》을 바로 이해하는데 실마리가 될 수 있다는 소박하고 간절한 바람이다.

훈민정음,
소리를 그리다

차례

인사말
재개정증보판을 내면서   9

시작하면서   12

1 음음과 운韻이 만나다
   1 음音과 운韻이 만나다   27

2 소리를 그리다
   2-1 《훈민정음訓民正音》과 《동국정운東國正韻》은 경전經典이다   31
      2-1-1 《훈민정음訓民正音》   34
      2-1-2 《동국정운東國正韻》   41
   2-2 《훈민정음訓民正音》을 알다   73
   2-3 세종世宗과 신미信眉   85
   2-4 〈어제御製〉에 대하여   97
   2-5 조선朝鮮 그리고 중국中國과 대동大東   123
   2-6 정음正音에 숨은 뜻   136
   2-7 초성初聲17자와 중성中聲11자 위용偉容   152
      2-7-1 초성17자初聲17字   162
      2-7-2 중성11자中聲11字   185
   2-8 초성해初聲解, 중성해中聲解, 종성해終聲解
                 그리고 합자해合字解에 대하여   217

2-9 〈정인지서鄭麟趾序〉에서 소리(聲)와 무늬(文)   225
2-10 소리를 그리다   243
2-11 청백리 최만리崔萬理와 언문28자   249
2-12 최만리崔萬理, 그 정당한 상소上疏   259
2-13 모화사상慕華思想에 대한 오류   280
2-14 《홍무정운洪武正韻》을 사용하는 어리석은 사람(愚民)들   285
2-15 《훈민정음訓民正音》에 대한 정확한 해석이 없다   291
2-16 《훈민정음訓民正音》 반포일頒布日은 언제인가   307
2-17 《훈민정음訓民正音》을 아악雅樂으로 지었는가   319

3 빛바랜 세계 최초 음운서音韻書

3-1 한글학자   327
3-2 빛바랜 세계 최초 음운서音韻書   339

부록附錄

《훈민정음訓民正音》 원문原文과 해석解釋   344
〈어제御製〉와 〈예의例義〉 영문
《훈민정음訓民正音》 한글학회 해성사 다듬본(1997)   446

1

음音과 운韻이 만나다

1 음音과 운韻이 만나다

訓民正音
훈민정음.

세계 최초 성음학聲音學 이론서.
소리를 그려 낸 세종의 《훈민정음訓民正音》.
위대한 조선은 1443년 세종25년 《훈민정음》 28자를 창제創制, 1446년 세종28년 《훈민정음》을 반포頒布하였다.
세종27년 《용비어천가龍飛御天歌》와 세종28년 《석보상절釋譜詳節》, 세종30년 《동국정운東國正韻》 세종31년 《월인천강지곡月印千江之曲》, 세조5년 《월인석보月印釋譜》 그리고 단종3년 《홍무정운역훈洪武正韻譯訓》이 간행되었다.

세종이 이름을 짓고 찬정撰定한 바른 소리에 근거한 《훈민정음》 28자를 기준하여 《동국정운》에서 문자의 정확한 음가를 정하였으니, 말의 쓰임과 문자의 음운音韻이 바르게 되었다. 음音과 운韻의 완벽한 조화이며 위대한 실현이다.
《훈민정음》 정음正音에서 '음音'과 《동국정운》 정운正韻에서 '운韻'이 만나 역사상 유례없는 음운론音韻論(Phonology)이 탄생되었다.

성음학聲音學·음운론音韻論 출발이다.

운치 있고 기품 있는 소리를 위대한 조선에서 마침내 구현해 낸 것이다.

훗날 소위 언문익명서 필화사건에 의한 연산군 폭정 때문이었는지 어쨌는지는 모르겠지만, 귀중한 서적들은 대부분 전해지지 않는다.

《세종실록世宗實錄》과 《월인석보月印釋譜》에 〈어제御製〉와 〈예의例義〉 그리고 〈정인지서鄭麟趾序〉만 실려 있었기에, 오랜 세월 《훈민정음》 28자 제자制字에 대한 참모습을 알지 못한 채 갖가지 추측만 있었다.

500년을 훌쩍 넘기고서야 그 얼굴을 드러냈다.

1940년 안동安東에서 《훈민정음訓民正音》, 1972년 강릉江陵에서 《동국정운東國正韻》이 마침내 빛을 보았다.

2

소리를 그리다

2-1 《훈민정음訓民正音》과 《동국정운東國正韻》은 경전經典이다

《훈민정음》과 《동국정운》은 세종 최고 업적이다.

이 두 권 성음학(Phonetics)·음운론서(Phonology)는 위대한 조선 문화 핵심이며, 전무후무 어느 것과도 비교할 수 없을 만큼 정밀하고 과학적인 논거를 갖추고 있다.

《훈민정음》이 없다면 《동국정운》은 존재하지 못하였을 것이며, 《동국정운》이 없는 《훈민정음》은 아무런 가치나 의의도 없다.

혹자는 세종이 문자를 창제하였다면 《훈민정음訓民正音》이 아니라 《훈민정자訓民正字》라 이름 하는 것이 타당하지 않겠느냐는 의견을 제시한다. 언뜻 그 말도 타당성을 갖추고 있다.

그러나 그렇지 않다.

세종은 '바른 소리(正音)'를 갖춘 언문28자를 신제하였다.

변음으로 발음되어 온 소위 한자인 문자文字, 이 문자는 '바른 소리(正音)'가 없기에 바른 음운音韻인 정운正韻을 갖추지 못하였고, 때문에 '어리석은 백성(愚民)'들이 곤란을 겪고 있다고 세종은 확신한 것이다. 그래서 바른 소리를 낼 수 있는 정음28자를 창제하여, 누구라도 어디에서도 바른 소리인 정음을 낼 수 있는 《훈민정음》을 반포한 것이다.

이러한 내용은 〈어제〉와 〈예의〉에 잘 나타나 있다.

〈어제〉와 〈예의〉는 이렇게 구성되어 있다.

〈어제〉에서는 《훈민정음》을 왜 반포하였는지 그 당위성을 이야기하고, 〈예의〉에서는 정음28자를 제시하면서 각각 발음에 대하여 정확한 음가를 밝히고, 마지막으로 초성·중성 그리고 종성의 운용에 대하여 설명하였다.

ㄱ. 牙音. 如君字初發聲	ㄱ. 어금닛소리이다. '군君'자 처음 피어나는 소리 같다
並書. 如虯字初發聲	나란히 쓴다. '끃虯'자 처음 피어나는 소리 같다
ㅋ. 牙音. 如快字初發聲	ㅋ. 어금닛소리이다. '쾡快'자 처음 피어나는 소리 같다
ㆁ. 牙音. 如業字初發聲	ㆁ. 어금닛소리이다. '업業'자 처음 피어나는 소리 같다

· · ·

ㆍ. 如吞字中聲	ㆍ. '툰吞'자 가운데소리 같다
ㅡ. 如卽字中聲	ㅡ. '즉卽'자 가운데소리 같다
ㅣ. 如侵字中聲	ㅣ. '침侵'자 가운데소리 같다

〈예의〉에서 밝힌 정음28자 '소리(音)'에 대한 설명 부분이다.

여기에서 특이한 점이 하나 있다. 바로 정음28자 자형字形에 대한 설명은 〈제자해〉에서 간략하게 끝내고, 정작 문자 구조가 아닌, 어떻게 '소리(音)'를 내는지에 대한 이야기를 위주로 이어가고 있다는 것이다. 세종은 언문28자의 정확한 음가를 강조한 것이다. 즉 '바른 소리(正音)'가 없기에, 문자가 나라마다 중구난방 엉뚱하게 읽히어져, 어리석은 사람들이 곤란을 겪고 있다는 것이다.

그 이유로 세종이 '바른 소리(正音)'인 표준음을 대동大東인 중국中國에 제시한다는 것이다. 때문에《훈민정자訓民正字》라 하지 않고《훈민정음訓民正音》이라 한 것이다.

그리고 정음28자를 사용하여 정확한 음가를 밝힌《동국정운》이 탄생한다.

위대한 조선에서 대동세계에 자신 있게 전하는 지상 최고 성음학·음운론서가 바로《훈민정음》과《동국정운》이다.

2-1-1 《훈민정음訓民正音》

훈민정음訓民正音.
세종28년, 《조선왕조실록》은 이러한 내용을 짤막하게 기록한다.

> "是月, 訓民正音成.
> 이달에, 훈민정음이 완성되었다."

《훈민정음》은 목판본 1책1冊 33장33張으로 꾸며졌다.
 세종이 직접 뜻을 밝힌 〈어제御製〉와 정음28자의 음가를 밝힌 〈예의例義〉는 방정한 해서체楷書體이고, 〈제자해制字解〉·〈초성해初聲解〉·〈중성해中聲解〉·〈종성해終聲解〉·〈합자해合字解〉·〈용자례用字例〉에서 5해1례의 〈해례解例〉와 〈정인지서鄭麟趾序〉는 활달한 해행서체楷行書體이다.
 《훈민정음》을 자세히 살펴보면, 전문이 해서체와 해행서체로 기록되었다고 하는 것은 무리가 있다. 그 이유는 적지 않은 부분에서 특이한 표기가 있음을 발견할 수 있기 때문이다. 그런 특이한 표기에는 세종이 의도한 바가 있었을 것이란 추정만 가능하다.
 세종은 〈제자해〉·〈초성해〉·〈중성해〉·〈종성해〉·〈합자해〉·〈용자례〉에서 '해解'와 '례例'를 합쳐 〈훈민정음해례〉라 하였다.
 그런데 일부에서는 이를 《훈민정음해례본訓民正音解例本》이라 한다.
 잘못된 시각이다.

이러한 이야기는 방종현이 1946년 훈민정음 반포 500주년 한글날 기념에서 해제로 쓴 글이 영향을 끼쳤다고 볼 수 있다.

> "여기서 나는 이상에서 언급한 이들의 책을 모두 《훈민정음》 언해본'이라고 부른다. 또 달리 전형필 씨 소장의 고본(현 간송미술관 소장)을 《훈민정음》 해례본'이라고 불러서 구별하는 바이다."

즉 간송 전형필의 《훈민정음》을 해례본이라 부른다는 것은 《훈민정음》 언해본이 존재하기 때문에 그리하였다는 것이다. 그런데 이러한 방종현의 어설픈 판단은 세종의 엄정한 취지를 무차별적으로 무시하는 것일 뿐이다.

그리고 방종현이 '언해본'을 거론하지만, 그는 '언해諺解'에 대한 정의를 잘 모르고 있다. 즉 그가 말하는 '언해'는 소위 한문을 한글로 풀어 쓴 그 정도이다.

그러나 '언해'는 그 의미가 아니다.

'언해'는 '언문28자로 풀어 쓴 것이다'라고 정의하여야 한다.

'언문諺文'은 '언어諺語'와 '문자文字'의 집합이다. 때문에 문자와 우리나라 리어俚語인 사투리로 풀어 쓴 것을 '언해諺解'라 해야 맞다는 것이다. 이에 대한 자세한 이야기는 다음으로 미루겠다.

세종은 《훈민정음》을 창제하였다.

《훈민정음》은 크게 〈어제〉와 〈예의〉 그리고 〈훈민정음해례〉 그리고 〈정인지서〉로 구성되었다. 이렇게 완벽한 짜임을 함부로 나눌 수는 없다. 그렇다면 〈어제〉와 〈예의〉 그리고 〈훈민정음해례〉 그리고 〈정인지서〉라고 하는 명칭은 어디에 근거한 것인가.

우선 〈훈민정음해례〉는 《훈민정음》에 등재된 정식 명칭이다. 그리고 〈예의〉는 〈정인지서〉의 '우리 전하께서 정음28자를 창제하시고, 간략히 예의를 들어 보이고는, 훈민정음이라 이름하였다(我殿下創制正音二十八字, 略揭例義以示之, 名曰訓民正音)'에 나온다. 그리고 《조선왕조실록》에서도 '예의로서 그것을 보이고, 훈민정음이라 하였다(例義以示之, 名曰訓民正音)' 하였으니, '예의例義'가 타당하다고는 할 수 있다.

그런데 〈어제〉와 〈정인지서〉는 《훈민정음》에 어디에서도 찾아볼 수 없는 명칭이다. 《조선왕조실록》에서만 볼 수 있으니, 세종의 바른 표현인지 사관의 기록인지는 확인할 길이 없다.

방종현의 영향을 받았는지는 몰라도 적지 않은 사람들이 '훈민정음해례본訓民正音解例本'이니 '해례본解例本'이라 하는데, 이것은 잘못된 명칭이다. 근거도 없는데 그렇게 부른다면 《훈민정음》 본래 뜻을 버리는 것이다. 바로 〈훈민정음해례〉를 제외한 〈어제〉와 〈예의〉 그리고 〈정인지서〉의 존재를 부정하는 셈이기 때문이다.

《훈민정음》은 〈어제〉와 〈예의〉 그리고 〈해례〉 그리고 〈정인지서〉,

세 부분으로 구성되었다.

이 체제는 엄연한 불경佛經의 광본廣本(대본大本)의 짜임이다.

불경은 서분序分과 유통본流通本 그리고 정종분正宗分으로 구성되어 있다.

'서분'은 세존이 경을 설한 이유를 밝힌 것이라면, '정종분'은 그 내용을 열거한 것이고, '유통분'은 그 말씀이 널리 먼 지역까지 전파하기를 위한 치밀한 구성이라 할 수 있다. 이를 삼분과경三分科經이라고도 한다.

'서분'을 〈어제〉와 〈예의〉, '정종분'을 〈훈민정음해례〉 그리고 '유통분'을 〈정인지서〉로 규정하여도 전혀 무리가 없다.

'정종분'은 서술의 중심 부분이기에 《훈민정음》 본문인 〈훈민정음해례〉라 할 수 있고, '유통분'은 부처에게서 설법을 들은 대중 감격이나 장래에 경전을 읽는 사람들 공덕을 이야기한 것이기에 훈민정음 제작에 대한 칭송인 〈정인지서〉가 합당하다고 할 수도 있다.

총 33장張, 66쪽짜리 책이다.

그리고 구두점句讀點, 쉼표인 두점讀點과 마침표인 구점句點을 찍어 내용을 읽고 뜻을 파악하기 쉽게 하였다. 그런데 〈어제〉에서 구점과 두점 적용은 지금의 판본마다 다르다. 때문에 함부로 구두점을 적용할 것이 아니라 온전한 《훈민정음》 출현을 기다리는 것이 현명한 생각이다.

여기에서는 1997년 《한글학회 해성사 다듬본》을 저본으로 하였다.

이 다듬본에서는 〈어제〉에 구점이 2회, 두점이 9회이다. 이러한 구두점이 세종이 의도한 바대로 확실하게 일치한다고는 말하지 못한다. 그리고 사성四聲을 나타내는 권점圈點과 토박이말 성조聲調를 표시하는 흑점黑點까지 있다. 표지는 5침안정법五針眼訂法에 따라 다섯 침눈을 명주실로 꼬아 묶었을 것이다.

《훈민정음》은 철저한 경전 형식에 따라 판종은 목판본木版本으로 인쇄하였다.

책 판본 형태인 판식은 테두리인 '변란邊欄(광곽匡郭)'이 4주쌍변四周雙邊으로, 반엽광곽半葉匡廓에 각각 계선界線이 있다. 판구版口에는 묵선墨線이 있고, 판심版心에는 무늬가 없는 흑어미黑魚眉, 판심제版心題 처음 4장은 정음正音이라, 나머지 29장은 정음해례正音解例라 하였다.

반엽광곽에 계선이 있으니, 처음 4장 '정음正音'은 반쪽 잎새에는 7행七行이며, 11자十一字를 쓸 수 있다. 〈제자해〉부터 〈용자례〉까지는 7행七行이며 13자十三字를 쓸 수 있고, 〈정인지서〉는 7행七行에 12자十二字를 쓸 수 있다.

4주쌍변四周雙邊의 형태를 갖춘 반엽半葉이란 말이 눈길을 끈다.

판면版面을 둘로 나눈다면 좌변左邊과 우변右邊으로 나눌 수 있다. 판면은,

반쪽 잎새 둘로 구성되는 것이다. 판면을 판엽版葉이라 한다면 좌엽左葉과 우엽右葉으로 구성된다는 것이다. 좌엽과 우엽은 두 쪽이니, 33장 66쪽이 되는 것이다.

33장 66쪽을 정확히 맞춘 의도가 있을 것이나, 그것에 대한 상세한 설명은 없다.

반엽인 반쪽 잎새, 책장冊張을 펼치면 싹을 틔운 온전한 잎사귀 모습을 연상케 한다. 그리고 책 주변을 두 줄로 둘러, 4주쌍변이라 한다. 4주四周가 4방四方이라면, 싹을 틔워내는 '모종판苗種板'처럼, 그 판은 땅처럼 생명을 길러낸다는 것이다. 마치 마음에 점을 찍은 것처럼, 한 알 씨앗은 떡잎을 틔울 준비를 한다. 네 귀퉁이를 두 줄로 에워싼 모습에서, 겉 줄은 두껍고 속 줄은 가느니 겉껍질이 딱딱하고 속껍질은 여린 모습의 씨앗이다. 그 씨앗이 두꺼운 껍질을 뚫고서 태양을 향해 꾸미지 않은 얼굴을 내민 모습을 그려볼 수 있다. 이러한 추론이 가능한 것은 《훈민정음》에서 씨앗이 싹을 틔우는 묘사가 자주 등장한다는 것이다.

〈제자해〉에서 어금닛소리〔ㆁ〕에 대한 설명이다.

"唯牙之ㆁ, 雖舌根閉喉聲氣出鼻, 而其聲與ㅇ相似, 故韻書疑與喻多相混用, 今亦取象於喉, 而不爲牙音制字之始. 盖喉屬水而牙屬木, ㆁ雖在牙而與ㅇ相似, 猶木之萌芽生於水而柔軟, 尙多水氣也.

오직 어금닛소리 'ㆁ'은, 비록 혀뿌리가 목구멍을 막아 소리의 기운이 코로 나오지만, 그 소리가 'ㅇ'과 비슷하니, 그래서 운서에서 의疑와 유喻가 혼용될 수 있고, 이제 또한 목구멍에서 그 꼴을 취하였지만, 글자를 만드는 시초를 어금닛소리로 하지는 않았다. 대개 목구멍소리는 물에 속하고 어금닛소리는 나무에 속하니, 'ㆁ'가 비록 어금닛소리지만 목구멍소리 'ㅇ'와 유사한 것은, 나무의 움이 물에서 나와 부드럽고 연하여, 더욱이 물기운이 많은 것과 같다."

세종은 이것을 강조하였다.

어금닛소리 아음牙音〔ㄱ〕으로 분류된〔ㆁ〕은 나무에 속한다.

그리고 소리를 내는 것은 목구멍소리〔ㅇ〕과 비슷하지만, 정확한 음가는 다르다고 한다. 그리고 〈제자해〉에서 '물은 또한 사물을 낳는 근원이다(水乃生物之源)'라 하였으니, 어금닛소리〔ㆁ〕은 생명의 근원을 상징하는 글자가 되는 셈이다. 어금닛소리〔ㆁ〕는 움이 물을 섭취하여 싹을 틔워 부드럽고 연하여 더욱 물기운이 많은 것과 같다고 하였다. 싹을 틔워 자란다는 것은 음과 양의 조화를 이루어 생명체로 진화된다는 의미이다. 목구멍소리〔ㅇ〕은 물기에 잠겨있다면, 싹을 틔워내는 움을 닮은 어금닛소리〔ㆁ〕은 물을 양분으로 하여 하나의 모습이 구현되었다고 밝힌 것이다.

세종은〔ㆁ〕을 만물이 소생하는 '나무의 싹(木之萌芽)'으로 여겼다.

이〔ㆁ〕의 음가는 오로지 《훈민정음》에서만 정확하게 표현할 수 있다는 것이다. 혀뿌리가 목구멍을 막아 소리 기운이 코로 나와 목구멍소리〔ㅇ〕와 비슷하지만, 확연히 다르다는 것이다. 목구멍소리와 콧소리가 어울리는, 다시 말해서〔업業〕처음 나는 소리 초성인〔ㆁ〕라 정확하게 음가를 정하였고, 세계 어느 나라에서도 이 발음을 언감생심 정확하게 표현할 수 없다는 세종의 야심이며 자부심의 음가이다.

당시 위대한 조선 금속활자는 최고였지만, 목판본으로 《훈민정음》을 새겼는데, 그 이유는 나무 성격을 많이 닮은 말하는 잎새로 여겼기 때문이라 여겨진다. 세종은 어금닛소리〔ㄱ〕을 '어금니는 어긋나면서 길어, 나무이다(牙錯而長, 木也)'라 정의하며, 나무를 강조하였다. 어금닛소리가 목구멍소리와 비슷해도 실하니, 나무가 물에서 나며, 형상이 있는 것과 같다. 계절로는 봄이고, 음률로는 각음角音이라 설명하였다. 시작이며 모든 것을 소생시키는 봄이라 하였다. 그래서 금속활자본이 아닌 목판본으로 간행하였음을 알리는 것이라 여겨진다.

《훈민정음》에 숨겨진 어쩌면 비밀스러운 이야기는 정복될 수 없는 하늘로 치솟는 나뭇가지처럼 혹은 깊은 샘처럼 그 끝을 알 수 없다.

2-1-2 《동국정운東國正韻》

《동국정운東國正韻》.

1448년, 세종30년에 반포된《동국정운》도 엄정한 경전經典 편집형태를 갖추고 있다.

세종29년, 1447년에《동국정운》이 완성된다.

《조선왕조실록》은 다음과 같이 기록한다.

"是月,《東國正韻》成, 凡六卷, 命刊行.
　이달에,《동국정운》이 완성되었는데, 모두 여섯 권이며, 그 간행을 명하였다."

《훈민정음》완성되었을 때와 같은 논조이다.

물론 신숙주의 〈동국정운서東國正韻序〉 전문을 함께 이 내용이 상재된《조선왕조실록》에 수록하였지만, 이 짤막한 기록을 보면서 무엇인가 인색하다. 사실을 기록하는 것이 역사라지만, 위대한 조선에서의 운서韻書 창간을 축하하는 암시가 적어도 한마디 정도는 있어야 하는 것이 아닌가. 그리고 세종28년 창제된《훈민정음》과 1년의 시차를 둔 것도 석연치 않다. 그 이유는《훈민정음訓民正音》과《동국정운東國正韻》에서 정음正音28자와 정운正韻26운목韻目이 만나는 세계적 음운론서音韻論書를 강조하여야 하기 때문이다. 그런데 이 엄청난 음운론서의 정의를 의도적으로 부정하듯이 창간 연도를 달리 한 것은 무슨 까닭인가.

1972년 강릉시 홍제동 심교만沈敎萬이 가보로 보관하던 《동국정운》 전질 6권6책이 건국대학교 도서관장 김석순金錫淳과 사서과장 손성우孫成祐에 의해 확인되었다. 위대한 음운론서 《동국정운》에는 주옥같은 문자의 음운이 보물처럼 정리되어 있었다. 대한민국 최대 경사이며, 세계 음운론 역사에서 엄청난 쾌거이다. 만약 온전한 6권6책 《동국정운》이 발견되지 않았더라면, 《훈민정음》의 진정한 가치를 입증하지 못하였을 것이 분명하기 때문이다.

국보國寶 《동국정운》.
〈동국정운서〉는 반엽 광곽에 사주단변四周單邊이며 계선界線이 없고 9행 15자로 구성되었다. 본문에 계선이 없지만, 《훈민정음》〈어제〉와 같은 형태인 7행 11자 형식을 갖추고 있다. 무계無界 형식을 갖춘 것은 다소 복잡한 모양, 글자의 복잡한 음운을 기록하려고 하였기에 그렇게 하였을 것이다. 판심版心에는 백구白口 내향묵어미內向墨魚尾가 있고, 묵어미 사이에는 〈정운正韻〉 판심제版心題 권차券次와 장차張次가 표기되어 있다.

신숙주 〈서문〉에서도 《훈민정음》과 마찬가지로 줄을 바꾸어 강조하는 대두법擡頭法과 칸을 띄우는 공격법空格法을 엄정하게 적용하였다.

《동국정운》 판심 제목은 정운正韻이라 되어 있고, 고활자판古活字版으로서 서문序文과 본문 주석은 매우 정교한 초주갑인자初鑄甲寅字이다. 갑인자는 구리로 만든 동활자본銅活字本이니, 목활자와 금속활자를 동시에 사용한 고도의 인쇄기술이다.

위대한 조선이 낳은 세계 최고의 찬란한 경전 편집형태이다.

《동국정운》 외형은 31.9cm×19.8cm 크기이다. 《동국정운》에 수록된 문자는 총 18,775자이며, 중복된 문자를 빼면 14,243자라고 건국대 연구진이 공식적으로 밝혔다. 그리고 이전 여타 운서와 전혀 다른 독특한 음운론 체제를 갖추고 있다는 것이 학계의 공통된 의견이다.

그리고 제1책第1冊에 서序 7장, 목록目錄 4장, 권제1권第1에 본문 46장, 제2책第2冊 권제2권第2에 본문 47장, 제3책第3冊 권제3권第3에 본문 46장, 제4책第4冊 권제4권第4에 본문 40장, 제5책第5冊 권제5권第5에 43장, 제6책第6冊 권제6권第6에 44장이니 모두 277장이라 밝혔다. 특이한 것은 왜 통권이 아닌 낱권 6권6책으로 제책製冊하였는가 하는 사실이다.

낱권에 따로 낱낱이 명칭을 붙이지도 않았다. 무엇인가 의도한 뜻이 분명히 있었을 것이나, 그것에 대하여 상세한 설명을 어디에서도 찾을 수 없다.

《동국정운》은 《훈민정음》 23자모23字母에 근거한 26운목韻目 91운韻으로 되어 있다.

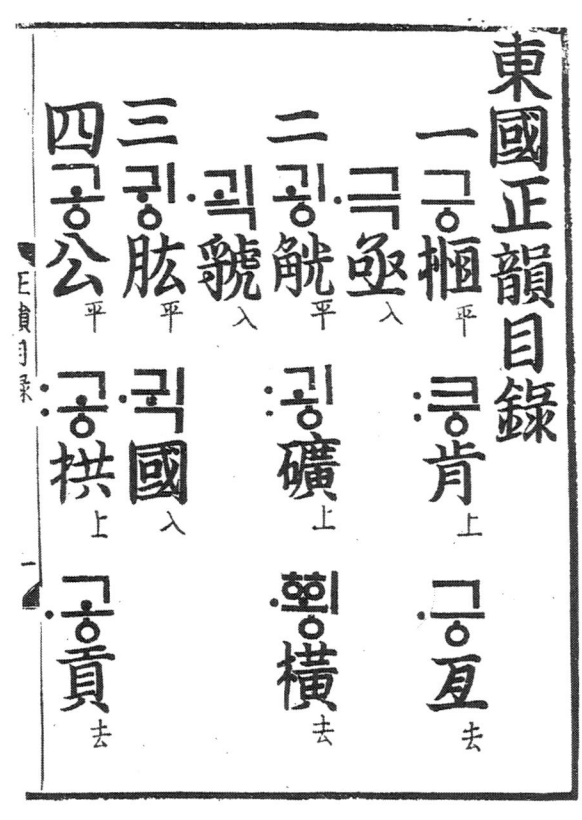

《동국정운東國正韻 운목韻目》

명나라 《홍무정운》은 과거시험을 위한 《예부운략禮部韻略》 분운分韻을 개편하여 22운목 76운을 정하였지만, 위대한 조선의 《동국정운》은 그것보다 세분되고 정확한 음운론서이다.

〈동국정운목록東國正韻目錄〉 4장 8쪽에 표기된 26운목 91운.

26운목	91운
1	挭, 肯, 亘, 亟
2	觥, 礦, 橫, 虢
3	肱, 國
4	公, 拱, 貢, 穀
5	江, 講, 絳, 覺
6	弓, 重, 諤, 匊
7	京, 景, 敬, 隔
8	根, 懇, 艮, 訖
9	昆, 袞, 睔, 骨
10	干, 笴, 旰, 葛
11	君, 攟, 攈, 屈
12	鞬, 寋, 建, 訐
13	簪, 痒, 譖, 戢
14	甘, 感, 紺, 閤
15	箝, 檢, 劒, 劫
16	高, 杲, 誥
17	鳩, 九, 救
18	貴, 紫, 恣
19	傀, 隗, 儈
20	佳, 解, 蓋
21	嬀, 軌, 媿
22	雞, 啓, 罽
23	孤, 古, 顧
24	歌, 舸, 箇
25	拘, 矩, 屨
26	居, 擧, 據

《동국정운》은 말한다.

명나라 주원장朱元璋이 편찬한 《홍무정운》 운목과는 전혀 다르고 새로운 정운正韻인 것이다. 다른 말로, 저들 명나라의 《홍무정운》 운목은 불합리하고, 바로 위대한 조선의 《동국정운》이 맞다는 것이다. 그러나 아직도 이 소중한 26운목 91운과 정음 초성23자와 만나는 정확하고 긴밀한 과학적인 음운의 얼개를 우리는 가지고 있지 않다.

불행한 일이다.

한마디로 26운목 91운의 조합이 너무 어렵기 때문이다.

어떻게 하면 바른 길로 접어들어 바른 음운의 진가를 진정 밝혀낼 것인가.

아음牙音	ㄱ	76운	82운
	ㄲ	1운	
	ㅋ	4운	
	ㆁ	1운	
설음舌音	ㄸ	1운	1운
치음齒音	ㅈ	6운	7운
	ㅅ	1운	
후음喉音	ㆅ	1운	1운

《훈민정음》 23자모에 근거한 26운목 91운이 사용된 초성자 내용이다.

아음인 〔ㄱ·ㄲ·ㅋ·ㆁ〕이 모두 사용되었으며, 아음이 무려 82운을 차지하고 있다.

세종이 아음을 평가하였고, 아음에서도 특히 〔ㄱ〕의 운용을 중시하였다는 것을 알 수 있다. 다시 말하면 《훈민정음》과 《동국정운》의 성공은 아음 〔ㄱ〕에서 완벽한 구현이라 하여도 과언이 아니다.

아음 〔ㄱ〕에 대한 성찰 없이 《동국정운》을 이해하기란 불가능한 일이다.

《홍무정운》에서는 불명확한 반절법反切法에 근거하였지, 중성11자에 대한 개념이 근원적으로 없었기 때문에, 《동국정운》과는 음운을 편찬하는 방법이

다른 것이다. 그런데 아쉽게도 여기에서 초성과 중성 그리고 종성을 근거하여 어떤 원리와 만남을 기준으로 음운을 정하였는지에 대하여 많은 연구가 있었지만, 불행하게도 지금까지 어느 누구도 이러한 《동국정운》의 엄청난 진면목을 제대로 밝혀내지 못하고 있다.

안타까운 일이다.

방종현과 홍기문이 1940년 조선일보에 《훈민정음》에 대한 연구를 학예란에 5회에 걸쳐 발표하였지만, 불행하게도 그들은 이 《동국정운》의 전모를 전혀 알지 못하였다.

결국 그들의 지난한 탐구는 아쉽지만, 불완전한 반쪽인 셈이다.

신숙주는 〈동국정운서〉에서 소위 중국인 명나라를 포함 그 이전까지 사용된 운서 모두를 부정하였다. 그리고 그러한 운서를 대신하여 《동국정운》을 표준 운서로 당당하게 제시한 것이다.

"及至沈陸, 諸子彙分類集, 諧聲協韻, 而聲韻之說始興. 作者相繼, 各出機杼, 論議旣衆, 舛誤亦多. 於是, 溫公著之於圖, 康節明之於數, 探賾鉤深, 以一諸說, 然其五方之音各異, 邪正之辨紛紜. 夫音非有異同, 人有異同, 人非有異同, 方有異同. 盖以地勢別而風氣殊, 風氣殊而呼吸異. 東南之齒脣, 西北之頰喉是已. 遂使文軌雖通, 聲音不同焉.

심약과 육법언에 이르러, 모든 것을 무리로 나누고 종류로 모아서, 성을 고르게 하고 운을 맞추어서, 성운 학설이 비로소 흥하였다. 성운을 만드는 것에 서로 이어서, 각각 제 소리를 하게 되었지만, 이론이 하도 많고, 잘못됨이 역시 많았다. 이에, 사마온공이 그림으로 짓고, 소강절이 수로 밝히어서, 궁극한 것을 찾고 깊은 것을 건져 올려, 여러 말을 하나로 하였지만, 그러나 5방의 소리가 저마다 다르므로, 그르니 옳다면서 같고 다름을 가리느라 시끄러웠다. 대체로 소리가 다르고 같음이 있는 것이 아니라, 사람이 다르고 같음이 있고, 사람이 다르고 같음이 있는 것이 아니라, 지방이 다르고 같음에 있다. 대개 지세가 다름으로 풍습과 기질이 다르고, 풍습과 기질이 다름으로 호흡하는 것이 다르다. 동남지방 이빨과 입술 움직임, 서북지방 볼과 목구멍 움직임이 바로 이런 것이다. 마침내 무늬와 궤적은 비록 통할지라도, 소리와 음은 같지 않게 되었다."

여기에서 신숙주는 명나라 《홍무정운》 폐해를 논리적으로 밝힌다.

신숙주의 논조가 이렇게 정연하고 탄성을 가지고 있는 것은 무슨 이유일까. 아마도 세종이 창제한 정음28자와 정운正韻의 합리적 연결을 신숙주가 잘 알고 있기 때문일 것이다. 그는 말한다. 심약沈約과 육사陸詞 그리고 사마광司馬光과 소옹邵雍 등이 불합리한 성운을 다듬었다고 하지만, 지세 때문에 풍습과 기질이 달라지는 것을 확실하게 가려내지 못하였고, 동남지방 이빨과 입술 그리고 서북지방 볼과 목구멍 움직임을 세세히 파악하지 못하였다고 과학적으로 지적한 것이다.

명나라 송렴宋濂은 〈홍무정운서洪武正韻序〉에서는 아래와 같이 말한다.

"楚漢以來, 離騷之辭, 郊祀安世之歌, 以及於魏晉諸作, 曷嘗拘於一律, 亦不過協比 其音而已. 自梁之沈約拘以四聲八病, 始分爲平上去入, 號曰類譜, 大抵多吳音也. 及唐以詩賦設科, 益嚴聲律之禁, 因禮部之掌貢擧, 易名曰禮部韻略, 遂至毫髮弗敢違背, 雖中經二三大儒, 且謂承襲之久, 不欲變更, 縱有患其不通者, 以不出於朝廷, 學者亦未能盡信. 唯武夷吳棫患之尤深, 乃稽易詩書, 而下達于近世, 凡五十家, 以爲補韻. 新安朱熹據其說, 以協三百篇之音, 識者雖或信之, 而韻之行世者猶自若也. 嗚呼音韻之備, 莫踰於四詩, 詩乃孔子所刪, 舍孔子弗之從, 而唯區區沈約之是信, 不幾於大惑歟. 恭惟皇上稽古右文, 萬幾之暇, 親閱韻書, 見其比類失倫, 聲音乖舛. 召詞臣諭之曰, 韻學起於江左, 殊失正音.

초나라와 한나라 이래로, 굴원의 《이소》 가사와, 《교사》인 제사와 《안세》인 세상을 편하게 하는 노래와, 위진의 여러 노래에 이르기까지, 어찌 일률적으로 구애받을 수 있었겠는가. 역시 그 소리에 화합하는데 과하지 않음이라. 양나라 심약부터 사성팔병에 구애되어, 비로소 평성·상성·거성·입성으로 나누어졌는데, 이를 《유보》라 하지만, 대부분 중원아음이 아닌 오나라 음률이 많았다. 당나라에 이르러 시와 부로 과거를 설치함에, 더욱 성률의 규칙을 엄격히 하였고, 예부에서 과거를 관장하였기에, 이름을 바꾸어 《예부운략》이라고 하였다. 드디어 털끝만큼도 운율에 위배되는 바가 없음에 이르렀지만, 비록 유가 경서의 대유학자들도, 또한 이르기를 전한 인습이 오래되어, 변경하려 하지 않았고, 혹은 그 불통을 우려하는 사람이 있어, 조정에서도 내지 않아, 학자 역시 믿지 않았다. 유일하게 무이武夷의 오역吳棫이 그 오류의 극심함을 근심하여, 이에 《역경》과 《시경》 그리고 《서경》을 살피어, 아래로 전하여 이르렀는데, 무려 50여가家가 되어, 《보운》으로 되었다. 신안 주희가 그 이야기에 근거하여, 《시경》 삼백 편의 소리를 도우니, 지식인들이 혹 믿었지만, 소리가 세상에 행하는 것은 오히려 그대로였다. 오호라, 음운의 갖춤은, 〈풍〉·〈소아〉·〈대아〉·〈송〉을 뛰어넘지 못하고, 《시경》은 곧 공자가 산정한 것인데, 공자를 버리고서 좇지 않고, 오로지 구구한 심약의 사성팔병설을 신뢰하니, 실로 큰 미혹이 아닌가."

〈홍무정운서〉에서 명나라의 송렴과 악소봉은 양나라의 심약에 의한 불합리한 성운의 문제점을 강조하였다. 게다가 당나라와 송나라 그리고 북송 주희에 이르러서도, 많은 사람들이 《시경詩經》을 정리한 공자를 버리고 오로지 구구한 심약의 사성팔병설에 근거한 음운을 따른다고 한탄하는 내용이다.

그런데 이 〈홍무정운서〉에서 흥미로운 사실이 두 가지 있다.

하나는 명나라 주원장이 거론한 '韻學起於江左, 殊失正音(운학이 강좌에서 일어나, 특히 바른 소리인 정음을 잃었다)'에서의 '정음正音'이라는 용어다.

세계에서 유일무이한 세종 《훈민정음》과 맥락을 같이하는 바로 그 '정음正音'이 여기에서 거론되는데, 이것은 무엇을 의미하는 것인가. 주원장은 운학韻學이 중원이 아닌 북경의 변두리 남경 부근 강좌에서 일어났기에, 바른 소리인 정음正音이 제 길을 잃었다고 주장하였다. 명나라의 주원장이 주장하는 '정음'은 무엇이고, 강좌 '오음吳音'과 북경 '아음雅音'은 무슨 차이인지도 구체적 설명이 없다. 그렇다면 위대한 조선의 세종은 《훈민정음》을 창제하여 근거를 제시하며, 중원아음中原雅音인 정음正音은 바로 이것이라며, 보란 듯이 언문28자를 공포한 것이다.

다른 하나는 공자孔子가 산시刪詩하여 《시경》을 편찬하였기에, 운율이 털끝만큼도 어그러짐이 없다고 주장한다.

> "詩乃孔子所刪, 舍孔子弗之從, 而唯區區沈約之是信, 不幾於大惑歟.
> 《시경》은 곧 공자가 산정한 것이니, 공자를 버리고 좇지 않고서, 오로지 구구한 심약의 사성팔병설을 신뢰하니, 실로 큰 미혹이 아닌가."

다른 말로, 심약은 틀리고 공자는 맞다는 줄거리이다.

그렇다면 춘추전국시대 노나라 사람인 공자孔子의 음운론이 맞다면, 소위 심약 이후의 명나라까지 성운학자들 특히 《홍무정운》을 주도한 주원장의 입지와 주장은 무엇인가. 그리고 그렇게 공자를 반복적으로 강조한다면, 산시를 주도한 그의 음운론은 구체적으로 무엇인가.

이러한 불합리한 모순을 파악한 위대한 조선의 신숙주는 위진의 심약이 불합리한 음운과 육사와 사마광 그리고 소옹에 이르기까지의 고질적 음운 폐해를 세세하게 지적하였다. 결론적으로 명나라 《홍무정운》이 온전하지 못함을 정연하게 밝힌 셈이다.

이런 바르지 못한 내용을 종합하여 명나라에서 사용하는 무늬와 궤적은 그럴듯해 보이지만, 즉 정확한 소리 '바른 음(正音)' 또는 정확한 운인 '바른 운(正韻)'이 아니라는 것이다. 명나라 36자모에 근거한 음운서는 껍데기만 있는 속 빈 강정이라는 것을 신숙주는 강조하였다.

신숙주는 심약과 육법언 그리고 사마광과 소옹 등이 성운을 살폈지만, 결국에는 소리를 제대로 파악하지 못하였기에 서로가 그르니 옳다면서 같고 다름을 가리느라 시끄럽기만 하였다고 결론지었다. 한마디로 명나라 주원장이 제정한 36자모는 음가를 제대로 살피지 못한 불합리한 문자의 음운이라는 것이다. 신숙주는 그들이 거론한 운서와 성운에 대한 학설에 대하여 신랄한 비평을 가한다.

지금까지 소위 중국 운서와 성운에 대한 이론을 믿었다. 그러나 위대한 조선에서는 그들이 사용한 성운의 병폐를 다듬고 고쳐서 《동국정운》을 편찬하였으니, 이제부터는 저들 이론이나 운서를 사용하지 않겠으며, 주원장 명나라도 이제부터는 위대한 조선 《동국정운》을 표준 운서로 정해야 마땅할 것이라는 신숙주의 주장이다.

신숙주는 다음과 같은 이야기를 한다.

"矧吾東方表裏山河, 自爲一區. 風氣已殊於中國, 呼吸豈與華音相合歟. 然則語音之所以與中國異者, 理之然也. 至於文字之音則宜若與華音相合矣, 然其呼吸施轉之間, 輕重翕闢之機, 亦必有自牽於語音者, 此其字音之所以亦隨而變也. 其音雖變, 淸濁四聲則猶古也, 而曾無著書以傳其正. 庸師俗儒不知切字之法, 昧於紐躡之要, 或因字體相似而爲一音, 或因前代避諱而假他音, 或合二字爲一, 或分一音爲二, 或借用他字, 或加減點畵, 或依漢音, 或從俚語. 而字母七音淸濁四聲, 皆有變焉.

또한 우리 동방 모든 산하가, 스스로 하나의 구역이 되었다. 바람 기운이 이미 나라 안에서도 다르니, 호흡하는 것이 어찌 화음과 서로 같겠는가. 그런 즉 말소리가 그러한 까닭에 나라 안에서 다른 것은, 이치가 그러하기 때문이다. 문자 음 역시 조화로운 화음으로 서로 일치할 것으로 여겼으나, 호흡의 돌고 구르는 사이, 가볍고 무거움과 열리고 닫힘의 기틀이, 역시 말 소리에 저절로 끌림이 있어, 이것으로 문자 음이 또한 따라서 변하게 될 것이다. 그 음이 비록 변하였더라도, 청탁과 사성은 옛날과 같은데, 일찍이 책으로 저술하여 그 바른 것을 전한 것이 없었다. 용렬한 스승과 속된 선비가 반절하는 법칙도 모르고, 자세히 따져 보는 요령이 어두워서, 혹은 문자 모양이 비슷함에 따라 같은 음으로 하기도 하고, 혹은 전대 임금이 조상 이름을 피하여 다른 음으로 빌리기도 하고, 혹은 두 문자로 합하여 하나로 만들거나, 혹은 한 음을 나누어 둘을 만들기도 하고, 혹은 다른 문자를 빌려 쓰거나, 혹은 점이나 획을 더하기도 하고 빼기도 하며, 혹은 한음에 의거하거나, 혹은 리어를 따랐다. 그래서 자모와 7음과 청탁과 4성, 모두 변질되었던 것이다."

신숙주의 문장은 유려하면서도 품위를 갖추고 있으니, 송렴의 〈홍무정운서〉와 확연히 다른 문체이다. 신숙주는 세종의 《동국정운》 반포로, 위대한 조선에서 신제한 문자의 음운이 조화로운 화음華音으로 자리매김하였다고 자신한다. 즉 언문28자 운용인 '훈민정음'을 '화음'이라 규정한 것이다.

'훈민정음訓民正音'을 '화음華音'이라 하였다.

언문28자에 근거한 《훈민정음》은 '정음正音'이며 '화음華音'이고, 《홍무정운》에 근거한 저들 소리는 '한음漢音'이며 '변음變音'이라 정의하는 것이다.

신숙주는 〈사성통고범례서〉에서 소위 중국 명나라 소리를 '한음漢音'이라 한다.

"大抵本國之音, 輕而淺, 中國之音, 重而深. 今訓民正音, 出於本國之音, 若用於漢音, 則必變而通之, 乃得無礙.

대체로 본국 소리는, 가볍고 얕고, 나라 안 소리는, 무겁고 깊다. 지금 《훈민정음》은, 본국 소리에서 나왔으니, 만약 한음을 사용하려면, 반드시 변화시켜 그것을 통용해야만, 막히지 않음을 얻을 수 있다."

신숙주는 이 문장에서 '본국의 소리(本國之音)'와 '나라 안의 소리(中國之音)'와 '훈민정음訓民正音' 그리고 '한음漢音'을 거론하며 저마다 성격을 달리 이야기하였다.

우선 훈민정음은 '본국의 소리에서 나왔다(出於本國之音)'라고 하였다.

그리고 '본국 소리'와 '나라 안의 소리'를 분명 구분하였다.

'나라 안의 소리'와 흐름을 같이하는 '한음'은 본국 소리인 '훈민정음'과 내용을 달리한다는 주장이다. '나라 안의 소리(中國之音)'에 '한음'이 포함되지만, '한음'이 바로 '나라 안의 소리'는 아니라는 것이다. 인용문에서 '만약 한음을 사용하려면, 반드시 변화시켜 그것을 통용해야만, 막히지 않음을 얻을 수 있다(若用於漢音, 則必變而通之, 乃得無礙)'는 내용은 바로 명나라 주원장 이 편찬한 《홍무정운》의 커다란 문제점이며, 그 불합리한 문제점을 떨쳐내지 못하는 소리가 바로 저들의 '한음'이라는 것이다.

소리와 음(성음聲音)은 위대한 조선이나 명나라 음운학자들의 공동 관심사였다.

"人之生也則有聲, 聲出而七音具焉. 所謂七音者, 牙舌脣齒喉及舌齒各半是也, 智者察知之, 分其淸濁, 定爲角徵宮商羽, 以至於半商半徵, 而天下之音盡在是矣. 然則音者, 其韻書之權輿乎. 夫單出爲聲, 成文爲音, 音則自然協和, 不假勉强而後成.

사람의 삶에는 곧 소리가 있으니, 소리가 있기에 칠음이 갖추어진다. 소위 칠음이라는 것은, 아음·설음·순음·치음·후음·반설음·반치음이 그것이며, 볼 수 있는 자가 그것을 살펴 알았으니, 그 청탁을 나누고, 각음·치음·궁음·상음·우음으로 정하여지고, 반상음·반치음까지 이르렀으니, 천하의 소리가 모두 이에 있게 된다. 그래서 소리라는 것은, 그 운서의 저울추이다. 무릇 그냥 혼자 나와서 소리가 되고, 무늬를 이루며 음이 되니, 소리는 곧 자연스러운 어울림이니, 억지스러움 없이 마침내 이루어지게 된다."

> "有天地自然之聲, 則必有天地自然之文. 所以古人因聲制字, 以通萬物之情, 以載三才之道.
>
> 천지자연의 소리가 있으면, 반드시 천지자연의 무늬가 있다. 그래서 옛사람은 소리에 따라 글자를 만들어, 만물의 사정을 통하니, 여기에는 3재의 도가 실려 있다."

위는 《훈민정음》에서의 〈정인지서〉이고, 앞장은 《홍무정운》에서의 〈홍무정운서〉이다.

그런데 논조는 유사하지만, 내용에서는 깊이의 차이가 있다.

송렴은 '사람의 삶에는 소리가 있다'하였고, 정인지는 '천지자연의 소리가 있으면, 반드시 천지자연의 무늬가 있다'고 하였지만, 송렴의 스타일보다는 정인지의 논거가 정곡을 찌른다.

《홍무정운洪武正韻》과 《동국정운東國正韻》.

'동국東國'과 '홍무洪武'의 차이다.

세종은 《동국정운》을 반포하면서 명나라 주원장이 주장한 《홍무정운》의 장단점을 세세하게 파악하였다고 볼 수 있다. 그러면서 넌지시 '동국東國'이 '홍무洪武'보다 의의가 깊다는 것을 과시한 것이다.

'화음華音'을 '훈민정음'이라 규명하기는 쉬운 일이 아니다.

신숙주는 구체적으로 '화음'이 어디에서 어떻게 사용되는지 정확히 밝히지 않았기 때문이다. 다만 '화음'을 '한음'과는 별개 음으로 규정하였기 때문에, '화음'의 대강을 알 수 있다.

'문자음 역시 조화로운 화음으로 서로 일치할 것으로 여겼으나(至於文字之音則宜若與華音相合矣)'에서 '조화로운 화음華音'이 세종이 원하고 추구하였던 문자음인 '훈민정음' 바로 '화음'이라 할 수 있다.

그리고 소리는 많이 변하였는데, 이를 살피지 않고 옛날부터 전해오던 고루한 청탁과 사성에 따르기만 하여 음운이 불합리하다고 강조한다. 이러한 폐단을 확실하게 바로잡은 위대한 조선《훈민정음》인 화음華音에서야《동국정운》존재가 가능하다는 것이다. 따라서 정음正音과 정운正韻 출현으로 동방 모든 산하에서 어지러웠던 '말의 소리(語音)'와 '문자의 소리(字音)'가 마침내 위대한 조선에서 세종에 의해 바르게 되었다는 주장이다.

특히 세조5년, 1459년에 발간된《월인석보月印釋譜》는《동국정운》음운에 정확하게 근거한 소중한 서책이다. 10여 년 전《석보상절釋譜詳節》이후 결실이었기 때문에, 그것을 학습하면서《동국정운》을 모범하여 바른 운이 체계적으로 자리를 잡았다는 것이 학계의 주장이다. 그러나 다른 말로는《월인석보》이후《훈민정음》처럼《동국정운》은 역사의 뒤편으로 사라졌다는 것이다.

우리나라 국문학사 또는 역사와 철학에 있어 불행한 일이 아닐 수 없다.

신숙주는 1445년, 단종端宗3년 〈홍무정운역훈서洪武正韻譯訓序〉에서 선왕 세종을 회상하면서 다음과 같은 소회를 담담히 밝힌다.

"恭惟聖上卽位, 亟命印頒, 以廣其傳, 以臣嘗受命於先王, 命作序以識顚末. 切惟音韻, 衡有七音, 縱有四聲. 四聲肇於江左, 七音起於西域. 至于宋儒作譜, 而經緯始合爲一. 七音爲三十六字母, 而舌上四母, 脣輕次淸一母, 世之不用已久. 且先輩已有變之者, 此不可强存而泥古也. 四聲爲平上去入, 而全濁之字平聲, 近於次淸. 上去入, 近於全淸, 世之所用如此. 然亦不知其所以至此也. 且有始有終, 以成一字之音, 理之必然而獨於入聲, 世俗率不用終聲, 甚無謂也. 蒙古韻與黃公紹韻會, 入聲亦不用終聲, 何那. 如是者不一, 此又可疑者也. 往復就正旣多, 而竟未得一遇精通韻學者, 以辨調諧紐攝之妙. 特因其言語讀誦之餘, 朔求淸濁開闔之源, 而欲精夫所謂最難者, 此所以辛勤歷久而僅得者也.

공손히 생각해보건대 성상께서 즉위하고서, 이 책을 간행하기를 자주 명하고, 그것을 전하기를 널리 하시니, 신에게는 일찍이 선왕인 문종대왕의 명을 받았다고 하면서, 서를 지어 앞뒤를 기록하라 하셨다. 가만히 생각해보면 음운은, 횡으로 7음이 있고, 종으로 4성이 있다. 4성은 강좌에서 시작되고, 7음은 서역에서 기원하였다. 송나라 학자들이 《광운》을 만들면서, 4성과 7음이 하나로 합하게 되었다. 7음은 36자모인데, 설상음 4모와, 순경음 차청 1모는, 세상에서 쓰이지 않은 지 오래되었다. 또 선배들이 이미 바꾼 것이 있으니, 이것이 억지로 36자모를 존속시켰으니 옛것에 물들면 안 된다. 4성은 평성·상성·거성·입성으로 되어 있고, 전탁자는 평성인데, 차청에 가깝다. 상성은 입성이 되어, 전청에 가까워, 세상에서는 이렇게 쓰이고 있다. 그러나 역시 이처럼 변화한 까닭을 또한 알지 못하고 있다. 게다가 시작이 있고 마침이 있어, 한 글자의 소리를 이루니, 이치는 필연이지만 오직 입성에서만, 세속에서 대체로 종성을 쓰지 않으니, 매우 까닭 없는 일이다. 《몽고운》이나 《황공소운회》도, 입성에 역시 종성을 사용하지 않으니, 무슨 일인가. 이와 같은 것이 하나가 아니니, 이것 또한 의심스럽다. 가는 것을 반복하면서 바로 잡는 것이 여러 번이지만, 마침내 한 번도 운학에 정통한 사람을 만나서, 불합리한 것을 조화롭게 하는 묘함을 밝히지는 못하였다. 특히 그 언어를 외어서 읽는 것이 달라서, 청탁과 열고 닫히는 근원을 탐구해서는, 이른바 가장 어려운 바를 정밀하게 하고자 하였으니, 이것은 오랫동안 힘썼기에 겨우 얻게 된 것이다."

지금은 온존한 《홍무정운역훈》이 존재하지 않기에 누구도 그 전모를 파악하지 못하지만, 이 문장을 살피면 주원장이 선포한 《홍무정운》에서 음운 폐해가 가늠되고도 남는다. 물론 명나라 《홍무정운》이 위대한 조선의 음운론서 《동국정운》에 영향을 끼쳤다는 것을 부정할 수 없다. 송렴宋濂의 〈홍무정운서〉에 '정음正音'과 '정운正韻'이라는 용어를 사용하면서 문자의 정확한 음운을 추구하였기 때문이다. 그렇지만 지금의 중국학자들조차 《홍무정운》의 음운 구성에 대하여 부정적인 입장을 감추지 않았다.

신숙주는 '억지로 36자모를 존속시켰으니 옛것에 물들면 안 된다'고 강조한다.

다시 말해서 불합리한 36자모《홍무정운》으로 운서를 삼는 것은 문자사용에 있어서 '까닭 없는 일'이라는 웅변이다. 까닭 없는 그 음운은 바로 '한음'인 '변음'이라는 주장이다.

그리고《훈민정음》과《동국정운》긴밀한 관계는 〈해례〉에서의 이 문장에서도 확연히 알 수 있다.

"正音初聲, 卽韻書之字母也. 聲音由此而生, 故曰母.
中聲者, 居字韻之中, 合初終而聲音.
終聲者, 承初中而成字韻.
정음 초성, 바로 운서의 자모이다. 성음이 이런 이유로 생기니, 때문에 어미라 한다.
중성은, 자운 가운데 있어, 초성과 종성이 합치면 소리가 된다.
종성은, 초성과 중성을 이어받아 자운을 이룬다."

세종은 정음28자 성격을 규정한다.

초성은 운서의 자모이고, 중성은 자운 가운데 있고, 종성은 초성과 중성을 이어받아 자운을 이룬다고 하였다.

여기에서 자운은 곧《동국정운》의 골간이며 핵심이다.《훈민정음》의 초성과 중성 그리고 종성을 이루는 정음28자는 자운을 이루는 발음부호라고 규정지어도 무방하기 때문이다. 음운서인《동국정운》을 제정하려면, 반드시 정확한 음가를 나타내는《훈민정음》이 필요하였다는 이야기이다. 명나라의《홍무정운》은 초성과 중성 그리고 종성의 조화가 없는 반절법에 근거한 부족한 음운론서라는 암시이다.

〈동국정운서〉에서 정음23자모 필요성에 대하여 거론한다.

"若不一大正之, 則愈久愈甚, 將有不可救之弊矣. 蓋古之爲詩也, 協其音而已. 自三百篇而降, 漢魏晋唐諸家, 亦未嘗拘於一律. 如東之與冬, 江之與陽之類. 豈可以韻別而不相通協哉. 且字母之作, 諧於聲耳. 如舌頭舌上, 脣中脣輕, 齒頭正齒之類. 於我國字音, 未可分辨, 亦當因其自然, 何必泥於三十六字乎.

만약 크게 그것을 바로잡지 아니하면, 오래되면 오래될수록 더욱 심해져서, 장차 구해낼 수 없는 폐단이 될 것이다. 대개 옛날에는 시를 지으면서, 그 음을 맞출 뿐이었다. 《시경》 삼백 편에서부터 내려와, 한·위·진·당 모든 시인도, 또한 언제나 같은 운율에만 구애되지 않았다. '동운東韻'을 '동운冬韻'에도 쓰고, '강운江韻'을 '양운陽韻'에도 쓰는 것과 같은 따위이다. 어찌 운이 구별된다 하여 서로 통하여 맞추지 못할 것인가. 게다가 자모를 만든다는 것이, 소리에만 맞출 따름이다. 설두와 설상, 순중과 순경과, 치두와 정치와 같은 따위이다. 우리나라 글자 소리에서는, 분별할 수 없으니, 또한 자연에 따라 할 것이지, 어찌 꼭 36자에 물들 것인가."

신숙주는 명나라 36자모는 한갓 허접스런 '음音'만 갖춘 불완전한 변음일 뿐이라 한다.

때문에 내로라하는 시인들은 뜻하지 않게 엉뚱한 음운에 근거하여 시를 지었을 뿐이라고 지적한다. 이제부터 《동국정운》을 표준으로 사용하면, 바르고도 아름다운 운율을 갖춘 시편을 지을 수 있다는 주장이다. 이러한 논리라면, 《동국정운》을 만들기 위하여 《훈민정음》을 창제하였다는 이야기도 된다.

우리나라 대한민국의 정통성을 주장하기 위해서라도 《훈민정음》과 《동국정운》은 계속 연구되어야 할 과제이다. 또한, 이 두 권의 음운론서 경중을 비교할 때, 동정動靜과 음양陰陽의 세밀한 조화처럼 과학적으로 맞물린다.

위대한 조선에서 《훈민정음》과 《동국정운》이 만나 최고 음운론서가 빛을 보았다.

무엇에 근거하였는지는 몰라도, 엉뚱하게도 위대한 조선의 〈동국정운서〉가 명나라의 〈홍무정운서〉을 본받았다고 주장하는 사람이 있다. 명나라와 위대한 조선, 정치적 역학관계에서 그것을 부정할 수는 없다. 그러나 《동국정운》은 유일무이한 완벽한 음운론서이다. 세종은 그것에 대한 확신이 있었기 때문에, 정음28자를 신제하고서 바로 동국정운을 대동세계에 선포한 것이다. 신숙주의 〈동국정운서〉는 명실상부한 절창이다. 그 이유는 《동국정운》에 실린 음가가 과학적으로 분명하고도 근거가 있기 때문이다.

1375년 홍무洪武8년 명나라 주원장의 명령으로 악소봉 등이 편찬한 〈홍무정운서〉에서 《홍무정운》은 '중원아음中原雅音'을 기준하였다고 밝힌다.

저들이 '중원아음中原雅音'을 거론하지만, 사실 '중원中原'의 역사적·지리적 기준도 모호한 것은 사실이다. 그리고 저들은 '방언方言' 때문에 음운이 제대로 정립되지 않을까 노심초사하였다고 한다. '방언方言'의 '방方'의 기준 또한 그렇다. 우리의 구한말舊韓末 기준대로 '방언'을 소위 표준말이 아닌 지방에서 쓰는 사투리 정도로 여겼지만, 문자文字에서의 표준어와 사투리를 정하는 기준도 모호한 것은 사실 아닌가.

세종은 훈민정음28자를 언문28자라 하였다. 다시 말해서 두메골 사투리인 '언어諺語'의 음가를 바로 잡을 수 있었는데, 그 근거는 '방언'을 참고하였다는 것이다. '방언'의 참뜻을 제대로 파악한 것이다. 때문에 《홍무정운》보다 《동국정운》 음가가 정확하다는 것이다.

신숙주는 〈홍무정운역훈서〉에서 말한다.

세종이 문종에게, 문종은 단종에게 전한 간곡한 당부였다.

"聲韻之學, 最爲難精. 豈四方風土不同, 而氣亦從之, 聲生於氣者也. 故所謂四聲七音, 隨方而異矣. 自沈約著譜, 難以南音, 有識病之, 而歷代未有釐正之者. 洪惟皇明太祖高皇帝, 愍其乖舛失倫, 命儒臣一以中原雅音, 定爲洪武正韻. 實是天下萬國所宗.

　我世宗莊憲大王, 留意韻學, 窮硏底蘊, 創制訓民正音若干字. 四方萬物之聲, 無不可傳. 吾東邦之士, 始知四聲七音自無所不具, 非特字韻而已也. 於是, 以吾東國世事中華, 而語音不通, 必賴傳譯. 首命譯洪武正韻, 令今禮曺參議, 臣 成三問, 典農少尹 臣 曺變安, 知金山郡事 臣 金曾, 前行通禮門奉禮郎 臣 孫壽山, 及 臣 申叔舟 等. 稽古證閱, 首陽大君 臣 諱, 桂陽君 臣 璔, 監掌出納, 而悉親臨課定. 叶以七音, 調以四聲, 諧之以淸濁, 縱衡經緯, 始正罔缺.

　然語音旣異, 傳訛亦甚, 乃命臣等, 就正中國之先生學士, 往來至于七八, 所與質之者若干人. 燕都爲萬國會同之地, 而其往返道途之遠, 所嘗與周旋講明者, 又爲不少, 以至殊方異域之使, 釋老卒伍之微, 莫不與之相接. 以盡正俗異同之變, 且天子之使至國, 而儒者則又取正焉, 凡謄十餘稿, 辛勤反復, 竟八載之久. 而向之正罔缺者, 似益無疑.

　성운이란 학문은, 정말로 정밀하기가 어렵다. 어찌하여 사방 풍토가 같지 않지만, 기운 역시 풍토를 따르니, 소리는 기에서 나온다. 그래서 소위 4성과 7음은, 지방에 따라 달라졌다. 심약이 《사성보》를 지으면서부터, 남음으로 뒤죽박죽되어, 그 병폐를 알고는 있었지만, 역대로 아직까지 그것을 바로 잡지는 못하였다. 널리 생각하면 황명 태조 고황조가, 그 어그러지고 없어짐을 걱정하여, 학자에게 명하여 오로지 중원 아음으로, 《홍무정운》을 정하라 하였다. 실로 천하만국의 근원이 되었다.

　우리 세종장헌대왕은, 운학에 관심이 있어, 밑바닥까지 살피고 두루 포용하여, 훈민정음 약간 자를 창제하셨다. 사방 만물 소리가, 전하지 못함이 없었다. 우리 동방의 선비들은, 처음부터 4성과 7음을 알아 갖추지 못함이 없게 된다는 것을 알았으니, 가히 글자 성운 때문 아니겠는가. 그래서 우리 동국에 의해 세상일은 꽃을 피우게 되었지만, 말과 음이 통하지 못하여, 반드시 전적으로 통역에 의지하게 되었다. 우선 《홍무정운》을 번역하도록 명하시니, 지금 예조참의 신 성삼문, 전농소윤 신 조변안, 지금산군사 신 김증, 전행통례문봉예랑 신 손수산, 신 신숙주 등이 영에 따랐다. 옛것을 헤아리고 전적으로 증명하라 하셨으니, 수양대군 이유와 계양군 이증에게, 출납을 관장하게 하였고, 친히 과정에 임하였다. 7음으로 맞추고, 4성으로 고르고, 청탁으로 그것을 조화롭게 하니, 날줄과 씨줄이 종횡으로 어우러져, 이지러진 것이 바로 잡히기 시작하였다.

그러나 말과 음이 이미 달라져서, 잘못 전하여진 것이 역시 심하여, 이에 신 등에게 명하여, 나라 안에서의 선생이나 학사에게 바로잡도록 하였으니, 왕래가 7, 8회에 이르고, 더불어 질문한 사람들이 많았다. 연도인 북경은 만국이 회동하는 땅으로, 오고 가는 먼 길에서, 일찍이 더불어 조사하여 밝히려고 한 것이, 또한 적지 않았고, 변방이나 이역 사신과, 일반 평민에 이르기까지, 만나 보지 않은 사람이 없다. 그래서 바르고 속된 것의 다름과 같음의 변화를 다하려 하였고, 또 천자의 사신이 우리나라에 왔을 때, 유학자이면 또 정확한 것을 취하였고, 모든 원고를 열 몇 번이고 옮겨 썼고, 되풀이하여 애써 고쳐서, 마침내 8년이나 되었다. 이에 이지러짐이 바르게 되니, 향상된 듯이 의심이 없게 되었다."

문장가 신숙주는 《동국정운》과 《홍무정운》을 비교한다.
바로 세종 속내를 신숙주가 대변한 것이다.
명나라 주원장이 지시한 중원아음으로 천하만국 근원이 된다는 《홍무정운》을 세종이 살펴보았더니, 말과 소리가 오래전부터 달라져서 소위 중원아음에 근거하였다고 하지만, 음운이 맞지 않아 잘못 전하여진 것이 많다고 지적한다. 그래서 《홍무정운》의 잘잘못을 참고하였고, 8년에 걸쳐서야 어그러짐이 바르게 되었는데, 그것이 바로 위대한 조선의 《동국정운》이라는 것이다. 결론으로 세종은 주원장의 '중원아음'에 동의하지 않았다. 다시 말해서 '중원아음' 기준을 인정하지 않은 것이다.

〈동국정운서〉에서 신숙주는 《훈민정음》을 '화음華音'이라 명명하였으니, 결과적으로 《동국정운》은 '화운華韻'이라는 것이다. 명나라 《홍무정운》의 불합리한 점을 바로 잡은 것이 바로 위대한 조선 《동국정운》이기에, 그 문장과 내용은 더욱 빛나는 것이다.

위대한 조선 신숙주의 〈동국정운서東國正韻序〉와 명나라 송렴의 〈홍무정운서洪武正韻序〉는 아래와 같다.

〈東國正韻序〉
세종29년, 1447년

東國正韻序
天地絪縕, 大化流行而人生焉. 陰陽相軋, 氣機交激而聲生焉. 聲旣生, 而七音自具, 七音具而四聲亦備. 七音四聲, 經緯相交, 而淸濁輕重深淺疾徐, 生於自然矣. 是故包犧畫卦, 蒼頡制字, 亦皆因其自然之理, 以通萬物之情.

동국정운서
하늘과 땅이 합치고 어울리면, 커다란 조화가 자연스레 행하여져 사람이 태어난다. 음양이 서로 충돌하고, 기운과 틀이 인접하여 부딪쳐서 소리가 생긴다. 소리가 이미 생기어, 7음이 스스로 어울리고, 7음이 어울리면서 4성 역시 갖추게 된다. 7음과 4성, 경위로 서로 교류하면서, 맑고 흐리고 가볍고 무거움과 깊고 얕고 빠르고 느림이, 자연스럽게 생겨난다. 이러한 까닭으로 포희가 괘를 그리고, 창힐이 글자를 만든 것, 역시 다 자연 이치에 따라서, 만물의 사정을 통한 것이다.

及至沈陸, 諸子彙分類集, 諧聲協韻, 而聲韻之說始興. 作者相繼, 各出機杼, 論議旣衆, 舛誤亦多. 於是, 溫公著之於圖, 康節明之於數, 探賾鉤深, 以一諸說, 然其五方之音各異, 邪正之辨紛紜. 夫音非有異同, 人有異同, 人非有異同, 方有異同. 盖以地勢別而風氣殊, 風氣殊而呼吸異. 東南之齒脣, 西北之頰喉是已. 遂使文軌雖通, 聲音不同焉.

심약과 육법언에 이르러, 모든 것을 무리로 나누고 종류로 모아서, 성을 고르게 하고 운을 맞추어서, 성운의 학설이 비로소 생기었다. 성운을 만드는 것에

서로 이어서, 저마다 제 소리를 하게 되니, 어그러지고 그릇된 것이 역시 많았다. 이에, 사마광이 그림으로 짓고, 소강절이 수로 밝히어서, 궁극한 것을 찾고 깊은 것을 건져 올려, 여러 말을 하나로 하였지만, 그러나 5방 소리가 저마다 다르므로, 그러니 옳다면서 같고 다름을 가리느라 시끄러웠다. 대체로 소리가 다르고 같음이 있는 것이 아니라, 사람이 다르고 같음이 있고, 사람이 다르고 같음이 있는 것이 아니라, 지방이 다르고 같음에 있다. 대개 지세가 다름으로 풍습과 기질이 다르고, 풍습과 기질이 다름으로 호흡하는 것이 다르다. 동남지방 이빨과 입술 움직임, 서북지방 볼과 목구멍 움직임이 바로 이런 것이다. 마침내 무늬와 궤적은 비록 통할지라도, 소리와 음은 같지 않게 되었다.

矧吾東方表裏山河, 自爲一區. 風氣已殊於中國, 呼吸豈與華音相合歟. 然則語音之所以與中國異者, 理之然也. 至於文字之音則宜若與華音相合矣, 然其呼吸施轉之間, 輕重翕闢之機, 亦必有自牽於語音者, 此其字音之所以亦隨而變也. 其音雖變, 淸濁四聲則猶古也, 而曾無著書以傳其正. 庸師俗儒不知切字之法, 昧於紐躡之要, 或因字體相似而爲一音, 或因前代避諱而假他音, 或合二字爲一, 或分一音爲二, 或借用他字, 或加減點畫, 或依漢音, 或從俚語. 而字母七音淸濁四聲, 皆有變焉.

또한 우리 동방 모든 산하가, 스스로 하나의 구역이 되었다. 바람 기운이 이미 나라 안에서도 다르니, 호흡하는 것이 어찌 화음과 서로 같겠는가. 그런 즉 말소리가 나라 안에서 다른 까닭은, 이치가 그러하기 때문이다. 문자 음 역시 조화로운 화음으로 서로 일치될 것으로 여겼지만, 그러나 호흡이 돌고 구르는 사이, 가볍고 무거움과 열리고 닫힘의 기틀이, 역시 말의 음에 저절로 끌림이 있어, 이것으로 글자 음 또한 따라서 변하였다. 그 소리가 비록 변하였더라도, 청탁과 사성은 옛날과 같은데, 일찍이 책으로 저술하여 그 바른 것을 전한 것이 없었다. 용렬한 스승과 속된 선비가 반절하는 법칙도 모르고, 자세히 따져 보는 요령이 어두워서, 혹은 글자 모양이 비슷함에 따라 같은 소리로 하기도 하고, 혹은 전대 임금이 조상 이름을 피하여 다른 음을 빌리기도 하고, 혹은 두 글자로 합하여 하나로 만들거나, 혹은 한 음을 나누어 둘을 만들기도 하고, 혹은 다른 글자를 빌려 쓰거나, 혹은 점이나 획을 더하기도 하고 빼기도 하며, 혹은 한음에 의거하거나, 혹은 리어를 따랐다. 그래서 자모와 7음과 청탁과 4성, 모두 변하고 말았다.

若以牙音言之. 溪母之字, 太半入於見母, 此字母之變也. 溪母之字, 或入於曉母, 此七音之變也. 我國語音, 其淸濁之變, 與中國無異. 而於字音獨無濁聲, 豈有此理. 此淸濁之變也, 語音則四聲甚明, 字音則上去無別. 質勿諸韻, 宜以端母爲終聲, 而俗用來母, 其聲徐緩, 不宜入聲, 此四聲之變也. 端之爲來, 不唯終聲, 如次第之第, 牧丹之丹之類. 初聲之變者亦衆, 國語多用溪母, 而字音則獨夬之一音而已, 此尤可笑者也.

아음으로 그것을 말하자고 한다. '계모溪母' 글자, 태반이 '견모見母'에 들어갔으니, 이는 자모가 변한 것이다. '계모' 글자, 혹 '효모曉母'에도 들어갔으니, 이는 7음이 변한 것이다. 우리나라 말소리에는, 청탁의 변화가, 나라 안에서도 다름이 없다. 게다가 글자의 음에는 오직 탁성이 없으니, 어찌 이러한 이치가 있는가. 이는 청탁이 변한 것이고, 말하는 소리에는 4성이 분명한데, 글자의 음에는 상성과 거성 구별이 없다. '질운質韻'과 '물운勿韻'은, 마땅히 '단모端母'로서 종성을 삼아야 할 것인데, 세속에서 '래모來母'로 사용하여, 그 소리가 서서히 느려져, 입성에 마땅하지 않으니, 이는 4성이 변한 것이다. '단端'을 '래來'로 하는 것은, 오로지 종성만이 아니고, '차제次第'의 '제第'와, '목단牧丹'의 '단丹' 같은 따위와 같은 것이다. 초성이 변한 것도 또한 많으며, 나라말에는 '계모溪母'를 많이 쓰면서, 글자의 소리에는 오직 '쾌夬'라는 한 소리뿐이니, 이는 더욱 우습다.

由是字畫訛而魚魯混眞, 聲音亂而涇渭同流. 橫失四聲之經, 縱亂七音之緯, 經緯不交, 輕重易序, 而聲韻之變極矣. 世之爲儒師者, 往往或知其失, 私自改之, 以敎子弟, 然重於擅改, 因循舊習者多矣. 若不一大正之, 則愈久愈甚, 將有不可救之弊矣. 蓋古之爲詩也, 協其音而已. 自三百篇而降, 漢魏晋唐諸家, 亦未嘗拘於一律. 如東之與冬, 江之與陽之類. 豈可以韻別而不相通協哉. 且字母之作, 諧於聲耳. 如舌頭舌上, 脣中脣輕, 齒頭正齒之類. 於我國字音, 未可分辨, 亦當因其自然, 何必泥於三十六字乎.

그래서 글자의 획이 잘못되었으니 '어魚'와 '노魯'가 뒤엉켰지만 올바른 것처럼 되었고, 성음이 문란하여 '경涇'과 '위渭'가 함께 자연스러운 것처럼 흘렀다. 가로로는 4성이 세로줄을 잃고, 세로로는 7음의 가로줄이 뒤얽혀서, 날과 씨가 교류하지 못하고, 가볍고 무거움의 순서가 변하여, 성운의 변함이 극에 이르렀다. 세속의 선비로 스승 된 사람이, 왕왕 그 잘못된 것을 알았지만, 사사로이 멋대로 고쳐서, 자제들을 가르치기도 하지만, 마음대로 고치는 것이 빈번하여, 그대로 옛날 규칙을 따르는 이가 많다. 만약 크게 그것을 바로잡지 아니하면, 오래되면 오래될수록 더욱 심해져서, 장차 구해낼 수 없는 폐단이 될 것이다. 대개 옛날에는 시를 지으면서, 그 음을 맞출 뿐이었다. 《시경》 삼백 편에서부터 내려와, 한·위·진·당 모든 시인도, 또한 언제나 같은 운율에만 구애되지 않았다. '동운東韻'을 '동운冬韻'에도 쓰고, '강운江韻'을 '양운陽韻'에도 쓰는 것과 같은 따위이다. 어찌 운이 구별된다 하여 서로 통하여 맞추지 못할 것인가. 게다가 자모를 만든다는 것이, 소리에만 맞출 따름이다. 설두와 설상, 순중과 순경과, 치두와 정치와 같은 따위이다. 우리나라 글자 소리에서는, 분별할 수 없으니, 또한 자연에 따라 할 것이지, 어찌 꼭 36자에 물들 것인가.

恭惟我
主上殿下崇儒重道, 右文興化, 無所不用其極. 萬機之暇, 慨念及此. 爰
命臣叔舟及 守集賢殿直提學臣崔恒, 守直集賢殿臣成三問, 臣朴彭年, 守集賢殿校理臣李塏, 守吏曹正郎臣姜希顔, 守兵曹正郎臣李賢老, 守承文院校理臣曹變安, 承文院副校理臣金曾. 旁採俗習, 博考傳籍, 本諸廣用之音, 協之古韻之切, 字母七音, 清濁四聲, 靡不究其源委, 以復乎正.

공손히 생각하건 대 우리

주상전하께서는 유학을 숭상하고 도를 소중히 여기며, 문학을 힘쓰고 교화를 일으킴에, 그 지극함을 쓰지 않는 바가 없었다. 모든 것을 살피면서도, 틈틈이 이 일을 염두에 두었다. 이에

신 신숙주와 수 집현전 직제학 신 최항, 수직 집현전 신 성삼문, 신 박팽년,

수 집현전 교리 신 이개, 수이조정랑 신 강희안, 수병조정랑 신 이현로, 수승문원교리 신 조변안, 승문원 부교리 신 김증에게

명하였다. 세속 습관을 널리 채집하고, 전해 오는 서적을 두루 참고하고, 널리 쓰이는 소리에 기본을 두고, 옛날 음운의 반절법에 맞추고, 자모 7음과, 청탁과 4성, 근원의 미세한 것까지 연구하지 아니함이 없이 하여, 바로잡으라 하였다.

臣等才識淺短, 學問孤陋, 承奉未達, 每煩
指顧. 乃因古人編韻定母, 可倂者倂之, 可分者分之, 一倂一分, 一聲一韻, 皆稟
宸斷, 而亦各有考據. 於是調以四聲, 定爲九十一韻二十三母. 以
御製訓民正音定其音. 又於質勿諸韻, 以影補來, 因俗歸正, 舊習訛謬, 至是而悉革矣. 書成
賜命曰東國正韻, 仍
命臣叔舟爲序.

신 등이 재주와 학식이 얕고 짧으며, 공부가 고루하여, 뜻을 받들기에 미치지 못하여, 매번

지시함과 돌보심으로 번거로이 하였다. 이에 옛날 사람이 편성한 음운과 제정한 자모부터, 합쳐야 할 것은 합치고, 나눠야 할 것은 나누되, 하나의 합침과 하나의 나눔이나, 하나의 소리와 하나의 자운마다, 모두

전하 결재를 받고, 또한 저마다 고증과 근거가 있었다. 이에 4성으로 골라, 91운과 23자모를 정하였다.

어제하신 바른 음 《훈민정음》으로 그 소리를 정하였다. 또 '질質'과 '물勿' 두 운은, '영影'을 '래來'로 고치니, 속음이 바르게 돌아오니, 옛날 습관 그릇됨이, 이에 이르러 모두 고쳐졌다. 책이 완성되어

이름을 하사하기를 《동국정운》이라 하였고, 이에

신숙주에게 서를 지으라 하였다.

臣叔舟竊惟人之生也, 莫不受天地之氣. 而聲音, 生於氣者也. 淸濁者, 陰陽之

類, 而天地之道也. 四聲者, 造和之端, 而四時之運也. 天地之道亂, 而陰陽易其位, 四時之運紊, 而造化失其序. 至哉. 聲韻之妙也. 其陰陽之閫奧, 造化之機緘乎. 況乎書契未作, 聖人之道, 寓於天地. 書契旣作, 聖人之道, 載諸方策. 欲究聖人之道, 當先文義, 欲知文義之要, 當自聲韻. 聲韻. 乃學道之權輿也, 而亦豈易能哉. 此我

聖上所以留心聲韻, 斟酌古今, 作爲指南, 以開億載之群蒙者也.

신숙주가 곰곰 생각하건 대 사람이 태어날 때, 천지의 기운을 받지 않는 자가 없다. 성음은, 기운에서 난다. 청탁이란 것은, 음양의 종류로, 천지의 도이다. 4성이란 것은, 조화의 단초로, 4계절의 운행이다. 천지의 도가 어지러우면, 음양이 그 자리를 뒤바꾸고, 4계절 운행이 문란하면, 그 조화가 순서를 잃게 된다. 지극하도다. 성운의 묘함이여. 그 음양 문턱은 심오하고, 조화 기틀은 은밀하다. 하물며 사물을 나타내는 글자가 만들어지지 못했을 때도, 성인 도는, 천지에 머물렀다. 사물을 나타내는 글자가 만들어진 뒤에는, 성인 도는, 모든 방책에 실렸다. 성인 도를 연구하려면, 마땅히 글자 뜻을 먼저 알아야 하고, 글자 뜻을 알려면, 마땅히 성운으로부터 시작하여야 한다. 성운. 곧 도를 배우는 시작인지라, 또한 어찌 쉽게 능통할 수 있으랴. 이것이 우리

세종대왕이 성운에 마음을 두고, 고금을 참작하여, 지침을 만들어, 억만 대 뭇어리석음을 깨우친 바이다.

古人著書作圖, 音和類隔, 正切回切, 其法甚詳. 而學者尙不免含糊囁嚅, 昧於調協, 自正音作而萬口一聲, 毫釐不差, 實傳音之樞紐也. 淸濁分而天地之道定, 四聲正而四時之運順. 苟非彌綸造化, 輶輾宇宙, 妙義契於玄關, 神幾通于天籟, 安能至此乎. 淸濁旋轉, 字母相推, 七均而十二律, 而八十四調, 可與聲樂之正同其太和矣. 吁. 審聲以知音, 審音以知樂, 審樂以知政, 後之觀者, 其必有所得矣.

옛사람이 글을 지어내고 그림을 그렸지만, 음화니 유격이니, 정절이니 회절이니 하면서, 그 법이 심히 거짓스럽다. 배우는 이가 그래도 입을 어물거리고 떠듬떠듬하여, 음을 고르고 운을 맞추기에 어두웠는데, 바른 소리가 만들어지면서 만 입에서 한 소리라도, 털끝만큼도 틀리지 아니하였으니, 실로 소리를

전하는 가장 중요한 것이 되었다. 청탁이 나뉘면서 천지의 도가 정해지고, 4성이 바르게 되면서 4계절 운행이 순조롭게 되었다. 진실로 조화를 이루어, 우주를 주름잡으며, 오묘한 뜻이 통로같이 부합되고, 신령한 기틀이 대자연 소리에 통한 것이 아닐진대, 어찌 능히 이에 이르겠는가. 청탁이 돌고 구르며, 자모가 서로 헤아려, 7음과 12운율, 게다가 84성조, 마땅히 성악의 바른길로 더불어 한 가지로 크게 화합되었다. 아아. 소리를 살펴서 음을 알고, 음을 살펴서 음악을 알며, 음악을 살펴서 정치를 알게 되니, 뒤에 보는 사람들이, 반드시 얻는 바가 있으리라.

正統十二年丁卯九月下澣 通德郎守集賢殿應敎藝文應 敎知製 敎經筵檢討官 臣申叔舟拜手稽首謹序

정통12년 정묘년 구월 하한 통덕랑수집현전교예문응 교지제 교경연검토관 신 신숙주 손을 맞잡고 머리를 조아려 삼가 서문을 쓰다.

⟨洪武正韻序⟩

명태조明太祖 홍무洪武8년, 1375년

洪武正韻序

人之生也則有聲, 聲出而七音具焉. 所謂七音者, 牙舌脣齒喉及舌齒各半是也, 智者察知之, 分其淸濁, 定爲角徵宮商羽, 以至於半商半徵, 而天下之音盡在是矣. 然則音者, 其韻書之權輿乎. 夫單出爲聲, 成文爲音, 音則自然協和, 不假勉强而後成. 虞廷之賡歌, 康衢之民謠, 姑未暇論. 至如國風雅頌四詩, 以位言之, 則上自王公, 下逮小夫賤隷, 莫不有作. 以人言之, 其所居有南北東西之殊, 故所發有剽疾重遲之異, 四方之音, 萬有不同. 孔子刪詩, 皆堪被之弦歌者, 取其音之協也. 音之協, 其自然之謂乎.

홍무정운서

사람의 삶에는 곧 소리가 있으니, 소리가 나오면서 칠음이 갖추어진다. 소위 칠음이라는 것은, 아음·설음·순음·치음·후음·반설음·반치음이 그것이며, 볼 수 있는 자가 그것을 살펴 알았으니, 그 청탁을 나누고, 각음·치음·궁음·상음·우음으로 정하여지고, 반상음·반치음까지 이르렀으니, 천하의 소리가 모두 이에 있게 된다. 그래서 소리라는 것은, 그 운서의 저울추이다. 무릇 그냥 혼자 나와서 소리가 되고, 무늬를 이루며 소리가 되니, 소리는 곧 자연스러운 어울림이니, 억지스러움 없이 마침내 이루어지게 된다. 요순시대 큰 길거리에서 화답하여 부르는 노래, 사람들이 붐비는 거리에서 서민들의 소리, 또한 논할 것도 없다. ⟨국풍⟩·⟨소아⟩·⟨대아⟩·⟨송⟩인 사시四詩같은 것에 이르러서도, 지위로서 그 소리를 말하자면, 곧 위로는 신분이 높은 사람부터, 아래로는 신분이 낮은 사람에 이르기까지, 행함이 없는 곳이 없다. 사람으로 그 소리를 말하자면, 그 거처인 동서남북의 다름이 있기에, 때문에 날래어 빠르고 무거워 더딘 차이가 있어, 사방의 소리는, 만 가지로 다르다. 공자가 시경을 산정하면서, 모든 것을 악기에 맞춰 감안한 것이니, 그 소리의 조화를 취한 것이다. 소리의 조화는, 그 자연을 이르는 것이다.

楚漢以來, 離騷之辭, 郊祀安世之歌, 以及於魏晉諸作, 曷嘗拘於一律. 亦不過協比其音而已. 自梁之沈約拘以四聲八病, 始分為平上去入, 號曰類譜, 大抵多吳音也. 及唐以詩賦設科, 益嚴聲律之禁, 因禮部之掌貢舉, 易名曰禮部韻略. 遂至毫髮弗敢違背, 雖中經二三大儒, 且謂承襲之久, 不欲變更, 縱有患其不通者, 以不出於朝廷, 學者亦未能盡信. 唯武夷吳棫患之尤深, 乃稽易詩書, 而下達于近世, 凡五十家, 以為補韻. 新安朱熹據其說, 以協三百篇之音, 識者雖或信之, 而韻之行世者猶自若也. 嗚呼音韻之備, 莫踰於四詩, 詩乃孔子所刪, 舍孔子弗之從, 而唯區區沈約之是信, 不幾於大惑歟.

초나라와 한나라 이래로, 굴원의 《이소》 가사와, 《교사》인 제사와 《안세》인 세상을 편하게 하는 노래와, 위진의 여러 노래에 이르기까지, 어찌 일률적으로 구애받을 수 있었겠는가. 역시 그 소리에 화합하는데 과하지 않음이라. 양나라 심약부터 사성팔병에 구애되어, 비로소 평성·상성·거성·입성으로 나누어졌는데, 이를 《유보》라 하지만, 대부분 중원아음이 아닌 오나라 음률이 많았다. 당나라에 이르러 시와 부로 과거를 실시함에, 더욱 성률의 규칙을 엄격히 하였고, 예부에서 과거를 관장하였기에, 이름을 바꾸어 《예부운략》이라고 하였다, 드디어 털끝만큼도 운율에 위배되는 바가 없음에 이르렀지만, 비록 유가 경서의 대유학자들도, 또한 이르기를 전한 인습이 오래되어, 변경하려 하지 않았고, 혹은 그 불통을 우려하는 사람이 있어, 조정에서도 내지 않아, 학자 역시 믿지 않았다. 유일하게 무이武夷의 오역吳棫이 그 오류의 극심함을 근심하여, 이에 《역경》과 《시경》 그리고 《서경》을 살펴어, 아래로 전하여 이르렀는데, 무려 50여가家가 되어, 《보운》으로 되었다. 신안 주희가 그 이야기에 근거하여, 《시경》 삼백 편의 소리를 도우니, 지식인들이 혹 믿었지만, 소리가 세상에 행하는 것은 오히려 그대로였다. 오호라, 음운의 갖춤은, 〈풍〉·〈소아〉·〈대아〉·〈송〉을 뛰어넘지 못하고, 《시경》은 곧 공자가 산정한 것인데, 공자를 버리고서 좇지 않고, 오로지 구구한 심약의 사성팔병설을 신뢰하니, 실로 큰 미혹이 아닌가.

恭惟

皇上稽古右文, 萬幾之暇, 親閱韻書, 見其比類失倫聲音乖舛. 召詞臣諭之曰, 韻學起於江左, 殊失正音. 有獨用當併為通用者, 如東冬・清青之屬, 亦有一韻當析為二韻者, 如虞模・麻遮之屬, 若斯之類, 不可枚舉. 卿等當廣詢通音韻者, 重刊定之. 於是翰林侍講學士臣樂韶鳳・臣宋濂・待制臣王僎・修撰臣李叔允・編修臣朱右・臣趙壎・臣朱廉・典簿臣瞿莊・臣鄒孟達・典籍臣孫蕡・臣荅祿與權, 不特此也. 欽遵

明詔, 研精覃思, 一以中原雅音為定. 復恐拘以方言, 無以達於上下, 質正於左御史大夫臣汪廣洋・右御史大夫臣陳寧・御史中丞臣劉基・湖廣行省參知政事臣陶凱, 凡六謄藁, 始克成編. 其音諧韻協者併入之, 否則析之, 義同字同而兩見者合之, 舊避宋諱而不收者補之, 註釋則一依毛晃父子之舊, 勒成一十六卷, 計七十六韻, 共若干萬言.

삼가 생각하건대,

황상께서 옛 문헌을 살피고, 바쁜 가운데 틈을 내, 친히 운서들을 열람하다가, 그 갈래가 법칙을 잃어 성음이 이치에 맞지 않고 어그러짐을 보셨다. 시문에 능한 신들을 불러 깨닫게 말씀하기를, 운학이 강좌에서 일어나, 특히 바른 음인 정음을 잃었다고 하시었다. 홀로 쓸 것을 합쳐서 통용하는 것이 있으니, 동운東韻과 동운冬韻・청운淸韻과 청운靑韻 같은 것이고, 또한 하나의 운이어야 마땅할 것을 나누어 다른 운이 된 것이 있으니, 우운虞韻과 모운模韻・마운麻韻과 차운遮韻 같은 것이니, 이러한 종류의 것들을, 그냥 둘 수 없다고 하시었다. 경들이 마땅히 널리 묻고 통하게 하여, 거듭 간행하여 운서로 정하라 하시었다. 그래서 한림시강학사 신 악소봉・신 송렴・시제 신 왕찬・수찬 신 이숙윤・편수 신 주우・신 조훈・신 주렴・전부 신 구장・신 추맹달・전적 신 손분・신 답록여권 등이 참가하였으며, 이들뿐만이 아니다.

명철한 황제의 뜻을 받들어서, 자세히 연구하고 깊이 생각하여, 유일하게 중원아음으로 정하였다. 되풀이하여 방언에 구애될까 염려되어, 상하 지위를 가리지 않고, 음운을 바로 잡는 질정관으로 좌어사대부 신 왕광양・우어사대부 신 진녕・어사중승 신 유기・호광행성참지정사 신 도개에 의해, 무려 6번 고쳐서야, 비로소 《홍무정운》이 이루어지게 되었다. 그 소리가 어우러지고 운과 적합한 것을 아울러 들이고, 아니면 곧 그것을 분석하고, 뜻이 같으면 문자가 같아 뜻과 문자가 서로 합쳐지고, 옛것을 피하고 송나라에서 꺼리던 것을 보강하고, 모황부자의 옛 운서에 근거하여 주석하니, 정돈하여 갖추어졌으니 16권이며, 모두 76운이며, 합쳐서 대충 10,000여 문자이다.

書奏,
賜名曰洪武正韻, 敕臣濂為之序. 臣濂竊惟, 司馬光有云, 備萬物之體用者, 莫過於字. 包眾字之形聲者, 莫過於韻. 所謂三才之道, 性命道德之奧, 禮樂刑政之原, 皆有繫於此, 誠不可不慎也. 古者之音, 唯取諧協, 故無不相通. 江左制韻之初, 但知縱有四聲, 而不知衡有七音, 故經緯不交, 而失立韻之原, 往往拘礙, 不相為用. 宋之有司雖嘗通併, 僅稍異於類譜, 君子患之.

이 책을 황상에게 아뢰니,

이름을 《홍무정운》이라 하고, 신 송렴에게 서를 지으라 하셨다. 신 송렴이 마음 깊이 생각해 보건데, 사마광이 말한 바가 있으니, 사물의 실체와 쓰임을 갖춤에, 문자를 뛰어넘는 것이 없다. 모든 글자의 형태와 소리를 포괄함에, 운을 뛰어넘는 것이 없다. 소위 삼재의 도에 있어서는, 성명과 도덕의 오묘함이고, 예악과 형정의 근원이니, 모두가 이 음운과 연결되어 있으니, 진실로 가히 신중할 일이다. 옛날의 소리는, 오로지 어울리는 것을 취하였기에, 때문에 서로 통하지 않음이 없었다. 강좌에서 운을 제정할 초기에, 단지 사성이 있음을 알아 따랐고, 칠음이 작용하고 있음을 알지 못하여, 때문에 서로 어울리지 못하였기에, 음운의 근원을 잃어, 왕왕 구애됨이 있어, 쓰임이 통하지 못하였다고 하였다. 송나라의 관련 부서에서 비록 일찍이 통하는 것끼리 합쳤어도, 자못 《유보》와 달라서, 사람들이 그것을 근심하였다.

當今
聖人在上, 車同軌而書同文, 凡禮樂文物, 咸遵往聖, 赫然上繼唐虞之治. 至於韻書, 亦入宸慮, 下詔詞臣, 隨音刊正, 以洗千古之陋習, 猗歟盛哉. 雖然旋宮, 以七音爲均, 均言韻也. 有能推十二律, 以合八十四調, 旋轉相交, 而大樂之和, 亦在是矣. 所可愧者, 臣濂等才識闇劣, 無以上承

德意受 命震惕, 罔知攸措, 謹拜手稽首, 序于篇端. 于以見聖朝文治大興, 而音韻之學悉復於古云

지금에

성인께서 재위하시니, 수레가 궤도에 맞듯이 글이 문과 맞으니, 모든 예악문물이, 한결같이 지난날의 성인들을 좇으니, 빛나게 요순시대의 치세를 이어받았다. 운서에 이르러서

성상의 뜻을 섬기었고, 문신들에게 명을 내려, 소리에 따라 바르게 간행하였으니, 천고의 누습을 씻음에, 크고도 높다. 비록 12율 중 하나인 궁음이 멋대로 되더라도, 7음으로 조율이 되니, 조율은 운을 말한다. 7음이 있어 능히 12율이 확충하면, 84조를 모을 수 있으니, 멋대로 구르다가도 서로 교류하여, 커다란 음악의 조화가, 역시 있게 되는 것이다. 가히 부끄러운 것은, 신 송렴 등이 재능과 식견이 어둡고 용렬하여,

황상의 큰 뜻을 잘 받들 수는 없지만, 우레와 같은 두려움으로 명을 받잡고, 황망하여 어찌할 바를 모르지만, 삼가 손을 맞잡고 머리를 조아려 절하면서, 글 끝에 서를 쓰다. 아, 황상의 문치대흥이 드러났으며, 음운의 배움이 다시 옛 바름으로 돌아갔다.

洪武八年三月十八日, 翰林侍講學士 中順大夫 知制誥 同修國史 兼太子贊善大夫臣宋濂謹序

홍무8년 3월 18일, 한림시강학사 중순대부 지제고 동수국사 겸 태자찬선대부 신 송렴이 삼가 쓰다.

2-2 《훈민정음訓民正音》을 알리다

동방東方, 위대한 조선에서 밝은 해가 빛난다.

세종25년《조선왕조실록朝鮮王朝實錄》은 세종이 친제한《훈민정음》28자를 공식적으로 전한다.

"是月, 上親制諺文二十八字. 其字倣古篆. 分爲初中終聲, 合之然後乃成字. 凡于文字及本國俚語, 皆可得而書. 字數簡要, 轉換無窮. 是謂訓民正音.

이달에, 세종대왕께서 친히 언문28자를 창제하였다. 그 글자는 옛 전자를 본떴다. 나누면 초성·중성·종성으로 되고, 그것을 합한 후에 글자가 된다. 모든 문자에서 우리나라 시골말까지, 모두를 표현해 쓸 수 있다. 글자 수는 간단하고 명료하지만, 전환은 무궁하다. 이를 훈민정음이라 한다."

위대한 조선에서《훈민정음》을 알린다.

소중하고도 위대한《훈민정음》28자.

《훈민정음》28자는 고전古篆을 본떴는데, 초성과 중성과 종성이 만났으니 문자 음가를 정확히 가늠할 수 있고, 온 백성이 언어諺語를 사용할 수 있는 편리함까지 고루 갖춘《훈민정음》의 과학적이고 정교한 음소音素라는 선언이다.《훈민정음》28자로 소위 한자인 문자는 물론 더불어 우리나라 민간에서 사용하던 토박이말 리어俚語를 표기할 수 있다. 나아가《훈민정음》28자는 문자인 소위 한자를 쓰는 나라 어디에서나 쓸 수 있다는 자신감에 찬 세종의 확신이다.

이 짧은 글에는 많은 뜻이 포함되어 있다.

언문諺文과 고전古篆 그리고 문자文字와 본국리어本國俚語.

먼저 언문諺文이다.

훈민정음을 언문28자諺文二十八字라고도 한다. 그렇지만 어디에도 왜 언문이라 하였는지, 그것에 대한 명확한 설명이 없다.

《훈민정음해례》를 참고하면, 언문諺文은 '언諺'과 '문文'의 만남이다.

다시 말해서 '언어諺語'와 '문자文字'의 조합이 '언문諺文'이다.

세종은 신제28자新制二十八字라, 《조선왕조실록》에서는 상친제언문28자上親制諺文二十八字라 하였다.

우리나라에서는 소위 한자인 문자를 읽을 때, 습관적으로 훈訓과 음音으로 말한다. 다시 말하면 세계 어디에서도 없는 독특한 문자 사용법이다. 신라新羅 설총薛聰 이두吏讀에서부터, 어쩌면 그 이전부터 시작된 고유의 독특한 방식이라 할 수도 있다. 그리고 그 의미를 밝히는 '훈訓'에는 오래전부터 내려온 우리나라 특유의 지혜로운 뜻과 사상이 담겨 있다. 그리고 문자의 '일자다음一字多音'에서의 '음音'에는 생생하게 살아있는 소중한 음가音價가 있음을 주지하여야 한다. 그것은 다른 말로 '음音'이 있기에 '훈訓'이 존재한다는 것이다.

예를 들어 우리는 '조鳥'를 이야기할 때, '새 조'라 말한다.

다른 말로 '새'도 되고 '조'도 된다는 것이다. 즉 음과 훈의 의미가 서로 같다는 이야기이다. 결론으로 토박이말과 문자가 자연스럽게 조화를 이룬 것이다. 이러한 원리를 이해하지 못하면 설총이 정리한 '이두'의 전후 파악은 쉽지 않을 것이다.

언諺은 토박이말인 언어諺語이고, 문文은 소위 한자인 문자文字이다.

그래서 언문28자인 '바른 소리(正音)'로 위대한 조선 사투리나 문자인 소위 한자를 바르게 읽을 수 있다는 자신감 있는 선언이다.

《조선왕조실록》에서 세종은 언문28자를 이렇게 정의하였다.

"凡于文字及本國俚語, 皆可得而書.
모든 문자는 물론 우리나라 시골말까지, 모두를 표현해 쓸 수 있다."

쉽게 말하면, 문자는 '문文'이고 본국리어는 '언諺'이다.

다시 말해서 바른 소리 언문28자는 소위 한자인 문자어는 물론 위대한 조선에서 사용하고 있는 토박이말 모두의 음가를 정확하게 옮길 수 있다는 것이다.

세종이 언급하는 문文에 대한 정의도 정밀하다.

특히 〈종성해〉〈결〉에서 문文의 정확한 쓰임을 엿볼 수 있다.

"六聲通乎文與諺   여섯 글자 'ㄱㅇㄷㄴㅂㅁ'은 문자와 토박이말에 통하고
戌閭用於諺衣絲   'ㅅ'과 'ㄹ'은 토박이말 '옷'과 '실'에 쓰이네"

문여언文與諺이라 하였으니, 문文은 문자文字이고, 언諺은 리어俚語인 토박이말이다. 그러나 지금 교육 현장에서는 이것의 정의를 밝히지도 않고, 언문諺文과 언어諺語를 구별하지 않고 있다. 그런데 강조할 것은 《훈민정음》에서 언문이라는 용어의 사용이 한 번도 없다는 것이다.

세종은 반드시 바른 소리 '정음正音' 또는 '정음28자'라 하였다.

그런데 《조선왕조실록》과 최만리 〈갑자상소문甲子上疏文〉에서 언문 사용은 빈번하였다. 최만리와 논쟁을 벌이면서 세종도 언문이라는 용어를 수차례에 걸쳐 사용하였다.

2 소리를 그리다

여기에 관한 이야기는 〔2-10 청백리 최만리崔萬理와 언문諺文28자〕에서 자세히 밝히겠다.

그리고 고전古篆은 무엇인가.

'그 글자는 옛날 전자를 본떴다(其字倣古篆)'에서 '그 글자(其字)'는 바로 언문 28자다.

부연하면 《훈민정음》 28자는 고전에 근거하였다는 사실이다. 정인지도 '형상을 본떴으니 그 글자는 고전을 모방하였다(象形而字倣古篆)'며, 고전이 《훈민정음》 28자의 근원임을 밝혔다. 일각에서는 엉뚱하게도 고전을 소위 한자 전서체라 한다. 그렇다면 오히려 문자인 소위 한자를 정리하고 체계적으로 완성하였던 진秦나라 때 소전小篆이 고전古篆에 더 가까울 수 있다.

다시 말해서 언문28가 참고한 고전은 진秦나라 소전小篆은 물론 항간에서 제기되는 단군檀君의 가림토문자加臨土文字와 파스파문자八思巴文字 등 모든 문자가 포함된다는 내용이다.

신숙주는 〈동국정운서〉에서 '옛사람이 글을 짓고 그림을 만든다(古人著書作圖)'고 하였다. 그는 '포희가 괘를 그리고, 창힐이 글자를 만든 것, 역시 다 자연 이치에 따라서, 만물 사정을 통한 것이다(包犧畫卦, 蒼頡制字, 亦皆因其自然之理, 以通萬物之情)'라 하였다. 그렇다면 '포희가 그림을 그리고, 창힐이 글자를 만들었다'는 것은 《훈민정음》 28자와 무슨 관계인가.

《훈민정음》에서 거론되는 고인과 고전 그리고 고운의 정확한 실체는 하나도 밝혀진 것이 없다. 신숙주가 거론한 포희와 창힐은 옛날부터 전해져 오는 신화 속 인물이지만, 고인은 누구인지 정확하지 않기 때문이다. 고인이 바로 포희나 창힐이었다면 그렇게 부르지 않았을 것이다. 그렇다면 꼭 집어 포희와 창힐 이전에 글자를 사용하던 사람을 고인이라 하였을 것이다. 포희의 괘와 창힐의 글자가 고전의 범주에 든다는 것이지, 포희의 괘와 창힐의 글자가 고전이라는 것은 아니다.

만약 포희 괘와 창힐 글자를 세종이 인정하고 전적으로 찬성하였다면, 《훈민정음》에서 그들을 거론하면서 그 공로를 칭송하였을 것이다. 그러나 세종은 그렇게 하지 않았다. 참고는 하였지만, 전적으로 따르지 않았다는 확실한 반증이다. 나아가 포희가 괘를 그리고 창힐이 글자를 만들었다는 전해져오는 이야기를 익히 알고는 있지만, 그런 불합리한 무늬와 흔적에는 완전하게 동의할 수 없다는 위대한 조선 세종의 주장이다.

신숙주는 그들인 고인이 성운을 다듬었지만, 결국에는 소리를 제대로 파악하지 못하였기에 서로가 그르니 옳다면서 같고 다름을 가리느라 시끄럽기만 하였다고 결론지었다. 한마디로 명나라 천자가 제정한 36자모字母는 음가를 제대로 살피지 못한 변음의 소산이라는 것이다.

그러면 '고인古人'은 구체적으로 누구인가.

고인은 《훈민정음해례》의 〈정인지서〉에서 한 번, 〈최만리상소〉에서 한 번, 신숙주 〈동국정운서〉에서 두 번 그리고 신숙주 〈홍무정운역훈서〉에서 한 번, 총 다섯 번 등장한다.

"有天地自然之聲, 則必有天地自然之文. 所以古人因聲制字, 以通萬物之情, 以載三才之道.

천지자연의 소리가 있으면, 반드시 천지자연의 무늬가 있다. 그래서 옛사람은 소리에 따라 글자를 만들어, 만물의 사정을 통하니, 여기에는 3재의 도가 실려 있다."

〈정인지서〉

"今不博採群議, 驟令吏輩十餘人訓習, 又輕改古人已成之韻書, 附會無稽之諺文, 聚工匠數十人刻之, 劇欲廣布, 其於天下後世公議何如.

그런데 지금 여럿의 일치된 논의도 널리 구하지도 않고, 갑자기 관리 십여 인에게 명하여 이를 익히게 하며, 또 옛사람이 이미 만들어 놓은 운서를 가볍게 고치어, 생각해볼 만한 가치도 없는 언문을 부회한 다음, 공방 사람 수십 인을 모아서 이를 새겨, 급히 널리 유포시키려 하시니, 천하 후세 공적인 의견이 이러한 일을 어떻게 생각하겠습니까."

최만리 〈갑자상소문〉

"乃因古人編韻定母, 可併者併之, 可分者分之, 一併一分, 一聲一韻, 皆稟宸斷, 而亦各有考據.
이에 옛사람이 편성한 음운과 제정한 자모부터, 합쳐야 할 것은 합치고, 나눠야 할 것은 나누되, 하나의 합침과 하나의 나눔이나, 하나의 소리와 하나의 운마다, 모두 위에 결재를 받고, 또한 저마다 고증과 근거가 있었다."

신숙주 〈동국정운서〉

"古人著書作圖, 音和類隔, 正切回切, 其法甚詳.
옛사람이 글을 지어내고 그림을 그렸지만, 음화니 유격이니, 정절이니 회절이니 하면서, 그 법이 심히 거짓스럽다."

신숙주 〈동국정운서〉

"古人謂梵音行於中國, 而吾夫子之經, 不能過跋提河者, 以字不以聲也.
옛사람이 이르기를 나라 안에서 범음이 쓰였기에, 우리 부자의 경전이, 발제하를 넘을 수 없다고 하였지만, 글자 때문이지 소리 때문이 아니다."

신숙주 〈홍무정운역훈서〉

정인지는 옛사람은 소리에 따라 글자를 만들어 만물의 사정이 통하니, 여기에는 3재 도리가 기록되어 있다고 하였다. 이러한 줄거리는 《훈민정음》에서 세종이 검토하고 확인한 내용이기에, 옛사람이라고 하는 고인의 이해는 반드시 필요하다.

그런데 신숙주 〈동국정운서〉가 눈길을 끈다.

옛사람이 편성한 음운과 제정한 자모字母에서 합쳐야 할 것은 합치고 나눠야 할 것은 나누었으며, 이러한 진행에는 저마다 고증과 근거가 있다는 이야기다. 쉽게 말하면 합칠 것은 합치고, 뺄 것은 뺐다는 논리이다. 그리고 비록 옛사람이 글을 지어내고 그림을 그렸지만, 음화·유격·정절·회절이 있어 그 고인의 음운법은 마땅하지 않다는 주장이다.

그렇다면 세종에게 《훈민정음》 28자 부당함을 상소하였던 최만리가 이야기하는 '또 옛사람이 이미 만들어 놓은 운서를 가볍게 고치어, 생각해 볼 만한 가치도 없는 언문을 부회하였다(又輕改古人已成之韻書, 附會無稽之諺文)'는 주장은 논리에 어긋난다. 집현전학자들 대부분은 옛사람이 사용한 고운과 명나라에서 사용하는 음운이 정확한 줄로 알고 있지만, 옛사람들 고운과 문자인 소위 한자를 사용하고 있는 명나라 운서는 문제가 적지 않으니 개선이 필요하다는 것이 세종의 확고한 생각이었다.

곧 고인古人 이야기와 고전古典의 종류와 고운古韻의 쓰임을 여러 각도로 참고하여 바른 소리인 《훈민정음》 28자에 철저히 반영시켰다는 것이다. 따라서 고인과 고전 그리고 고운 성격 규명 없이는 《훈민정음》 28자의 바른 모습을 파악하는 것은 불가능하다는 결론이다.

그리고 '문자文字'는 무엇인가.

우선 '문자文字'는 소위 '한자漢字'라 말할 수도 있다.

그렇다고 《훈민정음》을 설명하자면, 소위 한자로 딱 부러지게 규정지을 수는 없다.

세종 훈민정음에서 정인지와 신숙주의 〈서〉에서 단 한번도 '한자'라는 말을 사용하지 않았다. 그런데 지금의 학자들은 '문자'를 아무 생각도 없이 '한자'로 정의한다.

　잘못된 시각이다.

《훈민정음》〈어제〉 '여문자불상유통與文字不相流通'에서 말하는 '문자' 사용은 '바른 소리(正音)'가 만들어지기 전, 변음인 한음에 의해 사용된 체계이며, '바른 소리(正音)'가 없었기에 온전하게 제소리를 못 내었던 불통不通한 문자를 말한다. 그렇기에 문자가 나라마다 사람마다 불합리한 음으로 사용되어, 서로 통하지 않게 되었다는 것이다. 그래서 세종이 제반 문자학 고증과 과학적 연구를 거쳐 바른 음을 갖춘 정음28자를 신제하였다는 것이다. 세종에 의하여 비로소 '문자' 쓰임이 바르게 되었다는 것이다. 이제 《훈민정음》28자를 세종이 신제하였으니, 문자 음가와 언어 쓰임이 제대로 되었으니 마침내 '어리석은 사람(愚民)'이 사라졌다고 주장하는 것이다. 이 어리석은 사람들은 명나라 사람과 위대한 조선 사람 즉 문자인 소위 변음인 한자를 사용하였던 모두를 포함한다는 것이다.

　'모든 문자는 물론 우리나라 시골말까지, 모두를 표현해 쓸 수 있다(凡于文字及本國俚語, 皆可得而書)'에서 문자는 소위 한자와 언어諺語, 본국리어는 우리나라 사람들이 사용하는 시골말이다. 다시 말해서 범凡은 모든 것을 포용하는 말이다. '문자'와 '본국리어'까지를 한 범주로 포함한 것이니, 문자인 소위 한자는 물론 토박이말인 리어俚語·언어諺語까지를 이야기하고 있다.

　《훈민정음》28자는 문자인 소위 한자와 토박이말까지 아우를 수 있는 정확한 음가를 지닌 위대한 조선 언문이다. 《훈민정음》28자는 변음인 한음으로 얼룩진 문자로 옮길 수 있으며, 골목길의 바람 무늬까지도 정확하게 그려낼 수 있다는 자신감의 결정이다.

　마지막으로 본국本國이라는 말을 평가하여야 한다.

　본국은 단순히 위대한 조선이지만, 그렇게만 보면 《훈민정음》의 이해 폭이 좁아진다.

《훈민정음》의 창제를 알렸던 세종25년 《조선왕조실록》에서 본국(본국리어 本國俚語)이 한 번 나오고, 신숙주 〈사성통고범례서〉에서는 본국이 두 번 나온다. 본국은 당연히 우리나라이지만, 그보다 더 넓고 깊은 의미를 품고 있다. 다시 말해서 세종이 언급하는 '중국中國(나라 안)'에서도 중심인 위대한 조선, 본국이다.

바로 온 나라의 중심인 본국은 《훈민정음》 28자를 제작한 나라인 위대한 조선이다.

신미대사信眉大師

2-3 세종世宗과 신미信眉

《훈민정음訓民正音》과 《동국정운東國正韻》을 펴낸 위대한 조선 세종.

명나라 변음에 근거한 속운俗韻을 파악하기 위한 《사성통고범례》 편찬은 《훈민정음》 28자를 제작하는 시기와 맞물린다.

《사성통고범례》는 원元나라 황공소黃公紹가 편집한 《고금운회古今韻會》를 저본으로 한 것이다. 황공소《고금운회》와 웅충熊忠《고금운회거요古今韻會擧要》에서 불합리한 음운을 바로 잡았고, 그러한 과정에서 《사성통고범례》가 완성될 수 있었다. 그래서 세종은 정인지나 신숙주 등에게 하나하나 일일이 지적하고, 그들의 일거수일투족을 살폈다.

정인지는 《훈민정음》에서, 신숙주는 《동국정운》에서의 두 축이다.

〈동국정운서〉에서 말한다.

"臣等才識淺短, 學問孤陋, 承奉未達, 每煩指顧.
신 등이 재주와 학식이 얕고 짧으며, 공부가 비루하매, 뜻을 받들기에 부족하여, 매번 지시함과 돌보심으로 번거로이 하였다."

세종은 신숙주를 가까이하였고, 신숙주는 세종 의견과 지시를 따랐다.

그들은 세종을 하늘처럼 받들었다.

정인지는 《훈민정음》에서 세종을 아전하천종지성我殿下天縱之聖이라, 신숙주는 〈홍무정운역훈서〉에서 사후 세종을 아세종대왕천종지성我世宗大王天縱

2 소리를 그리다 85

之聖이라 이름하였다. 천종지성은 하늘이 낸 성인이라는 것이다.
　신숙주는 〈홍무정운역훈서〉에서 '오부자吾夫子'라는 말을 사용한다.

　　　"古人謂梵音行於中國, 而吾夫子之經, 不能過跋提河者, 以字不以聲也.
　　　옛사람이 이르기를 나라 안에서 범음이 쓰였기에, 우리 부자의 경전이, 발제
　　　하를 넘을 수 없다고 하지만, 글자 때문이지 소리 때문이 아니다."

여기에서 오부자를 일각에서는 노나라 공자라 하는데, 이러한 이야기는 부당하다.

　　　"文與諺雜用則有因字音而補以中終聲者, 如孔子ㅣ魯ㅅ사룸之類.
　　　문자와 토박이말을 섞어 쓸 때는 글자 소리 때문에 중성과 종성을 보좌하는
　　　일이 있으니, 공자는 노나라 사람이라는 따위와 같다."
　　　　　　　　　　　　　　　　　　　　　　　　　　　　〈합자해合字解〉

　세종이 《훈민정음》에서 거론한 유일한 역사적 인물은 공자孔子이다.
　그런데 공자를 '부자夫子' 또는 '공부자孔夫子'라 하지 않고, 분명 '노나라 사람'이라 하였다. 어떤 수식과 설명도 없다. 공자를 거론하면서 문자와 토박이말을 섞어 썼다고 밝히면서, 우리의 토박이말 리어俚語를 사용하였다.
　기개가 있는 표현이라 하지 않을 수 없다.
　이러한 엄연한 사실에서, 세종의 당당함을 엿볼 수 있다.

　1454년 단종3년, 신숙주 〈홍문정운역훈서〉에서 마무리이다.

　　　"臣等學淺識庸, 曾不能鉤探至賾, 顯揚聖謨. 尙賴我世宗大王天縱之聖, 高明博
　　　達, 無所不至. 悉究聲韻源委, 而斟酌裁定之. 使七音四聲, 一經一緯, 竟歸于正.

吾東方千百載所未知者, 可不浹旬而學. 苟能沈潛反復, 有得乎是, 則聲韻之學, 豈難精哉. 古人謂梵音行於中國, 而吾夫子之經, 不能過跋提河者, 以字不以聲也. 夫有聲乃有字, 寧有無聲之字耶. 今以訓民正音譯之, 聲與韻諧, 不待音和·類隔·正切·回切之繫且勞, 以擧口得音, 不差毫釐, 亦何患乎風土之不同哉.

我列聖製作之妙, 盡美盡善, 超出古今. 而殿下繼述之懿, 又有光於前烈矣.

신 등이 학문이 얕고 학식이 용렬하여, 일찍이 깊은 이치를 연구하고 도리에 이르러서도, 임금 뜻을 높이 드러내지 못하였다. 그렇지만 우리 하늘이 내린 성인 세종대왕이, 밝고 넓게 아니, 이르지 않는 곳이 없으셨다. 성운학 근원을 밝게 연구하여 모두 헤아리고, 결정해 준 것에 힘입었다. 7음과 4성으로, 날줄이 되고 씨줄이 되어, 마침내 바르게 되었다. 우리 동방에서 오랜 세월 알지 못하던 것을, 불과 열흘도 못 되어 배울 수 있게 되었다. 진정으로 되풀이하여 깊이 생각한 다음, 이것을 얻을 수 있다면, 바로 성운의 배움이, 어찌 어렵다 하겠는가. 옛사람이 이르기를 나라 안에서 범음이 쓰였기에, 우리 부자 경전이, 발제하를 넘을 수 없다고 하지만, 글자 때문이지 소리 때문이 아니다. 무릇 소리가 있으면서 글자가 있지, 어찌 소리가 없는 글자가 있겠는가. 지금《훈민정음》으로 이를 나타내니, 성과 운이 고르게 되면, 음화·유격·정절·회절의 번거로움과 수고로움을 기다리지 않고, 입으로 발음하면 소리를 얻으니, 조금의 틀림도 없을 것이니, 또 어찌 풍토가 같지 않음을 걱정하겠는가.

우리 여러 성군들 제작 묘함이, 진미진선하여, 고금에 뛰어났다. 게다가 전하께서 이어받은 아름다움도, 또한 선열에 빛남이 있으리다."

신숙주는《훈민정음》28자를 만드는 과정에서, 모든 내용을 누구보다 더 주도면밀하게 숙지하고 있는 인물이다.《훈민정음》을 반포하고 8년이 지난 1454년에 쓴 서문이다. 이는 세종이 살아있을 때 간곡한 부탁이며 지엄한 명령이다. 그래서 〈홍문정운역훈서〉 내용은 중요하다. 신숙주 의견이라기보다는 세종의 신념을 그대로 전한 것이라 볼 수 있기 때문이다.

나라 안에서 범음이 쓰여, 우리 부자 경전이 발제하를 넘을 수 없다고 하였다.

유학자 신숙주가 거론한 '우리 부자의 경전(吾夫子之經)'은 무엇인가.

〈홍문정운역훈서〉가 세종의 훈민정음과 동국정운의 당위성을 밝히기 위한 일환이라면, 범음梵音과 훈민정음訓民正音은 무슨 관계인가. 그리고 발제하跋提河는 어디인가.

우선 《대반열반경大般涅槃經》에서 구시나성拘尸那城 가까이 흐르는 아리라발제하阿利羅跋提河 강가에서 석가모니가 입적하였다는 불교사전 설명에 근거한다면, 여기에서 '중국中國'을 꼭 집어 명나라라 하면 앞뒤가 맞지 않는다.

범음梵音과 오부자지경吾夫子之經 그리고 발제하跋提河, 즉 불가佛家와 관계되는 언어가 나란히 거론되는 이유가 분명 있을 것이다.

범음과 발제하가 불교에 관한 용어가 확실하다면, 그 가운데 오부자지경도 같은 맥락일 것이다. 그런데 일부에서 오부자만을 전후 문맥과 동떨어진 공부자라는 주장은 그야말로 억지이다. 세종은 공자를 '노나라 사람'이라 하였는데, 왜 그 뜻을 억지로 꿰어 맞추는가.

〈홍무정운역훈서〉 마지막 문장은, 돌아가신 세종을 아세종대왕천종지성我世宗大王天縱之聖이라 추앙하였고, 처음부터 끝까지 살아생전에 이룩해 놓은 《훈민정음》 28자는 위대한 조선 사람이 칭송하는 문자이다.

여기에서 뜬금없이 공자孔子가 등장할 이유는 만에 하나도 없다.

세종대왕은 훈민정음해례에서 건괘乾卦니 복괘復卦니 하였지만, 그 출처를 《주역周易》이라 하지 않았다. 그리고 공자를 구체적으로 '노나라 사람'이라 하였다는 것은 분명 그 의미가 있을 것이다.

만에 하나 아무리 그렇다고 하더라도 오부자를 공자라 할 수도 없다.

왜냐하면 부자를 공자라 하고서, 이 문장을 절대로 풀어낼 수는 없기 때문이다.

우선 오吾는 무엇인가.

신숙주는 〈홍무정운역훈서〉에서 오동국吾東國이라 한다.

"於是, 以吾東國世事中華, 而語音不通, 必賴傳譯.
그래서 우리 동국에 의해 세상일은 꽃을 피우게 되었지만, 말과 음이 통하지 못하여, 반드시 전적으로 통역에 의지하게 되었다."

'오吾'는 분명 우리나라 '동국東國'인 위대한 조선을 말하고 있다.
따라서 오부자는 분명 공자가 아니라, 신숙주 본인의 군주인 세종을 가리키는 것이다.
정인지와 신숙주는 오吾를 이렇게 활용하고 있다.

〈정인지서〉	오동방吾東方
〈동국정운서〉	오동방吾東方
〈홍무정운역훈서〉	오동방吾東邦, 오동국吾東國, 오동방吾東方, 오부자吾夫子

정인지와 신숙주는 오吾라는 단어를 모두 여섯 번 사용하고 있다.
다섯 번은 지명, 한 번은 사람이다. 오吾를 사용하면서 위대한 조선 정체성을 주창하고, 영역 경계를 확실히 하고 있다.
그래서 오부자吾夫子는 노나라 사람인 공자가 아니라는 것이다.

신숙주가 거론한 바로 그 '고인古人'이라는 단어가 문제이다.
고인이 언제 사람인지는 몰라도, 시기적으로 《훈민정음》 28자를 거론할 수는 없다. 고인이 정확한 주어라면 시기적으로 오부자지경吾父子之經을 《훈민정음》이라 하는 것도 무리다. 혹 '고故'의 오기誤記이거나, 궁색하지만 '고古'에는 축자식逐字式의 의미를 품었을 가능성을 배제할 수 없다.
사실 이러한 문제가 《훈민정음》의 진면목을 밝히는데 있어서 장애라 할 수 있다. 1487년 성종18년 왕명에 의해 간행된 신숙주 유고집《보한재집保閑齋集》에 실려 있던 〈홍문정운역훈서〉가 원본 그대로 온전하였을까 하는 의문도 지울 수 없다.

사재동史在東은《훈민정음의 창제와 실용》에서 세종과 불교 관계를 밝힌다.

> "세종이 숭불주가 되어 국가적으로 불교정책을 공공연히 시행하였다는 사실이다. 원래 세종은 태조 대에 정립된 왕실숭불 전통과 외가 불교숭신에 의하여 그 형제들과 함께 불교신앙에 젖어 있었다. 이어 세종은 부왕 숭유정책에 따라 유교·성학을 공부하여 왕자 교양을 쌓아서 외유내불의 세자가 되고, 태종의 준엄한 후견으로 즉위하였을 때는 숭유배불의 군왕이 될 수밖에 없었다. 나아가 세종이 독자적 군왕으로 행세하면서 유교적 홍익인간과 불교적 요익중생을 통합·조화시켜 이상적 중도정치를 추구하게 되었다."

세종이 독자적인 군왕으로 행세하면서 왜 불교를 숭상했는지, 그것에 대한 설명이 충분하지 않다. 세종은 어째서 막대한 경비가 소요되는 불경간행에 반대를 무릅쓰고 명운을 걸었는가에 대한 적절한 이유도 부족하다. 그리고 세종이 숭불주가 되었다는 그 내용, 태조와 태종 숭유정책에서 세종과 세조에 이르는 숭불정책으로 전환하는 근거를 밝히지 못하고 있다.

〈제자해〉 끝은 다음과 같다.

> "吁. 正音作而天地萬物之理咸備, 其神矣哉. 是殆天啓
> 聖心而假手焉者乎.
> 아아. 정음이 만들어지면서 천지 만물이 이치를 모두 갖추어졌으니, 그 신령스러움이여. 이것은 아마도 하늘이
> 성인의 마음을 열어서 손을 빌려준 것이다."

성심聖心에서 다시 처음으로 시작하는 대두법擡頭法이 적용되었다.

세종을 '성인 마음'으로 추앙하였다.《훈민정음》을 성인 저서인 경經으로 받들었기 때문이다.

위대한 조선의 스승은 세종이다.

그렇기에《훈민정음》과《동국정운》의 '바른 소리(正音)'와 '바른 음운(正韻)'으로 언해한《석보상절》과《월인천강지곡》과 같은 불가佛家에 관한 서적 등 모두가 바로 세종이 지어낸 오부자지경吾夫子之經에 포함된다고 보는 것이다.

신숙주는〈홍무정운역훈서〉마지막 부분에서 이런 이야기를 한다.

> "夫有聲乃有字, 寧有無聲之字耶. 今以訓民正音譯之, 聲與韻皆, 不待音和·類隔·正切·回切之繫且勞, 以擧口得音, 不差毫釐, 亦何患乎風土之不同哉.
> 무릇 소리가 있으면서 글자가 있지, 어찌 소리가 없는 글자가 있겠는가. 지금《훈민정음》으로 이를 나타내니, 성과 운이 고르게 되면, 음화·유격·정절·회절 번거로움과 수고로움을 기다리지 않고, 입으로 발음하면 소리를 얻으니, 조금의 틀림도 없을 것이니, 또 어찌 풍토가 같지 않음을 걱정하겠는가."

무릇 소리가 있으면서 글자가 있는 것인데, 어찌 소리가 없는 글자가 있겠는가.《훈민정음》으로 이를 나타내니 소리와 운이 고르게 되어 입으로 발음하면 바로 소리를 얻게 된다고 하였다. 바른 소리에 의거한《훈민정음》만이 소리를 제대로 파악하지 못한 불합리한《홍무정운》음운 폐해를 극복하고 널리 사용될 것이라는 자부심이다. 그리고 '소리가 바르면(正音)', 범음을 사용하는 곳과 불교를 숭상하는 나라, 풍습과 '기질(風土)'이 다르더라도 사람들이 바른 소리를 따르게 된다는 자신감이었다. 바른 소리에 의한 정확한 문자를 사용하면, 공간에 아무런 구애도 없이 모든 사람들이 통일된 언어를 사용할 수 있다는 세종의 말씀이다.

여기에서 세종은 음音과 성聲을 구분하여 쓰고 있다.

최초 성음학聲音學(Phonetics) 출발이다.

혜각존자慧覺尊者 신미대사信眉大師 김수성金守省(1403-1480), 그는 누구인가. 《훈민정음》28자를 만드는데 실담어悉曇語(Sanskrit)인 범어梵語와 한음漢音과 언어諺語에 정통하였던, 신미대사 김수성이 주도적 역할을 하였다는 내용이 일부 학자들에 의해 제기되고, 그 자료들이 공개되고 있다. 그 내용을 살펴보면, 주자朱子의 성리학性理學을 추종하는 유학자들이 승려인 그를 달가워하지 않았음을 미루어 보아, 신미대사에 관한 공정한 기록과 업적이 지금까지 훼손되지 않고 온전하게 보존되었다고는 불가능하다고 생각된다.

세종대왕을 위시하여 왕족은 신미대사에게 무한한 신뢰를 보냈다. 1447년 세종29년 《세종실록世宗實錄》에는 다음과 같은 기록이 있다.

> "守溫之兄, 出家爲僧, 名曰信眉. 首陽大君 瑈 · 安平大君 瑢, 酷信好之, 坐信眉於高座, 跪拜於前, 盡禮供養.
> 수온의 형은, 출가하여 중이 되었는데, 이름은 신미이다. 수양대군 유와 안평대군 용은 신미를 매우 신뢰하고 좋아하여, 신미를 높은 자리에 앉게 하고, 그 앞에서 무릎 꿇고 절하면서, 예를 다하여 공양하였다."

말 타고 궁궐을 출입하였다는 승려.

신미대사를 내밀한 침소에까지 불러들여 세종이 높은 예로써 대하며 법사를 베풀게 하였다는 기록도 있다. 왜, 세종대왕과 왕족 특히 수양대군 세조(1417-1468)는 신미대사를 신임하였을까.

이것이 훈민정음과 신미대사의 관계를 밝히는 중요한 줄거리가 될 것이다.

신미대사를 세종에게 추천한 사람이 일설에는 세종의 형 효령대군(1396-1486)이라는 이야기도 있다. 그런데 무학대사舞鶴大師(1327-1405) 제자이며 신미대사 스승인 함허당涵虛堂 득통得通 기화대사己和大師(1376-1433)의 존재를 무시할 수는 없다. 아무튼 파악할 것은 세종대왕과 신미대사의 관계인데, 이들이 만나서 어떤 중차대한 이야기를 주고받았는지 그것이 핵심이다. 즉 신미대사가 처음으로 자기소개를 하였을 때, 세종대왕과 왕족 특히 수양대군이 어떤 반응을 보였는가 그것을 말하고자 하는 것이다.

그런데 이것에 대한 구체적인 기록은 어디에도 없다.

죽음을 앞둔 세종은 1449년, 지금의 청와대靑瓦臺 부근, 경복궁景福宮에 내불당內佛堂을 조성하고, 신미대사는 이러한 불사佛事를 축하하면서 《사리영응기舍利靈應記》를 편찬한다. 성리학을 추종하던 조정 신료와 성균관 유생들은 이 무모한 불사를 필사적으로 반대하였지만, 세종은 끈질긴 반대 상소를 무릅쓰고 그해 12월 내불당 낙성을 전격적으로 추진하였다. 억불숭유를 표방하던 위대한 조선에서 불교 행사를 정궁正宮 경복궁에서 주도한 것이다.

범상한 사건이 아니다.

치밀한 계획이거나, 어떤 중대한 추진력에 의해서 진행된 느낌을 지울 수 없다.

그리고 《석보상절釋譜詳節》과 《월인석보月印釋譜》 그리고 《동국정운東國正韻》 등을 편찬할 때, 신미대사를 주축으로 유학과 불교에 정통한 신미대사 동생 김수온金守溫(1409-1481) 그리고 승려들을 참가시켰다. 특히 《불경》에서 언해의 백미이며 인쇄술 최고봉인 《월인석보》는 세조의 명으로 신미信眉 · 수미守眉 · 설준雪峻 · 홍준弘濬 · 효운曉雲 · 지해智海 · 해초海超 · 사지斯智 · 학열學悅 · 학조學祖와 김수온 11명이 편찬하였다.

특이한 것은 세조는 아버지 세종보다 《불경》 언해에서 보다 적극적이었다는 사실이다.

세조는 1461년 보란 듯이 본격적으로 간경도감刊經都監을 설치하여 《능엄경楞嚴經》·《법화경法華經》·《금강경金剛經》·《원각경圓覺經》등 수많은 불경을 언해하여 간행하였다. 세조의 불경 편찬과 간행에 관한 불사에 거침이 없었다. 이러한 움직임에 성균관의 반대가 지속적으로 이어졌지만, 세조는 흔들림이 없었다. 특히《불경》언해는《훈민정음》28자 제작하는 시기에 집중적으로 이루어지고 있다.

세조8년 신미대사의《능엄경언해楞嚴經諺解》.

신미대사는《능엄경楞嚴經》을 언문28자로 풀이하였다.

즉 문자와 리어俚語인 토박이말로 자세히 설명한 것이다. 이것이 '언해諺解'이다. 다시 말해서 소위 한문을 한글로 풀이한 것이 아니라, 세종대왕이 창제한 언문28자를 온전히 사용하여 알기 쉽게 상세히 설명한 것이 '언해'라는 것이다.

세종28년 수양대군《석보상절》과 세종31년《월인천강지곡》그리고 세조5년《월인석보》가 대표적인 언해의 결과물이다. 물론 세종과 세조의 불교에 대한 남다른 이해의 소산이라고도 할 수 있다. 그런데 위대한 조선朝鮮의 선조先祖를 찬양한《용비어천가》보다는 이 불교에 관한 저서를 중시하였다. 억불숭유 국가에서 불경에 관한 그런 거국적인 편찬사업이 계속 이루어졌다. 이 과정은 보다 원대한 포부와 계획에 의해 이루어진 것이라고 볼 수밖에 없다.

세종의 모든 저술에서 불가의 색채가 짙다.

수양대군이 편찬한《석보상절》을 토대로 세종은《월인천강지곡》을 간경한다.

"부톄 백억세계百億世界에 화신化身ᄒᆞ야 교화敎化ᄒᆞ샤미 ᄃᆞ리 즈믄 ᄀᆞᄅᆞ매 비취요미 ᄀᆞᄐᆞ니라."

석가세존이 백억세계에 나타나 교화하는 것이 마치 달빛이 천 줄기 강을 비취는 것과도 같다는 그 유명한 찬사이다. 그런데 월인천강月印千江은 송나라 예장종경豫章宗鏡 게송偈頌이고, 이것을 신미 스승 함허涵虛 득통得通 기화대사己和大師가 《금강경오가해설의金剛經五家解說義》에서 인용하였다. 이렇게 본다면 시기적으로도 '월인천강月印千江'이란 시어는 세종이 지은 것이 아님이 분명하고, 신미의 인용 건의를 세종이 흔쾌히 받아들였다는 개연성을 무시할 수 없다. 함허대사는 세종25년에 입적하니, 신미가 월인천강이라는 불교송을 세종에게 추천한 셈이다.

불교와 세종과 관계는 단순한 종교 차원은 아님을 알 수 있다.

정도전鄭道傳《불씨잡변佛氏雜辨》에서 보듯이, 불교와 생리적으로 맞지 않았다. 특히 태종太宗 이방원李芳遠은 불교를 노골적으로 비하하였다. 그런데 세종부터 세조까지 4대에 걸쳐서 왕족들의 불교에 대한 신뢰는 그 어느 시대에 뒤지지 않았다. 그 이유는 불교 숭상보다는 신미와 세종과 비밀스러운 관계에서 기인한 것이라는 논리가 타당하다.

안병희安秉禧는 세종의 불경언해에 대하여 언급한다.

> "세종의 한글 창제가 불경언해를 위한 것이라고 단정할 수는 없다. 그러나 초기 한글문헌, 특히 세종, 세조 때의 한글 문헌에서 차지하는 불경언해의 절대적이라고도 할 위치, 창제 직후에 행해진 한글의 보급과 학습에 이바지 한 불경언해의 기능을 생각한다면 한글 창제에서 불교에 대한 고려가 없었다고는 못할 것이다. 세종이 겉으로 표방하지는 못했지만, 속으로는 불경언해를 생각하고 한글 창제에 임했으리라는 강한 의혹을 떨쳐버릴 수가 없는 것이다."

안병희는 불경언해를 위하여 한글 창제에 임했다는 것에 강한 의혹을 떨쳐버릴 수 없다고 하였다. 어리석은 백성을 위해《훈민정음》28자를 제작하였다는, 우리가 일반적으로 알고 있는 내용을 뒤집는 줄거리이다.

특히 세종은《능엄경楞嚴經》을 언해하여 세상에 널리 펴고자 하였다.

《능엄경》은 밀교사상密敎思想과 선종禪宗 가르침을 설법한 대승경전大乘經典으로 천축국天竺國에서도 반출을 꺼려서, 당나라에서도 손쉽게 얻지 못한 불가 핵심 경전이다. 《능엄경》은 모든 불교국가에서 간절히 원하는 경전인 셈이다. 세조는 1460년 세조6년에 국책기관인 간경도감刊經都監을 설치하고, 1461년 세조7년에 마침내 세종의 간절한 뜻인 《능엄경》을 언해하는데 국가의 모든 역량을 집중시킨다. 그리고 세조와 신미가 함께 발문을 쓴다. 이러한 역사적 사실을 감안한다면, 불경언해를 한낱 불교 숭상 차원이라고 치부하기에는, 앞뒤가 맞지 않다.

바로 안병희가 거론한 '겉으로 표방하지는 못했지만'은, 세종의 고민이었다.

세종도 긴가민가하였을 것이다.

불경 편찬 효과에 대한 주저와 의혹에 대하여 자신감을 심어준 사람은 다름 아닌 신미였을 것이다. 그러나 지금 신미대사는 위대한 조선 역사에서 사라진 인물이다. 사실 신미가 《훈민정음》 제작에 어디까지 개입하였고, 세종이 그의 의견을 어떻게 수용하였는지 구체적으로 밝혀진 것이 없다. 그래서 그 역할에 대하여 섣불리 언급할 수가 없다. 다만 세종은 분명 신미를 예사롭게 대하지 않은 많은 기록에서 그것을 증명하고 있다.

세종은 《불경佛經》을 신뢰하였다.

그리고 《훈민정음》 28자로 언해된 《불경》이 온 세상에 퍼져 바른 소리를 사용하게 될 것이라는 믿음이 확실히 있었을 것이다. 세종은 글자를 사용하는 모든 나라 중국에서 《훈민정음》의 바른 소리가 싹을 틔워 뿌리를 내릴 것이라 희망하였다.

2-4 〈어제御製〉에 대하여

1446년 세종28년 위대한 조선은 정음인 바른 소리에 근거한 《훈민정음訓民正音》을 창제하고서, 그 엄청난 역사적 업적을 축하하는 반포식도 없었다. 쓸쓸하고 어두운 출발이다.

정음28자를 제작하는 이 엄청난 사업을 세종은 은밀히 추진했다.

세종과 아들과 딸 그리고 문종文宗과 그의 아들 단종端宗(세종의 손자)까지 이 과업에 깊숙이 개입시켰다. 《훈민정음》28자로 《운회韻會》를 번역하게 하였고, 동궁(문종文宗)과 진양대군晉陽大君(수양대군首陽大君: 1445년 세종27년 진양晉陽에서 수양首陽으로 갑자기 바뀌었다) 이유李瑈 그리고 안평대군安平大君 이용李瑢으로 하여금 그 전반적인 일을 철저히 살피게 하였다. 그리고 막내 정의공주貞懿公主까지 그야말로 기라성 같은 왕족이 망라되었다.

《훈민정음》 언문28자 제작에 세종은 위대한 조선의 명운을 걸었다.

그리고 문종과 수양대군 세조世祖는 부왕인 세종 포부를 알았기에, 그 의의가 정당하면서 가능하다고 여겼기에, 그들의 행동은 치밀하면서도 비밀스러웠다.

그리고 세종의 지시를 수행하였던 정인지와 신숙주.

대제학大提學 정인지 〈서〉도 그랬지만, 특히 직제학直提學 신숙주 《동국정운》과 《홍무정운역훈》〈서문〉은 오로지 세종의 계획되고 의도된 속내라 할 수 있다. 신숙주는 세종에서 세조까지 《훈민정음》에 관한 서적편찬에 관여하였고, 세종 의중을 소상히 파악하고 있던 인물이다. 그가 쓴 서문에서 《훈민정음》에 관한 이야기는 전적으로 세종 의견이었을 것이다.

訓民正音
國之語音, 異乎中國, 與文字不相流通. 故愚民, 有所欲言, 而終不得伸其情者, 多矣. 予, 爲此憫然, 新制二十八字, 欲使人人易習, 便於日用耳

훈민정흠
나랏말ᄊᆞ미 듕귁에달아 문쭝와로서르ᄉᆞᄆᆞᆺ디아니ᄒᆞᆯᄊᆡ 이런젼ᄎᆞ로어린빅셩이니르고져홇배이셔도 ᄆᆞᄎᆞᆷ내제ᄠᅳ들시러펴디몯홇노미하니라 내이ᄅᆞᆯ윙ᄒᆞ야어엿비너겨 새로스믈여듧쭝ᄅᆞᆯ밍ᄀᆞ노니 사ᄅᆞᆷ마다히ᅇᅧ수비너겨날로ᄡᅮ메뼌한킈ᄒᆞ고져홇ᄯᆞᄅᆞ미니라 세조5년에 언해된 서강대 소장 《월인석보月印釋譜》 제1권에 수록된 〈어제〉의 시작이다.

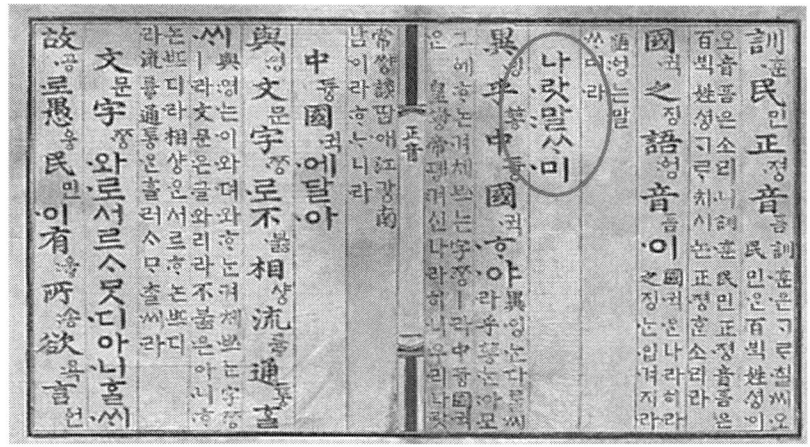

《훈민정음訓民正音 어제御製 언해諺解, 서강대西江大 소장본》

그리고 육당六堂 최남선崔南善이 소장하였던 〈어제〉에 관한 언해이다.

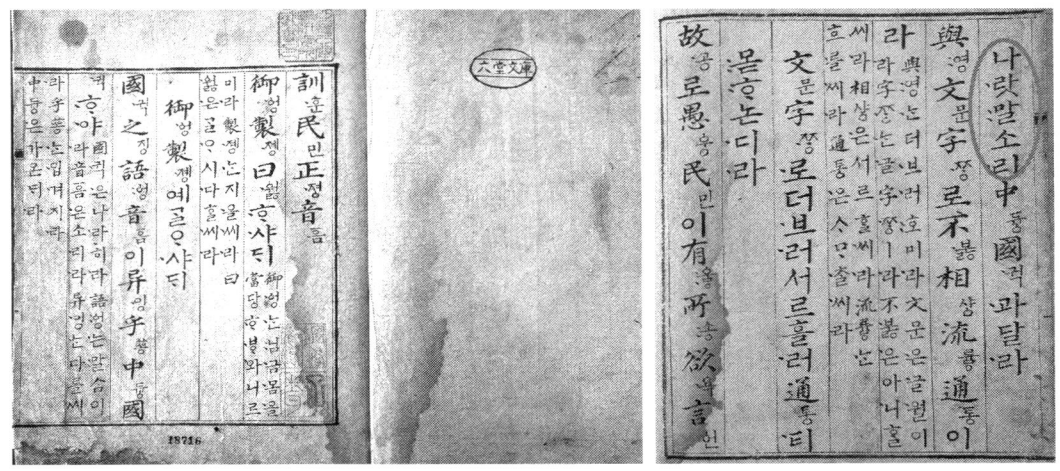

《훈민정음訓民正音 어제御製 언해諺解, 고려대高麗大 소장본》

2 소리를 그리다 99

《훈민정음》〈어제〉 언해에 대한 판본들은 다음과 같다.

서강대《월인석보본月印釋譜本》, 고려대《육당문고본六堂文庫本》,《희방사본喜方寺本》, 일본고마자와대학《탁족문고본濯足文庫本》,《한국학중앙연구원본韓國學中央研究院本》, 서울대《일사문고본一簑文庫本》, 서울대《가람문고본伽藍文庫本》 등이다.

우선 서강대가 소장한《월인석보》에서의 언해를《훈민정음》창제에 정통한 인물이 작성했는지, 아니면 어느 이름 모르는 사관史官의 작품인지는 정말 모를 일이다.

우선, 이 언해를 보면《훈민정음》에 근거한 정확한 표기법이 아니다.
마치 현대식 문자 표기법을 보는 듯하다.
특히 언문28자의 사용은 더욱 그러하다.
중성자〔•〕를 점 주〔丶〕로 표기하였고,〔ㅗ・ㅏ・ㅜ・ㅓ・ㅛ・ㅑ・ㅠ・ㅕ〕를 지금의 표기법인〔ㅗ・ㅏ・ㅜ・ㅓ・ㅛ・ㅑ・ㅠ・ㅕ〕로 사용하였다.
그리고 말미에 치음齒音인 치두음齒頭音과 정치음正齒音 명나라 변음變音에 대한 내용을 언해로 설명하였는데, 정작《훈민정음해례》에서 일체 거론하지도 않았던 무의미한 내용이다.

그런데 고려대에서 소장하고 있는《육당문고六堂文庫》〈어제〉 언해는 서강대 그것과 사뭇 다르다. 참고로 안병희安秉禧는 서강대와 고려대 언해는 첫 장만 다르고 나머지는 동일하여 같은 판본同板本으로 여겨진다고 주장하였다. 그리고 서강대 소장본에서 '세종'의 묘호墓號가 등장하기에, 세종대왕 사후의 문건으로 추정된다고 한다. 때문에 역사에 근거한 정확한 내용인지는 모르겠으나, 고려대 소장본의 출현 시기를 서강대 소장본보다 앞서는 것으로 여기고 있다.

여기에서 가장 중요한 사안은 고려대 소장본에서는 '국지어음國之語音'을 '나랏말쏫미'라 하지 않고, 문자 뜻을 그대로 살려 '나랏말소리'라 하였다는 것이다.

사실 이러한 접근이 진정 바른 자세일 것이다.

'나랏말소리'라 정의한 이 언해가 타당한 기록이기에, 우리의 소중한 문화 유산임에 틀림이 없다. 문자의 성격에 맞지 않게 '나랏말쏫미'라 언해한 서강대 소장본를 문제라고 생각하기 때문이다.

다시 한 번 주장하지만, '國之語音'을 '나랏말쏫미'라 하지 말고 '나랏말소리'라 하여야 한다.

물론 고려대와 서강대 소장본 모두가 '어語'를 '말쏫미'로 언해하였다. 그리고 서강대 소장본에서는 뜬금없이 '음音'의 의미를 생략하였다는 것도 주목할 만하다.

그리고 서강대나 고려대에서 소장하고 있는 언해본 모두가 초성과 중성 그리고 중성을 중시한《동국정운》표기법이 아닌 난데없는 현대표기법을 사용하였는데, 그 연유가 무엇인지 아리송하다.

그리고 간과할 수 없는 문제가 있다.

세종이 언급한 〈어제〉를 언해하여 그 뜻을 널리 펴려는 시도는 충분히 인정하지만, 세종 본연의 의도를 언해에서 충분히 반영하였느냐가 최대 관건이라는 것이다. 만에 하나 세종의 뜻과 상반되어, 그 의미를 혹여 왜곡하였다면 그것은 심각한 역사적 과오가 아닐 수 없다는 것이다.

《훈민정음》반포된 지 13년 지난 세조5년(1459년)에 언해하였다는 것에 근거한다면,《훈민정음》창제에 심혈을 쏟아 부었던 세조의 검토가 반드시 있었을 터이다. 엄중한 왕권시대에서 세조의 치밀한 검증을 거쳤겠지만, 결과적으로는 무엇인가 완전하지도 논리적이지도 않은 것이 문제라면 문제이다.

서강대가 소장하고 있는《월인석보》에 실린〈어제〉에 대한 언해와 고려대에서 소장하고 있는《육당문고》의〈어제〉언해가 서로 다른 이유는 무엇일까.

세조가 생존한 시기에《월인석보》에 게재된《훈민정음》언해에서 이런 오류가 발생하고 있다는 것은 많은 생각을 하게 된다.
결국 시작부터《훈민정음》을 올곧게 못 지킨 것이다.
또한, 전형필《간송본》이 불분명하게 보완되었기에〈어제〉마침표 구점句點과 쉼표인 두점讀點 위치에 대하여 아직도 학자들 사이에서 이견이 있는 실정이다.
《월인석보》에서 언해된 문자는 위에서 살필 수 있듯이 온전한 정음28자 사용이 분명 아니다. 우선 소위 한자인 문자는 초성과 중성 그리고 종성의 규칙을 지킨 동국정운식이다. '훈민정흠訓民正音'과 '듕귁中國' 그리고 '문쭝文字' 등이다.
그러나 '언어諺語'는 거의 현대식 표기법이다. 중성자의 규칙이 무시된 것이다. 그러면서 학자들은 이 불분명한 언해를 신주단지처럼 떠받들어, 많은 이야기하고 있는 실정이다. 실로 불행한 일이다.
단언하건대,《월인석보》제1권에 수록된〈어제〉의 언해가 세종의 의중 또는 세조의 본심이라고 할 수는 없다.

《훈민정음》출발이 명확하지 않다.
아무튼 이〈어제〉는 간단한 문장 같지만, 깊이 있고 신중하게 해석되어야 한다.
국지어음國之語音에서 '국國'과 신제이십팔자新制二十八字에서 '신제新制'와 '28자' 그리고 '인인人人' 함의가 간단하지 않기 때문이다.
물론 여기에서 분명하게 정의를 내려야 할 문장은 '異乎中國'에서 '중국中

國'이다. 이 문제는 복잡하기 때문에 다음 장(2-5 조선朝鮮 그리고 중국中國과 대동大東)에서 상세히 밝히겠다.

먼저 '국지어음國之語音'이다.
이 문장에는 긴밀한 줄거리가 있다.
우선 세종이 어리석은 조선의 백성을 위하여 문자文字를 창제하였다면, '국지어음國之語音'이라 하지 않고 '국지문자國之文字'라 하였을 터인데 '국지어음國之語音'이라고 한 것은 무엇을 말하는가.

그리고 또 하나의 중요한 문제는 '국國'을 '나라'로 해석하여야 하는데, 너나없이 '우리나라'로 풀이한다. '국國'이 세종의 위대한 조선이니, '우리나라'라 할 수도 있다. 정작 '우리나라'라 하려면, '아국我國'이니 '오국吾國'이라 하였어야 한다. 학자들 모두가 '국國'을 '우리나라'라 해석하는 것은 문제가 있다는 논리이다. 그것은 '중국中國'의 의미가 확실하지 않기 때문이다.

이것이 정확히 정리되지 않는다면 세종의 《훈민정음》은 끝내 논란의 중심에서 벗어나지 못할 것이다. 세종은 나라말의 소리가 혼란스러워 서로 의사소통을 할 수 없다고 밝혔다. 이것은 문자의 존재를 말하는 것이 아니라, 문자의 음이 서로 달라서 백성들이 고통을 받고 있기에 그것을 바로 잡겠다는 것이다.

"初聲凡十七字. 牙音ㄱ, 象舌根閉喉之形. 舌音ㄴ, 象舌附上腭之形. 脣音ㅁ, 象口形. 齒音ㅅ, 象齒形. 喉音ㅇ, 象喉形.
초성은 모두 17자이다. 어금닛소리 'ㄱ'은, 혀뿌리가 목구멍 막는 꼴을 본떴다. 혓소리 'ㄴ'은, 혀가 윗잇몸에 붙는 꼴을 본떴다. 입술소리 'ㅁ'은, 입 꼴을 본떴다. 잇소리 'ㅅ'은, 이빨 꼴을 본떴다. 목구멍소리 'ㅇ'은, 목구멍 꼴을 본떴다."

세종은 〈제자해制字解〉에서 기본 초성자에 대한 음가音價를 과학적으로 밝힌다.

범세계 음운학계에서 전무후무한 최초의 일이다.

학자들은 이 문장을 근거하여 초성자 대표음〔ㄱ·ㄴ·ㅁ·ㅅ·ㅇ〕이 세종의 독창적인 문자라고 주장한다. 틀린 말은 아니다. 그렇지만 정확한 논리도 아니다. 독창적인 문자보다는 정확한 음가라고 해야 맞을 것이다.

또한 〈단군고기檀君古記〉에서의 가림토加臨土 문자와 실담어悉曇語인 범어 산스크리트어와 인도·아리안 언어의 한 갈래인 빨리어 그리고 티벳의 파스파문자인 몽골어가 《훈민정음》의 기원이 되었다는 주장이 멈추지 않는다. 그리고 이러한 문자의 자모字母 체계가 정음28자와 유사하다며,《훈민정음》을 이 문자의 아류로 여기는 이야기도 서슴지 않는다.

"象形而字倣古篆, 因聲而音叶七調.
꼴을 본뜬 글자는 고전을 본떴으니, 소리에 근거하였기에 음은 7조에 맞았다."

〈정인지서〉에서의 이 줄거리를 살펴야 한다.

정인지는 정음28자가 '고전을 본떴다(字倣古篆)'고 하였지만, 세종의《훈민정음》은 철저히 소리에 근거하였기에 음가가 7조7調에 맞는다고 하였다. 다시 말해서 가림토문자와 범어와 빨리어 그리고 파스파문자는 정음28자와 달리 소리에 정확하게 근거하지 못하였기에, 음이 7조에 맞지 않다는 주장이다.

세종은 아설순치후음牙舌脣齒喉音인〔ㄱ·ㄴ·ㅁ·ㅅ·ㅇ〕에서 음가의 정확한 근거를 말하였지, 독창적으로 정음28자를 새롭게 만들었다고는 이야기하지 않았다.

바른 소리인 정음正音을 구현한 것이지, 바른 소리를 만들었다고 하지는 않았다는 논리이다. 사실 어느 누가 소리(음音)를 만든다고 할 수는 없지 않겠는가.

그리고 국지어음國之語音에서 '국國'은 위대한 '조선朝鮮'을 말하는 것이 아니다.
언어와 문자를 사용하는 넓은 의미에서 모든 나라이다.
토박이말인 사투리를 사용하는 위대한 조선은 물론 소위 한자인 문자어를 사용하는 광범위한 모든 나라를 말하고 있다. 말의 쓰임이 들쭉날쭉 만 가지로 발음되고, 또한 문자인 소위 한자는 변음인 한음漢音이기에 대동大東 온 '나라 안(中國)'에서 서로 통하지 않는다는 엄격하고도 일반적인 사실을 서두에 밝힌 것이다.

"國之語音
國귁은 나라히라
之징는 입겨지라
語엉는 말ᄊᆞ미라"

'국지어음國之語音'에서 '국國'을 '나라', '지之'를 '입겨지' 그리고 '어語'를 '말ᄊᆞ미'라 하였다.
그런데 정작 '음音'에 대한 언해가 빠졌다.
물론 표제라 할 수 있는 '훈민졍흠訓民正音'의 언해에서 '흠音'을 '소리'라 풀었기 때문에 구차하여 생략했을까.
'어語'를 '말ᄊᆞ미'라 하였다.
그렇지만 우리는 '말ᄊᆞ미'를 '어語'와 '음音'의 의미가 함축되어 있다고 지레

짐작하여 소위 '말의 쓰임'인 '말씀' 정도로 여기고 있는 실정이다.

그렇지만 그렇게 볼 수 없다.

'국지어음國之語音'은 '국지어國之語'와 '소리(音)'로 풀어야 한다. 즉 국지어음國之語音을 바로 '나라 말의(國之語) 소리(音)'라 하여야 한다. 세종은 어려움을 무릅쓰고 '바른 소리(正音)'에 의한 정음28자를 신제하였다.

세종은 문자의 '소리(音)'를 강조하였다. '나라말의 소리(國之語音)'가 제대로 파악되지 못하였기 때문에 문자가 제 기능을 하지 못한다고 보았다. 즉 '나라말의 소리가, 나라 안에서 달라, 문자와 서로 통하지를 못한다(國之語音, 異乎中國, 與文字不相流通)'가 바로 그것이다.

즉 '바른 소리(正音)'가 없기에, 문자가 제 기능을 못한다고 주장하는 것이다.

정광鄭光은 '국지어음國之語音' 대하여 다음과 같은 이야기를 하고 있다.

> "이 서문에서 '國之語音이 異乎中國ᄒᆞ야는 "〔한자의〕국어 발음이 중국과 달라서"라는 뜻을 가진 것으로 한자의 우리 발음과 중국어의 발음이 서로 달라서 같은 한자漢字라도 중국인과 대화할 때는 서로 통하지 않는 뜻으로 볼 수밖에 없다. 여기서 '國之語音'은 한자漢字의 우리말 발음, 즉 한자의 동음東音을 말하는 것으로 이해해야 한다.
>
> 그러나 다음에 연결되는 '故로 愚民이 有所欲言ᄒᆞ야도 而終不得伸其情者ㅣ 多矣 라 – 이런 젼ᄎᆞ로 어린 百姓이 니르고져 홇 배 이셔도'와는 문맥이 연결되지 않는다. 아마도 중간에 몇 행이 삭제된 것으로 보인다."

정광은 '중국中國'을 '명나라'로 여겼다. 때문에 소위 한자의 우리 발음과 명나라의 발음이 서로 달라서 같은 한자漢字라도 명나라 사람들과 대화할 때는 서로 통하지 않는 뜻으로 볼 수밖에 없다는 논리로 '國之語音, 異乎中國'을 이해하려 한다.

이러한 논거에서는 '다음에 연결되는 '故로 愚民이 有所欲言ᄒ야도 而終不得伸其情者ㅣ多矣 라 – 이런 젼ᄎ로 어린 百姓이 니르고져 홇 배이셔도' 와는 문맥이 절대로 연결되지 않는다. 아마도 중간에 몇 행이 삭제된 것으로 보인다'라는 이상한 추론으로 위대한 조선의 국보인 《훈민정음》 온전성을 부정하고 있다.

　그리고 신제新制는 무엇인가.
　문자의 불합리한 음운을 개선하였기에, 세종이 언급한 신제28자이다.
　그리고 신제는 세상 어디에도 없던 것을 새롭게 창제創制한 것이 아니라, 구습에 물든 것을 고치기도 하였고, 없던 것을 창제하였다는 의미를 내포하고 있다. 즉 세종은 언문28자를 신제하면서 고인의 고전과 고운을 살폈고, 지금까지 사용한 변음에 의한 불합리한 문자사용과 소리 모두를 참고하고, 그 문제점을 파악하여 새로이 28자를 제정하였다는 이야기이다.
　여기서 하나의 사실이 있다.
　〈어제〉에 의거하면, 문자의 불합리한 음운을 개선한 결정체가 세종이 신제한 28자라 하였다. 그렇다면 세종이 문자를 창제하였다는 것인가 아니면 음운을 개선하였다는 것인가.

　　　'國之語音, 異乎中國, 與文字不相流通
　　　나라말의 소리가, 나라 안에서 다르기에, 문자와도 서로 통하지를 않았다'

　이 문장을 살펴보면 분명 세종 이전부터 변음變音에 의해 사용되어진 문자를 말한다.
　직제학 신숙주가 변음變音은 명나라 한음漢音이고, 《훈민정음》에서의 우리나라 본국本國의 음을 화음華音이라 하였음을 반드시 숙고하여야 하기 때문이다.

그리고 '문자文字'는 소위 한자라고도 할 수 있다. 세종은 소위 문자의 어음 語音이 나라 안에서 다르다고만 하였지, 세종 자신이 없던 문자를 새로 만들었다는 이야기는 〈어제〉 어디에도 없다. 말의 소리(語音)가 달라서 어리석은 백성이 제 뜻을 바로 펴지 못하고 본의 아니게 피해를 보는 것이 딱하여 세종은 새로 28자를 만들었다고만 하였다. 전후 문맥을 살펴보면, 나라말의 소리가 나라 안에서 다르기에 세종은 문자를 만들었다기보다는, 오히려 나라 안에서의 말소리인 음운을 바로 잡았다는 내용이 타당성을 갖추고 있는 것이다.

그런데 '신제28자新制28字'의 '신제新制'가 무슨 뜻인가.

많은 사람들이 '신제28자'를 '새로 28자를 만들었다'고 풀이하였다.

그러나 전후 문맥을 살펴보면, 나라말의 소리가 나라 안에서 달라서, 세종은 문자를 만들었다기보다는 말소리 주체인 음운을 바로 잡았다는 내용이 타당성을 갖추고 있다.

세종의 '신제新制' 의미를 정확히 파악하기 위해《훈민정음》에서 모든 '제制'의 쓰임을 파악한다.《훈민정음》에서 '제制'는 〈어제서〉 1번,《훈민정음해례》〈제자해〉에 7번 그리고 〈정인지서〉에 3번의 쓰임이 있으니, 총 11번 사용되었다.

그리고《해례》에서의 〈제자해制字解〉를 '글자를 만드는 설명'이라 풀었기에, 많은 사람들은 세종이 정음28자인 '글자를 만들었다'고 알고 있다.

그런데 이렇게 알기에는 전체적으로 앞뒤가 맞지 않는다.

〈어제서〉에서의 문장이다.

> "予, 爲此憫然, 新制二十八字, 欲使人人易習, 便於日用耳
> 내, 이를 가엾게 여겨서, 새로 28자를 만드니, 모든 사람들이 쉽게 익혀서, 날마다 쓰는 데 편안하게 하고자 한다"

우선 〈어제〉 '予, 爲此憫然, 新制二十八字(내, 이를 불쌍하게 여겨서, 새로 28자를 만드니)'에서 '새로 28자를 만드니'의 의미가 정확하게 밝혀져야 한다.《월인석보》〈언해〉에서는 이 문장을 '새로스믈여듧쫑를밍ᄀ노니'라 하여 '제制'를 '만들다'고 명시하였다. 때문에 사람들은 세종이 정음28자를 만들었다고 여기는 것이다. 그렇지만 '제制'에는 '만들다'라는 의미도 있지만, '마름질하다'와 '바로 잡다'는 뜻도 있기에, '신제新制'를 '새롭게 하여 바로 잡다'는 해석도 가능하다.

이미 언급하였지만, 세종은 정음28자를 창제하였기에, '음音'을 만들었다는 해석보다는 '음音'을 바로 잡다가 적합하다고 주장하는 것이다.

그리고《해례解例》〈제자해制字解〉의 쓰임이다.

> "正音二十八字, 各象其形而制之.
> 정음28자는, 저마다 그 꼴을 본떠서 글자를 만들었다."

사람들은 세종의 정음28자를 '소리 글자'라 말한다.

그렇지만 '저마다 그 꼴을 본떠서 글자를 만들었다'는 이야기를 참고하면 소리와 형태를 아우르고 있는 형성문자形聲文字라 하여야 정확할 것이다. 그리고 그 형태의 근거는 정인지가 '자방고전字倣古篆'이라 하였으니, 초성자와 중성자 글자는 옛 글자를 모방하였다는 것이 그것이다. 그리고 글자를 만드는데 있어서 구체적인 예를 들어서 과학적으로 정하였고, 그렇기 때문에 소리 즉 음가를 정확하게 파악할 수 있다는 이야기이다. 이러한 내용은 '고전古篆'이나 '고인古人'이나 '고운古韻'에서는 찾아 볼 수 없었다는 세종의 주장이다.

정인지가 언급한 '창제創制'(전하창제이십팔자殿下創制二十八字)에서의 '창創'은 세종이 '고전'과 '고인'과 '고운'을 심층적으로 분석하여 참고한 것이고, 그것에서 불합리한 점을 마름질하고 바로 잡아 정음28자를 '제자制字'하였다는 이야기가 논리적일 것이다.

"一朝
制作侔神工
大東千古開矇矓
위대한 조선에서
훈민정음 제작이 신의 솜씨와 견줄만 하니
대동 오랜 세월의 어둠이 열리다"

〈합자해〉〈결〉에 나오는 구절이다.

세종은 《훈민정음》 창제를 신의 솜씨와 견줄만한 지상 최고의 음운론서라 자신하였고, 그동안 심혈을 기울였던 정음28자 신제의 모든 과정을 '제작制作'이라 표현한 것이다. 다른 말로 비유하면 하나의 완성품을 자랑스럽게 출시한다는 의미일 것이다. 그리고 이러한 《훈민정음》 제작은 바로 대동大東인 온 세계에서 바른 소리 문자가 없어 우왕좌왕하던 오랜 세월의 어둠이 걷히고 태양의 밝음이 도래한다는 것이다.

그런데 이 문장을 많은 사람들이 아래와 같이 띄어쓰기도 다르게 하여 풀고 있다.

"一朝制作侔神工　　하루아침 제작이 신공에 견주니,
大東千古開矇矓　　대동(우리나라) 천고(오랜 역사)에 어두움 열리도다"

그 문제점을 다른 장에서 자세히 밝히겠다.

마지막으로 〈정인지서〉이다.

> "恭惟我
> 殿下, 天縱之聖, 制度施爲超越百王.
> 공손히 생각하기를 우리
> 전하께서는, 하늘이 내린 성인이니, 제도를 시행하는 것이 백대 제왕을 뛰어넘는다."

정인지는 《훈민정음》을 창제한 세종에게 최대의 찬사를 보낸다.

세종대왕은 하늘이 내린 성인聖人이기에, 《훈민정음》을 시행하는 것이 시간과 공간을 초월하여 유일무이한 음운론서로 우뚝할 것이라는 예찬이다.

그리고 《훈민정음》 창제와 반포 그리고 시행의 모든 과정을 '제도制度'라 한다.

'제도制度'라 함은, 언제 어디서든 누구도 세종이 창제한 《훈민정음》에 대하여 어떠한 이론이란 불합리한 점을 제기할 수 없을 것이라는 자신감이다. 즉 다른 말로는 《훈민정음》을 '법제화法制化'한다는 것이다. 즉, 다른 말로 마름질이 바르게 끝난 정음28자이라는 것이다.

그리고 세종이 부제학 최만리와 대화를 나눌 때 '정음正音'이라 하지 않고 '언문諺文'이라 하였고, 《조선왕조실록》에서도 '언문28자'라 썼다.

'언문諺文'은 '언어諺語'와 '문자文字'이다.

'문자'는 소위 한자이다.

그리고 '언문'은 우리나라 즉 본국本國에서 일상으로 사용하는 말이다.

그렇다면 논리적으로 언어諺語는 세종이 지은 말은 분명 아니다.

만약 〈어제〉에서 이러한 문제를 명쾌하게 정리하지 못한다면, 우리는 세종대왕 정음 신제를 확실하게 파악하였다고 볼 수는 없다.

마지막으로 '인인人人'이다.

〈어제〉에서 사람을 나타내는 '우민愚民'의 '민民'과 '인인人人'은 구체적으로 누구인지 확실하지 않다. 포괄적으로는 우민을 불쌍한 우리나라 백성이라고도 할 수 있지만, 인인人人은 우민보다 범위가 넓고 깊다.

인인人人은 우선 단수가 아닌 복수이다. 모든 사람이다. 인인人人은 위대한 조선 백성을 포함한 문자인 소위 한자를 사용하는 대동의 모든 사람이라고도 할 수 있다.

〈어제〉에서 사람을 나타내는 용어는 우민愚民의 '민民'과 '인인人人'이다 다시 말해서 크게 '민民'과 '인人'으로 구분할 수 있다.

우선 민民은 바르지 않은 소리를 사용하는 사람을 말한다. 그리고 인인人人에서 '인人'은 세종이 신제한 28자인 바른 소리인 정음을 사용하는 사람을 말한다. 그렇기에 불합리한 소리를 따른 문자를 사용하는 '어리석은 사람(愚民)'을 세종은 딱하게 여겼다는 것이다. 세종이 새로운 정음28자를 신제하였기 때문에, 바른 소리인 정음28자에 따라 문자를 사용하는 사람들을 인인人人이라 할 수 있는 것이다. 바른 소리를 사용하는 인인人人은 지혜로운 개화된 문명인이라 할 수 있지만, 바르지 않은 한음을 사용하는 사람들은 바로 지혜롭지 못한 우민이라 한 것이다.

만에 하나 인人을 하늘과 땅의 덕성德性을 꿰뚫고 있는 사람이라 정의한다면 이야기는 달라져야 한다. 허리를 곧추세우고 직립하여 문자를 사용하는 사람을 뭉뚱그려 인人이라 할 수도 있지만, 훈민정음에서 세종이 말하는 인인人人은 각별하면서도 의미가 심장하다.

그리고 우리가 잘못 알고 있는 문장이 있다.

"故愚民, 有所欲言, 而終不得伸其情者, 多矣.
이런젼추로어린빅셩이니르고져훓배이셔도 ᄆᆞᄎᆞᆷ내제ᄠᅳ들시러펴디몯훓노미하니라"

《월인석보》 제1권에 수록된 언해이다.

이 문장을 우리는 '때문에 어리석은 백성들이 말하고자 하여도 끝내 그 뜻을 펼쳐내지 못하는 사람이 많다'라고 풀이하고, 그렇게 알고 있다.

그런데 무엇인가 매끄럽지 못하다.

그 이유는 '우민'인 '어리석은 백성' 그리고 '기정자其情者에서'의 '사람(者)'이 서로 충돌하기 때문이다. 한 문장에서 주어가 둘인 셈이다. 바르지 못한 한 음인 변음을 사용하는 어리석은 백성과 그 뜻을 제대로 펼치지 못하는 사람 모두가 어리석고 불쌍한 백성이기 때문이다.

여기에서 주어는 누가 보아도 어리석은 백성, 바로 '우민愚民'이다.

그렇다면 기정자其情者에서 자者가 문제이다.

《월인석보》 언해에서는 'ᄆᆞᄎᆞᆷ내제ᄠᅳ들시러펴디몯ᄒᆞᇙ노미하니라(마침내 그 뜻을 끝내 펼치지 못하는 노미 많다)'하였다. 즉 '자者'를 '노미'라 하였고, 우리는 그것을 사람이라 풀었다. 그러나 주어가 우민愚民이라면 기정자其情者는 그것을 설명하기 위한 이유가 되어야 마땅하다. 때문에 언해에서 '노미'를 '어떤 사정事情'을 말하는 '그 일' 또는 '그것' 정도로 해석하여야 논리적으로 타당할 것이다.

〈정인지서〉에 아래와 같은 문장이 있다.

"故智者不終朝而會, 愚者可浹旬而學. 以是解書, 可以知其義. 以是聽訟, 可以得其情.

그래서 지혜로운 사람은 아침나절이 끝나지도 않아 이해할 수 있으며, 어리석은 사람이라도 열흘이면 배울 수가 있다. 이로써 글을 풀면, 그 뜻을 알게 된다. 이로써 송사를 들으면, 가히 그 사정을 알아낼 수 있다."

이 문장에서 마지막 부분인 '可以得其情(가히 그 사정을 알아낼 수 있다)'을 살펴보자.

정음28자는 어리석은 사람이라 할지라도 열흘이면 배울 수가 있고, 송사가 있더라도 정음28자를 사용하면 옥사獄事에 관여하는 하급관리도 전후 사정을 불을 보듯이 확연하게 파악할 수 있어서 억울하게도 제 뜻을 끝내 펼치지 못하는 사람이 있을 수 없다는 정인지의 설명이다.

결론적으로 〈어제〉에서 '其情者'와 〈정인지서〉에서 '其情'을 같은 의미로 보아야 한다. 그렇다면 '故愚民, 有所欲言, 而終不得伸其情者, 多矣'를 '때문에 어리석은 백성들이 말하고자 하여도 끝내 그 뜻을 펼쳐내지 못하는 사정이 많다'라고 풀이하여야 맞다고 여겨진다.

그리고 문장이 모두 끝날 때, '편어일용이便於日用耳'에 마침표인 구점을 안 찍었다. 《불경》 편집형태인 것은, 세종이 《훈민정음》을 경전으로 여겼기 때문이다. 마침표인 구점이 있으면, 경經의 여운이 사라지는 것으로 여겼다.

때문에 세종은 이 규칙을 철저히 지켰다.

목판본인 《훈민정음》과 목판본과 활자본이 혼합된 《동국정운》을 인쇄할 때도 《불경》 체제를 철저하게 따랐다.

〈어제〉를 꼼꼼히 한 자 한 자 살피면, 몇 군데가 외형상으로도 색다른 것을 알 수 있다.

한 치 실수도 허용될 수 없는 왕조시대 임금의 말씀이니, 그 의도가 무엇인가 되짚어 보아야 할 것이다.

특히 〈어제〉 여러 군데에서 색다른 점이 발견된다.

훈민정음訓民正音 '민民'과 중국中國 '중中'에 점인 ㆍ이 찍혀 있고, '유流'에는

《훈민정음訓民正音》

있어야 할 점(ヽ)이 없으며, 편어일용이便於日用耳에서 '일日'자가 눈에 띄게 작다는 것이다.

〈예의〉에서도 '민民'과 '중中'에, 〈훈민정음해례〉에서도 '토土'에는 점을 반드시 찍었다. 《훈민정음》을 통틀어 민民(7회)과 중中(55회) 그리고 토土(9회) 모두가 그렇다.

그리고 '귀鬼'는 한 차례 '신神'의 표기는 다섯 차례에 걸쳐 다르게 나타나는 것도 특이하다. 그렇다면 이것은 무엇을 강조한 것이다. 그 이유를 세종이 설명하지 않았으니, 섣불리 정의를 내릴 수 없다.

우선 '일日'을 작게 썼다.

〈어제〉에서 편어일용이便於日用耳와 〈정인지서〉에서 개유대어금일야여盖有待於今日也歟에서 두 번 모두가 그렇다. 그렇다면 이것도 일日을 강조한 것이다.

《훈민정음》에서 표기를 다르게 하여 무엇인가를 나타내려는 의도가 있는 것이 아닌가 하는 곳이 종종 있다.

〈제자해〉에 이런 구절이 있다.

"理旣不二, 則何得不與天地鬼神同其用也.
이치가 원래부터 둘이 아니었으니, 곧 어찌 천지 귀신과 더불어 그 쓰임을 같이 하지 않을 수 있겠는가."

《훈민정음訓民正音》

그런데 여기에서 '귀鬼'와 '신神'이 이상하게 표기되어 있다.
방종현은 이렇게 설명한다.

> "'귀鬼'와 '신神'의 자형이 '귀鬼'는 머리에 점이 없으며 '신神'은 점획이 하나 더 추가되어 있다. 《훈민정음》 해례본은 일종의 상주문上奏文이기 때문에 사서의 기록과 달리 편방점획偏旁點劃이 나타난다."

방종현의 이러한 논리와 이유가 옹색하다.
〈제자해〉는 신하들이 임금에게 올리는 상주문이기 때문에 불길한 의미를 가진 귀鬼는 한 획을 빼고, 신령스러운 의미의 신神은 한 점을 더하는 편방점획 현상이 나타난다고 설명하였다.

상주문에서 편방점획 운용을 인정하더라도, 〈훈민정음해례〉를 세종이 배제된 채 오로지 집현전학자들이나 신하들에 의해서 《훈민정음》이 제정되었다는 황당한 논리는 한마디로 우격다짐 접근일 뿐이다. 우선 부제학 최만리도 언문28자 창제에 대하여서 전혀 몰랐고, 세종은 신숙주를 누차에 걸쳐 불러 지시하고 감독하였다는 기록이 있다. 다른 말로 훈민정음 창제 과정에서 신숙주의 일련의 행동은 오로지 세종의 비밀스러운 지시에 따랐다는 이야기이다.

귀鬼와 신神의 이상한 쓰임이 방종현의 억지처럼 만에 하나 상주문에서의 편방점획이라고도 할 수 있겠지만, 《훈민정음》 여러 군데에서 발견되는 색다른 의도는 정확히 파악하여야 한다. 중요한 사실은 《훈민정음》에 쓰인 '귀鬼'와 《동국정운》에 표기된 '귀鬼'의 쓰임이 같다는 사실이다. 이것은 귀鬼의 표기가 이상한 것이 아니라, 세종은 그렇게 본 것이다. 왜 그렇게 보았느냐에 대하여 설명이 없다. 다만 미루어 볼 수 있는 것은 세종은 귀신鬼神에서 귀鬼와 신神을 분명 구분하지 않았다는 것이다.

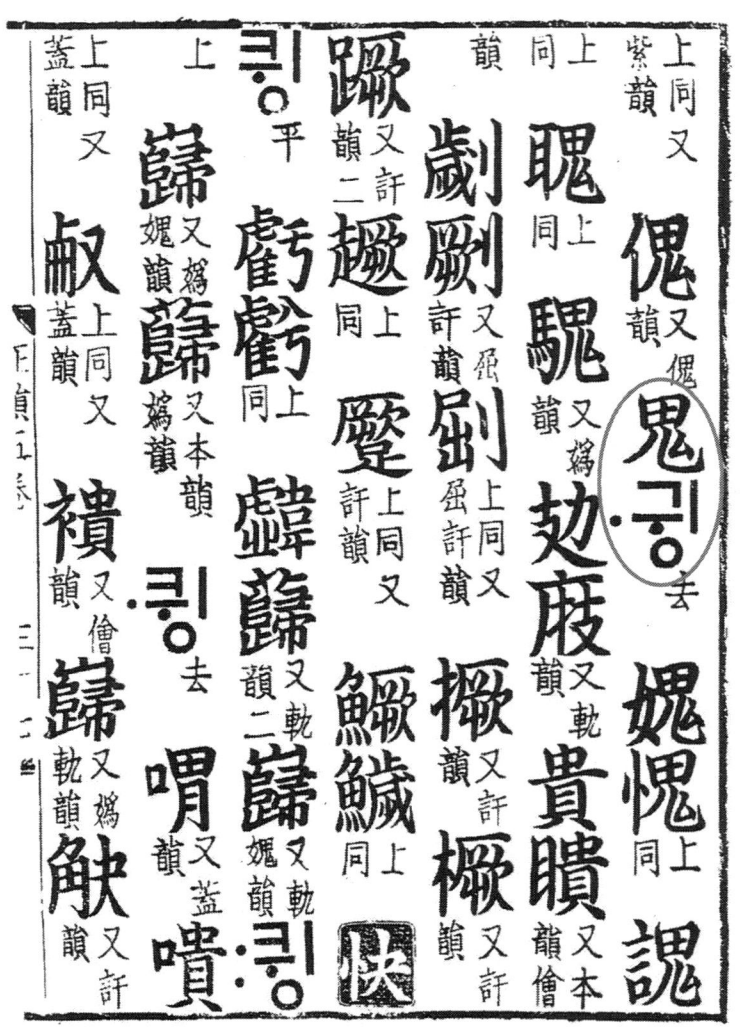

《동국정운東國正韻》

'이치가 원래부터 둘이 아니었으니, 곧 어찌 천지 귀신과 더불어 그 쓰임을 같이 하지 않을 수 있겠는가(理既不二, 則何得不與天地鬼神同其用也)'가 바로 그것이다. 세종은 분명 귀신鬼神과 '사람(人)'을 별개로 여기지 않았다는 증거라 할 수 있다. 어려운 이야기임에 틀림없다. 그러나 문맥 구조상 이렇게밖에 설명할 수 없다.

《훈민정음》에 나타나는 여러 가지 비밀스러운 내용에 대하여 명약관화하게 밝혀내지는 못하였다. 그러나 그것을 분명하게 밝히는 것에는 한계가 있다. 자칫 만에 하나 생경한 의미로 풀어버리면 전혀 딴 방향으로 나갈 수 있기 때문이다. 다만 그렇게 표기한 이유에 대하여 정확한 의미를 찾을 때까지 궁구하여야 한다. 바른 소리에 근거한 《훈민정음》은 자타가 공인하는 최고 성음학 결정체이다. 《훈민정음》에 담긴 뜻을 제대로 밝혀내지 못하면, 그 의미는 어둠에 묻힐 수밖에 없다.

분명하지는 않지만, 왜 이렇게 비밀스러운 편집을 하였을까.

명나라를 견제하는 뜻이 가장 클 것이다.

문자인 소위 한자 변음을 바로 잡고자 하는 커다란 의의를 그대로 정정당당하게 표현할 수 없었다. 혹여 명나라가 예민한 표현에 대하여 정치적 항의를 한다면, 세종은 거기에 대하여 다른 의견으로 반박할 수 있기 때문이라 여겨진다. 만약 위대한 조선에서 글자를 모르는 백성들을 어여삐 여겨, 간단명료하고 쉬운 언문28자를 제작하였다면 이렇게 하지는 않았을 것이다.

천종지성天縱之聖 세종대왕은 《훈민정음》 28자에서 초성을 '운서의 자모'라 하였다.

> "正音初聲, 卽韻書之字母也.
> 정음 초성, 바로 운서의 자모이다."

세종은 '자모字母'라 하였다.

왜 〈초성해〉 첫머리에서 세종은 초성을 운서 자모라 하였는가.

여기에서 정음28자 《훈민정음》과 정음28자를 표준으로 하여 바른 운을 제정한 《동국정운》은 물과 불의 관계처럼 밀접하고도 연관성이 있다는 것을 말한 것이다.

만약 세종이 정음28자를 신제하지 않았으면, 특히 초성17자를 창제하지 않았다면 《동국정운》은 존재할 근거를 갖추지 못하였다는 것이다.

《훈민정음》과 《동국정운》은 마치 두 개의 빛나는 별이다.

세종은 성운을 중시하였다.

초성과 마찬가지로 중성과 종성도 바른 소리를 펼쳐내는 필요한 장치이다. 초성과 중성 그리고 종성이 이치에 맞게 합쳐지면 전무후무한 엄청난 자휘가 펼쳐진다. 음양이 어우러지는 자연과 세상에서 나오는 모든 소리와 울음까지도 파악할 수 있고, 그것을 글자로 옮길 수 있는 정음28자 활용이 바로《훈민정음》이라고 정인지가 말했다. 정인지는 초성자와 중성자가 만나면 무슨 소리든 글자로 옮길 수 있다고 하였으니, 초성·중성·종성에 대한 〈훈민정음해례〉 설명은 정밀하다.

다시 말해 성운에 초점을 맞추고 있다. 명나라《홍무정운》보다 한 차원 높은 음운체계를 주장하는 것이다.

이렇게 본다면, 정음28자를 제작한 세종의 의도는 일반 백성들이 일상에서 널리 편하게 쓰게 하고, 그 정음28자 성운으로 명나라를 포함한 모든 운서를 바로 잡겠다는 것이다.

신숙주는 《동국정운》 서문에서 세종이 추구하였던 마음을 대변한다.

"古人著書作圖, 音和類隔, 正切回折, 其法甚詳. 而學者尙不免含糊囁嚅, 昧於調協. 自正音作而萬口一聲, 毫釐不差, 實傳音之樞紐也. 淸濁分而天地之道定, 四聲正而四時之運順.

옛사람이 글을 지어내고 그림을 그렸는데, 음화니 유격이니, 정절이니 회절이니 하면서, 그 법이 심히 거짓스러워졌다. 배우는 이가 그래도 입을 어물거리고 떠듬떠듬하여, 소리를 고르고 운을 맞추기에 어두웠다. 바른 소리가 만들어지면서 만 입에서 어느 한 소리도, 털끝만큼도 틀리지 아니하였으니, 실로 소리를 전하는 가장 중요한 것이 되었다. 청탁이 나뉘면서 천지의 도가 정해지고,

4성이 정해지면서 4계절의 운행이 순조롭게 되었다."

정음28자, 바른 소리가 만들어지면서 만 사람 입에서 어느 한 소리도, 털끝만큼도 틀리지 않았다고 말한다. 다시 말해서 명나라《홍무정운》은 그 법칙이 합당하지 않다는 주장이다.

신숙주는 지금 사용하고 있는《홍무정운》성운에 문제가 있다면서 구체적인 사례를 들고 있다.

복희가 괘를 그리고 창힐이 글자를 만든 것이 자연 이치에 따라서 만물 뜻을 통한 것이라고 할 수 있다. 그러나 남조南朝 심약과 수隋 육사 등 여러 음운학자에 의해 성운학설이 시도되었지만 진실로 잘못됨이 많았다고 지적한다. 그리고 송나라 사마광이 그림으로 나타내고 북송北宋 소옹이 수로 밝히어서 숨은 것을 찾아내고 가려내어 여러 학설을 통일하려 하였지만, 문자인 소위 한자를 사용하는 곳의 소리가 저마다 다르기에 시끄럽기만 하였다고 하였다. 이는《광운》이나《홍무정운》은 포희와 창힐이 제시한 이치에 따랐지만, 변화하는 만물의 뜻을 통하지 못한 시끄럽고 잘못된 성운일 뿐이라는 주장이다.

《동국정운》도《훈민정음》처럼 경전으로 편집되었다.

만약《통지通志》를 편찬한 송나라 정초鄭樵가《동국정운》을 마주하였다면, 그는 분명 명나라의 어지러운 음가를 기준으로 편찬된《홍무정운》의 존재를 오히려 통렬히 비판하였을 것이다.

이것이 바로《동국정운》의 위대한 모습이다.

그러나《동국정운》은 그 위용을 과시하지 못하고, 역사 어두운 저편으로 사라졌다.

우리는 아직 세종의 본 의도를 제대로 파악하고 있지 못하고 있다.

다만, 세종이 밝힌《훈민정음》의 본뜻을 다시 더듬는다.

訓民正音

백성을 가르치는 바른 소리

國之語音, 異乎中國, 與文字不相流通. 故愚民, 有所欲言, 而終不得伸其情者, 多矣. 予, 爲此憫然, 新制二十八字, 欲使人人易習, 便於日用耳

나라말의 소리가, 나라 안에서 다르기에, 문자와도 서로 통하지를 않는다. 때문에 어리석은 백성들이, 말하고자 하여도, 끝내 그 사정을 펼쳐내지 못하는 것이, 많다. 내, 이를 가엾게 여겨서, 새로 28자를 만드니, 모든 사람들이 쉽게 익혀서, 날마다 쓰는 데 편안하게 하고자 한다

2-5 조선朝鮮 그리고 중국中國과 대동大東

《훈민정음》〈어제〉 '이호중국異乎中國'에서 '중국中國' 성격 규명이 필요하다. 이 문제는 지금까지 한국 지식인들 최대 관심사였다.

앞으로도 그럴 것이다.

만약 중국中國을 그 당시 명나라로 규정한다면, 세종대왕《훈민정음》반포는 아무 의미가 없는 작은 사건으로 마무리되고 만다. 지금까지 우리는《훈민정음》에서 중국을 명나라 또는 막연하게 지금 중화인민공화국中華人民共和國(People's Republic of China) 전신 정도로 알고 있다.

그러나 세종은 그렇게 이야기하지 않았다.

그리고 그 시대, 그 어디에도 중국中國이라는 명칭의 나라가 존재하지 않았다는 것이 소위 고전古典을 통한 학술적인 증거이다.

세종은 '중국中國'을 특정 국가인 명나라가 아닌 보통명사인 '나라 안'이라 하였고, 그 '나라 안(In county)'의 범위를 바로 〈해례〉에서 언급된 '대동大東'으로 정한 것이다.

세종은 중국中國은 곧 대동大東이라 말하였다.

중국 또는 대동에서 위대한 '조선'은 무엇인가.

바로《훈민정음》을 신제한 위대한 '조선'을 중국 또는 대동에서 중심국인

'본국'이라 하였다. 그런데 특이한 것은 《훈민정음》에는 '조선朝鮮'이라는 단어가 한 번도 쓰이지 않았다는 사실이다. 이것은 다분히 무엇인가 기획된 의도, 아니면 또 다른 의미가 있을 것이다.

《훈민정음》은 위대한 '조선'에서 철학적 역사적 위용이다.
세종은 《훈민정음》을 통하여 위대한 조선 위상을 밝혔다.

부연하자면, 우리는 지금까지 〈어제〉에서 '중국'을 고유명사인 명나라로 알고 있었고, 그렇게 배우고 있다. 그리고 대동은 한국과 중국 그리고 일본을 포함한 지금 동북아시아 정도로 인식한다.
다시 말하지만, 세종은 단연코 그렇게 말하지 않았다.

《훈민정음訓民正音》〈어제御製〉이다.

訓民正音
國之語音, 異乎中國, 與文字不相流通. 故愚民, 有所欲言, 而終不得伸其情者, 多矣. 予, 爲此憫然, 新制二十八字, 欲使人人易習, 便於日用耳

솅종엉젱 훈민졍흠
나랏말ᄊᆞ미 듕귁에달아 문쫑와로서르ᄉᆞᄆᆞᆺ디아니ᄒᆞᆯᄊᆡ 이런젼ᄎᆞ로어린ᄇᆡᆨ셩이니르고져홇배이셔도 ᄆᆞᄎᆞᆷ내제ᄠᅳ들시러펴디몯홇노미하니라 내이ᄅᆞᆯ윙ᄒᆞ야 어엿비너겨 새로스믈여듧ᄍᆞᆼᄅᆞᆯ밍ᄀᆞ노니 사ᄅᆞᆷ마다히ᅇᅧ수ᄫᅵ니겨날로ᄡᅮ메뼌한킈ᄒᆞ고져홇ᄯᆞᄅᆞ미니라

"國之語音, 異乎中國
國귁ᄋᆞᆫ나라히라 之징ᄂᆞᆫ입겨지라 語엉ᄂᆞᆫ말ᄊᆞ미라
異잉ᄂᆞᆫ다ᄅᆞᆯ씨라乎ᅘᅩᆼᄂᆞᆫ아모그에ᄒᆞ논겨체ᄡᅳ는字ᄍᆞᆼㅣ라 中듕國귁ᄋᆞᆫ 皇황帝

뎽겨신나라히니우리나랏常썅談땀애江강南남이라ᄒᆞᄂᆞ니라"

　이 문장은 현재 서강대학교에 소장된《월인석보》제1권 서두에서 언해로 풀이된 것이다. 그러나 이 언해 문장에 근거하여, '중국'을 정확히 규명하기에는 이론의 여지가 많다.
　1459년 세조5년에 간행된《월인석보》.
　세조는 이《월인석보》를 정인지를 위시한 집현전학자들의 혹독한 반대를 무릅쓰면서 지극정성으로 간행하였다. 그런데 이《월인석보》를 살펴보면 세종이 신제한 정음28자 사용과 상당히 어긋남을 볼 수 있다. 초성17자는 지켜졌으나, 중성11자 사용은 전혀 그렇지 않다. 이러한 문제점에 대하여 지금까지 어느 누구도 상세한 설명이 없다.
　무엇보다도 가장 문제가 되는 문장은 이것이다.

　　"中듕國귁은 皇황帝뎽겨신나라히니 우리나랏常썅談땀애 江강南남이라ᄒᆞᄂᆞ니라"

　'황제皇帝'와 '강남江南'이 그것이다.
　지금까지 일부 학자들은 '중국中國은 황제皇帝가 계신 나라이다'라 풀이하면서 강남江南을 확실한 근거로 내세운다. 강江은 양자강揚子江이니, 명나라 수도가 남경南京이라면서 중국은 지금의 명나라라 하였던 소위 '중국(China)'이라는 것이다.
　그렇다면 썅땀常談은 무슨 말인가.
　상담常談은 리어俚語인 토박이말이다.
　상담을 말하면서 강남을 어디라 지칭하는지, 그것을 정확하고도 합리적으로 밝혀내지 못하면 이러한 논거는 완전할 수 없다. 그리고 황제가 명나라 천자라고 뒷받침하는 내용은 어디에도 없다. 혹여 강남을 양자강의 남쪽이라 할 수 있지만, 황제를 꼭 집어 명나라 황제라 한다는 것은 논리상으로도 맞지 않다는 이야기이다.

황제와 강남의 정확한 개념을 위해서 합리적 역사적 자료와 고증이 필요하다.

우선 '국지어음國之語音' '국國'과 '이호중국異乎中國' '국國'이 별개 나라를 말하는 것이 아니다. 같은 경계를 강조하여 말하고 있는 것이다. 그렇기에 '이호중국異乎中國'에서 '호乎'는 놀라움과 탄식을 뜻하는 감탄사이며, 같은 나라 안에서 어찌하여 언어 쓰임이 다르냐는 것에 곤혹스러움을 나타낸다고 볼 수도 있다. 현재 학자나 사람들은 변함없이 우직하게 '이호중국異乎中國'에서 중국을 고유명사인 소위 'China(중국)'로 규정하고 있다. 상식적으로 위대한 조선 세종이 《훈민정음》〈어제〉 시작에서부터 소위 중국인 명나라를 그렇게 거창하게 거론하고 싶었을까.

'國之語音, 異乎中國.
나랏말의 쓰임이, 명나라인 중국과 다르다.'

우리는 지금까지 이렇게 알고, 그렇게 사용하고 있다.

그러나 이는 엄청난 오류이며, 세종 의도를 터무니없이 뒤집어 버리는 해석이다. 물론 세종이 정확한 개념 규정을 하지 않고, 오해를 촉발하는 문장을 구사하였다는 것을 부인하지 못한다.

다시 한 번 《훈민정음》〈어제〉에서 '국國'은 무엇인가.

우리는 지금까지 〈어제〉 첫 문장 '국지어음國之語音'에서 '국國'을 대한민국 위대한 '조선朝鮮'인 우리나라로 알고 있고, 그렇게 교육을 받아왔다.

그러나 잘못된 것이다.

'국國'은 분명 어떤 한 나라를 지칭하지 않았다.

《훈민정음》에서 '국國'의 쓰임이다.

<어제御製>	國之語音, 中國
<합자해合字解>	國語(2회)
<정인지서鄭麟趾序>	外國, 中國, 夫東方有國

우선 〈합자해〉에서 '국어國語'는 《훈민정음》과 《동국정운》이 발표되기 전, 통일되지 않고 제도화되지 않은 불완전한 음운을 말한다. 즉 〈어제〉에서 '국지어음國之語音'은 곧 〈합자해〉에서 말하는 '국어國語(나라말)'이다.

"初聲之ㆆ與ㅇ相似, 於諺可以通用也. 半舌有輕重二音. 然韻書字母唯一, 且國語雖不分輕重, 皆得成音. 若欲備用, 則依脣輕例, ㅇ連書ㄹ下, 爲半舌輕音, 舌乍附上腭. ㆍ一起ㅣ聲, 於國語無用. 兒童之言, 邊野之語, 或有之, 當合二字而用, 如ㄱㅣㄲㅣ之類. 其先縱後橫, 與他不同.

초성 'ㆆ'과 'ㅇ'은 서로 비슷하여, 토박이말에서 통용될 수 있다. 반혓소리에는 가볍고 무거운 두 소리가 있다. 그러나 운서 자모에서는 오직 하나이고, 또한 나라말에서는 비록 가볍고 무거움으로 나누지 않으나, 모두 소리를 이룰 수 있다. 만약 갖추어 쓰고자 한다면, 입술가벼운소리 예시에 따라, 'ㅇ'을 'ㄹ' 아래 붙여 쓰면, 반혀가벼운소리가 되는데, 혀를 살짝 윗잇몸에 붙인다. 'ㆍ'와 'ㅡ'가 'ㅣ' 소리에서 일어나는 것은, 나라말에서 쓰임이 없다. 아이들 말이나, 변두리 시골 말에는, 간혹 있기도 한데, 마땅히 두 글자를 합하여 쓰는 것으로, 'ㄱㅣㄲㅣ' 같은 따위이다. 그 세로된 것을 먼저하고 가로된 것은 나중에 하는 것이, 다른 것과 다르다."

이 문장에서 〔ㆍ〕와 〔ㅡ〕가 〔ㅣ〕소리에서 일어나는 것은, 나라말에서 쓰임이 없다. 아이들 말이나, 변두리 시골말에는, 간혹 있기도 한데, 마땅히 두 글자를 합하여 쓰는 것으로, 〔ㄲ,ㄲ〕 같은 따위라고 하였다.

즉 국어(國語 ; 나라말) 그리고 아동지언(兒童之言 ; 아이들 말)과 변야지언(邊野之言 ; 변두리나 시골말)을 분명히 구분하였다. 즉 지금의 기준대로 한다면 '국어'가 소위 표준어라면, '아동지언'과 '변야지언'은 소위 사투리로 규정할 수 있겠다.

그리고 〈정인지서〉에서 '무릇 동방에 나라가 있다(夫東方有國)'의 '유국有國'은 무엇인가.

"恭惟我
殿下, 天縱之聖, 制度施爲超越百王. 正音之作, 無所祖述, 而成於自然. 豈以其至理之無所不在, 而非人爲之私也. 夫東方有國, 不爲不久, 而開物成務之
大智, 盖有待於今日也歟.
공손히 생각하기를 우리
전하께서는, 하늘이 내린 성인이니, 제도를 시행하는 것이 백대 제왕을 뛰어넘는다. 바른 소리를 지으면서, 전대 것을 본받은 바도 없이, 자연스럽게 이루었다. 그 지극한 이치가 있지 않은 곳이 없으므로, 사람에 의해 사사로이 된 것이 아니라 할 수 있다. 무릇 동방에 나라가 있어, 오래되지 않은 것이라 할 수 없지만, 만물을 열고 맡은 일을 이루는
큰 지혜는, 대개 오늘의 태양을 기다림이 있을 것인저."

정인지는 '부동방유조선夫東方有朝鮮'이라 명확하게 지명을 밝히지 않고, '부동방유국夫東方有國'이라 하였다. 즉 대동 넓은 세계인 '동방에서의 나라'라 하였다. 이 '유국有國'인 나라 가운데 위대한 '조선'도 있고, 명나라도 있으며, 소리만 있지 문자도 없이 미개한 언어생활을 하는 '외국外國'도 존재한다고 강조한 것이다.

정인지가 말한 '유국有國'에서의 '국國'이 바로 〈어제〉 첫머리의 '국國'이다.

중국은 고유명사인 '명나라(China)'가 아니라, '나라 안(In country)'이다.

중국을 고유명사인 명나라로 해석한다면, 훈민정음을 제대로 설명할 방법이 없다. 중국이 보통명사인 '나라 안(In country)'이라는 설명은 복잡하고도 함축적이다.

우선 《훈민정음》에 나오는 지명과 관계된 용어를 정리한다.

〈어제〉	중국中國
〈훈민정음해례〉	대동大東
〈정인지서〉	외국外國, 중국中國, 동방東方, 신라新羅

《훈민정음》에 지명 비슷한 단어 6개가 등장한다.

우선 〈어제〉와 〈정인지서〉에서 중국을 언뜻 고유명사인 땅 이름처럼 이야기하였지만, 그렇지 않다. 중국도 마찬가지로 지명을 가리키는 고유명사가 아니다. 마찬가지로 엄밀히 말하면 우리가 말하는 대동이나 동방도 고유명사는 아니다. 이 6개 지명 가운데 '신라新羅'를 유일한 고유명사라 할 수 있다.

중국은 명나라가 아니다.

본국 주인 세종에게 명나라는 버거운 상대이다. 때문에 의식적으로 피한 것이다. 그 당시 위대한 조선왕조 국력과 정세가 명나라를 능가하지 못하였고, 그래서 세종은 노심초사하다가 명나라를 '중국' 안으로 뭉뚱그렸을 것이다.

'국지어음國之語音, 이호중국異乎中國'이 그것이다.

이러한 설명은 많은 논란을 불러일으켜 왔다.

당시 명나라를 추종하던 관리나 유학자들은 중국과 명나라의 지엄한 경계, 이것에 대하여 반발하였다. 그리고 끝내 《훈민정음》은 단명의 길을 재촉하고야 말았다.

위대한 조선 역사에서 불행한 일이다.

우선 '중국中國'이라는 국호는 그 시대 어디에도 존재하지 않았다. 중국은 구체적 지명인 '명나라(China)'가 아니다. 중국은 고유명사가 아닌 보통명사이다. 바로 '中國(나라 안, In country)'이다. 그리고 〈해례〉에서는 대동이라는 단어가 한 번 나오고, 일체 다른 지명을 뜻하는 언어는 없다.
중국中國은 바로 대동大東이다.
세종은 이것을 강조하였다.
즉 〈어제〉에서의 '중국'과 〈해례〉에서 '대동'이 그것이다.
중국中國은 바로 대동大東이고, 대동大東은 바로 중국中國이다.
그리고 중국과 대동의 주인은 본국인 위대한 조선이라는 선언이다.
다시 한 번 강조하지만, 특이한 점이 있다.
《훈민정음》에서 위대한 조선이라는 소위 정식 국호가 단 한 차례도 등장하지 않았다는 것이다. 의도적으로 피한 것인지, 다른 숨은 뜻이 있는지 그것은 분명하지 않다.
그리고 신숙주나 정인지 그리고 최만리 상소문에서조차 위대한 조선은 등장하지 않는다.
다만 신숙주 〈사성통고범례서〉에서 '본국'이라는 단어가 두 번 등장할 뿐이다. 적어도 세계적인 문자이론서 《훈민정음》을 반포하면서, 그것을 어디에서 신제하였는지 구체적으로 한번은 밝혀야 하는 것이 상식 아닌가.
최만리 〈상소上疏〉와 신숙주의 〈서序〉에 나오는 지명이다.

신숙주 〈사성통고범례서〉	중국中國, 몽고蒙古, 본국本國
최만리 〈갑자상소문〉	중국中國, 구주九州, 몽고蒙古, 서하西夏, 여진女眞, 일본日本, 서번西蕃, 신라新羅, 청주淸州, 아국我國
신숙주 〈동국정운서〉	중국中國, 한漢, 위魏, 진晉, 당唐
신숙주 〈홍무정운역훈서〉	동방東邦, 동국東國, 중국中國, 연燕, 강좌江左, 서역西域, 몽고蒙古, 발제하跋堤河

이를 간추리면, 중국이라는 말을 빈번하게 쓰는데, 이것을 소위 명나라로 지칭하면 앞뒤 문맥이 전혀 맞지 않는다. 그리고 특이한 것은 신숙주〈사성통고범례서〉에서는 본국이라는 말이 두 번 나온다. 본국은 그냥 우리나라가 아니다. 다시 말해 세종이 언급한 중국인 나라 안에서도 중심, 위대한 조선인 본국인 것이다.

신미대사信尾大師는 《능엄경언해楞嚴經諺解》 발문을 쓰면서, 지나支那라 하였다.

"佛法이 流布支那, 如彼瑞日이 遍照大千이어신마른 ….
불법이 지나에서 유포되어, 상서로운 햇살이 널리 널리 비추는 것 같습니다만…."

신미대사가 언급한 지나支那가 구체적으로 어디를 가리키는지 확실하지 않다. 명나라를 지나支那라고 지칭하였다고 볼 수도 있지만, '지나'의 경계는 모호하다. 소위 중국이라 하지 않고 지나支那라 한 것은, 《훈민정음》 그리고 정인지와 신숙주가 사용하지 않았던 다른 용어를 구사하고자 하는 저의가 있었을 것으로 여겨질 뿐이다.

위대한 조선인 본국에서 정음28자를 제작하였다.

명나라와 외국을 포함한 모든 나라, 중국인 대동에서는 본국에서 제작한 훈민정음을 사용하여야 한다는 주장이다.

최만리崔萬理〈갑자상소문甲子上疏文〉일부분이다.

"自古九州之內, 風土雖異, 未有因方言而別爲文字者. 有蒙古, 西夏, 女眞, 日本, 西蕃地類. 各有其字, 是皆夷狄事耳, 無足道者.
예로부터 구주 안에서, 풍토가 비록 다르더라도, 방언 때문에 따로 문자를 만들었던 적은 없습니다. 몽고 · 여진 · 일본 · 서번 등이 있었을 뿐입니다. 각기 그 글자가 있었지만, 이것은 모두가 오랑캐 일이었을 뿐이니, 족히 말할 바가 아닙니다."

여기에서 본국 뜻이 분명해진다. 지명으로 '구주'와 '몽고', '서하', '여진', '일본', '서번'이 나온다. 막연한 '구주'를 온 세계라 한다면, 열거된 나라들이 '구주'에 포함된다. 그런데 열거된 이 나라를 소위 오랑캐인 '이적夷狄'이라 하였다. 다시 말해서 그들이 글자를 가지고 있었지만, 성운도 갖추지 않은 불완전한 문자일 뿐이니, 참고할 만한 가치가 없기에 개의치 않겠다는 뜻이다.

신숙주의 〈사성통고범례서〉를 보자.

"以圖韻諸書, 及今中國人所用, 定其字音. 又以中國時音所廣用, 而不合圖韻字, 逐字書俗音於反切之下. 全濁上 · 去 · 入三聲之字, 今漢人所用.
《사성통고범례》는 그림과 운에 관한 모든 기록으로, 지금 나라 안에서 사용하는 것이니, 그 글자 음을 정하였다. 또 나라 안에서 현재 소리로써 널리 사용하고 있지만, 그림과 운에 들어맞지 않는 글자마다, 반절 아래 속음을 축자로 써놓았다. 전탁음 상성 · 거성 · 입성 세 소리글자는, 지금 한인들이 사용하고 있다."

여기서 중국中國과 한인漢人이 등장한다.
세종은 명나라 사람들을 중국인이라 하지 않고, 분명 한인이라 하였다. 구분한 것이다.
그리고 그들이 사용하는 소리를 반드시 한음이라 하였는데, 이것도 세종의 철저한 규칙이다. 다시 한 번 강조하지만, 중국인은 대동에 사는 모든 사람이다. 그렇기 때문에 저들은 한음漢音을 사용하는 한漢나라 자손일 뿐이지, 중국을 대표하는 중국인이 아니라는 것을 강조한 것이다.
이러한 정의는 예민한 외교적 언어이다.
세종은 이것을 적절히 안배한 것이다. 세종은 〈어제〉에서 훈민정음을 사용하는 백성을 '인인人人'이라 하였다. 구차하지만 이 사람들 속에 위대한 조선인도 한인도 몽고인도 포함되는 것이다.
'중국中國'
다시 말해서 대동大東, 동방東方 그리고 동국東國은 크게 말해서 중국의 범위다.
《월인석보》의 이 언해를 다시 살펴본다.

"國之語音, 異乎中國.
나랏말ᄊᆞ미, 듕귁에달아."

학자들은 '우리나라 말과 소리가 명나라인 중국과 달라서'라고 이야기한다. 이렇게 풀이하면, '우리'와 '중국'이 별개가 된다. 세종과 명나라와의 관계를 잘 알 수는 없지만, 세종은 결코 무능하거나 유약한 임금이 아니었다. 그렇게 엄청난 자금과 노력으로 정음28자를 제작하였는데, 첫머리에서부터 소위 명나라를 굳이 존재하지도 않던 중국이라 명시하였다면, 그것은 위대한 조선 자존심 문제이다. 만에 하나 '우리나라 말과 소리'라는 의미로 쓰고자 하였다면, '오국지어음吾國之語音' 또는 '아국지어음我國之語音'이라 하여 분명하게 경계를 지었을 것이다. 그러나 세종은 분명히 '오吾'나 '아我'를 쓰지 않고, 그냥 '국지어음國之語音'이라 하였다.

중국中國은 대동大東이다.

커다란 중국(나라 안)에 위대한 조선도 있고 명나라도 있는 것이다. 그래서 '이호중국異乎中國'을 '중국과 달라'가 아니라 '중국에서 달라'라고 하여야 한다.

'듕귁에달아'의 '에'는 부사어를 나타내는 격조사인 어於나 우于의 뜻을 나타내기 때문에 '나라 안에서(중국에)'가 바른 표현이다. 그런데 학자들은 왜 '듕귁에달아'의 '에'를 여與나 급及으로 해석하는지 그 이유를 도대체 모르겠다. 만약 어조사인 더불어라는 뜻의 여與나 급及의 뜻으로 사용되었다면, 중국은 당연히 고유명사이어야 하는데, 그 당시에 명나라는 존재하였어도 중국이라는 지명은 세상 어디에도 없다는 것은 삼척동자도 아는 상식이기 때문이다.

중국이라는 말은 〈어제〉에 한 번, 최만리 〈갑자상소〉에 일곱 번, 〈정인지서〉에 한 번, 신숙주 〈동국정운서〉에 세 번 그리고 〈홍무정운역훈서〉에 두 번이다. 그리고 세종이 신숙주에게 명하여 편찬하였다는 〈사성통고범례서〉에는 중국이 무려 여섯 번 나오니 총 열여덟 번이다.

이 모두를 지금 지명인 고유명사 중국으로 풀이하면 앞뒤가 뒤틀린다.

집현전학자들도 반드시 한漢·위魏·진晋·당唐·송유宋儒·황명皇明·연도燕都·몽고蒙古·서하西夏·여진女眞·일본日本·서번西蕃·서역西域 등으로 그 성격을 금세 파악할 수 있는 구체적인 지명이나 연호를 정확하게 사용하였다.

소위 한자인 문자를 사용하는 나라가 바로 중국中國이다.
그래서 중국中國은 고유명사가 아닌 보통명사로 새겨야 한다.

대동大東은 중국中國이다.
중국의 중심은 바로 위대한 조선朝鮮이다.

2-6 정음正音에 숨은 뜻

《훈민정음》 28자 요체는 3재三才(천 • • 지 ㅡ • 인 ㅣ)와 음양陰陽과 5행五行 그리고 7음七音(아음牙音 · 설음舌音 · 순음脣音 · 치음齒音 · 후음喉音 · 반설음半舌音 · 반치음半齒音)과 4성四聲(평성平聲 · 상성上聲 · 거성去聲 · 입성入聲)의 연결이고, 이 요체가 베틀에서 가지런히 웃는 고운 모시처럼 종횡으로 어울리는 바른 소리인 정음正音이다.

3재 三才	천 •, 지 ㅡ, 인 ㅣ
음양 5행 陰陽 五行	음陰, 양陽 5행五行 : 수水, 화火, 토土, 목木, 금金
7음 七音	아음牙音, 설음舌音, 순음脣音, 치음齒音, 후음喉音, 반설음半舌音, 반치음半齒音
4성 四聲	평성平聲, 상성上聲, 거성去聲, 입성入聲

3재三才를 자유자재로 글자로 운용할 수 있는 바른 음에 근거한 훈민정음 28자. 이러한 자신감에서 신숙주는 명나라 《홍무정운》의 불합리한 음운체계를 비판한다.

신숙주의 〈홍무정운역훈서〉.

"至于宋儒作譜, 而經緯始合爲一. 七音爲三十六字母, 而舌上四母, 脣輕次淸一母, 世之不用已久. 且先輩已有變之者, 此不可强存而泥古也.
송나라 학자들이 《광운》을 만들면서, 4성과 7음이 하나로 합하게 되었다. 7음은 36자모로 되었는데, 설상음 4모와, 순경음 차청 1모는, 세상에서 쓰이지 않은 지 오래되었다. 또 선배들이 이미 바꾼 것이 있는데, 이것이 억지로 36자모를 존속시켰으니 이래서 옛것에 물들면 안 되는 것이다."

그는 〈동국정운서〉에서 재차 강조한다.

"自正音作而萬口一聲, 毫釐不差, 實傳音之樞紐也. 淸濁分而天地之道定, 四聲正而四時之運順.
바른 소리가 만들어지면서 만 입에서 한 소리도, 털끝만큼도 틀리지 아니하였으니, 실로 소리를 전하는 가장 중요한 것이 되었다. 청탁이 나뉘면서 천지의 도가 정해지고, 4성이 정해지면서 4계절 운행이 순조롭게 되었다."

세종은 신숙주를 통해서 바른 소리가 만들어졌다고 천하에 당당하게 선언한다.

바른 소리를 그려서 정음이 만들어졌으니, 이제부터는 올바른 문자의 쓰임으로 개인의 모든 사정을 확실하게 표현하지 못하는 어리석은 백성은 사라졌다고 하는 것이다.

《홍무정운》에서 불합리한 음운체계를 따르면 안 되며, 그 문제점을 극복한 것이 《훈민정음》이라는 것이다. 나아가 소리의 무늬인 모양까지도 글자로 옮길 수 있는 정음28자라 주장한다.

〈제자해〉에서 바른 소리인 정음에 대한 필요성을 다시 강조한다.

> "天地之道, 一陰陽五行而已. 坤復之間爲太極, 而動靜之後爲陰陽. 凡有生類在天地之間者, 捨陰陽而何之. 故人之聲音, 皆有陰陽之理, 顧人不察耳. 今正音之作, 初非智營而力索, 但因其聲音而極其理而已. 理旣不二, 則何得不與天地鬼神同其用也.
>
> 하늘과 땅의 이치는, 하나의 음양과 5행일 뿐이다. 곤괘와 복괘 사이에서 태극이 되니, 움직이고 멎고 한 뒤에야 음양인 것이다. 하늘과 땅 사이에 살아있는 모든 것들이 그러하니, 음양을 버리고 어디로 가겠는가. 그러기에 사람 소리에도, 모두 음양 이치가 있는 것인데, 생각해 보면 사람이 살피지 못하였을 뿐이다. 이제 바른 소리를 만든 것도, 처음부터 지혜로 마련하여서 힘써 찾은 것이 아니라, 다만 그 소리에 따라서 그 이치를 다한 것이다. 이치가 원래부터 둘이 아니었으니, 곧 어찌 천지 귀신과 더불어 그 쓰임을 같이 하지 않을 수 있겠는가."

소리는 원래부터 있었다.

사람은 그것을 살피지 못하였을 뿐이다.

그러나 천종지성 세종은 그를 자세히 살폈고, 그것을 글자로 그렸다는 것이다.

움직이는 하늘과 고요한 땅이 있은 다음에야 음양과 5행이 정상적으로 운행으로 이루어진다. 곤복坤復 사이에서 태극이 무한한 동정을 일으키니, 음양이 제대로 작용을 갖춘다는 말이다. 사람의 성음도 이러한 음양 이치를 따랐다. 그 음양과 5행 이치에서 사람과 사물은 소리를 갖추는데, 세종이 그것을 소상히 살폈을 따름이라는 것이다.

사람은 천지 음양을 교류시키는 주인이며, 5행 가운데 가장 으뜸이 되는 기氣로 본 것이다. 따라서 소리는 하늘과 땅이 생기면서 있는 것이고, 그것을 제도화한 사람은 바로 위대한 세종이라는 논리이다.

《훈민정음》 28자로 모든 소리를 정확히 옮길 수 있으니, 이것은 세상 모든 소리를 바로 적어낼 수 있다는 자신감이며, 이는 곧 문자 표준음이라 넌지시 선언하는 것이다. 내가, 바로 세종이 그 소리를 들을 수 있어 《훈민정음》과 같은 바른 소리를 지은 것이니, 처음부터 지혜로써 경영하여 힘써 찾아낸 것이 아니라, 다만 소리에 따라서 그 이치를 다하였을 뿐이라는 것이다. 그리고 바른 소리를 가지고 지금까지 사용한 잘못된 소리를 바로 잡아 널리 알려 주는 것이 바른 소리에 근거한 표준문자인 정음28자를 만든 목적이라는 것이다.

그래서 정문正文도 정자正字도 아닌 정음正音이라 하였다는 설명이다.

결론적으로 '소리에 의거하여 글자를 제도화(因聲制字)'한 것이 《훈민정음》이다.

세종은 이것을 강조한 것이다.

《훈민정음》에서 상형제자象形制字와 인성因聲이라는 말이 등장한다.

특히 〈정인지서〉에서 처음으로 '인성제자因聲制字'라고 하였다.

> "有天地自然之聲, 則必有天地自然之文. 所以古人因聲制字, 以通萬物之情, 以載三才之道, 而後世不能易也.
> 천지자연의 소리가 있으면, 반드시 천지자연의 무늬가 있다. 그래서 옛사람은 소리에 따라 글자를 만들어, 만물의 사정이 통하고, 3재의 도리가 실려 있으니, 따라서 후세에 바꿀 수가 없다."

세종은 〈제자해〉에서 인성因聲이라 하였지, 인성제자因聲制字라 하지는 않았다. 그런데 정인지는 상형제자象形制字라는 말보다 인성제자因聲制字를 강조한다.

정인지의 이야기는 곧 세종의 주장이다.

제자制字를 한 원칙은 크게 상형과 인성에 의한 것이라는 설명이다. 《훈민정음》에서 상형과 인성의 쓰임을 열거한다.

상형象形	各象其形而制之 而象形制字其爲之始 正音制字尙其象 次書雖復象形始 象形而字倣古篆	<制字解> <制字解> <制字解> <訣> <制字解> <訣> <制字解> <訣>
인성因聲	其因聲加劃之義皆同 因聲之厲每加劃 所以古人因聲制字 因聲而音叶七調	<制字解> <制字解> <訣> <鄭麟趾序> <鄭麟趾序>

고전을 모방하여 꼴을 본뜬 것이 정음28자이다.

그런데 '인성'이라는 이야기가 여러 번 등장한다.

결론적으로 《훈민정음》 28자는 상형에도 근거하였지만, 인성 즉 바로 음을 중요시하였다는 말도 되는 것이다. 꼴을 본떠 글자 윤곽을 정하고, 소리를 정확하게 살폈기에 성공적으로 새로이 28자를 제자制字할 수 있었다는 논지이다.

<제자해><결> 시작 부분에서 세종은 다음과 같은 이야기를 하고 있다.

"物於兩間有形聲　사물은 둘 사이에서 꼴과 소리가 있으니
　元本無二理數通　원래 근본은 둘이 아니지만 이치와 수로 통하네
　正音制字尙其象　바른 소리의 글자를 만들 때 그 꼴로 꾸몄고
　因聲之厲每加畫　소리의 세기 때문에 낱낱이 획을 더 하였네"

'사물은 둘 사이에서 꼴과 소리가 있으니(物於兩間有形聲)'에서, '꼴(形)'과 '소

리(聲)'를 언급하였다. 결국 문자는 형상과 소리 결합인 형성에 의한 것이라 강조한 것이다. 즉 세종은 형성문자 기능을 밝히면서, '그 꼴로 꾸몄고(尙其象)'와 '낱낱이 획을 더 하였네(每加畫)'의 대강을 밝힌 것이다.

결론적으로 '상형'과 '인성'을 강조한 것이다.

육서법六書法 하나인 형성에서 꼴(形)과 소리(聲) 만남을 살핀다면, 바로 《훈민정음》 28자는 상형문자보다는 형성문자 원리에서 더 깊고 오묘한 뜻과 소리를 궁구한 결과물이라 할 수 있다. 그래서 〈제자해〉 시작은 '그러기에 사람의 소리도, 모두 음양 이치가 있는 것인데, 생각하건대 사람이 살피지 못하였을 뿐이다. 이제 바른 소리를 만든 것도, 처음부터 지혜로 마련하여 힘써 찾은 것이 아니라, 다만 그 소리에 따라서 그 이치를 다한 것일 뿐이다(故人之聲音, 皆有陰陽之理, 顧人不察耳. 今正音之作, 初非智營而力索, 但因其聲音而極其理而已)'라 하였다.

음양 이치가 있는 것이 사람 소리인데, 여태까지 사람들이 살피지 못하였기 때문에 바른 소리를 찾을 수 없었다는 것이다. 세종은 사람의 소리에 따라서 그 이치를 다한 것이라 강조하였다. 다시 말하면, 고인古人이 소리에 따라 글자를 만든 인성제자 선구자였는데, 지금에 와서 자세히 살펴보니 지역마다 소리가 다른 것을 파악하지 못하여 문자의 쓰임이 불합리하여서, 세종이 그것을 삼가 시정하였다는 것을 밝힌 것이다.

이러한 논리를 살필 때, 세종은 내심 상형제자보다는 인성제자에 역점을 두었다고 볼 수 있다. 정음28자는 상형보다는 인성에 더 많은 시간을 할애한 결과물이라고 할 수 있다. 이것에 대한 이야기는 앞으로 더 많은 탐구와 검증이 있어야 할 것이다.

신숙주는 〈홍무정운역훈서〉에서 소리를 강조한다.

"古人謂梵音行於中國, 而吾夫子之經, 不能過跂提河者, 以字不以聲也. 夫有聲乃有字, 寧有無聲之字耶. 今以訓民正音譯之, 聲與韻諧, 不待音和·類隔·正切·回切之繫且勞, 以擧口得音, 不差毫釐, 亦何患乎風土之不同哉.

옛날에 사람이 이르기를 나라 안에서 범음이 쓰였기에, 우리 부자의 경전이, 발제하를 넘을 수 없다고 하지만, 글자 때문이지 소리 때문이 아니다. 무릇 소리가 있으면서 글자가 있지, 어찌 소리가 없는 글자가 있겠는가. 지금《훈민정음》으로 이를 나타냈으니, 성과 운이 고르게 되면, 음화·유격·정절·회절의 번거로움과 수고로움을 기다리지 않고, 입으로 발음하면 소리를 얻으니, 털끝만큼도 틀림이 없을 것이니, 어찌 풍토가 같지 않음을 걱정하겠는가."

중요한 사실은《훈민정음》에는 소위 한자漢字라는 단어가 한 번도 등장하지 않았다는 것이다.

《훈민정음》에 등장하는 언어에 관련된 단어를 열거한다.

'국지어음國之語音', '문자文字', '자字', '문文', '언어諺語', '언諺', '국어國語', '어語', '아동지언兒童之言', '변야지어邊野之語', '방언方言', '리어俚語', '언어言語', '외국지언外國之言', '중국지자中國之字'

세종이나 집현전학자들은 소위 한자라는 단어를 한 번도 사용하지 않았다.

'문자文字'라 하였다.

운문인〈결〉에서는 문자는 반드시 문으로 썼고, 문자와 언어 모두를 뭉뚱그려서 자字라 하였다.

문자인 소위 한자漢字가 유방劉邦이 세운 한漢나라에서 체제를 갖추었다고 말들을 하지만, 세종이 거론한 문자는 훨씬 이전부터 사용하여 온 바로 고인의 글자이다. 어느 누가 보아도 명백한 것은 고인古人을 한인漢人이라 할 수는 없다는 것이다. 한자와 문자를 기원적으로 또는 시기적으로 동일시할 수는 없기 때문이다.

신숙주가 거론한 포희包犧와 창힐蒼頡은 누구인가.
만에 하나 포희나 창힐이 괘를 그리고 글자를 만들었다는 확실한 역사적인 자료가 있었다면, 세종은 고인을 자신 있게 그들이라 추앙하였을 것이다. 그러나 그러한 사실이 정사正史에 기록되어 있지 않은 전설적 인물들이기에 받아들이지 못하였을 것이다. 분명 글자를 만든 사람이 있을 터인데 그 확실한 증거를 몰라, 막연하지만 고인古人, 고전古篆 그리고 고운古韻이라 하였을 것이라는 추론이 가능하다.

신숙주는 '포희가 괘를 그리고, 창힐이 글자를 만들었다(包犧畫卦, 蒼頡制字)'라 하였다.

'창힐이 글자를 만들었다(蒼頡制字)'에서 제자制字는 세종의 제자制字와 같은 의미로 쓰였다. 그러나 세종은 전설적 인물인 창힐이 제자制字를 하였다 하더라도 지금 사용하기에 적합하지 않다고 본 것이다. 다만 고인인 그의 고전을 참고하여 바른 음에 근거한 훈민정음28자를 '새로 만들었다(新制)'는 점을 강조한 것이다.

세종의 제자制字와 신제新制가 바로 정음28이다.
우리는 지금까지 방언을 막연히 항간의 사투리라 알고 있었다.
그러나 사투리를 방언이라 한다면 《훈민정음》을 무시하는 것이다.
세종은 이를 경계하여 〈합자해〉와 〈결〉에서 방언의 정의를 분명히 하였다.

"•ㅡ起ㅣ聲, 於國語無用. 兒童之言, 邊野之語, 或有之, 當合二字而用, 如ᄀᆝ ᄀᅶ之類. 其先縱後橫, 與他不同.

2 소리를 그리다 143

'ㆍ'와 'ㅡ'가 'ㅣ'소리에서 일어나는 것은, 국어에서 쓰임이 없다. 아이들 말이나, 변두리 시골말에, 간혹 있기도 한데, 마땅히 두 글자를 합하여 쓰는 것으로, 'ㄱㅣㄱㅗ' 따위와 같다. 세로로 된 것을 먼저하고 가로로 된 것을 나중에 하는 것이, 다른 것과 다르다."

"方言俚語萬不同　　방언과 리어가 만 가지로 달라
有聲無字書難通　　소리는 있지만 글자가 없어서 글로 통하기 어렵네"

'국어國語'와 '아동지언兒童之言'과 '변야지어邊野之語' 그리고 '방언方言'과 '리어俚語'를 상대되는 개념으로 이야기하였다. 국어는 골목길이나 변방이나 시골에서 쓰는 사투리와는 다르다고 하였다. 그리고 〈결〉에서 다시 방언과 리어라 구분하였다. 부연하면 국어는 방언이고, 아동지언과 변야지어는 리어로 정의한 것이다.

부제학 최만리는 그의 상소문에서 방언에 대한 사실을 말하고 있다.

"自古九州之內, 風土雖異, 未有因方言而別爲文字者. 有蒙古, 西夏, 女眞, 日本, 西蕃地類. 各有其字, 是皆夷狄事耳, 無足道者.
예로부터 구주 안에서, 풍토가 비록 달라졌더라도, 방언 때문에 따로 문자를 만들었던 적은 없습니다. 몽고·여진·일본·서번 등이 그랬을 뿐입니다. 각기 그 글자가 있었지만, 이것은 모두가 오랑캐 일이었을 뿐이니, 족히 말할 바가 아닙니다."

지금까지 방언 때문에 문제가 있어서 따로 문자를 만들지 않았는데, 세종께서는 왜 무모하게도 정음28자를 창제하느냐며 상소를 올린 것이다. 방언을 버리고 불합리한 글자를 만든 것은 몽고·서하·여진·일본 그리고 서번처럼 오랑캐들이나 하는 일이라 강조한 것이다. 여기에서 간과할 수 없는 것은 저들이 소위 사투리라고 하는 방언을 사용하고 있다는 것이다. 이것이 논리적이고 타당한 말인가.

그렇지만 세종은 최만리가 언급한 방언을 대체할 정음28자는 그렇지 않다는 것이다. 한마디로 세종이 창제한 정음28자는 새롭게 정제된 완벽한 세계적 위대한 방언方言이라는 것이다.

"凡于文字及本國俚語, 皆可得而書.
 모든 문자는 물론 우리나라 시골말까지, 모두를 표현해 쓸 수 있다."

세종이 강조한 것은 이것이다.

문자는 소위 한자이고, 본국리어는 우리나라 사람들이 사용하는 토박이말 또는 시골말이다. 그리고 범凡은 '모든'이라는 말이다. 문자에서와 본국리어까지를 한 범주로 포함시키는 것이니, 문자인 소위 한자와 언어諺語까지 '나라말의 소리(國之語音)'를 이야기하고 있는 것이다. 세종에 의하여 새로이 제도한 된 글자인 새로운 문자는 바로 '나라 안(中國)' 어디에서고 사용할 수 있는 방언이라 할 수 있다.

다시 말해서 《훈민정음》28자로 모든 문자를 언해할 수도 있고, 사투리 표기가 가능하다는 이야기이다. 《동국정운》문자는 물론 불경까지도 《훈민정음》28자로 음가를 정확하게 명시할 수 있고, 대화할 때 사용하는 토박이말인 언어諺語 음가도 명확하게 적을 수 있다는 것이다.

'국지어음國之語音', '언어諺語', '국어國語', '어語', '아동지언兒童之言', '변야지어邊野之語', '방언方言', '리어俚語', '외국지언外國之言', '언어言語'가 말에 관계된 용어들이다.

《훈민정음》과 〈동국정운서〉에 국어國語라는 말이 나온다.

〈합자해〉 마지막이다.

"然韻書字母唯一, 且國語雖不分輕重, 皆得成音. 若欲備用, 則依脣輕例, ㅇ連書ㄹ下, 爲半舌輕音, 舌乍附上腭. ㆍㅡ起ㅣ聲, 於國語無用. 兒童之言, 邊野之語, 或有之, 當合二字而用, 如ㄱㅣㄲㅣ之類. 其先縱後橫, 與他不同.

그러나 운서 자모에서는 이 하나이고, 또한 나라말에서는 비록 가볍고 무거움으로 나누지 않으나, 모두 소리를 이루어 얻을 수 있다. 만약 갖추어 쓰고자 한다면, 입술가벼운소리 보기를 따라, 'ㅇ'을 'ㄹ' 아래 붙여 쓰면, 반혀가벼운소리가 되는데, 혀를 살짝 윗잇몸에 붙인다. 'ㆍ'와 'ㅡ'가 'ㅣ' 소리에서 일어나는 것은, 나라말에서 쓰임이 없다. 아이들 말이나, 변두리 시골말에는, 간혹 있기도 한데, 마땅히 두 글자를 합하여 쓰는 것으로, 'ㄱㅣㄲㅣ' 종류와 같다. 그 세로된 것을 먼저하고 가로된 것은 나중에 하는 것이, 다른 것과 다르다."

신숙주의 〈동국정운서〉이다.

"我國語音, 其淸濁之變, 與中國無異. 而於字音獨無濁聲, 豈有此理. 此淸濁之變也, 語音則四聲甚明, 字音則上去無別. 質勿諸韻, 宜以端母爲終聲, 而俗用來母, 其聲徐緩, 不宜入聲, 此四聲之變也. 端之爲來, 不唯終聲, 如次第之第, 牧丹之丹之類. 初聲之變者亦衆, 國語多用溪母, 而字音則獨夬之一音而已, 此尤可笑者也.

우리나라 말과 소리는, 그 청탁 변화가, 나라 안에서도 다름이 없다. 글자 음에는 오직 탁성이 없으니, 어찌 이러한 이치가 있는가. 이는 청탁의 변함이고, 말하는 소리에는 4성이 분명한데, 글자 음에는 상성과 거성 구별이 없다. '질운質韻'과 '물운勿韻' 같은 것은, 마땅히 '단모端母'로서 종성으로 삼아야 할 것인데, 세속에서 '래모來母'로 사용하여, 그 소리가 느리게 되므로, 입성에 마땅하지 않으니, 이는 4성의 변함이다. '단端'을 '래來'로 하는 것은, 오로지 종성만이 아니고, '차제次第'의 '제第,'와, '목단牧丹'의 '단丹' 같은 따위와 같은 것이다. 초성이 변한 것도 또한 많으며, 나랏말에서 '계모溪母'를 많이 쓰면서, 글자 음에는 오직 '쾌夬'라는 한 소리뿐이니, 이는 더욱 우스운 것이다."

여기에서 아국어음我國語音과 국어國語는 《훈민정음》과 《동국정운》이 발표되기 전, 통일되지 않은 제도화되지 않은 불완전한 음운을 말한다. 세종과 신숙주는 수시로 만나서 지시를 내리고 함께 논의하였다는 기록으로 보아, 말씨나 개념 규정에 심혈을 쏟았을 것이다.

세종은 문자 세계 통일을 말하고 있다.

세종은 특히 토박이말인 리어俚語 우수성을 평가하였다.

소위 한자인 문자어가 주축이 되어 있는 국어에서 바른 성운이 확립되어 있지 않기 때문에 그런 음가를 정확하게 표현할 수는 없지만, 본국인 위대한 조선에서는 아이들이나 시골 촌부들도 자연스레 그 음가를 구사한다는 것이다. 그리고 세종은 비록 투박하지만, 이 정리되지 않은 음가를 살펴서 충분히 살렸고, 《훈민정음》과 《동국정운》을 펴내 음운을 바로 잡았다는 것이다.

《훈민정음》〈예의〉에서 '볋彆'자에 대한 설명이다.

"ㅂ. 脣音. 如彆字初發聲
ㅂ. 입술소리이다. '볋彆'자 처음 피어나는 소리 같다"

입술소리 초성자 〔ㅂ〕은 〔볋彆〕자 처음 피어나는 소리 같다고 하였다.

그런데 이 〔볋彆〕을 〔별〕으로도 읽는다.

무슨 이야기인가.

〈종성해〉에서 이를 설명하고 있다.

"如入聲之彆字, 終聲當用ㄷ, 而俗習讀爲ㄹ, 盖ㄷ變而爲輕也. 若用ㄹ爲彆之終, 則其聲舒緩, 不爲入也.

가령 입성 '별(彆)'자도, 종성에 마땅히 'ㄷ'을 써야만 될 것이나, 세속에서는 'ㄹ'로 읽으니, 대개 'ㄷ'이 변해 가볍게 되었다. 만약 'ㄹ'을 '별(彆)'자 종성으로 쓴다면, 그 소리가 퍼지고 느려져, 입성이 되지 않는다.

斗輕爲閭是俗習 'ㄷ' 소리가 가볍게 'ㄹ' 소리가 된 것은 습속이네"

〔ㄹ〕을 〔볃(彆)〕자의 종성으로 쓰려고 한다면, 그 소리가 퍼지고 느려져 입성이 되지 않는다. 그렇지만 본국사람 노인이나 아이들이 유려하게 사용하고, 〔ㄷ〕이 가볍게 〔ㄹ〕소리가 된 것은 습속이기 때문에 입성이 되지는 않지만, 전혀 상관없다는 것이다. 만약 명나라 사람이나 외국인이 〔별彆〕을 〔볃〕으로 읽으려면 습속이 안 되어서 힘들겠지만, 혹여 그 음가를 정확히 내고 싶으면 〔ㄷ〕소리를 가볍게 〔ㄹ〕로 하면 된다는 설명이다.

《훈민정음》 28자는 온 세상에서 – 리어를 사용하는 위대한 조선 백성은 물론 불완전한 문자인 소위 한자를 사용하는 명나라 사람들까지 – 온전히 유통될 수 있다고 주장하는 것이다.

그런데 우리는 지금 세종을 칭송하고 있지만, 세종대왕 뜻을 제대로 전하지 못하고 있다.

불행한 일이다.

세종은 〈용자례〉에서 리어 음가 사용을 가급적이면 초성·중성·종성으로 구분하여 실례를 열거하였다. 15세기 우리나라 말 쓰임을 생생하게 보여주는 소중한 지침이다. 또한 〈용자례〉의 초성·중성·종성의 정확한 운용은 명나라에서 사용하는 반절법으로 음가를 정확히 드러낼 수 없다는 우회적인 증명이다.

"終聲ㄱ, 如닥爲楮, 독爲甕. ㆁ, 如:굼벙爲蠐螬, 올창爲蝌蚪. ㄷ, 如갇爲笠, 싣爲楓.

종성 'ㄱ'은, '닥(닥나무楮)', '독(독甕)'에서 'ㄱ'과 같다. 'ㆁ'은, ':굼벙(굼벵이蠐螬)', '올창(올챙이蝌蚪)'에서 'ㆁ'과 같다. 'ㄷ'은, '갇(갓笠)', '싣(신나무楓)'에서 'ㄷ'과 같다."

오랜 시간이 흘렀으니, 음이 변할 수도 있다.

세종은 분명 〔갇(笠)〕이라 하였는데, 우리는 '갓'이라 쓴다.

최세진은 《훈몽자회》에서 '갓'을 껍데기 〔피皮〕로 설명하고 있다.

《훈민정음訓民正音》

지금 우리들이 엉뚱하게 사용하고 있는 '갓'의 정확한 표현은 바로 〈용자례〉에서 〔갇(笠)〕이다.

세종이 그렇게 한 것을 왜 뜬금없이 다르게 표기하는가. 소중하고도 주옥같은 토박이말 쓰임이 허투루 쓰였다. 정음28자에서 초성과 중성과 종성 정의는 간단하지 않다. 바른 소리 초성은 운서의 자모라 하였다.

언문28자 가운데 초성17자만을 자모라 하였다. 성음이 이런 이유로 생기기 때문에, 초성17자를 글자 어미인 자모라 한다. 그리고 세종은 〈초성해〉〈결〉에서 초성17자와 전탁음全濁音〔ㄲ·ㄸ·ㅃ·ㅆ·ㅉ·ㆅ〕 여섯 자를 포함

2 소리를 그리다

하여 정음초성23자에 대한 정의를 내린다.

"二十三字是爲母 　스물세 자는 어미가 되니
萬聲生生皆自此 　만 가지 소리가 다 여기서 생기고 생겨나네"

초성17자와 전탁음 6자를 합친 정음초성23자는 어미가 되니, 만 가지 소리 모두 여기에서 생기고 또 생긴다고 하였다. 중성은 자운 가운데 있어, 초성과 종성을 어우러지게 하여 바른 소리를 낸다. 그리고 종성은 초성과 중성을 이어받아 자운을 이룬다. 초성과 중성과 종성의 기능은 성음인 '음音'이고, 다음으로는 자운의 '운韻'이라는 것이다.

　종성이 초성과 중성을 이어받아 자운을 이룬다고 하였다.
　초성과 중성을 이어받아 자운을 이루는 종성은 무엇인가.
　〈제자해〉〈결〉 마지막 부분에서 종성에 대한 설명이다.

"終聲比地陰之靜 　종성은 땅에 비유되어 음의 고요함이니
字音於此止定焉 　글자 소리가 여기서 그쳐 정해지네"

　세종은 종성을 '음의 고요함(陰之靜)'이라 하였다.
　바른 소리에 근거한 훈민정음 문자는 초성과 중성 그리고 종성의 만남이다. 이를 뒷받침하는 것은 천지天地와 음양陰陽 그리고 동정動靜의 조화이며, 종성의 존재는 음陰의 고요함을 드러낸다고 하였다.
　초성은 시작, 중성은 연결, 종성은 마무리다.
　종성은 마무리이지만, 또한 또 다른 시작으로 가는 연결이다. 이러한 원만한 순환에는 천지와 음양 그리고 동정의 기운氣韻에 근거한 것이다. 명나라가 사용하는 성모聲母와 운모韻母에 의한 반절법에서는 언감생심 찾아볼 수

없는 음운의 세밀한 파악이다. 이러한 과학적인 음가에서 《훈민정음》과 《동국정운》이 빛난다.

《훈민정음》에서 가장 많이 언급된 것은 소리, 음가를 정하는 음音이었다.

그렇다면 정음28자는 막연히 어리석은 일반 백성을 위한 글자에서 상당히 벗어난다. 그리고 '어리석은 백성(愚民)'은 서로 통하지 않는 변음인 한음을 사용하는 사람 모두를 가리킨다. 그리고 새로 만든 정음正音에 의한 문자를 사용하면, 우민愚民에서 벗어나 지혜롭고 모범적인 백성 인인人人이 된다는 이야기이다.

2-7 초성初聲17자와 중성中聲11자 위용偉容

《훈민정음》 초성初聲17자와 중성中聲11자.
언문28자는 바른 소리인 정음正音에서 빛나는 무늬이다.
소리를 그린 정음28자는 위대한 조선이 신제한 문자이다.
〈예의〉에서는 초성17자와 중성11자 쓰는 방법에 대하여 말한다.

"終聲復用初聲. ㅇ連書脣音之下, 則爲脣輕音. 初聲合用則並書, 終聲同. ㆍㅡ
ㅗㅜㅛㅠ, 附書初聲之下. ㅣㅏㅓㅑㅕ, 附書於右.
종성은 다시 초성으로 쓴다. 'ㅇ'을 입술소리 아래에 잇닿아 쓰면, 곧 입술가
벼운소리가 된다. 초성을 같이 쓴다는 것은 곧 합쳐 나란히 쓰는 것인데, 종성
도 마찬가지이다. 'ㆍㅡㅗㅜㅛㅠ', 초성 아래에 붙여 쓴다. 'ㅣㅏㅓㅑㅕ', 오
른쪽에 붙여 쓴다."

'잇닿아 쓰는 연서連書', '합쳐 나란히 쓰는 병서(합용竝書)', '붙여 쓰는 부서
附書'에서 음가 정확성이 확연하고 문자 활용이 자유롭다는 설명이다. 목구멍
소리〔ㅇ〕을 입술소리〔ㅁ·ㅂ·ㅍ·ㅃ〕 아래 잇닿아 쓰면 '입술가벼운소리(脣
輕音)'가 되고, 초성과 종성은 합쳐 나란히 쓰는 합용병서合用竝書 방법을 취하
여 음가를 다양하게 할 수 있다고 한다. 그리고 중성은 초성 아래 그리고
오른쪽에 붙여 쓴다고 하였다.

《훈민정음》에서 가장 과학적인 음운체계를 정교하면서도 상세하게 풀이한 곳은 〈제자해〉이다. 초성 그리고 중성과 종성이 어우러지는 과정을 동정動靜에 근거한 음양陰陽 5행에 근거하여 밝혔는데, 성음학 이해의 결정체이다.
〈제자해〉 시작이다.

"天地之道, 一陰陽五行而已. 坤復之間爲太極, 而動靜之後爲陰陽. 凡有生類在天地之間者, 捨陰陽而何之. 故人之聲音, 皆有陰陽之理, 顧人不察耳. 理旣不二, 則何得不與天地鬼神同其用也.
하늘과 땅의 이치는, 하나의 음양과 5행일 뿐이다. 곤괘와 복괘 사이에서 태극이 되니, 움직이고 멎고 한 뒤에야 음양인 것이다. 하늘과 땅 사이에 살아있는 모든 것들이 그러하니, 음양을 버리고 어디로 가겠는가. 그러기에 사람의 소리도, 모두 음양 이치가 있는 것인데, 생각해보면 사람이 살피지 못하였을 뿐이다. 이제 바른 소리를 만든 것도, 처음부터 지혜로 마련하여 힘써 찾은 것이 아니라, 다만 그 소리에 따라서 그 이치를 다한 것일 뿐이다. 이치가 원래부터 둘이 아니었으니, 곧 어찌 천지 귀신과 더불어 그 쓰임을 같이 하지 않을 수 있겠는가."

동정에 근거한 음양과 5행이 함께하는 하늘과 땅은 쉬지 않고 움직이면서, 항시 생생生生하다. 사람의 소리도 이러한 이치에서 벗어나지 않으니, 만물의 영장인 사람은 하늘 소리와 땅 이치가 펼쳐지는 음양과 5행에서 모든 형상을 자세히 살핀다고 말한다.

하늘과 땅의 이치는, 하나의 음양과 5행일 뿐이다.

사람에게 소리가 있는 것은 5행에 근거하였으며, 정음28자 즉 초성17자와 중성11자는 하늘과 땅 이치인 음양과 5행을 표준하였다고 밝힌 것이다. 따라서 음양과 5행 법칙에 근거하였기 때문에, 정음28자는 스스로 음양과 5행인 방위方位의 수리數理를 과학적으로 갖추고 있음을 강조하였다.

〈제자해〉에서 밝힌 바로 그 논거들이다.

우선 초성17자이다.

"夫人之有聲, 本於五行. 故合諸四時而不悖, 叶之五音而不戾 … 是則初聲之中, 自有陰陽五行方位之數也 … 又以聲音淸濁而言之. ㄱㄷㅂㅈㅅㆆ, 爲全淸. ㅋㅌㅍㅊㅎ, 爲次淸. ㄲㄸㅃㅉㅆㆅ, 爲全濁. ㆁㄴㅁㅇㄹㅿ, 爲不淸不濁.

무릇 사람에게 소리가 있는 것은, 5행에서의 근원이다. 때문에 4계절과 어우러져도 어그러짐이 없고, 5음에 맞춰 보아도 틀리지 않다 … 이런 까닭에 초성자 가운데서, 저절로 음양과 5행 방위 수가 있는 것이다 … 또 성음의 청탁으로 음양과 오행 방위의 수를 말하겠다. 'ㄱㄷㅂㅈㅅㆆ'은, 전청이다. 'ㅋㅌㅍㅊㅎ'은, 차청이다. 'ㄲㄸㅃㅉㅆㆅ'은, 전탁이다. 'ㆁㄴㅁㅇㄹㅿ'은, 불청불탁이다."

음양 5행에 근거하여 초성17자를 파악하고 전탁음 6자를 더해 초성23자의 전모를 밝힌다. 〈예의〉에서는 〔虯(끃)〕, 〔覃(땀)〕, 〔步(뽕)〕, 〔慈(쫑)〕, 〔邪(썅)〕, 〔洪(뽕)〕이라는 음가를 탐구하여 전탁음 〔ㄲ · ㄸ · ㅃ · ㅉ · ㅆ · ㆅ〕을 말한다.

초성자는 운서韻書의 자모字母이며, 초성23자에 의해 성음이 생긴다고 하였다.

특히 맑은 전청음全淸音과 탁한 전탁음全濁音이 조화로워 당당한 초성 문자이다.

초성자 파악이 음운론서 총아寵兒인 《동국정운》의 이해이다.

위대한 조선의 세종이 창제한 초성자23자는 위대한 문자이다.

사실 우리의 소중한 중성11자가 단연 독특하고 창의적이지만, 세계에서 사용되는 문자를 언뜻 살펴보면 중성자의 기능이 엄연히 살아 있는 것을 알 수 있다. 그러나 위대한 조선의 초성자는 그 누구도 감히 흉내 낼 수 없는 문자 체계이다. 때문에 정교한 음운론서 《동국정운》이 빛나게 존재하는 것이다.

다음으로 중성11자이다.

> "是則中聲之中, 亦自有陰陽五行方位之數也.
> 이런 까닭에 중성자 가운데서, 또한 저절로 음양과 오행 방위의 수가 있는 것이다."

이를 종합하면 〈제자해〉에서 강조한 정음28자 골간은 하늘과 땅 이치인 음양과 5행의 원활하면서도 유기적 만남이라는 것이다. 그리고 '사람의 소리(人之聲音)'는 결국 동정動靜에서 활력을 얻어 음양을 넘나들며 5행으로 변화하며, 또한 반드시 사람이 있어 생성生成을 좌우한다는 논지이다. 세종은 초성자와 중성자 설명에서 '사람(人)'의 당위성을 뜻하는 생성의 개념을 말한다. 동정動靜은 곧 음양陰陽의 생성生成이라는 것이다.

초성자를 설명하면서, 아래와 같은 이야기를 한다.

> "然水乃生物之源, 火乃成物之用.
> 그래서 물은 곧 생물의 근원이고, 불은 곧 성물의 쓰임이다."

'물은 곧 생물의 근원이다(水乃生物之源)'에서 '생生'과 '불은 곧 사물을 이룬다(火乃成物之用)'에서 '성成'이 만난 물과 불같은 '생성生成'이 새롭다.
물은 생물生物의 근원이며, 불은 성물成物의 쓰임이라 하였다.
그리고 중성자에서 다음과 같은 내용이 있다.

> "• 天五生土之位也. ㅡ 地十成土之數也. ㅣ 獨無位數者也.
> '•'는 하늘의 수 5이며 흙을 낳는 자리이다. 'ㅡ'는 땅의 수 10이며 흙을 이루는 수이다. ㅣ만 홀로 자리와 수가 없다."

〔•〕는 하늘의 수 5, 〔ㅡ〕는 땅의 수 10이라 하였다.

〔•〕를 '천天(5)'이니, '천오天五'는 '생토지위야生土之位也'라고 하여 '하늘의 수 5는 땅을 낳는 자리이다', 〔ㅡ〕를 '지地(10)'이니, '지십地十'은 '성토지수야成土地數也'라고 하여 '땅의 수 10은 땅을 이루는 수이다'라 하였으니, 위치位置와 수리數理에 입각하여 '하늘의 수 5는 땅을 낳고, 땅의 수 10은 땅을 이룬다'고 하였다. '낳는다(生)'와 '이룬다(成)'를 구분하여 설명하였으니, 다시 '생성生成'의 정연한 이치를 말한 것이다.

〔ㅣ〕만 홀로 자리와 수가 없다.

지극한 이론이다.

모든 것을 창조한다는 천지天地에서 하늘의 위치와 땅의 수가 사람〔ㅣ〕에는 없다고 말한다. 다시 말하면, 자유자재한 사람이다. 이러한 무극지진無極之眞의 상징 '사람(人)'인 〔ㅣ〕가 없다면 정음28자의 생성生成은 아무런 의미도 없다는 강조이다.

    사람의 인생人生을 말한다.
    문자의 생성生成을 말한다.

이는 천지인합일사상天地人合一思想에 근거한 내용이다.

그래서 〈제자해〉 설명은 복잡하지만, 초성17자와 중성11자로 구성된 정음28자 생성에 대한 합리적인 해석이라 할 수 있다. 이렇게 본다면, 답보된 천인합일天人合一보다는 진보된 천인합일사상이다.

《훈민정음》에서 말하는 3재는 〔천•〕·〔지 ㅡ〕·〔인ㅣ〕이다.

세종이 〈제자해〉〈결〉에서 밝힌 내용이다.

>"中是天用陰陽分　　중성은 하늘의 쓰임이니 음양으로 나뉘고
>　初迺地功剛柔彰　　초성은 땅의 공적이니 단단함과 부드러움으로 드러나네
>　中聲唱之初聲和　　중성이 부르면 초성이 화답하니
>　天先乎地理自然　　하늘이 땅보다 앞섬이니 자연의 이치네
>　和者爲初亦爲終　　화답하는 것이 초성도 되고 역시 종성도 되니
>　物生復歸皆於坤　　사물이 생기어 다시 돌아가는 곳은 모두 땅에서 그렇네"

중성은 하늘의 쓰임을, 초성은 땅의 공적을 나타낸다고 하였다.
중성이 노래하면 초성이 화답하니, 하늘과 땅의 조화로서 초성과 중성이 균형을 이룬다. 그리고 하늘의 쓰임에 화답하는 것은 초성도 종성도 되니, 천지 사이에서 사물에 의해 음양이 생기고 다시 돌아가는 곳은 땅이라 강조하였다.

>"一元之氣, 周流不窮, 四時之運, 循環無端, 故貞而復元, 冬而復春. 初聲之復爲終, 終聲之復爲初, 亦此義也.
>　일원의 기운이, 두루 흘러 막히지 않고, 사계절 운행이, 돌고 돌아 끝이 없고, 그래서 정이 다시 원이 되고, 겨울이 다시 봄이 된다. 초성이 다시 종성이 되고, 그 종성이 다시 초성이 되는 것도, 역시 이 뜻이다."

〈제자해〉 마지막 부분이다.
커다란 기운인 일원—元은 겨울부터 봄까지 막히지 않고 흐르며, 끝없이 순환한다. '두루 흘러 막히지 않는다(周流不窮)'는 동력에서 천지와 음양 그리고 사계절의 움직임과 고요함이 조화를 이룬다고 보았다. 마찬가지로 하늘과 땅 그리고 사람도 이러한 기운에 당당히 올라탔으니, 이것에 근거한 정음 28자의 순환인 초성과 중성 그리고 종성도 같은 움직임이라는 것이다. 하늘과 땅 그리고 사람을 하나의 집합체로 보고서, 모든 것을 보듬었다고 보았다.

다시 말해서 하늘이 없는 땅과 사람이 있을 수 없고, 땅이 없는 하늘과 사람이 있을 수 없고, 사람이 없는 하늘과 땅이 있을 수 없다는 합리적인 천지인합일설을 시사하였다.

천지인합일설天地人合一說을 명료하게 설명한 것이다.

세종은 '사람이 하늘과 땅에 참여하여 최고로 신령스럽게 되었다(人參天地爲最靈)'는 노래로 3재를 역설하였다.

《훈민정음》에서 〈제자해〉를 바로 읽어내지 못하면 세종 이야기는 어려워진다.

〈제자해〉는 《훈민정음》에서 중요하다.

세종은 〈제자해〉 구성을 이렇게 하였다.

〈훈민정음해례〉〈제자해〉를 시작하면서 큰 뜻을 밝힌다.

즉 천지와 음양 그리고 오행이 긴밀한 줄거리이니, 《주역周易》의 차용일 수도 있다. 그렇지만 세종의 그것에 대한 이해를 살펴보면, 보다 진보되고 참신한 사상을 담고 있음이 틀림없다. 그리고 정음28자 초성17자와 중성11자에 대한 생성 근거를 상세히 밝힌 것이다. 초성과 중성이 만나는 이치를 말하고, 다시 초성과 중성 그리고 종성이 만나는 원리에 대하여 거론하였다. 마지막으로 초성과 중성 그리고 종성이 조화롭게 되는 과정을 정연하게 펼치면서 매듭지었다.

암클이니 반절이니 쌍말이니 하면서 천대와 멸시를 받으며 숨도 못 쉬었던 언문28자 가운데〔•〕은 1912년 일제강점기 '보통학교용 언문철자법'에 의해 공식적으로 사라졌다.

무엇이 암클이고 반절이며, 왜 쌍말인가.

훈민정음의 조종弔鐘이 울린 것이다.

일본인들은 정음28자에서, 이〔•〕를 없애버리면 위대한 조선의 바른 소리인 정음이 구실을 하지 못한다는 것을 알고 있었을 것이다. 사람과 땅은 존재하는데, 정작 하늘이 없어진 것이다. 이를 보존하여 발전시키지 못하고 '보통학교용 언문철자법'에 동조한 순진무구한 한글학자들의 엄청난 과오를 돌이킬 수는 없다.

3재 가운데 하나라도 없으면, 정음28자는 의미가 없다.

3재는 음양이 만날 때 하늘에 기운이 조화를 이루게 하는 작용을 한다.

〈언문28자〉

초성17자	ㄱㅋㆁㄷㅌㄴㅂㅍㅁㅈㅊㅅㆆㅎㅇㄹㅿ
중성11자	ㆍㅡㅣㅗㅏㅜㅓㅛㅑㅠㅕ

《훈민정음》에서 초성과 중성 그리고 종성에 대한 개념을 밝힌다.

"正音初聲, 卽韻書之字母也. 聲音由此而生, 故曰母.
中聲者, 居字韻之中, 合初終而聲音.
終聲者, 承初中而成字韻.
정음 초성, 바로 운서의 자모이다. 성음이 이런 이유로 생기니, 때문에 어미라 한다.
중성은, 자운 가운데 있어, 초성과 종성이 합치면 소리가 된다.
종성은, 초성과 중성을 이어받아 자운을 이룬다."

이를 간추리면, 초성17자와 중성11자 그리고 초성을 다시 쓰는 종성의 기능은 성음인 '음音'이고, 초성과 중성 그리고 종성이 만나 자운의 '운韻'이 결정된다는 것이다.

정음28자는 정확한 성음聲音으로 합리적인 음운音韻을 결정하는 문자라는 말이다.

《훈민정음》존재는 바로《동국정운》탄생에서 확실해진다.

초성과 중성 그리고 종성이 어우러짐을 〈제자해〉에서 논리적으로 설명한다.

> "中聲以深淺闔闢唱之於前, 初聲以五音淸濁和之於後, 而爲初亦爲終.
> 중성이 깊고 얕고 닫히고 열리면서 앞에서 노래하면, 초성이 5음과 청탁으로 뒤에서 화답하니, 초성이 되기도 역시 종성이 되기도 한다."

> "亦可見萬物初生於地, 復歸於地也. 以初中終合成之字言之, 亦有動靜互根陰陽交變之義焉.
> 또한 가히 만물이 땅에서 처음에 나는 것을 볼 수 있으니, 다시 땅으로 돌아가는 것이다. 초성과 중성 그리고 종성이 만나 이루는 글자에 대해 말하자면, 역시 움직임과 고요함이 서로 뿌리가 되어 음과 양이 교차하며 바뀌는 뜻이 있다."

> "初聲有發動之義, 天之事也. 終聲有止定之義, 地之事也. 中聲承初之生, 接終之成, 人之事也.
> 초성은 움직임이 피어나는 뜻이 있으니, 하늘의 일이다. 종성은 정한 곳에서 멈추는 뜻이 있으니, 땅의 일이다. 중성은 초성의 생김을 잇고, 종성의 이룸을 맞이하니, 사람의 일이다."

중성이 앞에서 노래하면 초성과 종성이 뒤에서 화답하고, 만물이 땅에서 처음에 나와 마지막으로 땅으로 돌아가니 초성과 중성 그리고 종성이 어울리는 것은 움직임인 '동動'과 고요함인 '정靜'이 서로 뿌리가 되어 호응한다고 보았다.

여기에서 '동정을 겸한(兼乎動靜)' '사람(人)'이 없으면 초성과 중성 그리고 종성은 의미가 없다는 것이다. 즉 초성과 중성 그리고 종성이 어울리는 것은 움직임인 '동動'과 고요함인 '정靜'이 서로 뿌리가 되어 호응한다고 보았다.

'음과 양이 교차하며 바뀌는 뜻(陰陽交變之義)'으로 초성과 중성 그리고 종성의 연결을 말하였다.

초성과 중성 그리고 종성에 대한 개념이 간결하면서도 명확하다.

세종은 이러한 논리로 명나라 《홍무정운》에서 반절법反切法은 중성이 존재하지 않는 초성과 종성만 가지고 음운을 표기하는 것이기에, 논리적으로 타당하지 않다고 여긴 것이다.

그리고 초성과 중성 그리고 종성의 연결에서 3재三才를 응용하여 밝힌다.

초성은 발동發動인 '하늘의 일(天之事)'이고, 종성은 지정止定인 '땅의 일(地之事)'이며, '초성의 생김을 잇고 종성의 이룸을 맞이하는(承初之生 接終之成)' 중성은 바로 '사람의 일(人之事)'이라 하였다.

'발동發動'은 하늘의 일이고, '지정止定'은 땅의 일이다.

그런데 중성이 없으면 초성의 생김을 잇지 못할 뿐만 아니라, 종성의 이룸을 맞이하지 못한다고 정의한다. 사람이 없으면 시작도 맺음도 없으니, 만물이 생성할 수 없다는 것을 강조하였다.

무엇보다도 사람을 소중히 생각한 세종의 위대함을 다시 한 번 증명하는 논거이다. 초성의 생김을 잇고 종성의 이룸을 맞이하는 만물萬物의 영장靈長이 곧 사람이다. 초성과 중성과 종성의 만남은 하늘과 땅 그리고 사람의 원만한 조화이다.

《훈민정음》에서 가장 많이 언급된 것은 바로 소리, 음가를 제도화한 '음音'이다.

그리고 초성과 중성과 종성의 조화로 자운字韻을 이루는 《동국정운》을 편찬하였으니, 《훈민정음》과 《동국정운》이 만나 전무후무한 성음학(Phonetics)과 음운학(Phonology)의 쾌거가 위대한 조선에서 찬란히 이루어졌다.

2-7-1 초성17자 初聲17字

세종은 초성17자를 이렇게 말한다.

"正音初聲, 卽韻書之字母也. 聲音由此而生, 故曰母.
정음 초성, 바로 운서의 자모이다. 성음이 이런 이유로 생기니, 그래서 어미라 한다."

성음聲音이 초성에 의하여 결정된다.
그래서 초성은 글자의 '어미(母)'라 한다.
초성을 운서에서 '글자의 어미(자모字母)'라 하였으니, 모든 것을 품는 것이다. 성음의 뿌리가 되는 초성은 중성과 종성을 도와 자운字韻을 결정하니, 문자의 '태실胎室(Womb)'처럼 모든 것을 보듬어주는 어머니 역할이라 하였다.

"ㄱ. 牙音. 如君字初發聲　　ㄱ. 어금닛소리이다. '군君'자 처음 피어나는
　　　　　　　　　　　　　　　 소리 같다
　　並書. 如虯字初發聲　　　나란히 쓴다. '끃虯'자 처음 피어나는
　　　　　　　　　　　　　　　 소리 같다"

이는 《훈민정음》〈예의〉에서 발음을 밝힌 문장이다.

> "ㄱ. 牙音. 如君字初發聲
> ㄱ. 어금닛소리이다. '군君'자 처음 피어나는 소리 같다"

우리는 지금 이 〔ㄱ〕 문자를 '기역'이라 읽는다.

그런데 세종은 이렇게 말하지 않았다.

〔ㄱ〕은 아음牙音인 어금닛소리이며, 나랏님 '군君'자 처음 피어나는 소리라고만 하였다.

그리고 세종은 초발성初發聲이라 하였다.

많은 학자들이 초발성初發聲을 '처음 나는 소리'라 풀이하지만, 글자 그대로 '처음 피어나는 소리'라 해석하여야 한다. 여기에서 '싹을 틔운다(發芽)'며 '발發'이라 쓴 이유와 그 함의를 한번 숙고해 볼 필요가 반드시 있다.

정음에서 초성을 '운서의 자모(韻書之字母)'라 하였다. 문자의 경전經典인 《훈민정음》과 음운의 전적典籍 《동국정운》과 밀접한 관계를 강조한 것이다.

《훈민정음》이 제자리를 잡으면 《동국정운》이 빛을 발한다는 것이다.

즉 초성자가 바르게 서지 못하면 중성자와 종성자는 의미가 없다는 이야기이며, 초성자가 바른 기능을 하지 않으면 변음에 의한 반절법으로 꾸민 문자인 소위 한자漢字 음가와 별반 다르지 않다는 것을 에둘러 강조한 것이다. 초성자를 다시 종성자로 쓸 수 있으니, 중성자가 완벽한 체계를 갖춘다면 전무후무한 정음이 탄생한다고 여긴 것이다.

초성17자는 《훈민정음》의 화려한 출발이다.

초성17자는 세종이 자신 있게 추천하는, '바른 소리(正音)'을 가진 최고 문자이기 때문이다.

> "初聲凡十七字. 牙音ㄱ, 象舌根閉喉之形. 舌音ㄴ, 象舌附上腭之形. 脣音ㅁ,
> 象ㅁ形. 齒音ㅅ, 象齒形. 喉音ㅇ, 象喉形. ㅋ比ㄱ, 聲出稍厲, 故加畫. ㄴ而ㄷ,

ㄷ而ㅌ, ㅁ而ㅂ, ㅂ而ㅍ, ㅅ而ㅈ, ㅈ而ㅊ, ㅇ而ㆆ, ㆆ而ㅎ, 其因聲加畫之義皆同, 而ㆁ唯爲異. 半舌音ㄹ, 半齒音ㅿ, 亦象舌齒之形而異其體, 無加畫之義焉.

초성은 모두 17자이다. 어금닛소리 'ㄱ'은, 혀뿌리가 목구멍 막는 꼴을 본떴다. 혓소리 'ㄴ'은, 혀가 윗잇몸에 붙는 꼴을 본떴다. 입술소리 'ㅁ'은, 입 꼴을 본떴다. 잇소리 'ㅅ'은, 이빨 꼴을 본떴다. 목구멍소리 'ㅇ'은, 목구멍 꼴을 본떴다. 'ㅋ'은 'ㄱ'에 비해, 소리 나는 것이 점차 세져서, 그래서 획을 더했다. 'ㄴ'에서 'ㄷ', 'ㄷ'에서 'ㅌ', 'ㅁ'에서 'ㅂ', 'ㅂ'에서 'ㅍ', 'ㅅ'에서 'ㅈ', 'ㅈ'에서 'ㅊ', 'ㅇ'에서 'ㆆ', 'ㆆ'에서 'ㅎ'은, 그 소리 때문에 획을 더한 뜻은 모두 같은데, 그런데 오로지 'ㆁ'만 다르다. 반혓소리 'ㄹ'과, 반잇소리 'ㅿ'은, 역시 혀와 이 꼴을 본떴지만, 그 형상을 달리해서 만들었기에, 획을 더한 뜻은 없다."

	전청全淸	전탁全濁	차청次淸	불청불탁不淸不濁
어금닛소리(牙音)	ㄱ(君)	ㄲ(虯)	ㅋ(快)	ㆁ(業)
혓소리(舌音)	ㄷ(斗)	ㄸ(覃)	ㅌ(呑)	ㄴ(那)
입술소리(脣音)	ㅂ(彆)	ㅃ(步)	ㅍ(漂)	ㅁ(彌)
잇소리(齒音)	ㅅ(戌) ㅈ(卽)	ㅆ(慈) ㅉ(邪)	ㅊ(侵)	
목구멍소리(喉音)	ㆆ(挹)	ㆅ(洪)	ㅎ(虛)	ㅇ(欲)
반혓소리(半舌音)				ㄹ(閭)
반잇소리(半齒音)				ㅿ(穰)

〔ㄱ〕은 혀뿌리가 목구멍 막는 꼴을, 〔ㄴ〕은 혀가 윗잇몸에 붙는 꼴을, 〔ㅁ〕은 입, 〔ㅅ〕은 이빨, 〔ㅇ〕은 목구멍 꼴을 본떴다고 하였다. 어금닛소리는 나무(木), 혓소리는 불(火), 입술소리는 흙(土), 잇소리는 쇠(金), 목구멍소리는 물(水)의 성질이라 밝혔다. 그리고 어금닛소리인 〔ㆁ〕는 꼴을 본뜨지 않아 다르다고 하였고, 반혓소리 〔ㄹ〕과 반잇소리 〔ㅿ〕은 혀와 이빨을 본떴지만, 그 형상을 달리해서 만들었기에 획을 더한 뜻은 없다고만 하였다.

여기에서 특이한 것은 〔ㄱ〕은 어금닛소리 그리고 〔ㅅ〕은 잇소리라 하였다. 모두 이빨과 관계되는 음가이지만, 과학적으로 어금닛소리와 잇소리로 정확히 구분하였다. 그러나 우리는 다만 그렇다고 생각할 뿐이지, 그 정확한 이치와 원리를 파악하지 못하고 있다.

그리고 후음喉音에서의 전청음과 차청음 그리고 전탁음의 분류에 대하여서도 상세한 설명을 하고 있다.

> "全淸並書則爲全濁, 以其全淸之聲凝則爲全濁也. 唯喉音次淸爲全濁者, 盖以ㆆ聲深不爲之凝, ㅎ比ㆆ聲淺, 故凝而爲全濁也.
> 전청을 나란히 쓰면 전탁이 되는데, 전청소리가 엉기게 되면 전탁이 되기 때문이다. 유일하게 목구멍소리 차청이 전탁이 되는데, 대개 'ㆆ'은 소리가 깊어 엉기지 않고, 'ㅎ'은 'ㆆ'에 비해 소리가 얕아서, 엉기기 때문에 전탁이 된다."

〔ㅎ〕은 〔ㆆ〕에 비하여 얕은 곳에서 소리가 난다고 하였다.

과학적인 음가의 밝힘이다. 울림이 깊으면 전청음이 되고, 얕으면 전탁음이 된다는 기준에서 목구멍소리에서는 전청음이 아닌 차청음 〔ㅎ〕이 전탁음〔ㆅ〕으로 된다고 한 것이다.

그리고 콧속인 비강鼻腔으로 나오는 불청불탁음〔ㆁ·ㄴ·ㅁ·ㅇ·ㄹ·ㅿ〕과 입인 구강口腔으로 나오는 전탁음〔ㄲ·ㄸ·ㅃ·ㅉ·ㅆ·ㆅ〕의 성격 구분이 확실하다. 그래서 강한 소리인 전탁음은 병서並書를 할 수 있지만, 콧소리가 나는 불청불탁음은 울리기 때문에 병서를 하지 못한다는 설명이다.

ㄴ

혓소리(舌音)

치음徵音

화火

여름

남南

ㄱ

어금닛소리(牙音)

각음角音

봄

목木

동東

ㅁ

입술소리(脣音)

궁음宮音

늦여름

토土

중앙中央

ㅅ

잇소리(齒音)

상음商音

가을

금金

서西

ㅇ

목구멍소리(喉音)

우음羽音

수水

겨울

북北

이 그림은 세종이 밝힌 〔ㄱ〕·〔ㄴ〕·〔ㅁ〕·〔ㅅ〕·〔ㅇ〕인 아설순치후牙舌脣齒喉 초성5자의 음양과 5행에 의한 구도이다. 세종은 〈제자해〉에서 중성11자와는 달리 초성17자 위치와 수를 꼭 집어 밝히지 않았지만, 음양과 5행 방위수를 상세히 설명하였다.

"夫人之有聲, 本於五行. 故合諸四時而不悖, 叶之五音而不戾. 喉邃而潤, 水也. 聲虛而通, 如水之虛明而流通也. 於時爲冬, 於音爲羽. 牙錯而長, 木也. 聲似喉而實, 如木之生於水而有形也. 於時爲春, 於音爲角. 舌銳而動, 火也. 聲轉而颺, 如火之轉展而揚揚也. 於時爲夏, 於音爲徵. 齒剛而斷, 金也. 聲屑而滯, 如金之屑瑣而鍛成也. 於時爲秋, 於音爲商. 脣方而合, 土也. 聲含而廣, 如土之含蓄萬物而廣大也. 於時爲季夏, 於音爲宮. 然水乃生物之源, 火乃成物之用, 故五行之中, 水火爲大. 喉乃出聲之門, 舌乃辨聲之管, 故五音之中, 喉舌爲主也. 喉居後而牙次之, 北東之位也. 舌齒又次之, 南西之位也. 脣居末, 土無定位而寄旺四季之義也. 是則初聲之中, 自有陰陽五行方位之數也.

무릇 사람에게 소리가 있는 것은, 5행에서의 근원이다. 때문에 4계절과 어우러져도 어그러짐이 없고, 5음에 맞춰 보아도 틀리지 않다. 목구멍은 깊고 젖어 있으니, 물이다. 소리는 빈 듯하면서 통하니, 마치 물이 비어 있으면서 맑아 잘 흐르는 것과 같다. 계절로는 겨울이고, 음률로는 우음이다. 어금니는 어긋나고 길어, 나무이다. 소리가 목구멍소리와 비슷하여 실하니, 나무가 물에서 나는 것처럼 형체가 있는 것과 같다. 계절로는 봄이고, 음률로는 각음이다. 혀는 빠르게 움직이니, 불이다. 소리가 구르고 날리는 것은, 불이 이글거리는 것처럼 활활 타오르는 것과 같다. 계절로는 여름이고, 음률로는 치음이다. 이빨은 단단하고 끊을 수 있으니, 쇠다. 소리는 부스러지고 엉기니, 쇠가 부수어졌다가 다시 단단해지는 것과 같다. 계절로는 가을이고, 음률로는 상음이다. 입술은 모나지만 합치므로, 땅이다. 소리가 머금고 넓으니, 흙이 만물을 함축하는 것처럼 넓은 것과 같다. 계절로는 늦여름이고, 음률로는 궁음이다. 그래서 물은 곧 생물의 근원이고, 불은 곧 성물의 용도이니, 때문에 5행 가운데, 물과 불이 크다. 목구멍은 소리를 내는 문이고, 혀는 소리를 구별하는 기관이니, 그래서 5음 가운데, 목구멍소리와 혓소리가 주인이 된다. 목구멍은 뒤에 있고 어금니는 그 다음이니, 북동 위치이다. 혀와 이빨도 또한 그 다음이니, 남서 위치이다. 입술은 끝에 위치하지만, 흙은 정한 위치가 없어 사계절을 왕성하게 한다는 뜻이다. 이런 까닭에 초성자 가운데서, 저절로 음양과 5행 방위의 수가 있는 것이다."

5행에서의 발원發源이 있기에 사람이 소리를 낼 수 있다고 한다.

초성은 스스로 음양과 5행 방위 수를 갖추고 있다. 때문에 음양과 5행을 잘 살피면, 그 위치와 이치를 알 수 있다는 탐색이다.

바른 소리를 파악하면 4계절과 어울리고, 5음에 맞추어 보아도 틀림없다고 하였다. 목구멍소리는 겨울이고, 어금닛소리는 봄이고, 혓소리는 여름이고, 잇소리는 가을이며, 입술소리는 늦여름이다. 이러한 음양과 5행 이치에 따르면, 수목화금토水木金火土 순서대로 수 자리를 알 수 있다.

오행五行	수	목	금	화	토
수數	1	2	3	4	5

"然水乃生物之源, 火乃成物之用, 故五行之中, 水火爲大. 喉乃出聲之門, 舌乃辨聲之管, 故五音之中, 喉舌爲主也. 喉居後而牙次之, 北東之位也. 舌齒又次之, 南西之位也. 脣居末, 土無定位而寄旺四季之義也. 是則初聲之中, 自有陰陽五行方位之數也.

그래서 물은 곧 생물의 근원이고, 불은 곧 성물의 용도이니, 때문에 5행 가운데, 물과 불이 크다. 목구멍은 소리를 내는 문이고, 혀는 소리를 구별하는 기관이니, 그래서 5음 가운데, 목구멍소리와 혓소리가 주인이 된다. 목구멍은 뒤에 있고 어금니는 그 다음이니, 북동 위치이다. 혀와 이빨도 또한 그 다음이니, 남서 위치이다. 입술은 끝에 위치하지만, 흙은 정한 위치가 없어 사계절을 왕성하게 한다는 뜻이다. 이런 까닭에 초성자 가운데서, 저절로 음양과 5행 방위의 수가 있는 것이다."

이미 언급하였지만, 물은 '사물을 만드는 근원(生物之源)'이고, 불은 '사물을 이루는 쓰임(成物之用)'이다. 물과 불이 만나면 모든 사물이 곧 생성生成된다고 하였으니, 곧 물과 불은 사물의 중심축이라는 것이다. 결국 물(水)과 불(火)이 우선이고, 목木과 금金이 가세하면, 토土를 중심으로 천지간에서 5행이 원활히 순행한다는 이야기가 된다.

따라서 물 위치인 목구멍은 소리를 내는 문짝이고, 불 위치인 혀는 소리를 구별하는 기관이라 하였기 때문에, 초성 5음을 내는 목구멍과 혀가 주인이 된다는 설명이다. 물은 북쪽(북수北水)에서 불은 남쪽(화남火南)에서, 하나의 축처럼 중심이 되어 경위經緯에서 '날줄(經)'처럼 된다는 내용이다.

> "喉居後而牙次之, 北東之位也. 舌齒又次之, 南西之位也.
> 목구멍은 뒤에 있고 어금니는 그 다음이니, 북동 위치이다. 혀와 이빨도 또한 그 다음이니, 남서 위치이다."

목구멍과 어금니 그리고 혀와 이빨의 위치를 말한다.

그래서 목구멍소리인 [ㅇ·ㆆ]은 어금닛소리인 [ㆁ]보다 아래쪽에서 발음이 되고, 혓소리인 [ㄴ·ㄷ·ㅌ]은 잇소리인 [ㅅ·ㅈ·ㅊ]보다 뒤에서 발음된다고 한다. 이러한 이야기는 인체 구강구조와 기도氣道 흐름까지 과학적으로 살폈기에 가능하다. 그리고 수목水木 중간 위치인 북동北東, 화금火金 중간 위치인 남서南西라 분명하게 밝혔다.

그리고 입술소리 [ㅁ]에 대한 설명을 한다.

> "脣居末, 土無定位而寄旺四季之義也. 是則初聲之中, 自有陰陽五行方位之數也.
> 입술은 끝에 위치하지만, 흙은 정한 위치가 없어 사계절을 왕성하게 한다는 뜻이다. 이런 까닭에 초성자 가운데서, 저절로 음양과 5행 방위의 수가 있는

것이다."

입 끝에서 나는 입술소리 즉, 순음脣音은 중앙에 위치한다면 상식적으로 토土인 5의 수數라고도 할 수 있겠지만, 세종은 '흙은 정한 위치가 없다(土無定位者也)'라고만 하였다. 다시 말해 무엇에 기준하였는지 몰라도 중앙에서 움직임이 자유롭다는 것을 밝힌 것이다. 사람을 길러내는 '생토生土'에서 '5'이다. 그러면서 스스로 음양과 5행 방위가 있다고 하면서, 순음인 〔ㅁ〕은 제 스스로 중앙에 위치한다고 하였다.

"唯牙之ㆁ, 雖舌根閉喉聲氣出鼻, 而其聲與ㅇ相似, 故韻書疑與喩多相混用, 今亦取象於喉, 而不爲牙音制字之始. 盖喉屬水而牙屬木, ㆁ雖在牙而與ㅇ相似, 猶木之萌芽生於水而柔軟, 尙多水氣也.

오직 어금닛소리 'ㆁ'은, 비록 혀뿌리가 목구멍을 막아 소리의 기운이 코로 나오지만, 그 소리가 'ㅇ'과 비슷하니, 그래서 운서에서 의疑와 유喩가 혼용될 수 있고, 이제 또한 목구멍에서 그 꼴을 취하였지만, 글자를 만드는 시초를 어금닛소리로 하지는 않았다. 대개 목구멍소리는 물에 속하고 어금닛소리는 나무에 속하니, 'ㆁ'가 비록 어금닛소리지만 목구멍소리 'ㅇ'와 유사한 것은, 나무의 움이 물에서 나와 부드럽고 연하여, 더욱이 물기운이 많은 것과 같다."

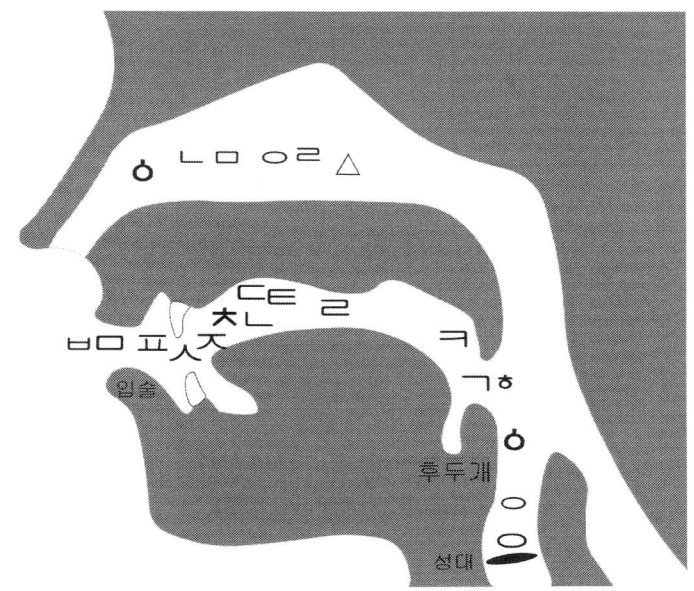

김승권 선생님 그림 제공

이 그림에서 보듯이 콧속에서 나오는 소리가 〔ㆁ·ㄴ·ㅁ·ㅇ·ㄹ·ㅿ〕인데, 이 초성6자가 모두 불청불탁음이다. 〈해례〉에서도 규정한 불청불탁음의 움직임을 정확히 하자면, 입안 또는 기도 쪽에서 음이 만들어져서 코로 나오는 소리이니, 과학적으로도 분명한 음가 파악이다. 혀뿌리가 목구멍을 막아 소리 기운이 코로 나오는 어금닛소리 〔ㆁ〕은 기도 가장 아래쪽에서 목구멍소리 〔ㅇ〕과 소리가 흡사하여, 이러한 이치를 모르고서 기존의 변음變音에 의한 운서에서는 〔의疑〕와 〔유喩〕를 구분도 없이 마구 사용한다고 한다.

〔ㅇ〕와 〔ㆁ〕 차이를 쉽게 분별할 수 없음을 말한다.

목구멍소리 후음 〔ㅇ〕와 어금닛소리 아음 〔ㆁ〕.

누가 보아도 분명한 것은 아음인 〔ㆁ〕는 후음 〔ㅇ〕에서 마치 씨눈이 삐죽 나온 모습이다.

세종은 아음 〔ㆁ〕에다가 분명 의도한 뜻을 심었을 것이다.

특히 이 〔ㅇ〕와 〔ㆁ〕는 콧속을 통해 나오기 때문에 듣는 사람도 명확히 판단할 수 없다고 하였다. 세종은 목구멍소리〔ㅇ〕와 어금닛소리〔ㆁ〕 음가가 유사한 이유는 '나무의 움이 물에서 나와 부드럽고 연하여, 더욱이 물기운이 많은 것과 같다(猶木之萌芽生於水而柔軟, 尙多水氣也)'는 이치로 설명한다. '물에서 나무가 난다(水生木)'는 음양 이치로 이야기하였으니, 물과 나무의 상생을 밝혔다. 때문에 목구멍소리〔ㅇ〕와 어금닛소리〔ㆁ〕는 유사하지만, 분명 다른 음가라는 것을 강조하였다.

의학적으로 살펴보면, 후음喉音과 아음牙音의 차이를 알 수 있다.

후음을 성대聲帶에서 나오는 목구멍소리라 한다면, 아음은 후두음과는 달리 기관지氣管支가 갈라지는 기관의 밑에 위치하며 원리 자체는 성대와 동일하지만, 폐에서 나오는 공기를 이용해서 내는 깊은 울대 소리에 가깝다고 할 수 있다.

지금은〔ㆁ〕가 사라졌다.

속상한 일이다.

우리가 사용하는 한글에서는 목구멍소리 후음〔ㅇ〕이 어금닛소리〔ㆁ〕를 대신하고 있다.

사실 누구나 이렇게〔ㅇ〕와〔ㆁ〕를 혼용하여도 불편하거나 억지스럽지는 않다. 다만 세종이 의도한 정확한 음운론으로 따지자면 불완전한 운용이라는 것이다.

이는 정음28자가 음운론적으로 정말로 정교하기 때문에 벌어진 일이다.

초성자는 음양과 5행에 의한 청탁에 의하여 성격이 정하여진다고 하였다.

"又以聲音淸濁而言之. ㄱㄷㅂㅈㅅㆆ, 爲全淸. ㅋㅌㅍㅊㅎ, 爲次淸. ㄲㄸㅃㅉㅆㆅ, 爲全濁. ㆁㄴㅁㅇㄹㅿ, 爲不淸不濁."

또 성음 청탁으로 음양과 5행의 방위의 수를 말하겠다. 'ㄱㄷㅂㅈㅅㆆ'은, 전청이다. 'ㅋㅌㅍㅊㅎ'은, 차청이다. 'ㄲㄸㅃㅉㅆㆅ'은, 전탁이다. 'ㆁㄴㅁㅇ

ㄹㅿ'은, 불청불탁이다."

'또 성음 청탁으로 음양과 5행 방위의 수를 말하겠다(又以聲音淸濁而言之)'에서 〈예의〉에서 초성자 발음과 순서는 그 소리의 음양과 5행에 근거한 청탁을 파악하면 순서가 이치에 맞게 정하여진다는 것을 살필 수 있다고 하였다.

우선 초성자 발음에 관한 이야기이다.

세종은 꼴에 의해 문자가 만들어졌다는 상형象形이 아닌 소리에 의해 문자가 만들어졌다는 인성因聲에 대한 근거를 설명한다.

"ㅋ比ㄱ, 聲出稍厲, 故加畫. ㄴ而ㄷ, ㄷ而ㅌ, ㅁ而ㅂ, ㅂ而ㅍ, ㅅ而ㅈ, ㅈ而ㅊ, ㅇ而ㆆ, ㆆ而ㅎ, 其因聲加畫之義皆同.

'ㅋ'은 'ㄱ'에 비해, 소리 나는 것이 서서히 세져, 그래서 획을 더했다. 'ㄴ'에서 'ㄷ', 'ㄷ'에서 'ㅌ', 'ㅁ'에서 'ㅂ', 'ㅂ'에서 'ㅍ', 'ㅅ'에서 'ㅈ', 'ㅈ'에서 'ㅊ', 'ㅇ'에서 'ㆆ', 'ㆆ'에서 'ㅎ'은, 그 소리 때문에 획을 더한 뜻은 모두 같다."

'소리 때문에 획을 더한다(因聲加畫)'고 하였다.

〔ㅋ〕·〔ㄷ〕·〔ㅌ〕·〔ㅂ〕·〔ㅍ〕·〔ㅈ〕·〔ㅊ〕·〔ㆆ〕·〔ㅎ〕 초성9자는, 그 소리 때문에 획을 더하였다고 한다. 다시 말하면 상형제자象形制字〔ㄱ〕·〔ㄴ〕·〔ㅁ〕·〔ㅅ〕·〔ㅇ〕을 근거하여 소리 세기를 관찰한 결과, 즉 인성因聲에 의한 특징을 살폈다는 것이다.

상형을 중시하였지만, 바로 인성도 초성17자 골간이라는 뜻이다.

그리고 반혓소리 〔ㄹ〕과 반잇소리 〔ㅿ〕은 단지 형상을 달리 한 것이기에 완전한 상형제자는 아니며, 어금닛소리인 〔ㆁ〕는 상형제자도 인성제자도 아닌 '다르다(異)'라고 하였다.

상형제자와 인성제자는 무엇인가.

상형자象形字	ㄱ·ㄴ·ㅁ·ㅅ·ㅇ
성출가획자聲出加劃字	ㅋ·ㄷ·ㅌ·ㅂ·ㅍ·ㅈ·ㅊ·ㆆ·ㅎ
상형이체자象形異體字	ㄹ·ㅿ
이체자異體字	ㆁ

* 상형자〔ㄱ〕·〔ㄴ〕·〔ㅁ〕·〔ㅅ〕·〔ㅇ〕에서〔ㅅ〕을 인성자因聲字로도 보았다.
* 한글학자들이 사용하는 이체자異體字라는 용어는〈훈민정음해례〉어디에도 나오지 않는 표현이다.

세종은 '오직 ㆁ만 다르다(而唯ㆁ爲異)'라 하였기 때문에, 여기에서 '이異'를 근거하여 학자들이 임의로 이체자異體字라 한 것이니, 이 이체자異體字는 정확한 언어사용이라고 볼 수 없다.

위 그림은 세종이〈제자해〉에서 이야기한 초성17자 성격을 정리한 것이다.

상형제자에 근거한 상형자와 상형이체자는〔ㄱ〕·〔ㄴ〕·〔ㅁ〕·〔ㅅ〕·〔ㅇ〕·〔ㄹ〕·〔ㅿ〕인 초성7자이고, 인성제자에 근거한 성출가획자는〔ㅋ〕·〔ㄷ〕·〔ㅌ〕·〔ㅂ〕·〔ㅍ〕·〔ㅈ〕·〔ㅊ〕·〔ㆆ〕·〔ㅎ〕인 초성9자이고, 상형 그리고 인성과 무관한 어금닛소리〔ㆁ〕이다.

그래서 초성17자는 상형제자와 인성제자에 의한 조합이라 규정지을 수 있다.

세종은〈제자해〉〈결〉에서 이를 다시 강조한다.

"正音制字尙其象　바른 소리로 글자를 만들 때 그 꼴로 꾸몄고
因聲之厲每加畫　소리 세기 때문에 모두 획을 더 하였네"

상기상尙其象과 인성지려因聲之厲 이치에 근거하여 초성17자가 만들어진 것을 강조한다.

인성지려因聲之厲에서 '려厲'는 음가 차이를 말한다. 소리 세기 때문에 글자에 획을 더하였다는 이치가 명확해진다. '소리의 세기'를 파악하였다는 것은 상형제자보다 과학적 체계인 인성제자 경계를 구축한 성음학의 높은 단계를 말하고 있다.

초성17자는 꼴과 소리에 근거하였고, 음양과 5행에 의하여 좌우되었음을 밝혔다.

어금닛소리〔ㆁ〕는 꼴을 본뜨지 않고 다만 '다르다(異)'라고 강조하였다. 그리고 이 음가는 어느 나라에서도 흉내를 낼 수 없는 소중한 고유의 언문이라는 것을 시사하였다.

초성인〔ㄱ〕에 대한 이야기이다.

"ㅋ比ㄱ, 聲出稍厲, 故加畫.
'ㅋ'은 'ㄱ'에 비해, 소리 나는 것이 점차 세져서, 그래서 획을 더했다."

〔ㅋ〕은 소리 나는 것이 세서〔ㄱ〕에서 나왔다고 하였다.
그리고 다음과 같은 이야기를 한다.

"ㄴ而ㄷ, ㄷ而ㅌ, ㅁ而ㅂ, ㅂ而ㅍ, ㅅ而ㅈ, ㅈ而ㅊ, ㅇ而ㆆ, ㆆ而ㅎ, 其因聲加畫之義皆同.
'ㄴ'에서 'ㄷ', 'ㄷ'에서 'ㅌ', 'ㅁ'에서 'ㅂ', 'ㅂ'에서 'ㅍ', 'ㅅ'에서 'ㅈ', 'ㅈ'에서 'ㅊ', 'ㅇ'에서 'ㆆ', 'ㆆ'에서 'ㅎ'은, 그 소리 때문에 획을 더한 뜻은 모두 같다."

그렇다면 어금닛소리〔ㄱ〕· 혓소리〔ㄴ〕· 입술소리〔ㅁ〕· 잇소리〔ㅅ〕· 목구멍소리〔ㅇ〕인 초성5자는 '상형제자'로 규정할 수 있는데, 〈결〉에서는 다른 이야기를 하고 있다.

"那彌戌欲聲不厲 'ㄴㅁㅅㅇ' 소리는 세지 않으므로
次序雖後象形始 순서는 비록 뒤이지만 모양과 꼴은 처음이네"

우선 '순서는 비록 뒤이지만(次序雖後)'이라는 뜻은 〈어제〉에서 아음牙音〔ㄱ〕은 맨 첫 번째로 하였는데, 설음인 〔ㄴ〕과 순음인 〔ㅁ〕과 치음인 〔ㅅ〕 그리고 후음인 〔ㅇ〕은 그렇게 하지 않았다는 말이 될 것이다. 다른 말로 하면 상형자에서도 아음牙音〔ㄱ〕과 설음舌音〔ㄴ〕·순음脣音〔ㅁ〕·치음齒音〔ㅅ〕·후음喉音〔ㅇ〕과의 변별성을 강조한 것일 수도 있다.

그리고 여기에서는 〔ㄴ〕·〔ㅁ〕·〔ㅅ〕·〔ㅇ〕 초성4자 소리가 세지 않다고 하였는데, 초성인 〔ㄱ〕에 대하여 별다른 설명이 없다. 그렇다면 어금닛소리 〔ㄱ〕은 어떤 특별한 의미를 품는 것이라고 할 수 있다. 세종은 어금닛소리 〔ㄱ〕을 '어금니는 어긋나면서 길어, 나무이다(牙錯而長, 木也)'라 정의하며, 나무라 강조하였다. 어금닛소리가 목구멍소리와 비슷해도 실하니, 나무가 물에서 낳지만, 형상이 있는 것과 같다. 계절로는 봄이고, 음률로는 각음角音이라 설명하였다. 시작이며 모든 것을 소생시키는 시작이라 하였다.

과학적인 바른 소리에 근거한 정음28자, 그 가운데서도 세종 야심작은 바로 〔업業〕에서 나는 처음 음가 〔ㆁ〕이다.

한 알 씨앗에서 싹을 틔우는 모습을 방불하게 하는 〔ㆁ〕을 어금닛소리 〔ㄱ〕에서 근거하였다고 밝힌다. 그렇다면 한 알 씨앗에서 싹을 틔워 나무의 시발始發 모양인 이 언문 〔ㆁ〕은 바로 〔ㄱ〕에서 출발한 셈이다.

사실 《훈민정음》 28자 가운데 〔ㄱ〕은 의미와 가치는 엄청난 것이다. 그리고 그것을 간과한다면 《훈민정음》 의의는 제대로 확립될 수 없다고 생각된다.

〈종성해〉와 〈결〉에서 〔ㄱ〕과 〔ㆁ〕에 대한 음가 설명이 있다.

"五音之緩急, 亦各自爲對. 如牙之ㆁ與ㄱ爲對, 而ㆁ促呼則變爲ㄱ而急, ㄱ舒出則變爲ㆁ而緩.

5음의 느리고 빠름이, 역시 낱낱이 저절로 짝이 된다. 가령 어금닛소리 'ㆁ'은 'ㄱ'과 짝이 되니, 'ㆁ'을 빠르게 하면 'ㄱ'으로 변하면서 빨라지고, 'ㄱ'을 천천히 내면 'ㆁ'로 바뀌면서 느린 것과 같다."

"五音緩急各自對   5음의 느림과 빠름이 낱낱이 저절로 짝을 이루니
君聲迺是業之促   'ㄱ' 소리는 'ㆁ' 소리를 빠르게 낸 것이네"

어금니처럼 어긋나면서 긴 〔ㄱ〕은 〔ㆁ〕을 빠르게 낸 소리라 하였다.

어금닛소리인 〔ㆁ〕은 콧속을 통해 나오는 콧소리로도 분류된다.

세종은 〔ㆁ〕을 빠르게 하면 〔ㄱ〕으로 변하면서 빨라지며, 〔ㄱ〕을 천천히 내면 〔ㆁ〕로 바뀌면서 느린 것과 같다고 하였다. 그래서 〔ㄱ〕과 〔ㆁ〕은 느림과 빠름으로 짝을 이루는 비슷한 음가이지만, 〔ㄱ〕과 〔ㆁ〕은 발음이 다르다는 것을 분명히 하였다.

한마디로 〔ㄱ〕과 〔ㆁ〕은 자웅동체雌雄同體 같은 한 몸이다. 〔ㄱ〕은 전청음이고, 〔ㆁ〕은 불청불탁음이다. 이러한 음가를 과학적으로 정확히 밝힌 세종 관찰력이 놀랍고도 지혜롭다. 사실 지금도 〔ㄱ〕과 〔ㆁ〕 발음 구별은 상당히 어렵다. 그 시대에 어느 누구도 흉내 낼 수 없는 논리적 음가 정의이다. 이러한 흐름, 바로 '발음(Phonetic sound)'에 대한 합리적인 연구 결과이다. 세종은 특히 〔ㄱ〕과 〔ㆁ〕에 대하여 따로 설명하였으니, 세종은 〔ㄱ〕과 〔ㆁ〕을 다시 강조한 셈이다. 결론적으로 세종은 아음牙音 〔ㄱ〕과 〔ㆁ〕에 대하여 상당한 고심을 하였다고 볼 수 있다.

초성17자 발음에 대하여 다시 이렇게 정리할 수 있다.

소리	원리	기본자	1가획자	2가획자	이체자
어금닛소리	혀뿌리가 목구멍 막는 모양을 본뜸	ㄱ	ㅋ		ㆁ
혓소리	혀끝이 윗잇몸에 닿는 모양을 본뜸	ㄴ	ㄷ	ㅌ	ㄹ
입술소리	입 모양을 본뜸	ㅁ	ㅂ	ㅍ	
잇소리	이빨 모양을 본뜸	ㅅ	ㅈ	ㅊ	ㅿ
목구멍소리	목구멍 모양을 본뜸	ㅇ	ㆆ	ㅎ	

세종은 초성을 어미 역할을 하는 글자 '모자母字'라 하였다.

정음에서 초성은 운서의 자모이며, 바로 이 '글자의 어미음(자모음字母音)' 때문에 성음이 제자리를 잡게 된다고 한다. 이 문장에서 '자모字母'라는 말이 이채롭다. 그것에 대한 심층적이고 다각적인 이해는 반드시 있어야 한다.

다시 말해서, 정음은 '모든 소리가 생기고 생기는(萬聲生生)' 문자이다. 〈초성해〉〈결〉에서 초성17자와 합용병서合用並書에 의한 제자制字, 전탁음全濁音 〔ㄲ〕·〔ㄸ〕·〔ㅃ〕·〔ㅆ〕·〔ㅉ〕·〔ㆅ〕 여섯 자를 포함하여 정음초성23자에 대한 정의를 내린다.

　　　　"君快虯業其聲牙　　'ㄱㅋㄲㆁ'은 어금닛소리이고
　　　　舌聲斗呑及覃那　　혓소리는 'ㄷㅌ'과 'ㄸㄴ'이네
　　　　彆漂步彌則是脣　　'ㅂㅍㅃㅁ'은 곧 입술소리이며
　　　　齒有卽侵慈戌邪　　잇소리엔 'ㅈㅊㅉㅅㅆ'이 있네
　　　　挹虛洪欲迺喉聲　　'ㆆㅎㆅㅇ'은 곧 목구멍소리이고
　　　　閭爲半舌穰半齒　　'ㄹ'은 반혓소리, 'ㅿ'는 반잇소리네
　　　　二十三字是爲母　　23자는 어미가 되니
　　　　萬聲生生皆自此　　만 가지 소리가 다 여기서 생기고 생겨나네"

세종은 〈해례〉에서 병서竝書한 〔ㄲ〕·〔ㄸ〕·〔ㅃ〕·〔ㅉ〕·〔ㅆ〕·〔ㆅ〕을 표시하지는 않았지만, 분명하게 밝혔다. 바로 이 23자가 운서의 자모가 된다는 것이다. 그리고 23자는 어미가 되니, 만 가지 소리가 다 여기서 생기고 생겨난다고 축하하였다. 초성17자도 위대하지만, 초성23자도 마찬가지로 음운을 정하는데 가늠자(Hill stone)가 된다는 것을 강조한 것이다.

정음초성23자는 어미가 되니, 만 가지 소리 모두 여기에서 생기고 또 생긴다. 일부에서는 만성생생萬聲生生은《성리대전性理大典》권1〈태극도설太極圖說〉을 참고하였다는 이야기를 한다.

> "'만물이 생겨나고 또 생성변화의 끝은 없으나, 오직 사람만이 빼어나고, 가장 신령스러움을 얻을 수 있다(萬物生生而變化無窮焉, 唯人也, 得其秀而最靈)' 라 하였다."

또한 〈제자해〉〈결〉에서도 '사람은 천지에 참여하여 최고 신령함이라(人參天地爲最靈)'한 내용과 같다.

곧 '하늘과 사람과 하나(天人合一)'라는 튼튼한 사상에 뿌리를 둔 것이다.

누구는《훈민정음해례》사상적인 토대가《주역》이나《성리대전》에 근거하였다는 것이라 주장한다. 그러나 세종은 그 내용을 빌렸지만, 그것보다 진일보된 주장을 펼치고 있다는 것을 간과하였다.

만물생생萬物生生을 빌려 만성생생萬聲生生을 이끌어냈을 뿐이다.

그리고 '만성생생'이란 취지는 정인지 〈서〉에서 반복되고 있다.

> "有天地自然之聲, 則必有天地自然之文.
> 천지자연의 소리가 있으면, 반드시 천지자연의 무늬가 있다."

'만 가지 소리가 생기고 생기면서(萬聲生生)', '만 가지 무늬가 만들어지고 만들어지는데(萬文成成)', 정음28자만이 이 모든 소리의 무늬를 정확하게 옮겨 놓을 수 있다는 주장이다. 사람은 천지에 참여하고 주관하는 능력으로 가장 신령하여 하늘과 땅 소리와 무늬를 보고 듣고 옮기는 능력을 가졌다는 이야기이다.

성음이 초성에 의하여 결정되기에 '어미(母)'라 부르고, 바로 초성이라 하였다. 엄마 역할을 하는 초성17자는 상형제자와 인성제자에 의해 탄생한 정음 17자이다.

다음으로 세종은 초성17자에서 제자원리 그리고 소리의 청탁을 어떻게 적용시켰는가.

〈해례〉에서 전탁음6자를 포함한 초성23자를 도표로 정리한다.

	牙	舌	脣	齒	齒	喉	半舌	半齒
全淸	ㄱ	ㄷ	ㅂ	ㅈ	ㅅ	ㆆ		
全濁	ㄲ	ㄸ	ㅃ	ㅉ	ㅆ	ㆅ		
次淸	ㅋ	ㅌ	ㅍ	ㅊ		ㅎ		
不淸不濁	ㆁ	ㄴ	ㅁ			ㅇ	ㄹ	ㅿ

그리고 〈해례〉에서 표기한 초성23자 순서이다.

〔ㄱ·ㄲ·ㅋ·ㆁ·ㄷ·ㄸ·ㅌ·ㄴ·ㅂ·ㅃ·ㅍ·ㅁ·ㅈ·ㅉ·ㅊ·ㅅ·ㅆ·ㆆ·ㅎ·ㆅ·ㅇ·ㄹ·ㅿ〕

이를 종합하면 초성23자에 대한 순서와 성격이 밝혀진다.

우선 아음 〔ㄱ〕과 〔ㆁ〕에서 〔ㄱ〕은 전청음 그리고 〔ㆁ〕은 불청불탁음으로 분류하였다. 상형제자 전청음 〔ㄱ〕이 〈해례〉에서 처음으로 배치되었다. 그리고 치음 〔ㅅ〕은 불청불탁음이 아니고 전청음이 되었다. 마찬가지로 치음 〔ㅈ〕도 그렇다.

"ㅅㅈ雖皆爲全淸, 而ㅅ比ㅈ, 聲不厲, 故亦爲制字之始也.
'ㅅㅈ'은 비록 모두 전청이지만, 'ㅅ'이 'ㅈ'에 비하여, 소리는 세지 않으니, 그런 까닭에 역시 글자를 만드는데 시초가 되었다."

세종은 치음〔ㅅ〕이〔ㅈ〕에 비하여 소리가 세지 않으니,〔ㅅ〕을 상형5자로 정하였다고 한다. 유독 이빨소리인 치음에서〔ㅆ·ㅉ〕두 개의 전탁음이 생긴 것이다.

신숙주는 그 이유를 《사성통고범례서》에서 다음과 같이 설명한다.

"凡齒音, 齒頭則擧舌點齒, 故其聲淺. 整齒則券舌點齶, 故其聲深. 我國齒聲ㅅㅈㅊ在齒頭·整齒之間, 於訓民正音, 無齒頭·整齒之別.
모든 치음, 치두음은 혀를 들어 이빨에 대니, 그런 이유로 그 소리가 얕다. 정치음은 혀를 말아 잇몸에 대고 발음하므로, 그래서 그 소리가 깊다. 우리나라 치음인 'ㅅㅈㅊ'은 치두음과 정치음 사이에서 있어, 그래 훈민정음에서는, 치두음과 정치음의 구별이 없다."

변음인 한음을 사용하는 명나라에서는 치음에서 치두음齒頭音과 정치음整齒音으로 세분해서 구별하지만, 과학적 근거도 없으며 너무 얕거나 너무 깊기에 음가로서 정확하지도 않아 화음華音인 《훈민정음》에서는 그렇게 하지 않았다고 한다.

이러한 근거로 명나라 한음漢音을 불완전한 변음變音이라 당당하게 주장하는 것이다.

특이한 것은 한음漢音과 화음華音은 세종이 아니라 신숙주가 거론하였다.
우선 신숙주《사성통고범례서》에서 한음漢音이다.

2 소리를 그리다 181

"大抵本國之音, 輕而淺, 中國之音, 重而深. 今訓民正音, 出於本國之音, 若用 於漢音, 則必變而通之, 乃得無礙.

대체로 본국 소리는, 가볍고 얕고, 나라 안 소리는, 무겁고 깊다. 지금《훈민 정음》은, 본국 소리에서 나왔으니, 만약 한음을 사용하려면, 반드시 변화시켜 그것을 통용해야만, 막히지 않음을 얻을 수 있다."

이미 언급하였지만, '본국 소리'에 근거한 '훈민정음'은 '한음'과 다르다는 것을 강조한 것이다. 그리고 특기할 것은 신숙주는 '한음漢音'이라고는 하였 지만, '한자漢字'라 하지는 않았다. 반드시 '문자文字'라 하였다. 그런데 지금 학자들은 무슨 이유에서인지 '문자文字'와 '한자漢字'를 구별하지 않고 혼용하 고 있다.

마지막으로 [ㆅ]이다.
전청음 다음에 전탁음이 배열되는데, 유독 후음인 [ㅇ]에서는 그렇지 않다. 즉 [ㆆ · ㆅ · ㅎ · ㅇ]으로 되어야 하는데, [ㆆ · ㅎ · ㆅ · ㅇ]로 순서를 정하 였다.
〈제자해〉〈결〉에서 그 이유를 설명한다.

"全濁之聲虯覃步　　전탁소리는 'ㄲㄸㅃ'이며
又有慈邪亦有洪　　또 'ㅉㅆ'과 있고 역시 'ㆅ'이 있네
全淸並書爲全濁　　전청을 나란히 쓰면 전탁이 되는데
唯洪自虛是不同　　오직 'ㆅ'은 'ㅎ'에서 나와 이것은 같지 않네"

[ㆅ]이 목구멍소리 [ㅇ]을 나란히 써서 전탁음이 된 것이 아니라, 차청음 [ㅎ]을 나란히 썼기 때문에 다르다고 한다.
결론적으로 5음 청탁에서 결정되는 초성17자는 어떤 순서인가.

〈제자해〉에서 청탁에 관한 이야기이다.

> "又以聲音淸濁而言之. ㄱㄷㅂㅈㅅㆆ, 爲全淸. ㅋㅌㅍㅊㅎ, 爲次淸. ㄲㄸㅃㅉㅆㆅ, 爲全濁. ㆁㄴㅁㅇㄹㅿ, 爲不淸不濁. ㄴㅁㅇ, 其聲㝡不厲, 故次序雖在於後, 而象形制字則爲之始. ㅅㅈ雖皆爲全淸, 而ㅅ比ㅈ, 聲不厲, 故亦爲制字之始.
>
> 또 성음의 청탁으로 음양과 5행의 방위 수를 말하겠다. 'ㄱㄷㅂㅈㅅㆆ'은, 전청이다. 'ㅋㅌㅍㅊㅎ'은, 차청이다. 'ㄲㄸㅃㅉㅆㆅ'은, 전탁이다. 'ㆁㄴㅁㅇㄹㅿ'은, 불청불탁이다. 'ㄴㅁㅇ'은, 그 소리가 가장 세지 않고, 그래서 순서로는 비록 뒤에 있지만, 꼴을 본떠 글자를 만드는 시초가 된다. 'ㅅㅈ'은 비록 모두 전청이지만, 'ㅅ'이 'ㅈ'에 비하여, 소리는 세지 않으니, 그런 까닭에 역시 글자를 만드는데 시초가 되었다."

초성17자에다 전탁음6자〔ㄲ〕·〔ㄸ〕·〔ㅃ〕·〔ㅉ〕·〔ㅆ〕·〔ㆅ〕을 포함한 초성 23자 배열순서는 초성 가운데 대부분이 음양과 5행 그리고 방위 수를 스스로 찾아가기 때문이며, 성음 청탁을 과학적으로 적용하였기 때문에 그렇게 하였다고 설명한다.

그것은 전청음〔ㄱ〕·〔ㄷ〕·〔ㅂ〕·〔ㅈ〕·〔ㅅ〕·〔ㆆ〕과 차청음〔ㅋ〕·〔ㅌ〕·〔ㅍ〕·〔ㅊ〕·〔ㅎ〕과 전탁음〔ㄲ〕·〔ㄸ〕·〔ㅃ〕·〔ㅉ〕·〔ㅆ〕·〔ㆅ〕 그리고 불청불탁음〔ㆁ〕·〔ㄴ〕·〔ㅁ〕·〔ㅇ〕·〔ㄹ〕·〔ㅿ〕 순서이다.

《훈민정음》에서 초성17자 순서를 파악하려면, 아설순치후음을 전청全淸·차청次淸·불청불탁不淸不濁으로 구분하면, 그 배열이 분명하여진다.

전청음全淸音	ㄱ	ㄷ	ㅂ	ㅈ	ㅅ	ㆆ
차청음次淸音	ㅋ	ㅌ	ㅍ	ㅊ		ㅎ
불청불탁음不淸不濁音	ㆁ	ㄴ	ㅁ		ㅇ	ㄹ	ㅿ

전청과 차청 그리고 불청불탁으로 구분한 초성17자이다.

전청과 차청 그리고 불청불탁으로 나누고서 아설순치후음으로 순서를 정하면 이렇게 된다.

그리고 그 순서대로 나열하면 아래와 같다.

《훈민정음》〈예의例儀〉의 순서이다.

〔ㄱ·ㅋ·ㆁ·ㄷ·ㅌ·ㄴ·ㅂ·ㅍ·ㅁ·ㅈ·ㅊ·ㅅ·ㆆ·ㅎ·ㅇ·ㄹ·ㅿ〕

〈제자해〉〈결〉이다.

"物於兩間有形聲　　사물은 둘 사이에서 꼴과 소리가 있으니
元本無二理數通　　원래 근본은 둘이 아니어서 이치와 수로 통하네"

천지 사이 모든 사물은 천지와 음양 둘 사이 작용 때문에 꼴과 소리가 존재한다고 밝힌다. 여기에서 꼴을 본뜬 것은 형상제자刑象制字이고, 소리를 참작한 것은 인성제자因聲制字라 규정할 수 있다. 그래서 초성17자는 넓게는 형상문자도 인성문자도 아닌 바로 형성문자形聲文字라고도 할 수 있다.

초성23자에는 음양과 5행 방위가 존재하며, 상형과 인성 그리고 소리 청탁을 고려한 정교하고도 과학적 조합이라는 것은 확실하다.

세종의 초성17자인 자모字母는 세계 어디에서도 유례가 없는 독특하면서도 과학적인 음운체계의 위대한 문자이다.

2-7-2 중성11자 中聲11字

중성11자를 세종은 〈제자해〉에서 이렇게 밝힌다.

> "中聲者, 居字韻之中, 合初終而成音 … 盖字韻之要, 在於中聲.
> 중성은, 자운의 가운데 있어, 초성과 종성이 합치면 소리가 된다 … 대개 자운의 요체는, 중성에 있다."

자운字韻의 요체는 중성에 있다고 하였다.

문자에서 중성은 음운을 결정한다는 줄거리이다.

위대한 조선의 정음은 초성과 중성 그리고 종성으로 정연한 이치를 갖추었지만, 문자인 소위 한자의 한음漢音은 체계적 중성을 갖추지 못한 변음變音일 뿐이라고 넌지시 암시한다. 어느 문자학 또는 어느 음운론에서도 언감생심 흉내 낼 수 없는 중성자中聲字를 세종이 논리적으로 강조한 것이다.

변음인 한음을 쓰는 명나라에서는 중성의 정확한 규정도 없이 성모聲母인 초성에서의 음音과 운모韻母인 종성에서의 운韻을 반절법反切法으로 얼버무려 《홍무정운》을 편찬하였기 때문에, 과학적으로 적당하지도 않고 음운론으로는 불합리하다는 주장이다. 그래서 이제부터는 《홍무정운》을 대신해서 초성과 중성 그리고 종성이 조화롭게 펼쳐진 《동국정운》을 사용하겠다는 선언이다. 그렇기에 위대한 조선 세종이 잘못된 소리를 고치고 다듬어 《훈민정음》 언문28자를 신제하였다는 주장이다.

세종이 바른 소리에 근거한 《훈민정음》을 창제한 가장 큰 이유는, 명나라의 어설픈 《홍무정운》을 대체할 《동국정운》을 만들기 위한 동방에서 음운의 어둠을 밝히는 쾌거라고도 할 수 있다.

명나라 문자 표기법인 반절본문反切本文 반절법反切法일지라도 음운학적으로 중성 음가音價인 소리는 근원적으로 자연스럽게 존재하지만, 저들은 그것을 살피지도 듣지도 못하고 명확하게 과학적으로 구분하지 못한다는 것을 에둘러 밝혔다.

정음28자에 의한 문자의 정확한 사용은 명나라 《홍무정운》 반절법을 대신하는 역사적 사건이다. 세종은 위대한 조선에서 대동大東인 중국中國을 향하여 자신 있게 언문28자를 예시하면서 바른 소리인 정음 창제를 천명한다. 지금까지는 자음字音을 정하는 데 있어 초성인 자모字母를 성모聲母로 하고 운모韻母와 성조聲調를 적용하였지만, 이제부터는 더욱 심화시켜 자음字音 음가는 초성을 자모로 하고 초성과 종성을 이어주는 중성11자 그리고 종성의 성격에 따라서 결정된다는 내용이다.

그래서 중성11자는 《훈민정음》을 과학적 음운론으로 거듭나게 한 세종의 독창적인 음소문자音素文字의 정점이다.

"中聲凡十一字. ㆍ 舌縮而聲深, 天開於子也. 形之圓, 象乎天也. ㅡ 舌小縮而聲不深不淺, 地闢於丑也. 形之平, 象乎地也. ㅣ 舌不縮而聲淺, 人生於寅也. 形之立, 象乎人也. 此下八聲, 一闔一闢. ㅗ 與 ㆍ 同而口蹙, 其形則 ㆍ 與 ㅡ 合而成, 取天地初交之義也. ㅏ 與 ㆍ 同而口張, 其形則 ㅣ 與 ㆍ 合而成, 取天地之用發於事物待人而成也. ㅜ 與 ㅡ 同而口蹙, 其形則 ㅡ 與 ㆍ 合而成, 亦取天地初交之義也. ㅓ 與 ㅡ 同而口張, 其形則 ㆍ 與 ㅣ 合而成. 亦取天地之用發於事物待人而成也. ㅛ 與 ㅗ 同而起於 ㅣ. ㅑ 與 ㅏ 同而起於 ㅣ. ㅠ 與 ㅜ 同而起於 ㅣ. ㅕ 與 ㅓ 同而起於 ㅣ. ㅗㅏㅜㅓ 始於天地, 爲初出也. ㅛㅑㅠㅕ 起於ㅣ而兼乎人, 爲再出也. ㅗㅏㅜㅓ之一其圓者, 取其初生之義也. ㅛㅑㅠㅕ之二其圓者, 取其再生之義也.

중성자는 모두 11자이다. 'ㆍ'는 혀가 줄어들면서 소리가 깊으니, 하늘이 자시에 열리는 것과 같다. 꼴이 둥그니, 하늘을 본떴다. 'ㅡ'는 혀가 조금 줄어들면서 소리가 깊지도 얕지도 않으니, 땅이 축시에 열리는 것과 같다. 꼴이 평평하니, 땅을 본떴다. 'ㅣ'는 혀가 줄어들지 않고 소리가 얕으니, 사람은 인시에 태어나는 것과 같다. 꼴은 서 있으니, 사람을 본떴다. 이 아래 여덟 소리, 하나가 닫히면 하나가 열린다. 'ㅗ'는 'ㆍ'와 같지만 입이 오므려지니, 그 꼴은 바로 'ㆍ'와 'ㅡ'가 합하여 이루어지는데, 하늘과 땅이 처음 어우르는 뜻을 취하였다. 'ㅏ'는 'ㆍ'와 같지만 입이 벌어지니, 그 꼴은 'ㅣ'와 'ㆍ'가 합하여 이루어지는데, 하늘과 땅의 작용이 사물에서 피어나되 사람을 기다려서 이루어지는 것을 취하였다. 'ㅜ'는 'ㅡ'와 같지만 입이 오므려지니, 그 꼴은 'ㅡ'와 'ㆍ'가 합하여 이루어지니, 역시 하늘과 땅이 처음 어우러지는 뜻을 취하였다. 'ㅓ'는 'ㅡ'와 같지만 입이 벌어지니, 그 꼴은 'ㆍ'와 'ㅣ'가 합하여 이루어지니, 역시 하늘과 땅의 작용이 사물에서 피어나되 사람을 기다려서 이루어지는 것을 취하였다. 'ㅛ'는 'ㅗ'와 같지만 'ㅣ'에서 일어난다. 'ㅑ'는 'ㅏ'와 같지만 'ㅣ'에서 일어난다. 'ㅠ'는 'ㅜ'와 같지만 'ㅣ'에서 일어난다. 'ㅕ'는 'ㅓ'와 같지만 'ㅣ'에서 일어난다. 'ㅗㅏㅜㅓ'는 하늘과 땅에서 시작되어서, 처음으로 나왔다. 'ㅛㅑㅠㅕ'는 'ㅣ'에서 일어나고 사람을 겸하였으니, 다시 나왔다. 'ㅗㅏㅜㅓ'에서 그 둥근 것(ㆍ)이 하나인 것은, 처음에 생긴 뜻을 취하였다. 'ㅛㅑㅠㅕ'에서 그 둥근 것(ㆍ)이 둘인 것은, 다시 생겨난 뜻을 취하였다."

위대한 조선의 세종은 중성11자를 합리적으로 설명한다.

우선 하늘은 둥그니 천원天圓, 땅은 평평하니 지평地平 그리고 사람은 서 있으니 인립人立이라 하였다. 원평립圓平立 꼴을 본뜬 [ㆍ]와 [ㅡ]와 [ㅣ]는 3재三才이다. 그리고 [ㆍ]는 천개天開이니 하늘이 자시子時에, [ㅡ]는 지벽地闢이니 땅은 축시丑時에 그리고 [ㅣ]는 인생人生이니 인시寅時에 열리는 것과 같다고 하였다.

나머지 여덟 자는 '일합일벽一闔一闢(닫히고 열린다)'이라고만 하였다.

3재인 천지인天地人은 '개벽생開闢生', 즉 '열리고 열린다'에 근거하였지만, 나머지 여덟 자는 '합벽闔闢', 즉 '닫히고 열린다'의 작용에 의한 것이라는 설명이다. 다시 말하면, 땅(地)은 열리다(闢)는 뜻에 변함이 없이 충실하지만, 하늘(天)은 '개합開闔' 양면적인 성질을 드러낸다고 본 것이다.

세종은 3재인 〔 • 〕· 〔 ― 〕· 〔 ㅣ 〕를 이렇게 설명한 것이다.

〔 • 〕는 천개天開, 〔 ― 〕는 지벽地闢 〔 ㅣ 〕는 인생人生이다.

이를 간추리면, 삼재三才를 '개벽생開闢生'이라고도 할 수 있다.

		음가音價	천지인天地人	형상形象
三才 3재	•	舌縮而聲深	天開於子也	形之圓, 象乎天也
	―	舌小縮而聲不深不淺	地闢於丑也	形之平, 象乎地也
	ㅣ	舌不縮而聲淺	人生於寅也	形之立, 象乎人也

* 3재三才 〔 • 〕· 〔 ― 〕· 〔 ㅣ 〕는 중성8자를 만드는 핵심이다

개벽開闢은 삼재 작용이고, 개벽이 있은 다음에 합벽闔闢이 있으니, 중성8자 〔ㅗ〕· 〔ㅏ〕· 〔ㅜ〕· 〔ㅓ〕· 〔ㅛ〕· 〔ㅑ〕· 〔ㅠ〕· 〔ㅕ〕가 자리를 찾게 된다는 것이다. 개벽開闢은 하늘과 땅의 덕목인 '열리고 열린다(開闢)'라 할 수 있고, 합벽闔闢은 음양에 근거한 오행 순환인 '닫히고 열린다(闔闢)'라 말할 수 있다. 그리고 합벽闔闢은 5행에 의해 닫히고 열리는데, 여기에서 합闔은 수水와 화火에 근거한 초교初交에 의해 이루어지고, 목木과 금金에서 벽闢은 하늘과 땅 작용이 사물에서 피어나되 사람을 기다려서 이루어지는 것을 취하였다고 말한다. 다시 말하면, 위치를 정할 수 없는 만물의 영장이며, 자유로운 사람 존재에서 합벽闔闢이 제 모습을 드러낸다는 것이다.

여기에서 강조할 것이 있다.

"ㅗ與•同而口蹙, 其形則•與―合而成, 取天地初交之義也. ㅜ與―同而口蹙, 其形則―與•合而成, 亦取天地初交之義也.

'ㅗ'는 '·'와 같지만 입이 오므려지니, 그 꼴은 바로 '·'와 'ㅡ'가 합하여 이루어지는데, 하늘과 땅이 처음 어우르는 뜻을 취하였다. 'ㅜ'는 'ㅡ'와 같지만 입이 오므려지니, 그 꼴은 'ㅡ'와 '·'와 합하여 이루어지니, 역시 하늘과 땅이 처음 어우러지는 뜻을 취하였다."

초교初交에 의한 하늘과 땅이 처음 어우르는 뜻을 취한 문자는 〔ㅗ〕와 〔ㅜ〕라 하였다. 그리고 〔ㅏ〕·〔ㅓ〕·〔ㅛ〕·〔ㅑ〕·〔ㅠ〕·〔ㅕ〕는, 사람이 개입하여 이루어진 문자라 하였다. 〔ㅏ〕와 〔ㅓ〕는 하늘과 땅 작용이 사물에서 피어나되 사람을 기다려서 이루어지는 것을 취하였고, 〔ㅛ〕·〔ㅑ〕·〔ㅠ〕·〔ㅕ〕는 〔ㅣ〕에서 일어나고 사람을 겸하였다고 하였다. 즉 〔ㅗ〕·〔ㅜ〕는 수水와 화火에 근거한 초교初交에 의해 이루어지고, 〔ㅏ〕·〔ㅓ〕는 목木과 금金에서 음양이 본질을 갖추었기에 그리되었고, 〔ㅛ〕·〔ㅑ〕·〔ㅠ〕·〔ㅕ〕는 〔ㅣ〕에서 일어나 사람을 겸하였으니 그리되었다는 것이다.

우리는 이 〔ㅛ〕·〔ㅑ〕·〔ㅠ〕·〔ㅕ〕를 지금 어떻게 쓰고 있는가.

중성자 표기법이 무시된 〔요〕·〔야〕·〔유〕·〔여〕라 한다.

세종이 거론한 〔ㅛ〕·〔ㅑ〕·〔ㅠ〕·〔ㅕ〕는 〔ㅣ〕에서 일어나 사람을 겸하였다는 것을 참고하면, 이러한 〔요〕·〔야〕·〔유〕·〔여〕의 표기법에서는 삼재인 하늘과 땅 그리고 사람에서, 바로 사람의 기능을 무시한 표기이다. 다시 말하면 세종의 문자가 아닌 셈이다.

아래 문장은 중성11자를 구조적으로 설명하는데, 매우 함축적인 줄거리라 할 수 있다.

"ㅗㅏㅜㅓ 始於天地, 爲初出也. ㅛㅑㅠㅕ 起於ㅣ而兼乎人, 爲再出也.

'ㅗㅏㅜㅓ'는 하늘과 땅에서 시작되어, 처음으로 나왔다. 'ㅛㅑㅠㅕ'는 'ㅣ'에서 일어나고 사람을 겸하였으니, 다시 나왔다."

[ㅗ]와 [ㅏ]는 하늘인 [·]에서, [ㅜ]와 [ㅓ]는 땅인 [ㅡ]에서 시작한다고 말한다. 그리고 [ㅛ]·[ㅑ]·[ㅠ]·[ㅕ]는 사람인 [ㅣ]에서 일어났다고 하였다. 다시 말하면 삼재인 [·]·[ㅡ]·[ㅣ]와 초성8자인 [ㅗ]·[ㅏ]·[ㅜ]·[ㅓ]·[ㅛ]·[ㅑ]·[ㅠ]·[ㅕ]의 유기적인 관계를 설명한 것이다.

이 줄거리의 함의에서 중성11자를 설명하는 중요한 내용을 읽어 낼 수 있다.

그리고 '처음으로 나온다(初出)'와 '다시 나온다(再出)'의 개념도 이채롭다.

중성 [ㅛ]·[ㅑ]·[ㅠ]·[ㅕ]는 [ㅣ]에서 기인하였고 사람을 겸하였으니, '다시 나온 것(再出)'이라는 설명이다. 즉 중성 [ㅛ]·[ㅑ]·[ㅠ]·[ㅕ]은 사람[ㅣ]가 없으면, 절대로 나올 수도 이루어질 수도 없다는 논리이다.

그렇다면 중성11자에서 사람은 무슨 작용인가.

'兼乎動靜者, 人也.
동정을 겸한 것은, 사람이다.'

겸호인兼乎人과 겸호동정자兼乎動靜者는 〈제자해〉에서 중요한 이론이다.

음양에서 동력을 얻은 동정動靜 주재자는 바로 '사람(人)'이며, 생生을 주도한 만물영장 사람이 있기에 중성11자가 완성을 이룬다는 내용이다.

특히 초출初出과 재출再出 개념으로 중성8자 [ㅗ·ㅏ·ㅜ·ㅓ·ㅛ·ㅑ·ㅠ·ㅕ]를 설명하였다. 그렇다면 여기에서 삼재인 중성3자 [·]·[ㅡ]·[ㅣ]는 자연스레 초출과 재출 개념에서 도출된 중성8자를 '낳고(生)' '이루는(成)' 모태母胎요 태장胎臟이라는 것을 증명한 것이다.

이렇게 본다면 하늘과 땅 그리고 사람이 비로소 원만하게 작용을 펼친 것이다.

〔ㅗ〕는 북수北水이고, 〔ㅜ〕는 남화南火이라 정의하였다.
물과 불은 어떤 작용인가.
세종은 초성을 설명하면서, 다음과 같은 이야기를 하였다.

"然水乃生物之源, 火乃成物之用, 故五行之中, 水火爲大.
그래서 물은 곧 생물의 근원이고, 불은 곧 성물의 용도이니, 때문에 5행 가운데, 물과 불이 크다."

즉 초교初交는 사람의 작용이 없는 순전한 물과 불의 만남이니, 5행의 시작이라는 내용이다. 초출初出과 재출再出 그리고 초생初生과 재생再生은 사람의 작용으로 짝을 이루어 조화롭지만, 초교初交는 물과 불의 운행이니 사람과는 별개로 그것과는 다르다는 것을 말하고 있다. 여기에서 하늘과 땅의 만남인 '교交'를 어우르는 것이라고 풀이하였다.
초교初交는 세종이 《훈민정음해례》에서 처음으로 쓴 용어이다.
초교初交와 비슷한 의미를 살핀다.
《주역》에서 태괘泰卦를 아래와 같이 설명하고 있다.

"象曰, 天地交泰, 后以, 財成天地之道, 輔相天地之宜, 以左右民.
상전에 말하기를, 천지가 서로 사귀는 것이 태이니, 군자는 이것을 보고서, 천지의 도를 마름질하여, 천지의 마땅함을 보충하여, 백성을 돕는다."

'천지교태天地交泰'에서 '초교初交'의 '교交'가 등장한다.
'태괘泰卦' 의미는 하늘과 땅의 만남인데, 하늘이 위에 있고 땅이 아래에 있으면 서로 만나지 못하지만, 땅이 위에 하늘이 아래에 있으면, 땅과 하늘이 서로 교류한다는 설명이다. 때문에 주역 64괘에서 11번째인 '태괘泰卦'를 상서롭게 본다.

세종은 '물과 불이 분리되지 않는 기운(水火未離乎氣)'에서의 초교初交를 말하였다.

시초始初의 교류交流에 있어 물과 불의 중요성을 강조한 것이다.

초교의 두 축인 물의 위치 〔ㅗ〕와 불의 위치 〔ㅜ〕가 중성자에서의 관계를 유기적으로 연결하는 지도리 역할을 한다고 본 것이다. 다시 말해서, 〔ㅗ〕는 물의 기능처럼 아래로, 〔ㅜ〕는 불의 기능처럼 위로 올라가는 작용을 수행하여 중성자로서의 면모를 갖춘 것이다. 다소 묘연妙然한 얼개이지만, 이러한 유기적인 관계를 이해하지 못하면 중성자 11자의 구성을 적확하게 파악할 수 없을 것이다.

초교初交는 어떤 모습인가.

"ㅗ與・同而口蹙, 其形則・與ㅡ合而成, 取天地初交之義也. ㅏ與・同而口張, 其形則丨與・合而成, 取天地之用發於事物待人而成也. ㅜ與ㅡ同而口蹙, 其形則ㅡ與・合而成, 亦取天地初交之義也. ㅓ與ㅡ同而口張, 其形則・與丨合而成. 亦取天地之用發於事物待人而成也.

'ㅗ'는 '・'와 같지만 입이 오므려지니, 그 꼴은 바로 '・'와 'ㅡ'가 합하여 이루어지는데, 하늘과 땅이 처음 어우르는 뜻을 취하였다. 'ㅏ'는 '・'와 같지만 입이 벌어지니, 그 꼴은 '丨'와 '・'가 합하여 이루어지는데, 하늘과 땅의 작용이 사물에서 피어나되 사람을 기다려서 이루어지는 것을 취하였다. 'ㅜ'는 'ㅡ'와 같지만 입이 오므려지니, 그 꼴은 'ㅡ'와 '・'가 합하여 이루어지니, 역시 하늘과 땅이 처음 어우러지는 뜻을 취하였다. 'ㅓ'는 'ㅡ'와 같지만 입이 벌어지니, 그 꼴은 '・'와 '丨'가 합하여 이루어지니, 역시 하늘과 땅의 작용이 사물에서 피어나되 사람을 기다려서 이루어지는 것을 취하였다."

〔ㅗ〕는 〔・〕와 같지만 입을 오므리며, 〔ㅏ〕는 〔・〕와 같지만 입을 벌리며, 〔ㅜ〕는 〔ㅡ〕와 같지만 입을 오므리며, 〔ㅓ〕는 〔ㅡ〕와 같지만 입이 벌어져야

제소리를 낸다고 하였다. 입 모양에서 '오므리다(蹙)'와 '벌리다(張)'의 축장蹙張으로 〔ㅗ〕·〔ㅏ〕·〔ㅜ〕·〔ㅓ〕 음가를 설명한다. 부연하면, '오므리다(蹙)'는 '닫히다(闔)', '벌리다(張)'는 '열리다(闢)'로 규정하였다. '물(水)'과 '불(火)'인 〔ㅗ〕와 〔ㅜ〕는 축蹙이고 '나무(木)'와 '쇠(金)'인 〔ㅏ〕와 〔ㅓ〕는 장張이라 한 것이다. 논리적 결론이며, 과학적 근거이다.

여기에서 삼재인 〔ㆍ〕·〔ㅡ〕·〔ㅣ〕는 누구 간섭을 받지 않고 어느 무엇에 의해서도 방해받지 않는 원천적 동력에 의하여 움직인다는 것을 알 수 있다. 다시 말해서 삼재가 있고 난 다음에 자연스럽게 합벽이 존재한다는 것이다. 그리고 이 합벽을 입 모양에 근거해서 축장蹙張으로 알기 쉽게 설명하였다.

신숙주는《사성통고범례서》에서 이와 유사한 설명을 하고 있어 도움이 된다.

"今訓民正音, 出於本國之音, 若用於漢音, 則必變而通之, 乃得無礙. 如中聲ㅏ ㅑㅓㅕ, 張口之字, 則初聲所發之口不變. ㅗㅛㅜㅠ縮口之字, 則初聲所發之舌不變, 故中聲爲ㅏ之字, 則讀如ㅏ·之間, 爲ㅑ之字, 則讀如ㅑ·之間, ㅓ則ㅓㅡ之間, ㅕ則ㅕㅡ之間, ㅗ則ㅗ·之間, ㅛ則ㅛ·之間, ㅜ則ㅜㅡ之間, ㅠ則ㅠㅡ之間, ㅡ則ㅡ之間, ㅣ則ㅣㅡ之間, 然後庶合中國之音矣.

지금《훈민정음》은, 본국 소리에서 나왔으니, 만약 한음을 사용하려면, 반드시 변화시켜 그것을 통용해야만, 이내 막히지 않는다. 예를 들면 중성 'ㅏ ㅑㅓㅕ'는, 입을 펴는 글자이니, 바로 처음 소리가 피어나는 곳의 입은 변하지 않는다. 'ㅗㅛㅜㅠ'는 입이 줄어드는 글자이므로, 초성을 펴는 것은 혀이지만 변하지 않으니, 그래서 중성으로 'ㅏ'를 삼은 글자는, 바로 'ㅏ'와 'ㆍ' 중간음처럼, 'ㅑ'를 삼은 글자는, 바로 'ㅑ'와 'ㆍ' 중간음처럼, 'ㅓ'는 'ㅓ'와 'ㅡ' 중간음으로, 'ㅕ'는 'ㅕ'와 'ㅡ' 중간음으로, 'ㅗ'는 'ㅗ'와 'ㆍ' 중간음으로, 'ㅛ'는 'ㅛ'와 'ㆍ' 중간음으로, 'ㅜ'는 'ㅜ'와 'ㅡ' 중간음으로, 'ㅠ'는 'ㅠ'와 'ㅡ'는 'ㅡ' 중간음으로, 'ㅣ'는 'ㅣ'와 'ㅡ' 중간음으로 읽는데, 그런 연후에야 나라 안에서 쓰는 소리에 들어맞는다."

신숙주는 정음正音인 본국지음本國之音과 변음變音인 한음漢音을 분명하게 구별하였다.

그리고 《훈민정음》 중성11자 음가를 세세히 밝힌다. 《훈민정음》을 무시하고서 명나라에서 사용하는 엉뚱한 한음을 사용하면, 문제가 있으니 반드시 정음에 근거하여 변화시켜서 통용해야 한다고 강조한다. 이러한 신숙주 주장은 세종 뜻을 충실히 받든 결과이다.

이러한 내용을 도표로 정리한다.

		음가音價	자형字形	이치理致
초출자 初出字	ㅗ	與 • 同而口蹙	• 與 ㅡ 合而成	天地初交之義
	ㅏ	與 • 同而口張	ㅣ 與 • 合而成	天地之用發於事物 待人而成
초생 初生	ㅜ	與 ㅡ 同而口蹙	ㅡ 與 • 合而成	天地初交之義
	ㅓ	與 ㅡ 同而口張	• 與 ㅣ 合而成	天地之用發於事物 待人而成

* 一闔一闢에 의해서 결정된다
〔ㅗ〕·〔ㅏ〕·〔ㅜ〕·〔ㅓ〕 始於天地, 爲初出也
〔ㅗ〕·〔ㅏ〕·〔ㅜ〕·〔ㅓ〕 之一其圓者, 取其初生之義也

그리고 〔ㅛ〕는 〔ㅗ〕와 같지만 〔ㅣ〕에서 일어나고, 〔ㅑ〕는 〔ㅏ〕와 같지만 〔ㅣ〕에서 일어나고, 〔ㅠ〕는 〔ㅜ〕와 같지만 〔ㅣ〕에서 일어나고, 〔ㅕ〕는 〔ㅓ〕와 같지만 〔ㅣ〕에서 일어난다고 하였다.

〔ㅛ〕·〔ㅑ〕·〔ㅠ〕·〔ㅕ〕는 반드시 〔ㅣ〕인 사람 때문에 일어난다는 강조이다.

이미 거론하였듯이, 사람인 〔ㅣ〕를 말한 것이다.

사람은 천지와 음양을 교류시키는 주인이며, 오행 가운데 가장 으뜸이 되는 기운氣運을 지닌 것으로 보았기 때문이다.

			이치理致
재출자再出字 재생再生	겸乎人	ㅛ	與ㅗ同而起於ㅣ
		ㅑ	與ㅏ同而起於ㅣ
		ㅠ	與ㅜ同而起於ㅣ
		ㅕ	與ㅓ同而起於ㅣ

* 一闔一闢에 의해서 결정된다

〔ㅛ〕·〔ㅑ〕·〔ㅠ〕·〔ㅕ〕 起於ㅣ而兼乎人, 爲再出也

〔ㅛ〕·〔ㅑ〕·〔ㅠ〕·〔ㅕ〕 之二其圓者, 取其再生之義也

"ㅗㅏㅜㅓ之一其圓者, 取其初生之義也. ㅛㅑㅠㅕ之二其圓者, 取其再生之義也.

'ㅗㅏㅜㅓ'에서 그 둥근 것이 하나이니, 처음에 생긴 뜻을 취한 것이다. 'ㅛㅑㅠㅕ'에서 그 둥근 것이 둘이니, 다시 생겨난 뜻을 취한 것이다."

'둥근 것〔•〕'이 하나이면 '처음으로 생긴다初生', '둥근 것〔•〕'이 두 개이면 '다시 생긴다再生'라고 하였다. 이로써 중성11자에서 초교初交와 초출初出과 재출再出 그리고 초생初生과 재생再生 개념이 정리되었다.

초교자初交字	ㅗ·ㅜ
초출자初出字 · 초생자初生字	ㅗ·ㅏ·ㅜ·ㅓ
재출자再出字 · 재생자再生字	ㅛ·ㅑ·ㅠ·ㅕ

하늘과 땅도 중요하지만, 만물 영장인 사람 의미와 존재를 확인하였다. 세종은 '인생人生'이란 화두를 꺼낸다.

인생 주체인 사람이 없으면 세종의 《훈민정음》은 성립할 수 없다고 한다. 그리고 이 이야기를 반복한다. '하늘과 땅이 처음 어우르는 뜻을 취하였다(天地初交之義)'와 '하늘과 땅 작용이 사물에서 피어나되 사람을 기다려서 이루어지는 것을 취하였다(天地之用發於事物待人而成)'는 내용이다. 사물은 하늘과 땅 작용에서 열리지만, 사람을 기다리지 않으면 – 사람이 존재하지 않으면 – 아무런 의의가 없다는 것이다.

하늘인 〔•〕와 땅인 〔ㅡ〕는 중성에서 중요하지만, 사람〔ㅣ〕가 없으면 〔•〕와 〔ㅡ〕 작용은 이루어질 수 없다고 하였다.

하늘과 땅 만남에서야 사람이 존재한다는 결론이다.

하늘과 땅 만남을 '수화목금토水火木金土' 5행 성질을 이용하여 설명한다.

> "水火未離乎氣, 陰陽交合之初, 故闔. 木金陰陽之定質, 故闢.
> 물과 불은 분리되지 않는 기운이기에, 음양이 교차하여 합하여지는 시초라, 그래서 닫힌다. 나무와 쇠는 음양이 고정된 바탕이라, 그래서 열린다."

수水와 화火가 날줄처럼 아래위로 호응하고, 목木과 금金이 씨줄처럼 횡으로 연결되는 과정을 설명하고 있다. 수水와 화火에서 호응을 '하늘과 땅이 교차하여 합하다(交合)'는 뜻이라 설명하였는데, 이것은 '물은 만물을 낳는 근원이며, 화는 만물을 이루는 쓰임이다(水乃生物之源, 火乃成物之用)'와 같은 맥락이다.

즉 수水와 화火는 음양이 교차하여 합하여지는 시초인데, 이 동력으로 목木과 금金이 음양의 고정된 바탕으로 된다는 것이다. 즉 수水와 화火가 경위經緯에서 경經이라면, 목木과 금金은 경위經緯에서 위緯인 셈이다.

하늘인 불완전한 양수陽數 '5(生土)'가 주관하는 것은 수水와 화火이고, 땅인 완전한 음수陰數 '10(成土)' 작용에서 목木과 금金이 온전하게 작용한다고 보았다.

> "•天五生土之位也. ㅡ地十成土之數也. ㅣ獨無位數者, 盖以人則無極之眞, 二五之精, 妙合而凝, 固未可以定位成數論也. 是則中聲之中, 亦自有陰陽五行方位之數也.

'ㆍ'는 하늘의 수 5이며 흙을 낳는 자리이다. 'ㅡ'는 땅의 수 10이며 흙을 이루는 수이다. 'ㅣ'만 홀로 자리와 수가 없는 것은, 대개 사람은 무극의 참과, 음양과 5행 정기가, 신묘하게 합치고 엉기니, 진실로 자리를 정하고 수를 이루는 것을 이야기할 수 없기 때문이다. 이런 까닭에 중성자 가운데서 또한 저절로 음양과 오행 방위의 수가 있는 것이다."

〔ㆍ〕는 하늘 수 5이며 흙을 낳는 자리이다.
〔ㅡ〕는 땅 수 10이며 흙을 이루는 수이다.
〔ㅣ〕는 자유자재로 홀로 자리와 수가 없다.

세종은 〔ㆍ〕는 하늘 수 5이며 흙을 낳는(생生) 자리이며, 〔ㅡ〕는 땅 수 10이며 흙을 이루는(성成) 수라 하였다. '생生'과 '성成'으로 구분하였다. 하늘인 불완전한 양수陽數 '5(生土)'가 주관하는 것은 수水와 화火이고, 땅인 완전한 음수陰數 '10(成土)' 작용에서 목木과 금金이 온전하게 작용한다는 내용을 설명한다. '생生'은 '성成'과 만남에서 온전하여지니, '생生'인 하늘 수 5인 불완전한 양수와 '성成'인 땅 수 완전한 음수가 '생성生成'을 이룬다고 보았다.

'흙(生成)'인 토土는 5행 중심축이기에, 이러한 순환이 가능하다는 논리이다.

그리고 불완전한 '양수(5)'와 완전한 '음수(10)'를 원활하게 만나게 하여 주는 것이 곧, 무극지진無極之眞의 자유자재自由自在로운 사람이라 한다.

그래서 세종은 사람〔ㅣ〕을 강조하였다.

다시 언급하지만, 겸호인兼乎人과 겸호동정자兼乎動靜者는 〈제자해〉에서 중요한 이론이다.

음양에서 동력을 얻은 동정動靜 주재자는 바로 '사람(人)'이며, 만물의 영장 사람이 있기에 중성11자가 완성을 이룬다는 내용이다.

"ㅗ初生於天, 天一生水之位也. ㅏ次之, 天三生木之位也. ㅜ初生於地, 地二生火之位也. ㅓ次之, 地四生金之位也. ㅛ再生於天, 天七成火之數也. ㅑ次之, 天九成金之數也. ㅠ再生於地, 地六成水之數也. ㅕ次之, 地八成木之數也. 水火未離乎氣, 陰陽交合之初, 故闔. 木金陰陽之定質, 故闢. •天五生土之位也. ㅡ地十成土之數也.

'ㅗ'는 처음으로 하늘에서 낳으니, 천수1이며 물을 낳는 자리이다. 'ㅏ'는 그 다음으로, 천수3이며 나무를 낳는 자리이다. 'ㅜ'는 처음으로 땅에서 생기니, 지수2이며 불을 낳는 자리이다. 'ㅓ'는 그 다음으로, 지수4이며 쇠를 낳는 자리이다. 'ㅛ'는 다시 하늘에서 생겼는데, 천수7이며 불을 이루는 수이다. 'ㅑ'는 그 다음으로, 천수9이며 쇠를 이루는 수이다. 'ㅠ'는 다시 땅에서 생겼는데, 지수6이며 물을 이루는 수이다. 'ㅕ'는 그 다음으로, 지수8이며 나무를 이루는 수이다. 물과 불은 떨어지지 않는 기운이기에, 음과 양이 교차하여 합하여지는 시초라, 그래서 닫힌다. 나무와 쇠는 음양이 고정된 바탕이라, 그래서 열린다. '•'는 천수5이며 흙을 낳는 자리이다. 'ㅡ'는 지수10이며 흙을 이루는 수이다."

중성10자가 음양 5행에서 위치가 결정된다는 이치를 설명하고 있다.

〔ㅗ〕는 천1天一이며 '물(生水)'이고 〔ㅜ〕는 지2地二이며 '불(生火)'이라서, 〔ㅏ〕는 천3天三이며 '나무(生木)'이고 〔ㅓ〕는 지4地四이며 '쇠(生金)'이라서 서로 어울린다. 천天과 지地 결합이기에 무난하다고 보았다.

그런데 천7天七인 〔ㅛ〕는 천1天一인 〔ㅗ〕와 같고, 천9天九인 〔ㅑ〕는 천3天三인 〔ㅏ〕와 같아서 모두가 '하늘(天)' 기질을, 지6地六인 〔ㅠ〕는 지2地二인 〔ㅜ〕와 같고, 지8地八인 〔ㅕ〕는 지4地四인 〔ㅓ〕와 같이 모두가 '땅(地)' 기질이기에 '태생적으로 만날 수(交合)' 없다는 것이다. 그래서 신묘하게 합치고 엉키는 중재자 역할인 사람〔ㅣ〕가 없으면, 중성자 〔ㅛ〕·〔ㅑ〕·〔ㅠ〕·〔ㅕ〕는 존재하지 못한다는 것이다.

다시 말해서 초출初出인 〔ㅗ〕·〔ㅏ〕·〔ㅜ〕·〔ㅓ〕는 〔•〕·〔ㅡ〕·〔ㅣ〕를 만나 음가를 갖추지만, 재출再出인 〔ㅛ〕·〔ㅑ〕·〔ㅠ〕·〔ㅕ〕는 3재 가운데서도 서

있는 사람의 상징인 〔ㅣ〕가 있기에 존재할 수 있다는 설명이다.

이 내용을 도표로 정리한다.

오방五方	오행五行	생위生位		성수成數	
북北	수水	천일天一	ㅗ	지육地六	ㅠ
남南	화火	지이地二	ㅜ	천칠天七	ㅛ
동東	목木	천삼天三	ㅏ	지팔地八	ㅕ
서西	금金	지사地四	ㅓ	천구天九	ㅑ
중앙中央	토土	천오天五	•	지십地十	ㅡ

* 〔ㅣ〕는 신묘하게 합치고 엉기어 위치와 방위가 없이 스스로 조화를 이룬다

어느 누구도 이런 설명을 하지 못하였지만, 위대한 조선의 세종은 정확히 밝혔다.

중성8자는 하늘과 땅 그리고 사람인 3재에서 작용이며 조화이다.

특히 하늘과 땅 작용이 사물에서 피어나지만 사람을 기다려서 이루어지는 것을 취하였다고 하였듯이, 사람을 기다리지 않으면 하늘과 땅 작용이 사물에서 나는 것은 의미가 없다고 한다. 초성17자 '꼴(象)'은 발음기관에서 취하였지만, 중성11자의 꼴에서 사물 작용까지도 정확히 파악하여 핵심을 취하였다. 그리고 하늘과 땅에 근거한 사물에서 피어나지만, 바로 신묘한 기능을 하는 사람이 결정적 역할을 하였다. 사람은 하늘과 땅 작용에 영향을 받지만 자유로운 존재로 보았고, 사람 때문에 하늘과 땅 작용이 온전해진다고 보았다.

태극太極과 '5행(水火土木金)'은 저마다 자리와 방위가 있다. 그런데 사람만은 홀로 무극의 참과 음양과 5행 정기로서, 신묘하게 합치고 엉기니 자리와 방위가 없이 스스로 조화를 이룬다고 설명한다.

위 문장에서 보듯이, 세종의 중성11자 수리數理에 대한 이치가 정연하다. 《주역대전周易大全》에 수數에 대한 이야기가 있어 도움이 된다.

"이치가 있은 뒤에야 모양(象)이 있고, 모양이 있은 뒤에 수數가 있다. 역易은 모양을 통해서 수數의 의미를 알게 되므로, 모양(象)과 수數는 한 몸이다."

〈해례〉에서 음양과 5행에 의한 수리數理 원칙에 근거하여 이미지인 '꼴(象)'의 문자가 제대로 자리를 잡게 된다는 것을 설명한 셈이다. 물론 사람〔ㅣ〕에 대한 정확한 움직임과 위치를 파악하였기에 가능하다.

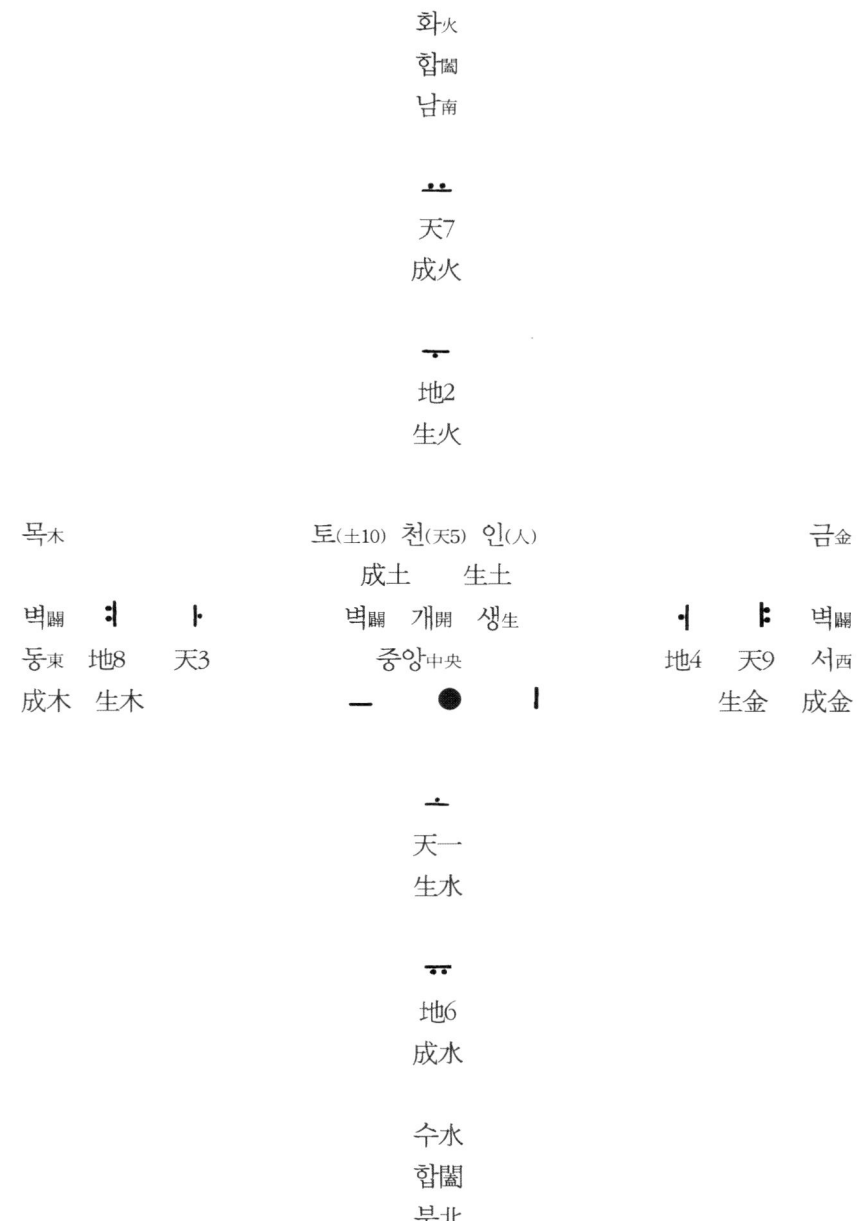

세종이 언급한 중성11자를 그림으로 정리하였다.

이 문장은 이미 언급하였고, 이 얼개는 아래와 같은 내용에 근거하였다.

"ㅗ初生於天, 天一生水之位也. ㅏ次之, 天三生木之位也. ㅜ初生於地, 地二生火之位也. ㅓ次之, 地四生金之位也. ㅛ再生於天, 天七成火之數也. ㅑ次之, 天九成金之數也. ㅠ再生於地, 地六成水之數也. ㅕ次之, 地八成木之數也. 水火未離乎氣, 陰陽交合之初, 故闔. 木金陰陽之定質, 故闢. •天五生土之位也. ㅡ地十成土之數也. ㅣ獨無位數者, 盖以人則無極之眞, 二五之精, 妙合而凝, 固未可以定位成數論也. 是則中聲之中, 亦自有陰陽五行方位之數也.

'ㅗ'는 처음으로 하늘에서 낳으니, 하늘의 수 1은 물을 낳는 자리이다. 'ㅏ'는 다음으로, 하늘의 수 3이며 나무를 낳는 자리이다. 'ㅜ'는 처음으로 땅에서 생기니, 땅의 수 2이며 불을 낳는 자리이다. 'ㅓ'는 다음으로, 땅의 수 4이며 쇠를 낳는 자리이다. 'ㅛ'는 다시 하늘에서 생겼는데, 하늘의 수 7이며 불을 이루는 수이다. 'ㅑ'는 그 다음으로, 하늘의 수 9이며 쇠를 이루는 수이다. 'ㅠ'는 다시 땅에서 생겼는데, 땅의 수 6이며 물을 이루는 수이다. 'ㅕ'는 그 다음으로, 땅의 수 8이며 나무를 이루는 수이다. 물과 불은 떨어지지 않는 기운이기에, 음과 양이 교차하여 합하여지는 시초라, 그래서 닫힌다. 나무와 쇠는 음양이 고정된 바탕이라, 그래서 열린다. '•'는 하늘의 수 5이며 흙을 낳는 자리이다. 'ㅡ'는 땅의 수 10이며 흙을 이루는 수이다. 'ㅣ'만 홀로 자리와 수가 없는 것은, 대개 사람은 무극의 참과, 음양과 5행 정기가, 신묘하게 합치고 엉기니, 진실로 자리를 정하고 수를 이루는 것을 이야기할 수 없기 때문이다. 이런 까닭에 중성자 가운데서 또한 저절로 음양과 오행 방위의 수가 있는 것이다."

〔ㅗ〕는 처음으로 하늘에서 낳으니, 하늘의 수인 1이며 물을 낳는 자리라 하였다. 〔ㅜ〕는 처음으로 땅에서 생기니, 땅의 수인 2이며 불을 낳는 자리라 하였다. 때문에 〔ㅗ〕는 북쪽이며 물의 성질인 흘러내리기에 아래에, 〔ㅜ〕는 남쪽이며 불의 성질인 타오르기에 윗쪽에 위치한다고 설명된다. 마치 경도經度인 날줄 같으며, 《주역》64괘卦에 비유하면 바로 땅 아래에 하늘이 있는 형상인데, 무거운 지기地氣는 아래로 내려오고 가벼운 천기天氣는 위로 올라가 두 기운氣運이 만나 교감交感하는 것을 상징하는 태괘泰卦라 할 수 있다.

삼재三才 〔•〕·〔ㅡ〕·〔ㅣ〕를 중성자의 머리(首)라 하였고, 특히 〔•〕는 머리에서도 모자인 관冠이라 하였다. 하늘의 수 5이며, 땅을 낳는(생生) 자리인 〔•〕, 그러한 작용이 있기에 땅의 수 10이며 흙을 이루는(성成) 〔ㅡ〕가 있다고 하였다. 즉 생성生成이다. 그리고 이러한 생성의 바탕에서 음양과 5행 정기가 신묘하게 합치고 엉기기 때문에 진실로 자리를 정하고 수를 이루는 것을 이야기하는 〔ㅣ〕가 존재한다.

〔ㅣ〕는 곧 사람이다.

신묘한 이론이다.

〔•〕는 하늘의 수 5이며 '흙을 낳는(生土)' 자리이다. 〔ㅡ〕는 땅의 수 10이며 '흙을 이루는(成土)' 수라 하였다. 여기서 〔•〕와 〔ㅡ〕가 만나면 곧 생성生成의 개념이 성립된다. 즉 삼재에서의 '천天(生土생토)'과 '토土(成土성토)'에서 생성토生成土가 이루어지는데, 이 생성은 불완전한 동력이지만, 여기에 사람 〔ㅣ〕이 참가하면 이 생성은 완전한 동정을 이룬다. 자유로운 존재인 사람 〔ㅣ〕을 무극지진無極之眞이라 하였고, 이오지정二五之精의 진정한 정기가 맺혀 신묘하게 합치고 엉키니 자리를 정할 필요가 없다는 것을 재차 밝힌다.

주자의 《태극도설》에서 무극지진無極之眞과 이오지정二五之精 그리고 묘합이응妙合而凝을 세종이 차용하였다. 세종은 이를 새롭게 해석하여 중성11자에서 〔ㅣ〕를 두드러지게 부각하였다. 이것이 진정 훈민정음의 위대한 조화로움이다.

사람인 〔ㅣ〕를 모르면 훈민정음을 이해할 수 없다.

여기에서 다시 부연할 것은 이것이다.

신묘하게 합치고 엉켜서 자리를 정하고 수를 이루는 것을 이야기할 수 없다고 하였다.

그런데 세종은 그것을 말할 수 있다고 자신한 것이다. 이러한 통찰력과 예지력이 있었기에 《훈민정음》을 창제할 수 있었다고 주장한 것이다. 정인지나 신숙주가 세종을 천종지성天縱之聖으로 떠받든 것이, 그러한 능력을 인정한 것이기 때문이다.

훈민정음학자들은 지금까지 중성11자를 일목요연한 도표로 표현하고자 노력하였다. 그러나 이에 대한 성과는 그리 만족하지 못한 것이 엄연한 사실이다.
그만큼 세종의 정음28자는 오묘하다.
중성11자는 완벽한 음운을 이루는 문자 체계이다.
세종은 3재인 천지인天地人에서 하늘과 땅을 받들었지만, 그것보다 더 중요시한 것은 사람이다. 세종은 사람을 만물萬物 가운데 영장靈長으로 보았고, 그에 합당한 이론과 실제를 거론하려 힘썼다.
바로《훈민정음》의 성공이다.
그리고 성음학 최고봉을 차지할 수 있었던 독특한 요인이다.
성음학은 소리를 통한 음가 표준화인데, 그 소리 주체는 만물 가운데서 바로 사람이라는 선언이다.
〈제자해〉에서 이 줄거리는 이채롭기까지 하다

> "動者, 天也. 靜者, 地也. 兼乎動靜者, 人也.
> 움직이는 것은, 하늘이다. 머무는 것은, 땅이다. 움직임과 머무는 것을 겸한 것은, 사람이다."

동動과 천天 그리고 정靜과 지地가 맞물린다.
즉 생성生成을 주재하는 하늘과 땅인 천지天地는 움직임과 머뭄인 동정動靜에서 원활한 운행을 이루어진다고 한다. 움직임과 멈춤을 갖춘 다시 말해서 동정動靜을 겸한 것은 바로 사람이다. 움직임과 멈춤인 동정을 주재하는 사람이 있어, 움직임과 멈춤이 원활하게 작동된다고 보았다. 사람은 하늘과 땅을 겸하였기에, 세종은 겸호인兼乎人이라 하였다. 하늘과 땅을 버린 사람도, 사람을 버리는 하늘과 땅도 없다는 주장이다. 세종은 겸호인兼乎人이라는 말을 의미심장하게 사용한다.

'사람(人)'을 존중한 것이다.

〈중성해〉에서 중성11자 운용에 대한 설명을 상세히 하면서 사람을 강조한다.

"二字合用者, ㅗ與ㅏ同出於•, 故合而爲ㅘ. ㅛ與ㅑ又同出於ㅣ, 故合而爲ㆇ. ㅜ與ㅓ同出於ㅡ, 故合而爲ㅝ. ㅠ與ㅕ又同出於ㅣ, 故合而爲ㆊ. 以其同出而爲類, 故相合而不悖也. 一字中聲之與ㅣ相合者十, ㅣㅢㅚㅐㅟㅔㆉㅢㆌㅖ 是也. 二字中聲之與ㅣ相合者四, ㅙㅞㆈㆋ 是也. ㅣ於深淺闔闢之聲, 並能相隨者, 以其舌展聲淺而便於開口也. 亦可見人之參贊開物而無所不通也.

두 글자를 합하여 쓸 때, 'ㅗ'와 'ㅏ'는 같이 '•'에서 나왔으므로, 합하여져서 'ㅘ'가 된다. 'ㅛ'와 'ㅑ'도 같이 'ㅣ'에서 나왔으므로, 합하여져서 'ㆇ'가 된다. 'ㅜ'와 'ㅓ'는 같이 'ㅡ'에서 나왔으므로, 합하여져서 'ㅝ'가 된다. 'ㅠ'와 'ㅕ'도 같이 'ㅣ'에서 나왔으므로, 합하여져서 'ㆊ'가 된다. 모두 함께 나와 같은 무리가 되었으므로, 서로 합하여서 어그러짐이 없다. 한 글자의 중성자로 'ㅣ'와 서로 어울린 것은 열 개로, 'ㅣㅢㅚㅐㅟㅔㆉㅢㆌㅖ'가 그것이다. 두 글자의 중성자로 'ㅣ'와 서로 어울린 것은 네 개로, 'ㅙㅞㆈㆋ'가 그것이다. 'ㅣ'가 깊고 얕고 닫히고 열리는 소리에, 어울려서 능히 서로 따르는 것은, 혀가 펴지고 소리는 얕아 입을 벌리기에 편하기 때문이다. 또한 가히 사람이 만물을 여는 데 참여하여 통하지 않음이 없음을 볼 수 있다."

《훈민정음》에서 중성의 설명은 어렵기로 정평이 나 있다.

그만큼 과학적 또는 논리적이기 때문이다.

반복하지만, 〔ㅗ〕와 〔ㅏ〕는 〔·〕에서, 〔ㅜ〕와 〔ㅓ〕는 같이 〔ㅡ〕에서 그리고 〔ㅛ〕와 〔ㅑ〕와 〔ㅠ〕와 〔ㅕ〕는 〔ㅣ〕에서 나왔다는 내용이 중요하다.

그리고 〈결〉에서 다음과 같이 마무리하였다.

"洪覃自呑可合用	'ㅗ'와 'ㅏ'는 '·'에서 나왔으니 합하여 쓸 수 있고
君業出卽亦可合	'ㅜ'와 'ㅓ'는 'ㅡ'에서 나왔으니 역시 합할 수 있네
欲之與穰戌與彆	'ㅛ'와 'ㅑ'나 'ㅠ'와 'ㅕ'나
各有所從義可推	낱낱이 좇는 바가 있으니 뜻을 미루어 알 수 있네
侵之爲用最居多	'ㅣ'자의 쓰임새가 가장 많아서
於十四聲徧相隨	열네 소리에서 두루 서로 따르네"

〔ㅗ〕와 〔ㅏ〕는 〔·〕에서, 〔ㅜ〕와 〔ㅓ〕는 〔ㅡ〕에서 나왔으니 합하여 사용할 수 있다. 그리고 〔ㅣ〕에서 〔ㅛ〕와 〔ㅑ〕나 〔ㅠ〕와 〔ㅕ〕가 나왔다는 것이다. 그리고 사람인 〔ㅣ〕자의 쓰임새가 가장 많아 열네 소리 〔ㅓ〕·〔ㅡ〕·〔ㅗ〕·〔ㅏ〕·〔ㅜ〕·〔ㅔ〕·〔ㅛ〕·〔ㅑ〕·〔ㅠ〕·〔ㅖ〕·〔ㅙ〕·〔ㅞ〕·〔ㅚ〕·〔ㅝ〕〕에서 두루 서로 따른다고 하는 것이다.

중성자 운용은 삼재인 〔·〕·〔ㅡ〕·〔ㅣ〕이지만, 특히 동정動靜을 겸한 사람〔ㅣ〕가 가장 크다고 한다. 사람이 만물을 여는 데 참여하여 통하지 않음이 없다는 설명이 그것이다.

만물 영장인 사람 위대성을 음양오행 이론으로 설명한 것이다.

그리고 세종은 중성11자 체제를 다시 설명한다.

"·之貫於八聲者, 猶陽之統陰而周流萬物也. ㅛㅑㅠㅕ之皆兼乎人者, 以人爲萬物之靈而能參兩儀也. 取象於天地人而三才之道備矣. 然三才爲萬物之先, 而天又爲三才之始. 猶 ・ ― ㅣ 三字爲八聲之首, 而 ・ 又爲三字之冠也.

'・'가 여덟 소리에 뀀은, 양이 음을 거느리며 만물에 두루 흐름과 같다. 'ㅛㅑㅠㅕ'가 모두 사람을 겸함은, 사람은 만물의 영령으로 능히 음양에 참여할 수 있기 때문이다. 하늘과 땅과 사람 모습을 취하므로 3재 이치를 갖춘다. 그러나 3재가 만물의 앞이더라도, 하늘은 또한 3재 시작이다. 마치 '・ ― ㅣ' 세 글자가 여덟 소리 머리가 되고, 다시 '・'는 또 세 글자 갓이 되듯이 말이다."

〔ㅛ〕・〔ㅑ〕・〔ㅠ〕・〔ㅕ〕가 모두 사람을 겸함은, 사람은 만물의 영령으로 능히 음양에 참여할 수 있기 때문이라 하였다. 겸호인兼乎人 존재는 사람이 만물의 영령으로 능히 음양에 참여할 수 있다는 강조이다.

〔・〕가 하나이면 '처음으로 생긴初生' 뜻이고, 〔・〕가 둘이면 '다시 생긴再生' 뜻을 취한 것이라 하였다.

그리고 〔・〕・〔―〕・〔ㅣ〕 세 글자는 여덟 소리 '머리首'가 되고, 특히 〔・〕는 〔・〕・〔―〕・〔ㅣ〕의 모자帽子인 '갓冠'이라 하였다. 중성11자에서 3재인 〔・〕・〔―〕・〔ㅣ〕를 머리라 하였으니, 나머지 여덟 자 〔ㅗ〕・〔ㅏ〕・〔ㅜ〕・〔ㅓ〕・〔ㅛ〕・〔ㅑ〕・〔ㅠ〕・〔ㅕ〕는 논리적으로 몸이 되는 셈이다.

세종은 초생을 중요시하였지만, 재생도 나름 강조한 것이다. '사람이 태어나人生' 머리가 있지만, '다시 생겨再生' 모자인 갓笠을 써야 완전하여 영장靈長의 자격을 갖춘다는 것을 말한다. 그리고 〈제자해〉에서 〔・〕・〔―〕・〔ㅣ〕를 조합하여 나머지 중성8자 쓰는 법을 분명히 하였다. 그러나 불행하게도 이 〔・〕가 사라졌으니, 지금 우리는 본의 아니게 엉뚱한 표기법을 사용하고 있는 셈이다.

우리가 나름 편리하게 사용하고 있는 〔ㅏ・ㅓ・ㅗ・ㅜ・ㅑ・ㅕ・ㅛ・ㅠ〕는 세종 뜻을 저버린 글자인 셈이다. 지금 우리가 사용하는 한글의 소위 모음에서는 〔・〕인 둥근 점을 하나로 하느냐, 둘로 하느냐에 따라서 초생初生이냐 재생再生이냐는 세종의 이야기는 아무런 의미가 없어져 버린 것이다.

2 소리를 그리다   207

〔•〕가 사라졌다.

지금 한글 표기법은 세종이 추구한 《훈민정음》 본래 뜻을 무시한 문자이다.

15세기, 상하관계가 지엄하였던 시절에 세종이 '사람(人)'을 설명한다.
하늘과 땅 조화에 따르는 사람의 위대함을 말하고 있다.
인문학에서 유례가 없는 지고지순한 철학이요 가르침이다.
〈해례〉에서 찬사들이 그것이다.

"人參天地爲最靈   사람이 하늘과 땅에 참여하여 최고로 신령스럽게 되었네
 人能輔相天地宜   사람이 능히 하늘과 땅의 마땅함을 도울 수 있기 때문이네"

음양과 5행의 순전한 변화에서 생성生成, 하늘과 땅 순리를 사람만이 받들 수 있고, 돕는다고 찬탄讚歎의 노래를 한다.
이미 언급한 〈태극도설〉 '만물이 생겨나고 또 생성변화의 끝은 없으나, 오직 사람만이 빼어나고, 가장 신령스러움을 얻을 수 있다(萬物生生而變化無窮焉, 唯人也, 得其秀而最靈)'는 줄거리에서 세종의 '사람이 하늘과 땅에 참여하여 최고로 신령스럽게 되었다(人參天地爲最靈)'는 근원을 파악할 수 있다.
세종은 〈태극도설〉보다 더욱 진보된 태극설을 펼치고 있는 것이다.
'사람이 하늘과 땅에 참여하여(人參天地)' '사람이 능히 하늘과 땅의 마땅함을 도울 수 있다(人能輔相天地宜)'에서 하늘과 땅에 참여參與하는 보상輔相을 넌지시 말하고 있기 때문이다. 여기에서 하늘과 땅이 이루어 놓은 재성財成 단계를 거쳐, 사람이 참여하여 이루어진 보상輔相은 구체적으로 무엇을 말하는가.

> "初聲有發動之義, 天之事也. 終聲有止定之義, 地之事也. 中聲承初之生, 接終之成, 人之事也. 盖字韻之要, 在於中聲, 初終合而成音. 亦猶天地生成萬物, 而其財成輔相則必賴乎人也.
>
> 초성은 움직임이 피어나는 뜻이 있으니, 하늘의 일이다. 종성은 정한 곳에서 멈추는 뜻이 있으니, 땅의 일이다. 중성은 초성의 생김을 잇고, 종성의 이룸을 받드니, 사람의 일이다. 대개 자운의 주요함은, 중성에 있는데, 초성과 종성이 합하여 소리를 이룬다. 또한 천지가 만물을 생성해도, 그 재성하는 것을 보상하는 것은 곧 반드시 사람을 의지하는 것과 같다."

성음聲音이 되려면 초성과 중성 그리고 종성이 만나야 하는데, '초성의 생김(初之生)'과 '종성의 이룸(終之成)'에서 생생과 성성이 만나 생성生成이 되는 것을 '사람의 일(人之事)'이라 하였다. 이미 거론한 초출初出과 재출再出 그리고 초생初生과 재생再生은 생성生成이라는 사람의 일에서야 빛을 보는 것이라 주장한다.

재성財成은 하늘과 땅의 음양에 의한 동動과 정靜의 결과물이지만, 그 결과물을 원만하게 꿸 수 있는 보상輔相은 바로 사람만이 할 수 있다는 것을 설명하고 있다.

이는 진정 세종의 위대한 인본사상이다.

정음28자는 초성과 종성이 합하여 소리를 이루는데, 여기에서 중성이 없으면 그러한 기능을 이룰 수 없다고 보았다.

세종은 그것을 인능보상人能輔相이라 하였다. '사람(人)'을 바로 수레의 구조에서 '바퀴 덧방나무(輔)'로 보았다. 다시 말해서 수레바퀴가 땅에서 굴러다니려면, 굴레머리에서 바퀴를 고정하는 덧방나무 역할이 중요한데, 이 바퀴 덧방나무를 바로 사람의 능력이며 존재라고 한 것이다. 사람만이 재성財成을 원활하게 유용할 수 있는 보상輔相의 능력을 가졌다고 생각하였다.

인능보상人能輔相은 천지 만물에서 하늘과 땅 그리고 사람의 원만한 조화를 거론하였다.

그리고 재성財成은 '천지가 만물을 생성(天地生成萬物)'하지만, 그 만물을 성숙시키는 것은 사람이라 하였으니, 재성보상財成輔相의 역할은 오직 사람뿐이라는 이야기이다.

다시 강조하면, '하늘은 만물을 낳고(生萬物)' '땅은 만물을 이루는데(成萬物)', 사람이 이 하늘과 땅의 생성을 주재해야 한다는 것이 재성보상財成輔相이다.

보상輔相을 《주역》〈계사전〉에서 이렇게 설명한다.

"天地交泰, 后以, 財成天地之道, 輔相天地之宜, 以左右民.
하늘과 땅이 서로 사귀는 것이 태이니, 군자는 이것을 보고서, 천지의 도를 마름질하고, 천지의 마땅함을 보충하여, 백성을 돕는다."

세종은 인능보상人能輔相이라 하였는데, 〈계사전〉에서는 후이재성后以財成이라 하였으니 사람과 군자의 차이가 있다.

그리고 여기에서 '하늘과 땅이 교감하는 것이 태괘(天地交泰)'라 하였다.

하늘과 땅이 교감할 때, 충돌하지 않고 조화롭게 상교相交할 수 있는 원동력을 교변交變이라 할 수 있다. 이것에 근거하여 세종은 《훈민정음》에서 초교初交와 교합交合 그리고 교변交變의 원리를 응용하였다.

세종은 《주역》에서 음양陰陽과 동정動靜의 움직임을 겸호동정兼乎動靜의 주체인 사람과 연결한 점이 무엇보다도 독특하다.

초성은 '움직임이 피어나는 뜻(發動之義)'인 하늘의 일이고, 종성은 '정한 곳에서 멈추는 뜻(止定之義)'인 땅의 일이며, '초성의 생김을 잇고 종성의 이룸을 맞이하는(承初之生, 接終之成)' 사람의 일은 중성과 같다고 하였다.

여기에서 발동發動은 '움직임(動)'이고, 지정止定은 '멈춤(靜)'으로 정의할 수 있다.

〈제자해〉 서두에서 이야기한 움직이고 멎고 한 뒤에 음양이 된다. 하늘과 땅 사이에 살아있는 모든 것들이 그러하니, 음양을 버리고 어디로 가겠는가. 그러기에 사람의 소리도, 모두 음양의 이치가 있다는 것이 그것이다.

　세종은 하늘과 땅이 생기면 음양과 5행이 이루어지고, 음양과 5행에 의하여 만물이 피어나지만, 반드시 사람을 만나야 진정한 '생성'이 된다는 것을 강조하였다.

　세종은 〈제자해〉에서는 재성보상財成輔相이라 하고, 〈결〉에서는 보상輔相이라 한다.

　천지만물天地萬物은 위대하지만, 천지 기운이 움직이고 멎으면서 음양에 의해 만물을 이루려면 사람이 있어야 적당한 생성작용을 이룩할 수 있다는 말이 된다. 재성財成은 하늘과 땅이 있으면 자연적으로 발생하지만, 보상輔相인 사람의 역할이 없으면 아무런 의미가 없다는 것을 강조하였다. 재성하는 것을 보상하는 것은 곧 반드시 사람을 의지하는 것과 같다고 하였으니, 사람의 작용을 높이 평가하고, 사람의 존재를 면밀하게 살폈던 결과이다.

　세종의 빛나는 태극설이다.

　하늘에서 나왔으니 양陽이고, 땅에서 나왔으니 음陰이라 하였다.

　천지음양天地陰陽에 관한 〈제자해〉에서의 설명이다.

　　"以初中終合成之字言之, 亦有動靜互根陰陽交變之義焉. 動者, 天也. 靜者, 地也. 兼乎動靜者, 人也. 蓋五行在天則神之運也, 在地則質之成也, 在人則仁禮信義智神之運也, 肝心脾肺腎質之成也.

　　초성과 중성 그리고 종성이 어울려 이루는 글자에 대한 음양과 5행을 말하자면, 역시 움직임과 고요함이 서로 뿌리가 되어 음과 양이 교차하면서 바뀌는 뜻이 있다. 움직이는 것은, 하늘이다. 머무는 것은, 땅이다. 움직임과 머무는 것을 겸한 것은, 사람이다. 대개 5행은 하늘에게 곧 신의 운행이요, 땅에게 곧 바탕의 이룸이니, 사람에게 어짊・예의・믿음・정의・슬기는 신의 운행이요,

간장·심장·비장·폐장·신장은 바탕의 이룸인 것이다."

음양陰陽은 하늘의 도이고, 강유剛柔는 땅의 도이다.

그런데 '음과 양이 교차하면서 변한다(陰陽交變)'에서의 교변交變은 바로 동정動靜의 활력 때문이다. 이런 과정을 거쳐야 동動은 하늘이고 정靜은 땅이며, 이 '천지음양의 동정을 겸하다(兼乎動靜)'는 바로 사람이라는 것이다.

교변交變이 '동정을 모두 겸할 수 있는 것은, 사람이다(兼乎動靜者, 人也)'와 긴밀하게 호응하였다. 특히 교변은 중성자 특징이기 때문에 더욱 그러하다.

초성과 종성을 원활하게 만나게 하여 주는 원동력이 동정動靜에 의한 교변交變에서 나온다고 보았다. 쉽게 말하면 불합리한 한음漢音에서 초성과 종성만을 가지고 운을 정하는 변음인 한음인 반절법에서는 교변交變의 움직임은 있을 수가 없다는 것이다. 세종이 창제한 정음28자는 음양과 동정이 어울리는 교변交變이 제대로 작동하고 있다는 것을 강조하였다.

하늘의 '움직임(動)'과 땅의 '고요함(靜)', 동정이 자유로운 사람과 만난다.

세종은 음陰과 양陽의 흐름이 유연한 것은 움직임과 고요함이 한 뿌리에서 서로 왕래하기 때문이라 설명한다. 서로 왕래하는 원동력은 교변交變이다.

교변交變은 정음28자에서의 특징이다.

《주역》에서는 '움직임과 고요함은 항상 있지만, 강함과 부드러움은 끊임이 있다(動靜有常, 剛柔斷矣)'라 하였다. 즉 하늘은 항상 존재하지만, 땅은 그렇지 못하다는 것인데, 세종은 사람이 동정動靜을 겸하였기 때문에 땅의 강함과 부드러움이 음양처럼 조화를 이룬다고 보았다.

결론적으로 세종이 강조한 〈제자해〉 첫머리의 내포內包가 명쾌해진다.

"天地之道, 一陰陽五行而已. 坤復之間爲太極, 而動靜之後爲陰陽. 凡有生類 在天地之間者, 捨陰陽而何之.
　하늘과 땅의 이치는, 하나의 음양과 5행일 뿐이다. 곤괘와 복괘 사이에서 태극이 되니, 움직이고 멎고 한 뒤에야 음양인 것이다. 하늘과 땅 사이에 살아있는 모든 것들이 그러하니, 음양을 버리고 어디로 가겠는가."

다시 말하면, 자유자재의 표상인 사람이 없다면, 하늘과 땅 그리고 음과 양이 존재할 이유가 없다고 한다. 여기에서 사람을 존중하는 세종의 인본주의人本主義를 엿볼 수 있다.
〈제자해〉〈결〉에서 이러한 시구로 사람에 대한 의의를 더욱 높인다.

"四聲兼人亦有由　　네 글자 'ㅗㅏㅜㅓ'이 사람 'ㅣ'을 겸함도 또한 까닭이 있으니
人參天地爲最靈　　사람이 하늘과 땅에 참여하였기에 최고로 신령스럽게 되었네"

하늘과 땅의 작용에 사람이 참여하였기 때문에, 정음28자는 어느 글자보다도 정밀하다는 주장이다.
〈중성해中聲解〉의 마지막 부분이다.

"ㅣ於深淺闔闢之聲, 並能相隨者, 以其舌展聲淺而便於開口也. 亦可見人之參贊開物而無所不通也.
　'ㅣ'가 깊고 얕고 닫히고 열리는 소리에, 어울려서 능히 서로 따르는 것은, 혀가 펴지고 소리가 얕아 입을 벌리기에 편하기 때문이다. 또한 가히 사람이 만물을 여는데 참여하여 통하지 않음이 없음을 볼 수 있다."

이러한 내용을 정리하면 아래 표와 같다.

	하늘(陽)		땅(陰)	
초출자, 초생자	ㅗ	ㅏ	ㅜ	ㅓ
재출자, 재생자	ㅛ	ㅑ	ㅠ	ㅕ
사람	ㅣ			

송렴宋濂의 《홍무정운서洪武正韻序》이다.

> "司馬光有云, 備萬物之體用者莫過於字. 包衆字之形聲者莫過於韻. 所謂三才之道, 性命道德之奧, 禮樂刑政之原, 皆有繫於此, 誠不可不愼也.
> 사마광이 이르기를, 만물의 바탕과 쓰임을 갖춘 것에서 글자보다 더한 것이 없고, 모든 글자의 형상과 소리를 포함하고 있는 것에서 음운보다 더한 것이 없다. 이른바 천지인 삼재의 도리인, 성명과 도덕의 심오한 이치와, 예악과 형정의 근원 모두 이와 연계되어 있으니, 참으로 신중하지 않으면 안 된다."

송렴은 사마광의 말을 빌려서 성명性命과 도덕道德, 예악禮樂과 형정刑政을 올바로 실현하려 한다면 문자와 음운을 바르게 자리 잡아야 하며, 여기에는 삼재의 도리가 정연하기 때문이라 강조하였다. 그러나 송렴과 사마광은 세종처럼 삼재三才에서 사람의 위치와 능력을 정확하게 설명하지 못하였다.

〔ㅣ〕는 사람의 역할이며, 혀가 펴지고 소리는 얕아 입을 벌리기 편하며, 사람이 만물을 여는 데 참여하여 모든 것에 통한다고 하였다. 〔ㅣ〕는 중성11자 가운데 우뚝한 위치를 차지하고 있고, 이것을 상징하는 사람은 천지인에서 가장 핵심이라는 것을 말하고 있다.

하늘과 땅과 사람인 〔•〕·〔ㅡ〕·〔ㅣ〕는 중앙인 '흙(生土)'이며 3재이니 처음에 위치하고, 양인 '하늘에서 처음 낳은(初生於天)' 〔ㅗ〕와 〔ㅏ〕, 음인 '땅에서 처음 낳은(初生於地)'〔ㅗ〕와 〔ㅓ〕 그리고 '다시 양인 하늘에서 낳은(再生於天)' 〔ㅛ〕와 〔ㅑ〕, '다시 음인 땅에서 낳은(再生於地)〔ㅠ〕와 〔ㅕ〕 순서로 정해진다.

특히 〈제자해〉에서 삼재는 만물의 으뜸이니, '이 초성3자〔ㆍ〕·〔ㅡ〕·〔ㅣ〕는 여덟 소리의 '머리(首)'가 되고, 다시 〔ㆍ〕는 또 '세 글자의 갓(冠)'이 되듯이 말이다(ㆍㅡㅣ三字爲八聲之首, 而 ㆍ又爲三字之冠也)'라는 논리를 참고하면, 당연히 〔ㆍ〕는 머리에서도 갓이 되니 삼재에서 처음이고, 〔ㅡ〕·〔ㅣ〕는 머리이면서 땅과 사람의 순서로 위치하는 것이다. 그리고 나머지 중성8자는 '하늘에서 처음 낳은(初生於天)', '땅에서 처음 낳은(初生於地)' 그리고 '다시 하늘에서 낳은(再生於天)', '다시 땅에서 낳은(再生於地)' 순서로 정해진다.

그래서 〔ㅗ〕·〔ㅏ〕·〔ㅜ〕·〔ㅓ〕·〔ㅛ〕·〔ㅑ〕·〔ㅠ〕·〔ㅕ〕로 순서가 정해진다.

> "終聲之復用初聲者, 以其動而陽者乾也, 靜而陰者亦乾也, 乾實分陰陽而無不君宰也. 一元之氣, 周流不窮, 四時之運, 循環無端, 故貞而復元, 冬而復春. 初聲之復爲終, 終聲之復爲初, 亦此義也.
>
> 종성에 초성을 다시 쓰는 것은, 움직여서 양인 것도 하늘이요, 머물러서 음인 것도 하늘 때문이니, 하늘이 실제로는 음양으로 나뉜다 해도 주재하지 아니함이 없는 것이다. 일원의 기운이, 두루 흘러 막히지 않고, 4계절 운행이, 돌고 돌아 끝이 없고, 그래서 정이 다시 원이 되고, 겨울이 다시 봄이 된다. 그 초성이 다시 종성이 되고, 그 종성이 다시 초성이 되는 것도, 역시 이 뜻이다."

〈제자해〉의 마지막 부분이다.

종성에 초성을 다시 쓴다고 하였다.

'움직여서(動)' 양陽인 것도 '머물러서(靜)' 음陰인 것도 건괘乾卦인 하늘 때문인데, 건乾인 하늘은 음양으로 나뉠지라도 일원一元이기에 이치는 같다고 한다. 이렇게 초성과 종성이 자연스럽게 어울리는 것은 바로 사람이 주체가 된 중성이 자리를 확실하게 잡았기 때문이라는 것도 강조한 셈이다. 세월의 이치가 겨울이 가면 봄이 오듯이 원형이정元亨利貞에서의 정貞이 다하면 다시 원元이 오듯이, 초성과 종성의 쓰임은 너무나도 자연스럽다고 한 것이다.

《훈민정음》에서 초성11자와 중성17자의 바른 소리를 구현한 제자원리制字原理이다. 초성은 구체적인 모양을 포착하여 음가를 정했지만, 중성은 하늘과 땅에서 근거한 사물에서 피어나지만 바로 사람의 역할이 중요하다는 설명이다.

그래서 중성은 복잡하고도 어렵다.

중성11자에 대한 연구는 앞으로 계속되어야 한다.

2-8 초성해初聲解, 중성해中聲解, 종성해終聲解 그리고 합자해合字解에 대하여

《훈민정음》은 쉬운 부분이 없다.

《훈민정음해례》에서의 간결하면서도 평이한 문장을 읽어냈다고 잠시라도 나름 이해한 것으로 여기겠지만, 다시 뜯어보면 깊은 뜻이 은밀하게 감추어져 있는데 그것을 그냥 지나친 느낌을 지울 수가 없다. 그런 이유인지는 몰라도 《훈민정음》에는 긴가민가한 부분이 적지 않다.

〈초성해初聲解〉

"正音初聲, 卽韻書之字母也. 聲音由此而生, 故曰母.
정음 초성, 바로 운서의 자모이다. 성음이 이런 이유로 생기니, 어미라 한다."

정음에서 초성자는 운서의 자모라 규정하였다.

위대한 조선에서 새로운 자모字母로 전개되는 운서韻書를 공포한 것이다.

즉 정음 언문28자 창제의 목적 가운데 가장 중요한 계기가 바로 운서의 자모를 밝히는 것이라 한다. 때문에 《훈민정음》은 《동국정운》의 완성을 위한 디딤돌이라 할 수 있다.

그리고 〈초성해〉에서 긴밀한 줄거리를 〈결訣〉에서 찾는다.

> "二十三字是爲母　　23자는 어미가 되니
> 萬聲生生皆自此　　만 가지 소리가 다 여기서 생기고 생겨나네"

이미 언급하였지만, 초성17자와 전탁음全濁音〔ㄲ·ㄸ·ㅃ·ㅆ·ㅉ·ㆅ〕여섯 자를 포함하여 정음초성23자라 하였다. 초성17자와 전탁음6자인 정음초성23자는 어미가 되니, 만 가지 소리는 모두 여기에서 생기고 또 생긴다고 하는 것이다.

이러한 이유로 정음28자로 구현되는 어휘는 폭발적으로 확장된다.

여기에서 '23'이 궁금하다.

초성17자와 전탁음6자를 합하였기에 '23자'라면 할 말은 없지만, 진정 '23'이라는 숫자에 다른 뜻이 있지 않을까 생각하기 때문이다. 이러한 내용이 《훈민정음》의 내밀한 이유 중 하나일 수도 있다.

〈중성해中聲解〉

중성11자는 세종대왕의 쾌거이다.

위대한 조선朝鮮에서 규명한 합리적인 문자文字이다.

> "母字之音各有中　　어미글자의 소리에는 제각기 중성이 있으니
> 須就中聲尋闢闔　　반드시 중성에서 열림과 닫힘을 찾아야 하네
> 洪覃自呑可合用　　'ㅗ'와 'ㅏ'는 'ㆍ'에서 나왔으니 합하여 쓸 수 있고
> 君業出卽亦可合　　'ㅜ'와 'ㅓ'는 'ㅡ'에서 나왔으니 역시 합할 수 있네
> 欲之與穰戌與彆　　'ㅛ'와 'ㅑ'나 'ㅠ'와 'ㅕ'는
> 各有所從義可推　　각각 좇는 바가 있으니 뜻을 미루어 알 수 있네
> 侵之爲用最居多　　'ㅣ'자의 쓰임새가 가장 많아서
> 於十四聲徧相隨　　열네 소리에서 두루 서로 따르네"

이미 〔2-7-1 초성17자初聲17字〕에서 자세히 설명하였지만, 삼재인 하늘〔ㆍ〕에서 〔ㅗ〕·〔ㅏ〕가 나왔고, 땅〔ㅡ〕에서 〔ㅜ〕·〔ㅓ〕가 나왔고, 사람〔ㅣ〕의 쓰임새가 많기에 〔ㅛ〕·〔ㅑ〕·〔ㅠ〕·〔ㅕ〕가 각각 좇았다고 하였다.

그리고 사람을 상징하는 〔ㅣ〕와 어울린 중성 10개 〔ㅓ·ㅢ·ㅚ·ㅐ·ㅟ·ㅔ·ㆉ·ㅒ·ㆌ·ㅖ〕, 사람을 상징하는 〔ㅣ〕와 어울린 중성 4개 〔ㅙ·ㅞ·ㆊ·ㆋ〕라 말한다. 그 이유는 〔ㅣ〕가 깊고 얕고 닫히고 열리는 소리에, 어울려서 능히 서로 따르는 것은, 혀가 펴지고 소리는 얕아 입을 벌리기 편하기 때문이라는 것이다. 또한 가히 사람이 만물을 여는 데 참여하여 통하지 않음이 없음을 볼 수 있다고 한다는 내용에 근거한 것이다.

사람을 상징하는 중성자 〔ㅣ〕와 어울린 14개 중성자 〔ㅓ·ㅢ·ㅚ·ㅐ·ㅟ·ㅔ·ㆉ·ㅒ·ㆌ·ㅖ·ㅙ·ㅞ·ㆊ·ㆋ〕를 정확하게 밝혔기에 《훈민정음》의 구성과 내용이 풍성하다.

우리는 세종이 그리하였으니, 그렇게 알 뿐이지 이 14개의 중성자 얼개를 명확히 구별해 내기는 쉽지 않다. 음양오행의 조합에 근거한 결과라는 것을 막연히 알 수 있지만, 명쾌하게 그 이유를 설명해 낼 수 없을 것이다. 그만큼 《훈민정음》의 위대함을 말하는 것이다.

〈종성해終聲解〉

사라진 문자이지만, 어금닛소리〔ㆁ〕이 〔ㄱ〕소리를 천천히 내면 〔ㆁ〕로 바뀌어 느린 것과 같다는 이야기는 이해하기 쉽지 않다. 까다롭고 쉽지 않기에 훗날 한글학자들은 세종이 창제한 소중한 문자는 도리없이 무심히 버렸을지도 모른다. 끝내 〔업業〕 초발성인 〔ㆁ〕이 공식적으로 사라졌으니, 《훈민정음》은 온전하지 못한 것이다.

그러나 지금 우리가 소중히 보존하고 있는 《훈민정음》에는 〔ㆁ〕가 버젓이 살아 있다.

> "五音之緩急, 亦各自爲對. 如牙之ㆁ與ㄱ爲對, 而ㆁ促呼則變爲ㄱ而急, ㄱ舒出則變爲ㆁ而緩. 舌之ㄴㄷ, 脣之ㅁㅂ, 齒之ㅿㅅ, 喉之ㅇㆆ, 其緩急相對, 亦猶是也. 且半舌之ㄹ, 當用於諺, 而不可用於文.
>
> 5음의 느리고 빠름이, 낱낱이 저절로 짝이 된다. 가령 어금닛소리 'ㆁ'은 'ㄱ'과 짝이 되니, 'ㆁ'을 빠르게 하면 'ㄱ'으로 변하여 빨라지고, 'ㄱ' 음을 천천히 내면 'ㆁ'로 바뀌어 느린 것과 같다. 혓소리 'ㄴ'과 'ㄷ', 입술소리 'ㅁ'과 'ㅂ', 잇소리 'ㅿ'과 'ㅅ', 목구멍소리 'ㅇ'과 'ㆆ'도 그 느리고 빠름이 짝이 된다."

다시 이야기하지만, 혓소리 [ㄴ]과 [ㄷ], 입술소리 [ㅁ]과 [ㅂ], 잇소리 [ㅿ]과 [ㅅ], 목구멍소리 [ㅇ]과 [ㆆ]도 그 느리고 빠름이 짝이 된다는 설명은 쉽게 받아들일 수 있지만, 어금닛소리인 [ㆁ]이 [ㄱ]을 천천히 내면 [ㆁ]로 바뀐다는 것에 대하여 그 전후가 쉽지 않다는 것이다.

〈합자해合字解〉

《훈민정음해례》에서 〈합자해〉도 이채롭다.
〈합자해〉를 이해하지 못하면, 세종의 정음28자는 비밀문자처럼 모호해진다.
우리는《훈민정음해례》에 근거한 정확한 원리 파악도 없이 언문28자를 불합리하게 정의하였다. 그런데 더욱 심각한 것은《훈민정음해례》가 존재하는데도, 그러한 모순된 이야기가 아직도 학계에서《훈민정음》을 이해하려는 이야기로 핵심 줄거리를 보란 듯이 이어가고 있다.

"初聲二字三字合用並書, 如諺語ᄯᅡ爲地, ᄧᅡᆨ爲隻, ᄢᅮᆷ爲隙之類. 各自並書, 如諺語혀爲舌而ᅘᅧ爲引, 괴·여爲我愛人而괴·ᅇᅧ爲人愛我, 소·다爲覆物而쏘·다爲射之之類. 中聲二字三字合用, 如諺語과爲琴柱, ᅘᅫ爲炬之類. 終聲二字三字合用, 如諺語ᄒᆞᆰ爲土, 낛爲釣, ᄃᆞᆲᄡᅢ爲酉時之類. 其合用並書, 自左而右, 初中終三聲皆同. 文與諺雜用則有因字音而補以中終聲者, 如孔子ㅣ魯ㅅ사ᄅᆞᆷ之類.

초성자에서 두 개 글자 또는 세 개 글자를 합쳐 쓰는 합용병서는, 토박이말 땅인 'ᄯᅡ(地)'와, 외짝인 'ᄧᅡᆨ(隻)'과, 틈인 'ᄢᅮᆷ(隙)' 따위와 같다. 낱낱이 글자를 합쳐 쓰는 병서는, 이를테면 토박이말 혓바닥인 '혀(舌)'와 끈다는 'ᅘᅧ(引)'이며, 내가 사람은 사랑한다는 '괴·여(我愛人)'와 사람이 나를 사랑한다는 '괴·ᅇᅧ(人愛我)', 물건을 싣는다는 '소·다(覆物)'와 활을 쏘는 '쏘·다(射之)' 따위다. 중성자 두 개 글자 세 개 글자를 합쳐 쓰는 것은, 이를테면 토박이말 거문고 발인 '과(琴柱)'와, 햇불인 'ᅘᅫ(炬)' 따위와 같다. 종성 두 개 글자 세 개 글자로 합쳐 쓰는 것은, 이를테면 토박이말인 흙인 'ᄒᆞᆰ(土)'과, 낚시인 '낛(釣)'과, 유시인 'ᄃᆞᆲᄡᅢ(酉時)' 따위와 같다. 이들 합용병서는, 왼쪽에서 오른쪽으로 쓰며, 초성·중성·종성 모두 같다. 문자와 토박이말을 섞어 쓸 때는 글자 소리 때문에 중성과 종성을 보좌하는 일이 있으니, 공자는 노나라 사ᄅᆞᆷ이라는 따위와 같다."

이 문장에서 주목하여야 할 부분이 있다.

"初聲二字三字合用並書, 如諺語ᄯᅡ爲地, ᄧᅡᆨ爲隻, ᄢᅮᆷ爲隙之類.
초성자에서 두 개 글자 또는 세 개 글자를 합쳐 쓰는 합용병서는, 토박이말 땅인 'ᄯᅡ(地)'와, 외짝인 'ᄧᅡᆨ(隻)'과, 틈인 'ᄢᅮᆷ(隙)' 따위와 같다."

〔ᄯᅡ〕와 〔ᄧᅡᆨ〕과 〔ᄢᅮᆷ〕은 순수한 우리말이다.
세종은 이 소중하고 정겨운 글자를 언어諺語라 한다.
그런데 학자들은 '언어諺語'를 상말이니 천박한 말로 격하시켰다. 다른 말로 하자면 조상들이 쓰던 토박이말이 그저 천한 말이니, 우리들의 선조를 천박한 말이나 쓰는 사람들로 치부한 셈이다.

다시 본론으로 들어가면, 우리가 지금 사용하는 '땅'을 그 시절에는 〔짜〕라 하였는데, 세종은 조상들이 사용하던 〔짜〕를 규명하면서 음가를 정확히 밝혀 낸 것이다.

〔짝〕과 〔뽕〕도 마찬가지이다. 전 세계 어느 국가도 이렇게 정확한 음가를 정해 놓은 나라가 없다는 것은 지금의 학자들 모두가 인정하고 있다.

"而文之入聲, 與去聲相似. 諺之入聲無定, 或似平聲, 如긷爲柱, 녑爲脅. 或似上聲, 如낟爲穀, :깁爲繒. 或似去聲, 如몯爲釘, 입爲口之類.

게다가 문자의 입성은, 거성과 비슷하다. 토박이말 입성은 정해진 바가 없으니, 혹은 평성과 비슷하여, 기둥 '긷(柱)'과, 옆구리 '녑(脅)'과 같다. 혹은 상성과 비슷하여, 곡식인 '낟(穀)'과, 비단인 '깁(繒)'과 같다. 혹은 거성과 비슷하여, 못인 '몯(釘)'과, 입인 '입(口)'과 같은 따위이다."

소위 한자인 문자는 성조聲調가 분명하여 평성·상성·거성·입성으로 구분할 수 있지만, 언어諺語인 토박이말에는 입성이 평성과 상성과 거성과 비슷하다고 실례를 정확하게 밝힌 것이다.

이것이 《훈민정음》의 위대함이다.

그리고 〈합자해〉에서 이 문장은 아무리 강조하여도 지나치지 않다.

"方言俚語萬不同　　방언과 리어가 만 가지로 달라
有聲無字書難通　　소리는 있지만 글자가 없어서 글로 통하기 어렵네
一朝　　　　　　　위대한 조선에서
制作侔神工　　　　훈민정음 제작이 신의 솜씨와 견줄만 하니
大東千古開矇矓　　대동 오랜 세월의 어둠이 열리다"

세종은 '방언方言'과 '리어俚語'를 구분하였다.

'방언'은 나라 안(中國)에서 쓰는 말로 '국어國語'라 할 수 있다. '국國'은 중국中國(In country)에서의 '국國'이라 할 수 있다. 여기에서 세종이 구체적으로 밝힌 근거가 없으니, 정확히 '국國'의 경계를 말할 수는 없다.

그리고 '리어俚語'는 우리나라 여항간閭巷間에서의 '언어諺語'인 토박이말이다. 즉 '리어俚語'는 위대한 조선의 토박이말이라 할 수 있다.

'방方'의 정의는 분명 '리俚'보다 규모 면에서 큰 것을 알 수 있다. 그렇다면 '방언方言'은 '중국中國'인 모든 나라(In country)에서 쓰는 또 다른 토박이말이라 하여야 한다. 만약 '방언'을 우리나라 사투리 토박이말로 푼다면, '방언리어만부동方言俚語萬不同'을 우격다짐격인 '우리나라 사투리와 우리나라 사투리가 만 가지로 달라'라고 해석하여야만 하는데, 논리적으로 그렇게 할 수는 없다는 것이다.

다시 강조하지만 '방方'을 '지방地方'이라 한다면, 그렇다면 '지地'는 무엇인가.

우리는 '지방'을 무심코 '시골'이라 하는데, 그렇게 본다면 합리적이지 않다. 사전에서는 '어느 방면의 땅 또는 서울 이외의 지역'이라 정의하였다. 그래서 그랬는지 '시골'을 '지방'이라 한다. 그렇다면 '하늘은 둥글고, 땅은 모나다'라는 천원지방天圓地方에서 '지방地方'의 의미까지도 옹색해진다.

그렇기에 '방언方言'에서 '방方'을 '지방地方'인 온 누리라 하여야 맞다. 굳이 다른 말로 한다면, 글자가 없어서 글로 통하기 어려워 말만 사용하는 모든 나라에서 쓰는 그들만의 토속어가 곧 '방언方言'이라고 하여야 이치에 맞다는 논리이다.

그리고 세종대왕은 《훈민정음》을 창제하면서 이 이야기를 〈합자해〉에서 강조하였다.

> "一朝　　　　　　　위대한 조선에서
> 制作侔神工　　　　훈민정음 제작이 신의 솜씨와 견줄만 하니
> 大東千古開曚矓　　대동 오랜 세월의 어둠이 열리다"

무슨 연유에서인지, 이 문장을 사람들은 하나같이 다르게 읽는다.

즉 '일조一朝'를 '하루아침'으로 해석하고 있다는 것이다.

왜 '하루아침'일까.

'하루아침'이 아니라 '위대한 조선'을 읽어야 한다는 내용은 〔2-15 훈민정음 訓民正音에 대한 정확한 해석이 없다〕에서 자세히 밝히겠다.

《훈민정음해례》가 《훈민정음》이다.

〈해례解例〉없는 《훈민정음》을 말할 수 없다.

간송 전형필이 《훈민정음》을 발견하기 전까지, 우리는 〈해례〉없는 《훈민정음》을 보듬어 신주단지처럼 모시며 오랜 세월을 지냈다. 더욱 참담한 것은 《훈민정음해례》를 보면서도, 많은 사람들이 엉뚱하게 《훈민정음》을 말하고 있다는 것이다.

지금 우리는 《훈민정음》을 말하고 있다.

우리는 세계 유일의 《훈민정음해례》를 지금이라도 찬찬히 바로 읽어야 한다.

2-9 〈정인지서鄭麟趾序〉에서 소리(聲)와 무늬(文)

예조참판禮曹參判 대제학大提學 정인지.

그는 세종으로부터 《훈민정음》에 대한 대강과 운용에 대한 상세를 들었을 것이다.

정인지는 성운聲韻에 대한 당위성을 거론한다.

"有天地自然之聲, 則必有天地自然之文. 所以古人因聲制字, 以通萬物之情, 以載三才之道, 而後世不能易也. 然四方風土區別, 聲氣亦隨而異焉. 盖外國之語, 有其聲而無其字. 假中國之字以通其用, 是猶枘鑿之鉏鋙也, 豈能達而無礙乎. 要皆各隨所處而安, 不可强之使同也. 吾東方禮樂文章, 侔擬華夏. 但方言俚語, 不與之同. 學書者患其旨趣之難曉, 治獄者病其曲折之難通. 昔新羅薛聰, 始作吏讀, 官府民間, 至今行之. 然皆假字而用, 或澁或窒. 非但鄙陋無稽而已, 至於言語之間, 則不能達其萬一焉. 癸亥冬. 我

殿下創制正音二十八字, 略揭例義以示之, 名曰訓民正音. 象形而字倣古篆, 因聲而音叶七調. 三極之義, 二氣之妙, 莫不該括. 以二十八字而轉換無窮, 簡而要, 精而通. 故智者不終朝而會, 愚者可浹旬而學. 以是解書, 可以知其義. 以是聽訟, 可以得其情. 字韻則淸濁之能辨, 樂歌則律呂之克諧. 無所用而不備, 無所往而不達. 雖風聲鶴唳, 鷄鳴狗吠, 皆可得而書矣.

천지자연의 소리가 있으면, 반드시 천지자연의 무늬가 있다. 그래서 옛사람은 소리에 따라 글자를 만들어, 만물의 사정이 통하고, 3재 도리가 실려 있으니, 따라서 후세에 쉽게 바꿀 수가 없다. 그러나 사방 풍토에는 구별이 있으니, 소리 기운 역시 따르는 것이 달랐다. 대개 외국말은, 그 소리는 있어도 그 글자는 없다. 나라 안 글자를 빌려서 쓰임에 통하려 하였지만, 이것은 마치 모난 자루를 둥근 구멍에 끼우는 것과 같으니, 어찌 능히 전달에 장애가 없겠는가. 요컨대 모두 각기 처지에 따라 편안하게 해야만 하고, 억지로 같게 할 수는 없는 것이다. 우리 동방의 예악 문장은, 화하와 비견할 수 있다. 그러나 방언과 리어는, 더불어 같지 않다. 글을 배우는 사람은 그 뜻을 이해하기 어려워 고심하였고, 옥사를 다스리는 사람은 그 곡절이 통하기 어려워 괴로워하였다. 옛날 신라 설총은, 이두를 처음으로 행하여, 관가나 민간에서, 지금까지 그것을 사용하였다. 그러나 모두 글자를 빌려 사용하였기에, 껄끄럽고 막혔다. 다만 고루하고 생각해 볼 가치도 없을 뿐더러, 말과 문자 사이에 이르러서도, 만에 하나도 통할 수 없을 뿐이다. 계해년 겨울. 우리

　　전하께서 정음28자를 만드셨는데, 간략히 예의를 들어 보이고는, 훈민정음이라 이름하였다. 꼴을 본뜬 글자는 고전을 본떴으니, 소리에 근거하여 음은 7조에 맞았다. 3극 뜻과, 음양 정묘함이, 어우러지지 않는 것이 없다. 28자로서도 전환이 무궁하니, 간결하면서 요점을 드러내고, 정밀하면서도 통달하였다. 그래서 지혜로운 사람은 아침나절이 끝나지도 않아 이해할 수 있으며, 어리석은 사람이라도 열흘이면 배울 수가 있다. 이로써 글을 풀면, 그 뜻을 알게 된다. 이로써 송사를 들으면, 가히 그 실정을 알아낼 수 있다. 글자 운으로서 청탁을 능히 분별할 수 있고, 악가樂歌로는 곧 율려律呂가 능히 화합할 수 있다. 사용하는 데 갖추어지지 않는 바가 없으니, 어디를 가서도 통하지 않는 곳이 없다. 비록 바람 소리와 학이 우는 소리, 닭 우는 소리와 개가 짖는 소리라도, 모두 표현해 쓸 수 있다."

그의 논리는 정연하고 긴밀하다.
천지자연의 소리가 있으면, 반드시 천지자연의 무늬가 있기 마련이다.
　그래서 옛사람은 소리에 근거하여 문자를 만들어 만물의 사정을 통하게 하였다. 나라의 풍토에는 낱낱이 구별이 있으니, 소리 기운 역시 따르는 것

이 달랐을 것이라 한다. 《훈민정음》과 《동국정운》에서 요체는 바른 소리인 정음이고, 그 소리를 파악하면 정확한 음운을 갖춘 문자로 거듭난다는 주장이다. 때문에 소리를 제대로 파악하지 못하면 성음과 음운의 체계는 억지춘 양일 뿐이라는 사실을 분명히 하였다.

특히 옛사람 고인이 나름대로 소리에 근거하여 글자를 만들었지만, 사방 풍토의 구별도 불분명하였고, 소리 기운 역시 따르는 것이 달랐기에, 비록 옛사람이 만든 것이지만 지금 사용하기에는 불합리하다는 것을 밝혔다.

세종의 위대한 업적 《동국정운》 탄생에 기여한 인물이 있다.

그는 바로 신숙주(태종7년1417 - 성종6년1475)이다.

신숙주는 세조의 주변 인물이지만, 끝내 다른 길을 택하였다.

《능엄경언해楞嚴經諺解》 등 불경을 간행할 때, 한 번도 도제조 직책을 맡은 적이 없었다. 특히 《훈민정음》 창제에는 신숙주가 참여하였다는 아무런 기록이 없다. 신숙주는 1443년 세종25년 2월 통신사 변효문卞孝文을 따라 서정관의 직책으로 바다 건너 일본에 갔다가, 그해 10월 경상도 옥포로 귀국한다. 시간과 공간적으로 《훈민정음》과의 접합점이 없다. 그리고 신숙주는 스스로가 《훈민정음》에 대하여 가타부타 별다른 언급을 하지 않았다.

위대한 조선의 천재 신숙주의 〈동국정운서〉은 당당하고도 유려한 명문장이다. 신숙주의 〈동국정운서〉에는 정인지와 유사한 논리가 반복적으로 강조되고 있다.

"天地絪縕, 大化流行而人生焉. 陰陽相軋, 氣機交激而聲生焉. 聲旣生, 而七音自具, 七音具而四聲亦備. 七音四聲, 經緯相交, 而淸濁輕重深淺疾徐, 生於自然矣.

하늘과 땅이 합치고 어울리면, 커다란 조화가 자연스레 행하여져 사람이 태어난다. 음양이 서로 충돌하고, 기운과 틀이 인접하여 부딪쳐서 소리가 생기는 것이다. 소리가 이미 생기어, 7음이 스스로 어울리고, 7음이 어울리면서 4성

역시 갖추게 된다. 7음과 4성, 경위로 서로 교류하면서, 맑고 흐리고 가볍고
무거움과 깊고 얕고 빠르고 느림이, 자연스럽게 생겨난다."

신숙주는 하늘과 땅의 커다란 조화에서 인생人生이 결정되고, 음양의 조화에서 성생聲生이 파악된다고 하였으니, 소리를 정밀하게 살피면 글자는 자연스럽게 파악된다는 요지이다.

문자의 쓰임에 있어 사방 풍토의 구별이 엄연하고, 소리의 기운 역시 따르는 것이 확연하니, 세종이 그것을 살피고 밝혀서 과학적인 바른 음으로 소리를 그려냈다는 것을 신숙주와 정인지가 대변하였다.

이러한 흐름을 정인지는 자세히 설명하고 있다.

성음학의 결정적인 표현이라 할 수 있는 첫 문장, '천지자연의 소리가 있으면, 반드시 천지자연의 무늬가 있다. 그래서 옛사람은 소리에 따라 글자를 만들어, 만물의 사정이 통한다(有天地自然之聲, 則必有天地自然之文. 所以古人因聲制字, 以通萬物之情)'에서 성聲과 문文과 자字를 별개 의미로 거론한다.

그런데 대부분 학자들은 '반드시 천지자연의 무늬가 있다(則必有天地自然之文)'의 문문을 엉뚱하게도 '글' 또는 '문자文字'로 해석한다.

이러한 논리라면 뒤에 나오는 '때문에 옛사람은 소리에 근거하여 글자를 만들었다(所以古人因聲制字)'의 '글자字'와 겹치면서 상반된다. '때문에 옛사람은 소리에 근거하여 글자를 만들었다'를 강조하기 위한 도입부인데, 문文과 자字를 같은 뜻으로 풀이하는 것은 이치에 어긋난다.

송나라의 대동戴侗은《육서고六書故》〈육서통석六書通釋〉에서 이런 이야기를 하고 있다.

"夫文, 生於聲者也. 有聲而後形之以文, 義與聲俱立, 非生於文也.
무릇 문자란, 소리에서 생겨나는 것이다. 소리가 있고 난 다음에 형체를 부

여하여 문자를 만드는데, 의미와 소리를 함께 갖춰진 것이지, 문자에서 생겨난 것이 아니다."

송나라 성운학자 대동은 문文과 성聲의 개념을 분명히 하였고, 소리가 있고 난 다음에 문자가 만들어진다는 것을 확실히 하였다. 정인지의 논리와 맥을 같이 한다.

그리고 이 문장에서 긴밀한 내용은 바로 '소리에 근거하여 글자를 만들었다(因聲制字)'이다. 문자는 상형제자에서 시작하였지만, 인성제자의 근거가 있어 기본적 골격을 갖추게 되었다는 이야기이다. 그런데 옛사람이 제정한 상형제자에 입각한 문자를 지금까지도 고치지도 않고 그대로 사용하였기 때문에, 문자가 자연스럽게 유통되지 못하였다고 한다.

정인지는 그 이유를 자세히 설명하고 있다.

"然四方風土區別, 聲氣亦隨而異焉. 盖外國之語, 有其聲而無其字. 假中國之字以通其用, 是猶枘鑿之鉏鋙也. 豈能達而無礙乎. 要皆各隨所處而安, 不可强之使同也.

그러나 사방의 풍토에는 구별이 있으니, 소리의 기운 역시 따르는 것이 달랐다. 대개 외국 말은, 그 소리는 있어도 그 글자는 없다. 나라 안에서 글자를 빌려서 쓰임에 통하려 하였지만, 이것은 마치 모난 자루를 둥근 구멍에 끼우는 것과 같으니, 어찌 능히 전달에 장애가 없겠는가. 요컨대 모두 각기 처지에 따라 편안하게 해야 하는 것이지, 억지로 같게 할 수는 없는 것이다."

옛사람들이 바르지 못한 소리에 근거하여 만든 문자를 고치지 않고 지금 사용하기에는 문제가 많다는 것이다. 대동大東 사방 풍토에는 구별이 엄연히 존재하여, 소리의 기운이 각각 달랐기 때문에 그런 상항에서 만든 문자를 지금 사람들이 사용하기에 절대로 맞지 않다는 결론이다. 게다가 소리는 있지만, 글자가 없는 미개한 나라에서는 엉뚱한 글자를 빌려다가 우격다짐으로 쓰고 있지만, 모난 자루를 억지로 둥근 구멍에 끼우려고 노력하는 것과 같다고 하였다. 이러한 글자의 뒤틀림을 해소하기 위해 '바른 소리'를 갖춘 언문28자를 만들었다는 것이다.

엉뚱한 소리에 근거한 정확하지 않은 소리로 발음하는 문자를 지적하였다.

세종은 '바른 소리'에 의한 문자의 표준화를 주장하였다.

우선 모범적이라는 화하華夏의 영향을 지닌 동방東方의 예악禮樂과 문장文章을 세심히 점검하였다. 그런데 방언方言과 리어俚語가 다르기 때문에, 글을 배우는 사람은 그 뜻을 이해하기 어려워 고심하였다. 그래서 지엽적으로 옥사獄事를 담당하는 사람은 그 곡절이 통하기 어려워 괴로워하였다는 것을 파악했다고 한다. 그리고 옛날 신라 설총이 이두를 처음으로 행하여, 관가나 민간에서 지금까지 그것을 사용하였지만, 껄끄럽고 막히고 고루하여 말과 글자 사이에 이르러서도, 만에 하나도 통할 수 없다는 것을 밝혔다. 신라의 설총이 정리하였다는 이두는 모든 문자를 반절反切로 표기하였으니, 세종이 추구한 초성·중성·종성의 정확한 음가를 갖춘 정음과는 별개라는 것을 강조하였다.

"我
殿下創制正音二十八字, 略揭例義以示之, 名曰訓民正音. 象形而字倣古篆, 因聲而音叶七調. 三極之義, 二氣之妙, 莫不該括. 以二十八字而轉換無窮, 簡而要, 精而通.

우리
전하께서 정음28자를 창제하셨는데, 간략히 예의를 들어 보이고는, 훈민정음이라 이름하였다. 꼴을 본뜬 그 글자는 고전을 본받았으니, 소리에 근거하여 음은 7조에 맞았다. 3극의 뜻과, 음양의 정묘함이, 어우러지지 않는 것이 없다.

28자로서도 전환이 무궁하니, 간결하면서 요점을 드러내고, 정밀하면서도 통달하였다."

옛사람처럼 꼴을 본뜬 글자는 고전古篆에서 흐름을 참고하였고, 지금의 소리를 살폈으니 성음은 7조七調에 맞았으며, 3극의 뜻과 음양의 정묘함이 어우러졌으니 정음28자는 전환이 무궁하면서 간결하면서도 정밀하다는 이야기이다.

드디어 바른 소리에 의한 문자가 탄생하였다.

정인지 문장에서 역사적 사실이 있다.

"吾東方禮樂文章, 侔擬華夏. 但方言俚語, 不與之同.
우리 동방 예악 문장은, 화하와 비견할 수 있다. 그러나 방언과 리어는, 더불어 같지 않다."

위대한 조선을 포함한 동방에서는 화하華夏의 예악과 문장을 따랐지만, 방언과 리어가 다르기 때문에 불합리하다는 논리이다. 유학자들이 그토록 숭상하던 명나라 화하華夏의 문화를 따를 수만은 없다는 논리이다. 그래서 대동大東 모든 사람들이 사용하는 방언方言과 위대한 조선 백성이 편하게 주고받는 토박이말 리어俚語 그리고 불쌍하게도 문자가 없어 엉뚱한 글자를 사용하는 외국사람까지 모두의 차이를 완벽하게 아우르는 문자를 세종이 신제하였다고 주장한다.

정인지는 《훈민정음》 28자는 바른 음을 정확하게 파악하여 만든 문자이기에, 대동에서 모든 만물의 사정이 자연스레 통하게 된다고 하였다.

바른 소리에 근거한 정음28자의 우수함을 다시 역설한다.

"字韻則淸濁之能辨, 樂歌則律呂之克諧. 無所用而不備, 無所往而不達. 雖風聲鶴唳, 雞鳴狗吠, 皆可得而書矣.
　　글자 운으로서 청탁을 능히 분별할 수 있고, 악가樂歌로는 곧 율려律呂가 능히 화합할 수 있다. 사용하는 데 갖추어지지 않는 바가 없으니, 어디를 가서도 통하지 않는 곳이 없다. 비록 바람 소리와 학이 우는 소리, 닭 우는 소리와 개가 짖는 소리라도, 모두 표현해 쓸 수 있다."

　자운字韻의 청탁을 분별할 수 있으며, 악가의 율려가 화합한다.
　자운의 성공은 운서의 통일을 말하며, 악가의 율려가 화합하는 것은 대동大同의 모범적인 정치를 뜻한다. 또한 세종이 신제한 정음28자는 어디를 가서도 통하지 않는 곳이 없으니, 명나라나 외국은 물론 위대한 조선에서도 이를 사용하면 바람의 소리는 물론 짐승의 세세한 모습까지도 정확하게 적어 낼 수 있다고 주장한다. 그래서 외국인이나 명나라 사람들과 통역의 불편 없이도 대화를 나눌 수 있다고 하는 것이다.
　〈제자해〉〈결〉에서 이를 뒷받침한다.

"天地之化本一氣　　하늘과 땅 조화는 본래 하나의 기운이니
　陰陽五行相始終　　음양과 5행이 서로 처음이 되고 끝이 되네
　物於兩間有形聲　　사물은 둘 사이에서 꼴과 소리가 있지만
　元本無二理數通　　원래 근본은 둘이 아니지만 이치와 수로 통하네
　正音制字尙其象　　바른 소리글자를 만들 때 주로 그 꼴을 본떴고
　因聲之厲每加劃　　소리 세기 때문에 획을 더하였네"

　만물은 하늘과 땅에서 꼴과 소리를 내는데, 근본은 둘이 아니어서 이치와 숫자로 통한다고 하였다. 그래 바른 소리로 글자를 만들 때 주로 그 꼴을 본떴고, 소리 세기에 따라 획을 더하였다고 한다. 4방四方인 천하의 풍토를 살펴서 꼴과 소리가 하나 되어 바른 소리가 되었다는 결론이다.

문자인 소위 한자를 표의문자表意文字라 한다면, 소리와는 관계없는 꼴에서 만들어지는 상형문자로 규정할 수 있다. 그런데 문자인 소위 한자 육서법의 하나인 형성은 무엇을 말하는가. 형성법은 꼴과 소리의 만남이다. 부연하면 정음28자는 상형과 형성의 특장을 모두 참고하였다는 뜻이다. 세종은 상형문자보다는 꼴과 소리가 어우러진 형성문자形聲文字에서 더 깊고 오묘한 뜻과 소리를 궁구하였다는 것이다.

정음28자는 표음表音과 표의表意의 기능이 조화롭게 어울렸다.

세종은 글자를 만들면서 소리를 중요시하였다.

이러한 흐름을 무시한다면, 문자인 소위 한자를 이해하는데 한계가 있다. 이것을 극복하려면 바른 소리로 글자를 만들 때 주로 그 꼴을 본뜨고, 소리의 세기에 따라 획을 더하였다는 〈제자해〉의 역설을 집어 보아야 한다. '그래서 사람의 소리와 음에는, 모두 음양의 이치가 있는데, 생각하면 사람이 살피지 않았을 뿐이다(故人之聲音, 皆有陰陽之理, 顧人不察耳)'라 한다. 여기에서 사람은 바로 《훈민정음》 이전 문자를 사용하였던 사람이라는 뜻이다. 소리에도 무늬가 있어, 소리를 파악하면 무늬가 형상으로 드러나기 때문에 소리 의미를 살폈다고 한다. 그런데 어리석은 사람(우민愚民)들이 그것을 살피지 못하였다는 가르침이다.

소리는 음양의 이치로 무늬가 만들어지는데, 이것이 바로 글자로 형상화된다고 주장한다.

신숙주 〈홍무정운역훈서〉에서 내용은 폭이 넓다.

"我世宗莊憲大王, 留意韻學, 窮研底蘊, 創制訓民正音若干字. 四方萬物之聲, 無不可傳. 吾東邦之士, 始知四聲七音自無所不具, 非特字韻而已也. 於是, 以吾東國世事中華, 而語音不通, 必賴傳譯.

우리 세종장헌대왕은, 운학에 관심이 있어, 밑바닥까지 살피고 두루 포용하여, 훈민정음 약간 자를 창제하셨다. 사방의 만물 소리가, 전하지 못함이 없었다. 우리 동방의 선비들은, 처음부터 4성과 7음을 알아 갖추지 못함이 없게 된다는 것을 알았으니, 가히 글자의 성운 때문이 아니겠는가. 그래서, 우리 동국에 의해 세상일은 꽃을 피우게 되었지만, 말과 음이 통하지 못하여, 반드시 전적으로 통역에 의지하게 되었다."

한음漢音을 사용하는 명나라 사람들은 심약의 《사성보》를 참고하여 음가를 정하였지만, 그것은 정확한 4성과 7음을 살피지 못하였기 때문에 다르다고 주장한다. 다름 아닌 저들이 사용하는 한음이기에, 역대로 그 병폐를 바로잡지 않다가 명나라도 이를 시정도 하지 않고 무리하게 제정한 것이 바로 《홍무정운》이니, 그래서 위대한 조선에서 정밀하지 않은 그 음가를 바로 하였다는 주장이다.

세종의 명을 받들면서 명나라 주원장이 편찬한 《홍무정운》을 신숙주는 넌지시 꼬집은 것이다. 그리고 신숙주는 위대한 조선 명문장가의 위엄과 역량을 한껏 펼친다.

1455년, 단종3년에 신숙주가 찬撰한 〈홍무정운역훈서洪武正韻譯訓序〉은 아래와 같다.

신숙주申叔舟 〈홍무정운역훈서洪武正韻譯訓序〉
1455년, 단종3년

聲韻之學, 最爲難精. 豈四方風土不同, 而氣亦從之, 聲生於氣者也. 故所謂四聲七音, 隨方而異矣. 自沈約著譜, 難以南音, 有識病之, 而歷代未有釐正之者. 洪惟皇明太祖高皇帝, 慭其乖舛失倫, 命儒臣一以中原雅音, 定爲洪武正韻. 實是天下萬國所宗.

성운이란 학문은, 정말로 정밀하기가 어렵다. 어찌하여 사방의 풍토가 같지 않지만, 기운 역시 풍토를 따르니, 소리는 기에서 생긴다. 그래서 소위 4성과 7음은, 지방에 따라 달라졌다. 심약이 《사성보》를 지으면서부터, 남음으로 뒤죽박죽되어, 그 병폐를 알고는 있었지만, 역대로 아직까지 그것을 바로 잡지는 못하였다. 널리 생각하면 황명 태조 고황조가, 그 어그러지고 없어짐을 걱정하여, 학자에게 명하여 오로지 중원 아음으로, 《홍무정운》을 정하라 하였다. 실로 천하만국의 근원이 되었다.

我世宗莊憲大王, 留意韻學, 窮研底蘊, 創制訓民正音若干字. 四方萬物之聲, 無不可傳. 吾東邦之士, 始知四聲七音自無所不具, 非特字韻而已也. 於是, 以吾東國世事中華, 而語音不通, 必賴傳譯. 首命譯洪武正韻, 令今禮曺參議, 臣 成三問, 典農少尹 臣 曺變安, 知金山郡事 臣 金曾, 前行通禮門奉禮郎 臣 孫壽山, 及 臣 申叔舟 等. 稽古證閱, 首陽大君 臣 諱, 桂陽君 臣 璔, 監掌出納, 而悉親臨課定. 叶以七音, 調以四聲, 諧之以淸濁, 縱衡經緯, 始正罔缺.

우리 세종장헌대왕은, 운학에 관심이 있어, 밑바닥까지 살피고 두루 포용하여, 훈민정음 약간 자를 창제하셨다. 사방 만물의 소리가, 전하지 못함이 없었다. 우리 동방의 선비들은, 처음부터 4성과 7음을 알아 갖추지 못함이 없게 된다는 것을 알았으니, 가히 글자의 성운 때문 아니겠는가. 그래서 우리 동국에 의해 세상일은 꽃을 피우게 되었지만, 말과 음이 통하지 못하여, 반드시 전적으로 통역에 의지하게 되었다. 우선 《홍무정운》을 번역하도록 명하시니, 지금 예조참의 신 성삼문, 전농소윤 신 조변안, 지금산군사 신 김증, 전행통례문봉예랑 신 손수산, 신 신숙주 등이 영에 따랐다. 옛것을 헤아리고 전적으로 증명하라 하셨으니, 수양대군 이유와 계양군 이증에게, 출납을 관장하게 하였고, 친히 과정에 임하였다. 7음으로 맞추고, 4성으로 고르고, 청탁으로 그것을 조화롭게 하니, 날줄과 씨줄이 종횡으로 어우러져, 이지러진 것이 바로 잡히기 시작하였다.

然語音旣異, 傳訛亦甚, 乃命臣等, 就正中國之先生學士, 往來至于七八, 所與質之者若干人. 燕都爲萬國會同之地, 而其往返道途之遠, 所嘗與周旋講明者, 又爲不少, 以至殊方異域之使, 釋老卒伍之微, 莫不與之相接. 以盡正俗異同之變, 且天子之使至國, 而儒者則又取正焉, 凡謄十餘稿, 辛勤反復, 竟八載之久. 而向之正罔缺者, 似益無疑.

그러나 말과 음이 이미 달라져서, 잘못 전하여진 것이 역시 심하여, 이에 신 등에게 명하여, 나라 안에서의 선생이나 학사에게 바로잡도록 하였으니, 왕래가 7, 8회에 이르고, 더불어 질문한 사람들이 많았다. 연도인 북경은 만국이 회동하는 땅으로, 오고 가는 먼 길에서, 일찍이 더불어 조사하여 밝히려고 한 것이, 또한 적지 않았고, 변방이나 이역 사신과, 일반 평민에 이르기까지, 만나 보지 않은 사람이 없다. 그래서 바르고 속된 것의 다름과 같음의 변화를 다하려 하였고, 또 천자의 사신이 우리나라에 왔을 때, 유학자이면 또 정확한 것을 취하였고, 모든 원고를 열 몇 번이고 옮겨 썼고, 되풀이하여 애써 고쳐서, 마침내 8년이나 되었다. 이에 이지러짐이 바르게 되니, 향상된 듯이 의심이 없게 되었다.

文宗恭順大王, 自在東邸, 以聖輔聖, 參定聲韻. 及嗣寶位, 命臣等及前判官臣魯參, 今監察臣權引, 副司直臣任元濬, 重加讎校. 夫洪武韻用韻倂析, 悉就於正, 而獨七音先後, 不由其序. 然不敢輕有變更, 但因其舊, 而分入字母於諸韻各字之道, 用訓民正音, 以代反切, 其俗音及兩用之音, 又不可以不知, 則分注本字之下. 若又有難通者, 則略加注釋, 以示其例. 且以世宗所定四聲通攷, 別附之頭面, 復著凡例, 爲之指南.

문종공순대왕은, 세자로 있을 때부터, 세종대왕을 보필하여, 성운사업에 참여하였다. 즉위한 뒤로, 신과 전 판관 노삼, 현 감찰 권인, 부사직 임원준에게, 다시 수정하도록 하였다. 무릇 《홍무정운》은 운을 사용하여 운을 합하고 나눈 것은, 모두 바르게 되었지만, 그런데 유독 7음의 선후는, 그 순서가 적당하지 않았다. 그러나 감히 가볍게 변경할 수 없어서, 단지 옛날대로, 운을 표시하는 글자 첫머리에 자모만 나누어 놓고, 훈민정음으로, 반절을 대신하여, 그 속음과 두 가지 음이 있는 것 중에, 몰라서는 안 될 것은, 해당 글자 밑에 같이 기록하였다. 만약 또 이해하기 어려운 음이 있으면, 간략하게 주석을 달고서, 그 예를 보였다. 또 세종께서 지은 《사성통고》를, 별도로 첫머리에 붙이고, 다시 모든 범례를 만들어서, 지침이 되도록 하였다.

恭惟聖上卽位, 亟命印頒, 以廣其傳, 以臣嘗受命於先王, 命作序以識顚末. 切惟音韻, 衡有七音, 縱有四聲. 四聲肇於江左, 七音起於西域. 至于宋儒作譜, 而經緯始合爲一. 七音爲三十六字母, 而舌上四母, 脣輕次淸一母, 世之不用已久. 且先輩已有變之者, 此不可强存而泥古也. 四聲爲平上去入, 而全濁之字平聲, 近於次淸. 上去入, 近於全淸, 世之所用如此. 然亦不知其所以至此也. 且有始有終, 以成一字之音, 理之必然而獨於入聲, 世俗率不用終聲, 甚無謂也. 蒙古韻與黃公紹韻會, 入聲亦不用終聲, 何耶. 如是者不一, 此又可疑者也. 往復就正旣多, 而竟未得一遇精通韻學者, 以辨閶皆紐攝之妙. 特因其言語讀誦之餘, 朔求淸濁開闔之源, 而欲精夫所謂最難者, 此所以辛勤歷久而僅得者也.

공손히 생각해보건대 성상께서 즉위하고서, 이 책을 간행하기를 자주 명하고, 그것을 전하기를 널리 하시니, 신에게는 일찍이 선왕의 명을 받았다고 하면서, 서를 지어 앞뒤를 기록하라 하셨다. 가만히 생각해보면 음운은, 횡으로 7음이 있고, 종으로 4성이 있다. 4성은 강좌에서 시작되고, 7음은 서역에서 기원하였다. 송나라 학자들이 《광운》을 만들면서, 4성과 7음이 하나로 합하게 되었다. 7음은 36자모인데, 설상음 4모와, 순경음 차청 1모는, 세상에서 쓰이지 않은 지 오래되었다. 또 선배들이 이미 바꾼 것이 있으니, 이것이 억지로 36자모로 존속시켰으니 옛것에 물들면 안 된다. 4성은 평상·상성·거성·입성으로 되어 있고, 전탁자는 평성인데, 차청에 가깝다. 상성은 입성이 되어, 전청에 가까워, 세상에서는 이렇게 쓰이고 있다. 그러나 역시 이처럼 변화한 까닭을 또한 알지 못하고 있다. 게다가 시작이 있고 마침이 있어, 한 글자의 소리를 이루니, 이치는 필연이지만 오직 입성에서만, 세속에서 대체로 종성을 쓰지 않으니, 매우 까닭 없는 일이다. 《몽고운》이나 《황공소운회》도, 입성에 역시 종성을 사용하지 않으니, 무슨 일인가. 이와 같은 것이 하나가 아니니, 이것 또한 의심스럽다. 가는 것을 반복하면서 바로 잡는 것이 여러 번이지만, 마침내 한 번도 운학에 정통한 사람을 만나서, 불합리한 것을 조화롭게 하는 묘함을 밝히지는 못하였다. 특히 그 언어를 외어서 읽는 것이 달라서, 청탁과 열고 닫히는 근원을 탐구해서는, 이른바 가장 어려운 바를 정밀하게 하고자 하였으니, 이것은 오랫동안 힘썼기에 겨우 얻게 된 것이다.

臣等學淺識庸, 曾不能鉤探至賾, 顯揚聖謨. 尙賴我世宗大王天縱之聖, 高明博達, 無所不至. 悉究聲韻源委. 而斟酌裁定之. 使七音四聲, 一經一緯, 竟歸于正. 吾東方千百載所未知者, 可不浹旬而學. 苟能沈潛反復, 有得乎是, 則聲韻之學, 豈難精哉. 古人謂梵音行於中國, 而吾夫子之經, 不能過跋提河者, 以字不以聲也. 夫有聲乃有字, 寧有無聲之字耶. 今以訓民正音譯之, 聲與韻諧, 不待音和·類隔·正切·回切之繫且勞, 以擧口得音, 不差毫釐, 亦何患乎風土之不同哉.

我列聖製作之妙, 盡美盡善, 超出古今. 而殿下繼述之懿, 又有光於前烈矣.

신 등이 학문이 얕고 학식이 용렬하여, 일찍이 깊은 이치를 연구하고 도리에 이르러, 임금 뜻을 높이 드러내지 못하였다. 그렇지만 우리 하늘이 내린 성인 세종대왕이, 밝고 넓게 아시니, 이르지 않는 곳이 없었다. 성운학 근원을 밝게 연구하여 모두 헤아리고, 결정해 준 것에 힘입었다. 7음과 4성으로 날줄이 되고 씨줄이 되어, 마침내 바르게 되었다. 우리 동방에서 오랜 세월 알지 못하던 것을, 불과 열흘도 못 되어 배울 수 있게 되었다. 진정으로 되풀이하여 깊이 생각한 다음, 이것을 얻을 수 있다면, 바로 성운 배움이, 어찌 어렵다 하겠는가. 옛사람이 이르기를 나라 안에서 범음이 쓰였기에, 우리 부자의 경전이, 발제하를 넘을 수 없다고 하지만, 글자 때문이지 소리 때문이 아니다. 무릇 소리가 있으면서 글자가 있지, 어찌 소리가 없는 글자가 있겠는가. 지금 훈민정음으로 이를 나타내니, 성과 운이 고르게 되면, 음화·유격·정절·회절의 번거로움과 수고로움을 기다리지 않고, 입으로 발음하면 소리를 얻으니, 조금의 틀림도 없을 것이니, 또 어찌 풍토가 같지 않음을 걱정하겠는가.

우리 여러 성군들 제작 묘함이, 진미 진선하여, 고금에 뛰어났다. 게다가 전하께서 이어받아 일하는 아름다움도 또한 선열에 빛남이 있으리라.

> 景泰六年, 仲春旣望. 輸忠協策, 靖難功臣, 通政大夫, 承政院都承旨, 經筵參贊官 兼 尙瑞允, 修文殿直提學, 知制敎, 充春秋館 兼 判奉常侍事, 知吏曹事, 內直司樽院事, 臣 申叔舟, 拜手稽首敬序.
> 경태6년, 음 4월 기망. 수충협책, 정난공신, 통정대부, 승정원 도승지, 경연참찬관 겸 상서윤, 수문전직제학, 지제교, 충춘추관 겸 판봉상시사, 지이조사, 내직사준원사, 신 신숙주는, 손을 맞잡고 머리를 숙여 경건히 쓰다.

물론 이러한 내용을 주관한 사람은 바로 세종이다.
소리와 무늬인 꼴을 살펴서 바른 소리를 제작하였다.
정인지는 세종의 위대함을 천하에 드러낸다.

> "夫東方有國, 不爲不久, 而開物成務之
> 大智, 盖有待於今日也歟.
> 무릇 동방에 나라가 있어, 오래되지 않은 것이라 할 수 없지만, 만물을 열고 맡은 일을 이루는
> 큰 지혜는, 대개 오늘의 태양을 기다림이 있을 것인저."

대지大智의 위대함을 갖춘 세종이 있었기에, 마침내 바른 소리에 근거한 정음28자를 신제하였다. 지금까지 동방에 수많은 나라가 오랜 세월 동안 존재하였지만, 문자의 소리가 통일되지 않아서 모두가 불편한 일상을 보내게 되었다. 그런데 만물을 열고 맡은 일을 이루는 개물성무開物成務의 주재자인 천종지성天縱之聖인 세종이 그 일을 해결하였다고 만방인 대동大東에 선포한다.

정인지는 《훈민정음》의 정당성과 위대성을 정연하게 밝혔다.

그런데 〈정인지서〉에서 최만리 상소문에 대한 반박이 논리적으로 거론되는 것을 감지할 수 있다.

세종25년 1443년 겨울 세종이 《훈민정음》을 창제하자, 최만리는 그 유명한 상소를 올린다. 그리고 최만리 〈상소〉와 정인지 〈서〉에서 학문적 흐름으로 같은 부분이 있다.

최만리 〈상소〉와 정인지 〈서〉 일부분이다.

"新羅薛聰吏讀, 雖爲鄙俚, 然皆借中國通行之字, 施於語助, 與文字完不相離. 故雖至胥吏僕隷之徒, 必欲習之, 先讀數書, 粗知文字, 然後乃用吏讀. 用吏讀者, 須憑文字, 乃能達意, 故因吏讀而知文字頗多, 亦興學之一助也 … 若曰, 如刑殺獄辭, 以吏讀文字書之, 則不知文理之愚民, 一字之差, 容或致冤. 今以諺文直書其言, 讀使聽之, 則雖至愚之人, 悉皆易曉而無抱屈者. 然自古中國言與文同, 獄訟之間, 冤枉甚多. 借以我國言之, 獄囚之解吏讀者, 親讀招辭, 知其誣而不勝棰楚, 多有枉服者. 是非不知招辭之文意而被冤也明矣. 若然則雖用諺文, 何異於此. 是知刑獄之平不平, 在於獄吏之如何, 而不在於言與文之同不同也. 欲以諺文以平獄辭, 臣等未見其可也.

신라 설총 이두는, 비록 비루하고 속되다고 하지만, 그러나 모든 나라 안에서 통행하는 글자를 빌어다가, 말을 돕는데 쓰고 있으니, 문자와 완전히 서로 틀어지지 않습니다. 따라서 관리나 시중꾼들이라 할지라도, 반드시 그것을 익히려 하면, 먼저 두어 권의 책을 읽어서, 약간 문자를 대강 익힌 다음에, 비로소 이두를 사용하게 됩니다. 이두를 사용하는 사람은, 모름지기 문자에 의거해야만, 문장의 뜻을 통달할 수 있는데, 그런 까닭에 이두 때문에 문자를 이해하는 사람이 상당히 많으니, 이 또한 학문을 융성시키는데 일조하고 있습니다 … 만약 말하기를, 형살에 대한 옥사 같은 것을, 이두문자로 쓰면, 문자 이치를 알지 못하는 어리석은 백성들이, 한 글자 차이로 인하여, 억울한 사정에 처하게 되는 때가 있습니다. 이제 언문으로 그들이 하는 말을 그대로 바로 적게 한 다음,

관리가 읽어 그것을 듣게 하면, 아무리 어리석은 백성이라 하더라도, 모두 쉽게 이해할 수 있으므로 죄 없이 형을 받는 사람은 없을 것이라고 하였습니다. 그러나 자고로 나라 안에서는 말과 문자가 같아도, 옥사와 송사에 있어서, 억울하게 누명을 뒤집어쓰는 일이 매우 많았습니다. 우리나라 경우로 그것을 말씀드리자면, 옥에 갇힌 자가 이두를 이해할 줄 알아서, 직접 자신 범죄 사실을 읽더라도, 그 무고한 것을 알지만 모진 매를 견디지 못하여, 엉뚱한 자백을 하는 사람이 많습니다. 이것은 죄를 자백하는 글의 뜻을 몰라서가 아니라 억울함을 당하는 것이 명백합니다. 만일 그렇다 하면 비록 말과 문자를 사용한다고 하더라도, 무엇이 이와 다르겠습니까. 이것으로 형벌과 옥사의 공평하고 공평하지 못함은 아는 것은, 옥리가 어떠한 사람인가에 달려있는 것이지, 말과 글이 다르고 다르지 않음에 있는 것이 아님을 알 수 있습니다. 언문으로 옥사를 공평하게 한다는 것인데, 신 등은 거기에서 옳은 것을 보지 못하였습니다."

"吾東方禮樂文章, 侔擬華夏. 但方言俚語, 不與之同. 學書者患其旨趣之難曉, 治獄者病其曲折之難通. 昔新羅薛聰, 始作吏讀, 官府民間, 至今行之. 然皆假字而用, 或澁或窒. 非但鄙陋無稽而已, 至於言語之間, 則不能達其萬一焉 … 故智者不終朝而會, 愚者可浹旬而學. 以是解書, 可以知其義. 以是聽訟, 可以得其情.
 우리 동방 예악 문장은, 화하와 비견할 수 있다. 그러나 방언과 리어는, 더불어 같지 않다. 글을 배우는 사람은 그 뜻을 이해하기 어려워 고심하였고, 옥사를 다스리는 사람은 그 곡절이 통하기 어려워 괴로워하였다. 옛날 신라 설총은, 이두를 처음으로 행하여, 관가나 민간에서, 지금까지 그것을 사용하였다. 그러나 모두 글자를 빌려 사용하였기에, 껄끄럽고 막혔다. 다만 고루하고 생각해 볼 가치도 없을뿐더러, 말과 문자 사이에 이르러서도, 만에 하나도 통할 수 없을 뿐이다 … 때문에 지혜로운 사람은 아침나절이 끝나지도 않아 이해할 수 있으며, 어리석은 사람도 열흘이면 배울 수가 있다. 이로써 글을 풀면, 그 뜻을 알게 된다. 이로써 송사를 들으면, 가히 그 실정을 알아낼 수 있다."

이 두 문장을 보면, 한쪽의 주장을 다른 쪽이 반박하는 것을 알 수 있다.

최만리는 설총 이두의 효용성을 인정하였으며, 간혹 옥사에서 이두문자를 사용하여 불합리한 형량이 결정되기도 하지만, 공평하지 못한 것은 바로 옥리의 사적인 활동 때문이라 하였다.

그런데 정인지는 반절에 근거한 고루한 설총의 이두문자를 관가에서 사용하기에 껄끄럽고 소통되지 못하여 옥사가 바른 뜻을 이해하기 힘들었다고 주장한다. 정인지는 최만리 〈상소문〉에서의 주장을 반박한 것이다. 세종에 이어 부제학 최만리와 대제학 정인지의 논쟁이 벌어진 셈이다. 아무튼 세종도 최만리의 〈상소문〉을 꼼꼼히 살피고, 그것에 대한 반박 또는 보충을 염두에 두었을 것이다. 이렇게 본다면 청백리 최만리는 부제학으로서 당당하고도 합당한 행동을 하였다고 보아야 한다.

참고로 정인지가 〈서〉를 쓴 시기는, 〈어제〉와 〈예의〉와는 별개로 최만리의 〈상소문〉을 올린 뒤에서야 가능하였다는 사실이다.

2-10 소리를 그리다

《훈민정음》은 정확하고 바른 소리로 문자를 그려낸 최초의 완벽한 세종의 성음 이론서이다.

세종은 《월인천강지곡月印千江之曲》 등을 정음28자 바른 음으로 언해하였으니, 새롭게 제작한 문자를 사용하여 부처를 칭송한 서적이 모든 불교국가로 널리 퍼질 것이고, 바른 음에 의해 제작된 이런 서적을 사용하면 정음인 바른 소리를 사용하게 될 것이라는 믿음을 가지고 있었다.

세종이 이러한 신념을 갖게 된 이유는 바로 신미대사 조언 때문이었을 것이다.

그래서 세종은 《훈민정음》과 《동국정운》을 어려움을 무릅쓰며 반포하였고, 대를 이어 문종과 단종 그리고 세조에 이르기까지 《월인석보》 언해와 《홍무정운역훈》 편찬사업을 정성으로 진행하였다.

정음28자 제작은 원대한 사업이었다.

정인지는 언해諺解라 하였다.

이는 위대한 조선의 고유한 음가를 간직한 언문이 가지고 있는 소리를 강조하였다는 주장이다.

> "雖風聲鶴唳, 鷄鳴狗吠, 皆可得而書矣.
> 비록 바람 소리와 학이 우는 소리라도, 닭 우는 소리와 개가 짖는 소리, 모두를 표현해 쓸 수 있다."

이러한 기능은 오직 바른 소리에 근거한 정음28자에 의해서만 가능하다고 재차 강조한다.

소리의 무늬를 관찰한 문자가 탄생하였다.

소리를 그렸다고 천명하였다.

《훈민정음》과 《동국정운》은 과학적인 음운체계이다.

일부 학자들은 '언문'의 개념을 모호하게 인식하였고, 심지어 조롱하였다. 문자인 소위 한자만을 중시한 성리학자인 유학자들은 언문을 암글이니 천박한 글이니 쌍말이니 무시하였다. 그렇지만 소리에 꼴인 무늬까지 갖춘 언문은 음절문자 요건을 갖추었다. 유례가 없는 음운론적인 쾌거이다. 사라지는 숨소리조차도 그 모습을 그려낼 수 있는 글자가 정음28자 - 언문28자 - 이며, 소리의 꼴인 무늬를 파악한 것인데, 하늘에 태양 같은 대지大智를 갖춘 세종이 강조한 정음을 제대로 알지도 못하면서 우정 폄하한 셈이다.

우리나라 말은 의성어가 발달하였다.

정확한 소리로 모든 것을 그려냈다.

정인지의 비록 바람 소리와 학이 우는 소리, 닭 우는 소리와 개가 짖는 소리라도, 모두를 쓸 수 있다는 것은 많은 것을 시사한다. 정인지는 이례적으로 송나라 정초鄭樵의 《통지通志》〈칠음서七音序〉 내용을 빌렸다. 그러나 그것은 세종의 또 다른 뜻이었다. 정초의 이야기를 인용한 것은 그것을 인정한다는 것이 아니라, 그의 주장을 뒤집기 위한 탄력적인 웅변이었다. 이러한 의도는 바로 세종의 당당한 기개였다.

> "雖鶴唳風聲鷄鳴狗吠雷霆驚天蚊虻過耳皆可譯也. 況於人言乎.
> 비록 학이 울부짖는 소리 바람 소리 개가 짖는 소리 천둥벼락이 하늘을 놀라게 하는 소리 모기와 등에가 귀를 스치는 소리까지 모두 나타낼 수 있다. 하물며 사람이 말하는 것이야 말해 무엇하겠는가."

문자인 소위 한자로 모기와 등에가 귀를 스치는 소리는 물론 이 세상 모든 소리를 옮길 수 있다고 송나라 정초는 자신 있게 말한다. 그런데 정인지가 정초 문장을 빌려 은근히 자신 주장을 펼친다. 정초가 아무리 그렇게 주장하여도 한음36자모를 가지고는 모든 소리를 옮기는 것은 불가능하며, 오로지 정음28자가 가능하다는 주장이다.

신숙주는 〈홍무정운역훈서〉에서 한음36자모에 대하여 이렇게 말한다.

> "至于宋儒作譜, 而經緯始合爲一. 七音爲三十六字母, 而舌上四母, 脣輕次淸一母, 世之不用已久. 且先輩已有變之者, 此不可强存而泥古也.
> 송나라 학자들이 광운을 만들면서, 4성과 7음이 하나로 합하게 되었다. 7음은 36자모인데, 설상음 4모와, 순경음 차청 1모는, 세상에서 쓰이지 않은 지 오래되었다. 또 선배들이 이미 바꾼 것이 있으니, 이것이 억지로 36자모를 존속시켰으니 옛것에 물들면 안 되는 것이다."

신숙주는 명나라에서 사용하는 〈한음36자모〉는 옛것에 물들었고, 그것을 마구잡이로 성운에 적용하였기 때문에 폐해가 크다고 한다.

〈한음36자모〉

	아음 牙音	설두음 舌頭音	설상음 舌上音	순중음 脣重音	순경음 脣輕音	치두음 齒頭音	정치음 正齒音	후음 喉音	반설음 半舌音	반치음 半齒音
전청	見	端	知	幫	非	精	照	影		
차청	溪	透	徹	滂	敷	淸	穿	曉		
전탁	君	定	澄	並	奉	從	牀	匣		
불청 불탁	疑	泥	孃	明	微				來	日
전청						心	審			
전탁						邪	禪			

《사성통해四聲通解》에 근거

그리고 정음28자로 바른 소리가 조화를 이루고, 《동국정운》으로 성운을 정할 수 있는 바른 운, 23자모가 정해졌다.

세종에 의해 위대한 조선인 본국에서 새로 정음23자모가 제작되었다.

명나라는 억지로 36자모를 존속시켰으니, 우리는 옛것에 물들면 안 된다고 하였다.

그래서 치두齒頭와 정치正齒를 구별하지 않고 치음齒音으로, 설두舌頭와 설상舌上은 설음舌音으로, 순중脣重과 순경脣輕은 순음脣音으로 하였다. 이렇게 하여 36자모에서 23자모로 정리되었고, 음가는 모두 바뀌었다.

〈훈민정음23자모〉

	아음 牙音	설음 舌音	순음 脣音	치음 齒音	후음 喉音	반설음 半舌音	반치음 半齒音
전청	君(ㄱ)	斗(ㄷ)	彆(ㅂ)	卽(ㅈ)	挹(ㆆ)		
전탁	虯(ㄲ)	覃(ㄸ)	步(ㅃ)	慈(ㅉ)	洪(ㆅ)		
차청	快(ㅋ)	呑(ㅌ)	漂(ㅍ)	侵(ㅊ)	虛(ㅎ)		
불청불탁	業(ㆁ)	那(ㄴ)	彌(ㅁ)		欲(ㅇ)	閭(ㄹ)	穰(ㅿ)
전청				戌(ㅅ)			
전탁				邪(ㅆ)			

《훈민정음해례》에 근거

《훈민정음》과 《동국정운》 그리고 〈훈민정음23자모〉를 제작하고서, 이것을 명나라에 전하였다는 기록은 없다. 왜 그랬는지는 정확한 이유를 모르겠다. 아무튼 그 정확한 음운론이 모두에게 인정을 받으면 자연스럽게 널리 대동에 확산되리란 모색을 부정할 수 없다.

그런데 세종이 정한 〈훈민정음23자모〉가 〈한음36자모〉를 대신하여 사용되었다는 사례는 없다. 이러한 사실은 결국 〈훈민정음23자모〉가 동력을 얻지 못하였다고 할 수 있다.

1448년 세종30년 10월 《세종실록》에는 다음과 같은 기록이 있다.

> "頒《東國正韻》于諸道及成均館‧四部學堂, 乃敎曰:本國人民, 習熱俗韻已久, 不可猝變, 勿强敎, 使學者隨意爲之.
> 세종대왕은 《동국정운》을 모든 도와 성균관 그리고 사부학당에 반사하면서, 하교하기를 : 본국 인민들은, 속운을 익혀서 익숙하게 된 지 오래이므로, 갑자기 바꿀 수 없으니, 억지로 가르치지 말고, 배우는 사람 의사에 따르도록 하라."

세종은 바른 소리가 바르지 않은 소리를 구축하듯이, 자연스럽게 바른 음과 바른 운이 대동에서 널리 유통되리라는 믿음만이 있었을 것이다. 그리고 불경언해를 통해 명나라는 물론 모든 불교국가로 퍼져 정음28자의 과학적 우수성을 저절로 따르기를 간절히 원하였을 것이다.

신숙주는 송나라 학자들이 지은 《광운》에서 불합리한 성운 체계를 신랄하게 지적하고 있다. 정인지도 같은 내용의 이야기를 하고 있다. 옛것이라고 막연히 아무 생각도 없이 그것에 물들면 음운을 바로 잡을 수 없다는 주장이 그것이다. 300년 전 송나라 정초가 만약 정음28자 우수성을 알았다면, 〈칠음서〉에서 그와 같은 이야기를 하지 못하였을 것이라는 자신감의 표출이다.

일부에서는 송나라 정초 《통지》의 〈칠음서〉와 〈육서략〉이 훈민정음 제자 制字에 결정적 역할을 하였다고 주장하는데, 이는 타당하지 않다. 정초의 이론을 참고하여 개선하였을지언정, 그것을 전적으로 수용하였다고 하는 것은 맞지 않다. 정인지는 〈서〉에서 정초 이론을 인용하였지만, 그것을 수용한 흔적을 어디에서도 보이지 않았다. 신숙주도 송나라 《광운》과 명나라 《홍무정운》에 물들면 안 된다고 누차 강조하였으니, 신숙주와 정인지 그리고 세종은 서로 뜻을 같이한 것이다.

  세종은 송나라나 명나라 이론서에 좌지우지될 그런 성음학자는 아니었다.

2-11 청백리 최만리崔萬理와 언문28자

위대한 조선의 집현전集賢殿 부제학副提學 우문학右文學 최만리崔萬理.

최만리(? - 세종27년1445), 그는 누구인가.
우리 역사와 문학은 그의 올바른 내력을 엉뚱하게 자리매김하였다.
명나라를 추종하는 모화사상慕華思想에 빠져《훈민정음》창제를 반대하였던 인물로 지금까지 잘못된 평가를 하였다. 세종대왕의 야심 찬 정음28자 제작은 엄청난 사건이었기 때문에, 집현전학자이며 동궁에게 경전을 강독한 우문학右文學이었던 그는 상소를 올렸다. 위대한 조선이 창제한 정음28자 체제와 운용을 꼼꼼히 살피고, 그 문제점을 지적한 것이다.
너무나도 당연하고 정당한 상소이다.
소위 얼빠진 사대주의에 근거하여 그런 주장을 펼친 나약한 지식인이 아니었다. 세종과 의견은 달리했지만, 그의 돌출은 당연하였다. 그래서 청백리 최만리의 국가관과 신념은 지금이라도 올바로 세워야 한다.
《훈민정음》28자 제작은 위대한 조선에서 혁명적 사건이었다.
하루아침에 언어의 음운체계가 완전히 뒤바뀌는 문자혁명이었다. 하루하루 근근이 살아가는 일반 백성에게는 어떤 충격도 없는 마치 먼 나라 움직임이었다. 그러나 문자인 소위 한자를 사용하는 사대부와 관료 그리고 지식인들에게는 청천벽력 같은 소식이었다. 어느 날 갑자기 정음28자가 바른 소리를 정하는 문자라 하여, 문자인 소위 한자의 운이 완전히 뒤바뀌게 되면 이에 따르는 충돌과 충격은 하나둘이 아니었을 것이 분명하기 때문이다.

이러한 급진적 변혁에 이의를 제기한 사람이 바로 당대 최고 석학 최만리였다. 그리고 그가 가만히 수수방관만 하고 있었다면 위대한 조선 관리이며 학자도 아니었을 것이다. 또한 세종도 당연한 이러한 상소에 대하여 내심 준비를 하였을 것이다. 명나라《홍무정운》의 불합리한 음운의 병폐를 고치기 위하여《훈민정음》28자를 표준으로《사성통고범례》를 편찬한 것에 대하여 반대 의사를 표현한 집현전 부제학 최만리 상소는 당당한 움직임이었던 셈이다. 그러나 최만리는 상소를 올린 까닭만으로 후세에 엉뚱하게 평가되었고, 그는 명나라를 추종하는 소위 얼치기 모화사상에 함몰된 사람으로 치부되었다. 그리고 그 왜곡된 여파는 불행하게도 지금까지 모질고 집요하게 이어진다.

최만리 상소를 정확히 이해하지 못하면,《훈민정음》의의는 협소해질 수밖에 없다.

"歷代中國皆以我國有箕子遺風, 文物禮樂, 比擬中華. 今別作諺文, 捨中國而自同於夷狄. 是所謂棄蘇合之香, 而取螳螂之丸也, 豈非文明之大累哉.

역대로 나라 안에서 모두가 기자유풍이 있는 우리나라에 의해, 예악 문물이, 한껏 꽃피움에 비견된다고 하였습니다. 지금 따로 언문을 지으니, 기자유풍이 살아있는 중국을 버리고 스스로 이적과 같아지는 것입니다. 이것은 소위 소합향을 버리고, 당랑환을 취하는 것이니, 어찌 문명에 커다란 누가 아니겠습니까."

기개 있는 학자의 당당한 이야기이다.

최만리는 글자를 새로 만든 것에는 언급하지 않고, 위대한 조선에서 새로 정한 언문으로 성운을 바꾸면 오랑캐가 글자를 만들어 알맹이를 버리고 까끄라기를 취하는 것과 같다고 주장하였다. 위대한 조선은 역대로 기자유풍箕子遺風을 받들어 문명을 활짝 피운 국가인데, 지금까지 사용하고 있는 운서법을 바꾸어 문자를 변절 또는 훼손시키면 야만인과 다를 바 없다는 이야기를 세종에게 한다.

특히 여기에서 중국中國은 구체적인 '지명(China)'이 아닌 대동大東 바로, '나라 안(In country)'이다. 〈어제〉의 이호중국異乎中國과 같은 의미이다. 지금까지 우리는 이 중국을 명나라로 여겨왔기 때문에 최만리는 많은 오해를 받았다.

이것은 순전히 우리들의 잘못된 해석으로 인한 오류이다.

최만리는 '중국中國'을 '기자유풍箕子遺風이 살아있는 중화中華의 나라'라 하였다.

우리는 이러한 위대한 사대주의事大主義 정신을 본받고 살려 나가야 한다. 지금까지 우리가 알고 있었던 홍기문 해석을 살펴본다.

"歷代中國皆以我國有箕子遺風, 文物禮樂, 比擬中華. 今別作諺文, 捨中國而自同於夷狄. 是所謂棄蘇合之香, 而取螗螂之丸也, 豈非文明之大累哉.

역대로 중국에서 우리나라를 기자의 유풍이 있고, 예악 문물이 중화에 비의하거늘 이제 따로 언문을 만들어 중국을 버리고 스스로 이적과 같아지니 이는 소위 소합의 향을 버리고 당랑의 환을 취하는 것이라, 어찌 문명에 큰 누가 아니겠습니까."

홍기문의 이러한 옹졸한 해석이 최만리에게는 치명적 올가미를 씌워준 것이다.

우선 홍기문은 중국을 명나라인 소위 중국이라 보았다. 위대한 조선시대에 존재하지도 않았던 '중국中國'의 엉뚱한 실재를 주장한다. 그 시절이라면 명나라 주원장의 존재이지, 왜 중국인가. 자칭 지식인이라 하던 홍기문은 '중국'의 실체를 파악하지 못하고 무리한 해석을 하였으니, 도리없이 문맥이 뒤

틀리게 된 것이다.

최만리 상소에서의 '역대 중국'은 다름아닌 기자유풍에 의해 찬란한 중화中華를 꽃피우는 대동大東의 커다란 범위이다. 그리고 사람들은 중화中華를 명나라가 이루어 낸 문명이라 하지만, 최만리는 그렇게 말하지 않았다. 바로 위대한 조선이 이룩한 찬란하고 위대한 문명文明이 바로 기자箕子의 유풍이 살아있는 중화中華라는 것이다. 그는 빛나는 문명을 이룩하여 놓은 중화의 지도자 세종을 찬양하였지만, 새로 제작한 28자를 사용한 《사성통고범례》에 의한 운서법을 반대한 것이다.

결론은 중국은 한 나라를 지칭하는 고유명사가 아니라, 문자인 소위 한자를 사용하는 모든 나라이다.

참고로 홍기문의 잘못된 해석을 살피기 위하여, 새로운 해석을 함께 실었다.

"歷代中國皆以我國有箕子遺風, 文物禮樂, 比擬中華. 今別作諺文, 捨中國而自同於夷狄. 是所謂棄蘇合之香, 而取螗螂之丸也, 豈非文明之大累哉.

역대로 중국에서 우리나라를 기자의 유풍이 있고, 예악 문물이 중화에 비의하거늘 이제 따로 언문을 만들어 중국을 버리고 스스로 이적과 같아지니 이는 소위 소합의 향을 버리고 당랑의 환을 취하는 것이라, 어찌 문명에 큰 누가 아니겠습니까."

이 불합리한 해석으로 최만리는 위대한 조선의 세종을 버리고 명나라를 추종하였던 사이비 인물로 치부되었던 것이다.

홍기문의 엉뚱한 해석을 다음과 같이 바로 풀어야 한다.

"역대로 나라 안에서 모두가 기자유풍이 있는 우리나라에 의해, 예악 문물이, 한껏 꽃피움에 비견된다고 하였습니다. 지금 따로 언문을 지으니, 기자유풍이 살아있는 중국을 버리고 스스로 이적과 같아지는 것입니다. 이것은 소위 소합향을 버리고, 당랑환을 취하는 것이니, 어찌 문명에 커다란 누가 아니겠습니까."

시간은 흘러, 최만리의 모화사상에 대한 오해를 가장 크게 불러일으킨 사람은 아쉽게도 일제강점기 국어학자 김윤경金允經이다.

"세종과 같은 가장 위대한 명군明君이 출현한 한편에는, 이 최만리 따위와 같은 고루하고 부패한 저능아도 출현되었던 것입니다. '모화환慕華丸'에 중독된 '가명인假明人'의 추태요 발광이라고 보아 넘길 밖에 없는 일이지마는 역사상에 영구히 씻어버릴 수 없는 부끄럼의 한 '페지'를 끼치어 놓게 됨은, 그를 위하여 가엾은 일이라 하겠습니다. 그러하나, 그와 같은 병증病症은 이제도 오히려 유전됨이 많지 않은가 생각됩니다."

김윤경은 최만리를 마구잡이로 몰아부쳤다.
무슨 저의가 있음을 의심할 정도이다.
최만리는 위대한 조선의 석학이자 청백리였으며, 세종이 존경한 인물이었다. 김윤경의 이 문장을 보면 언뜻 최만리의 모화사상을 비판한 듯 보이지만, 그 공격 핵심은 비열하게도 세종이다. 만약 동궁東宮에게 경서를 강독하였던 우문학 최만리가 저들이 말하는 사대주의에 빠져 임금 면전에서 명나라를 받들어야 한다고 주장하였다면, 세종은 당연히 그것을 제지하였을 것이다. 그러나 세종은 이를 꾸짖은 흔적이 어디에도 없다. 왜냐하면 최만리는 그런 주장을 하지도 않았고, 그런 부끄러운 역사관을 가진 사람이 아니기 때문이다.
만에 하나 맹목적으로 명나라를 추종하는 최만리를 질책하지 않았다면, 세종이나 최만리는 그야말로 김윤경이 언급한 저능아일 뿐인 것이다.

맹자孟子는 제齊나라 선왕宣王에게 외교에 대한 정의를 말한다.

"惟仁者爲能以大事小, 惟智者爲能以小事大. 以大事小樂天者也, 以小事大畏天者也.
　오직 인자한 사람만이 능히 큰 것으로 작은 것을 다스릴 수 있고, 오직 지혜로운 사람만이 능히 작은 것으로 큰 것을 다스릴 수 있다. 큰 것으로 작은 것을 다스릴 수 있는 사람은 하늘을 즐길 수 있고, 작은 것으로 큰 것을 다스릴 수 있는 사람은 하늘을 두려워한다."

외교는 인자하고 지혜로운 사람이 할 수 있는데, 그때 상황에 따라 우선의 중대한 일과 차선의 사소한 일을 가늠할 수 있어야 한다는 내용이다. 이러한 능력이 없는 사람은 마지막 방법인 전쟁을 택한다는 것이다. 그런 사람은 인자하거나 지혜롭지 않으며, 하늘을 즐기거나 두려워하지 않는 오만하고 무지한 성격의 지도자라는 것을 시사한다.
세종은 오만하고 무지한 위인이 아니다.
맹자의 이소사대以小事大가 언제부터 강한 세력에 따르고 복종하여 일신상의 안위만 유지하려던 사상이라 규정하고 있었는지 모르지만, 안타깝게도 우리는 여전히 위대한 조선의 아름다운 모화慕華를 사대주의事大主義라 알고 있고 그렇게 사용하고 있다.

엉뚱한 모화사상 근원이었던 모화관慕華館을 역사적 사실을 통해 알아본다.
서대문 근처에 있었던 모화관은 명나라 사신을 영접하던 곳이다.
1403년 태종7년 《조선왕조실록》〈태조실록太祖實錄〉이다.

> "新構慕華樓于西門之外, 倣松都延賓館也. 命文臣各進美名, 成石璘請名之日 慕華. 從之, 因命書樓額.
>
> 새로 서문 밖에 모화루를 지었는데, 송도 연빈관을 본떴다. 문신들에게 각각 아름다운 이름을 지어 올리라 하자, 성석린이 그것을 이름하여 모화로 부르기를 청하였다. 그렇게 하기로 하고, 글씨를 써서 모화루 액자로 하라 일렀다."

세종은 태종 때 지어진 모화루에 와서 이런 감회가 있었다고 기록은 전한다.

> "責其規模低暗, 命改構重屋.
>
> 모화루 규모가 낮고 어두운 것을 책망하며, 이층집으로 개축할 것을 명하였다."

세종은 모화루를 모화관으로 개칭하라, 규모를 확장하라 지시한다. 모화관으로 새로운 모습으로 거듭난다.
《세종실록 148권》〈지리지경도한성부地理志京都漢城府〉.

> "慕華館. 在敦義門外西北, 本名慕華樓. 以爲朝廷使臣迎接之所. 今上十二年庚戌, 改創爲館. 南有方池, 築垣種柳.
>
> 모화관. 돈의문 밖 서북쪽에 있는데, 본래 이름은 모화루였다. 조정 사신을 영접하는 장소로 하였던 곳이다. 1430년 세종12년 경술년에, 고치고 새로 관이 되었다. 남쪽에는 네모난 연못이 있고, 담장을 쌓고 버드나무를 심었다."

1403년 태종7년에 태종은 모화루를 지었고, 1430년 세종12년에 세종은 이름을 모화관으로 바꾸었다. 그리고 1433년 세종15년에 모화관으로 개축하였다.

모화루는 웅장하거나 호화로운 건물구조가 아니었음을 알 수 있다.

세종은 예지력이 충만한 지도자였다. 위대한 조선 국왕으로서 그 일거수일투족은 계획적이며 신중하였다. 그렇다면 아버지 태종이 세운 모화루를 개축하면서 이름이 마음에 안 들었다면, 혹 명나라를 숭상하는 뜻이었다면 과감히 바꾸었을 것이다. 그러나 세종은 루樓를 관館으로만 바꾸었지, '모화慕華'는 그대로 유지시켰다. 세종은 모화라는 말을 아꼈다. 이를 살펴본다면, 모화는 우리가 지금 이러쿵저러쿵하는 그 모화가 아니라는 반증이다.

외교 사신을 접대하던 곳은 한성漢城의 태평관太平館과 동평관東平館 그리고 북평관北平館이다. 특이한 것은 오랑캐인 여진족과 일본 왜인에게는 엄격하면서도 위압적이었다. 그러나 명나라에 대한 예의는 깍듯하면서 규모가 엄청났다. 그렇다고 맹목적 예속국 같은 행동으로 정의할 수도 없다. 지혜로우면서도 탄력적인 맹자의 이소사대에 입각한 외교활동일 뿐이다.

1309년 태조1년 《조선왕조실록》에 조박趙璞이 바로 모화慕華를 거론한다.

"辛酉 趙璞等又上書曰

前朝成王, 景慕中華. 以興文物, 民受其賜. 文王謹愼守成, 蹟世昇平, 民安其生. 恭愍王再殲紅賊, 復興三韓. 善事上國, 以安一邦, 皆有東方. 請亦於麻田郡太祖廟附祭.

신유년 조박 등이 또 글을 올리며 말한다.

전 고려 성왕은, 중화를 경모하였습니다. 문물을 흥하게 하여, 백성들이 그 은혜를 받았습니다. 문왕은 삼가 신중하여 선대가 이룬 것을 지켰으니, 세상을 태평하게 하여, 백성들 삶을 편안하게 하였습니다. 공민왕은 두 번이나 홍건적을 섬멸하여, 삼한을 부흥시켰습니다. 상국과 일도 잘 처리하여, 한 나라가 편안하였으니, 모두 동방에서 있었던 일입니다. 청하옵건대 역시 마전군 태조 왕건묘에 모셔 제를 올려야 합니다."

조박은 고려 말 위대한 조선왕조 초기 문신이다.

그는 망한 고려왕조의 성종과 문종 그리고 공민왕의 신하로서 예를 다하고 있다. 태조 이성계도 이러한 조박을 충성스럽게 보았다. 특이한 것은 조박이 경모중화景慕中華라는 말을 예사롭게 쓰고 있는 것이다. 이것을 미루어 보아 모화라는 말을 우리나라에서는 오래전부터 자연스럽게 사용하고 있었을 것으로 여겨진다. 세종의 명나라에 대한 입장이 어떤 것인지는 심층적인 연구가 있어야겠지만, 신하가 왕 앞에서 명나라를 본받고, 명나라 문화를 따르라는 모화라는 이야기를 그렇게 빈번히 할 수는 절대로 없을 것이기 때문이다.

신숙주도 〈홍무정훈역훈서〉에서 모화를 예삿일처럼 언급한다.

> "於是, 以吾東國世事中華, 而語音不通, 必賴傳譯.
> 그래서, 우리 동국에 의해 세상일은 꽃을 피우게 되었지만, 말과 소리가 통하지 못하여, 반드시 전적으로 통역에 의지하게 되었다."

이 문장에서 오동국吾東國과 세사중화世事中華를 별개 의미로 볼 수 없다.

신숙주는 하늘이 낸 천종지성인 세종의 빛나는 정치가 온 나라에서 활짝 피었는데, 다만 '바른 소리(正音)'가 확립되지 않아 외국 사신들과 대화를 할 때는 반드시 통역이 필요하다고 말하는 것이다. 이러한 일은 오동국吾東國의 세사중화世事中華에서 빼어난 문명국에서는 있을 수 없는 미개한 일이라고 주장한다. 그래서 중화를 명나라 문명이라 한다면 앞뒤가 맞지 않는다.

그리고 김윤경의 논리성 결여를 지적할 수 있다.

'최만리 따위와 같은 고루하고 부패한 저능아도 출현되었던 것입니다'는 저속한 인신공격이 바로 그것이다. 학자가 할 말은 아니다. 그런 공격을 하려면, 학문적으로 체계적이며 논리적인 학설을 열거하여야 마땅하다.

최만리 〈갑자상소문〉이 바르게 평가되지 못하면, 《훈민정음》은 성격이 달라진다.

김윤경은 이것에 대한 해명이 있어야 한다.

김윤경의 《조선문자급어학사朝鮮文字及語學史》는 1919년 3·1운동 이후에 발표되었다. 이 무렵은 일제가 무단정책武斷政策에서 문화정책文化政策으로 성격을 바꾼 시기이다. 그리고 경성제국대학 오꾸라신뻬이(小倉進平)는 《조선어학사朝鮮語學史》에서 최만리 상소 전문과 모화사상에 대한 이야기를 밝혔고, 공교롭게도 그 기조에서 이런 주장이 나왔다.

한낱 일인日人 오꾸라신뻬이가 우리나라 사투리에 얼마나 심오한 식견을 갖추고 있었는지는 심층적으로 분석해 볼 일이지만, 일제강점기 우리 사투리 전 분야에 걸쳐 연구를 마치고 경성제국대학에서 박사학위를 취득한 인물이다. 그는 중국, 여진, 몽고, 일본 사전辭典에 대한 체계 정립을 주도하였다. 1940년 《조선어학사朝鮮語學史》를 발간하였고, 같은 시기 김윤경은 《조선문학급어학사朝鮮文學及語學史》를 출간하였다. 오꾸라신뻬이와 김윤경 연결성을 거론하고 싶지는 않다. 다만 국어학자 김윤경의 조국에 대한 모독에 가까운 논설 출현 배경은 다시 한 번 돌이켜 보아야 한다.

2-12 최만리崔萬理, 그 정당한 상소上疏

1444년 세종26년.
죽음을 앞둔 최만리는 상소를 올리고, 세종과 그 유명한 설전을 벌인다.

"庚子. 集賢殿副提學崔萬理等, 上疏曰.
臣等伏觀諺文制作, 至爲神妙. 創物運智, 夐出千古 … 今當同文同軌之時, 創作諺文, 有駭觀聽. 儻曰, 諺文皆本古字, 非新字也. 則字形雖倣古之篆文, 用音合字, 盡反於古.

갑자년 경자일. 집현전 부제학 최만리 등이, 상소하며 말씀드립니다.
신 등이 엎디어 보건대 언문을 제작한 것이, 신묘하기 이를 데 없습니다. 만물을 창조하고 지혜를 운용하는 것이, 천고에 뛰어납니다 … 지금 마땅히 같은 문자와 같은 제도를 시행하고 있는 때, 창작 언문은, 보고 듣기에 놀라움이 있습니다. 임금께서 말씀하시기를, 언문은 모두가 본래는 옛 글자이고, 새 글자가 아니라고 하였습니다. 따라서 글자 형태는 비록 옛날 문자를 본떴다고는 하지만, 소리를 사용하고 글자를 합하는 것이, 모두 옛것에 위반됩니다."

"上覽疏, 謂萬理等曰.
汝等云, 用音合字, 盡反於古, 薛聰吏讀, 亦非異音乎. 且吏讀制作之本意, 無乃爲其便民乎. 如其便民也, 則今之諺文, 亦不爲便民乎. 汝等以薛聰爲是, 而非其君上之事, 何哉. 且汝知韻書乎. 四聲七音, 字母有幾乎. 若非予正其韻書, 則伊誰正之乎.

임금이 상소를 보고서, 만리 등에게 이른다.
너희들이 말하기를, 소리를 사용하고 글자를 합하는 것, 모두 옛글에 위반된다고 하였는데, 설총의 이두, 역시 달라진 소리가 아니냐. 또 이두를 제작한 본뜻이, 백성을 편리하게 하려 함이 아니겠느냐. 만일 그것이 백성을 편리하게 한 것이라면, 지금 언문, 역시 백성을 편리하게 하려 한 것이 아니냐. 너희들이 설총은 옳다고 하면서, 군상 일은 아니라 하는데, 왜냐. 또 네가 운서를 아느냐. 4성과 7음, 자모가 몇 개나 있느냐. 만일 내가 그 운서를 바로 잡지 않으면, 누가 그것을 바로 잡겠느냐 ."

세종과 최만리 대화에서 이 줄거리가 핵심이다.

"用音合字, 盡反於古
소리를 사용하고 글자를 합하는 것이, 모두 옛것과 위반된다."

최만리의 상소는 새로 창제한 《훈민정음》 28자에 대한 이야기보다, 소리를 사용하고 글자를 합하는 것이 모두 옛것에 위반되면 운서의 사용이 혼란스럽다는 것이 요점이다. 자음字音을 정하는 기준이 달라서 옛 운서와 상반되니, 모두가 혼란에 빠질 수 있다는 것을 지적하였다. 최만리는 기존 표기법으로도 가능한 운서를 왜 갑자기 바꾸려 하는지 물었다.
성운 운용에 있어 혁명적 사건이 발생하였기 때문에 학자로서 틀림이 없는 합당한 상소를 하였다. 최만리 등은 《훈민정음》 28자 부당함보다는 성운의 운용에 대한 성급함을 상소하고, 세종과 역사적인 토론을 하였다.
특히 최만리는 《훈민정음》 28자에 대한 새로운 이야기를 한다.

"儻曰, 諺文皆本古字, 非新字也.
임금께서 말씀하시기를, 언문은 모두가 본래는 옛날 글자이고, 새 글자가 아니라고 하였습니다."

최만리는 《훈민정음》 28자가 새로운 글자가 아니라 옛날부터 있었다는 이야기를 세종이 언급하였다고 한다. 이러한 내용은 《훈민정음》 어디에도 기록되어 있지 않다. 그렇다고 최만리가 함부로 없는 말을 지어낸 것도 아니다. 만약 그리하였다면 세종이 가만히 있지 않았을 것이다.

〈어제〉의 '새로 28자를 만들었다(新制二十八字)'에서 '신新'의 뜻을 되짚어 본다.

다시 말하면 전혀 없던 문자를 창조하여 처음으로 《훈민정음》 28자를 만들었는가. 아니면 최만리 이야기대로 언문의 근간은 모두 본래 옛날 글자였는데, 세종이 상형제자와 인성제자원리에 의거하여 새로이 다듬었느냐 하는 것이 《훈민정음》 이해의 관건이다.

상형제자와 인성제자의 관계는 이미 거론하였다.

그래서 최만리가 세종에게 들은 대로 《훈민정음》 28자는 새 글자가 아니라, 모두가 본래는 옛날 글자였다는 사실 진위가 밝혀져야만 한다.

최만리는 물러서지 않고 언문諺文이라는 말을 집중적으로 거론하고 있다.

> "別創鄙諺無益之字乎, 若行諺文, 則爲吏者傳習諺文, 不顧學問文字, 吏員岐而爲二.
> 따로 유익하지도 않은 글자인 비루한 토박이말을 창조하여, 만약에 언문으로 행하시려 한다면, 관리들은 오로지 언문만을 익히고, 학문이나 문자를 따르려 하지 않을 것이니, 관청 사람의 갈래는 둘이 될 것입니다."

최만리는 정음28자 언문을 '비루한 토박이말(鄙諺)'이라 하면서 세종을 자극한다. 그가 언문을 비루한 토박이말이라 한 까닭은 무엇일까. 그가 문자의 음가를 정확히 꿰뚫은 《동국정운》 면모를 파악하였다면, 정음28자를 비루한 토박이말인 언문이라 매도하지는 못하였을 것이다. 그렇다면 정작 그는 《훈민정음》과 《동국정운》 위용을 모르고서 한 말은 아닐까.

최만리는 〈상소문〉에서 언문을 22회, 세종과 대화에서 1회에 걸쳐 총 23차례 거론하였다.

최만리는 다시 반박한다.

"薛聰吏讀, 雖曰異音, 然依音依釋, 語助文字, 元不相離. 今此諺文, 合諸字而竝書, 變其音釋而非字形也.
　설총의 이두는, 비록 소리가 달라졌다고 하지만, 그러나 소리에 따르고 해석에 따라서, 말이 문자를 돕지만, 원래 서로 괴리되지 않습니다. 지금 이 언문은, 여러 글자를 합하고 나란히 쓰니, 그 소리와 풀이가 변하면서 글자 꼴도 아닙니다."

최만리 반박에 대하여 세종은 언문의 정확한 정의를 이야기하지 않고, 다만 백성들 생활을 편하게 하고자 했을 뿐이라 하였다. 만약 《훈민정음》 28자가 본래 옛날 글자이며, 무엇에 근거하였다고 정확하게 드러냈으면 이야기는 달라졌을 것이 분명하다. 《훈민정음해례》에서 거론하였듯이, 언문28자는 고인古人이 사용하던 글자를 세종이 다시 정리하여 보완한 것이라는 추론이 가장 타당할 것이다.

최만리 〈상소문〉에서 새로운 사실이 발견된다.

최만리는 언문이라는 말을 임금 앞에서 정식으로 사용하였다.

세종은 〈어제〉에서 '신제28자新制二十八字'라 하였고, 《조선왕조신록》에서 '상친제언문28자上親制諺文二十八字'라 하였다.

세종이 먼저 언문이라 하지 않았다.

《조선왕조실록》은 사건 기록을 나중에 하였기 때문에, 최만리 〈상소문〉보다는 이후의 일이라 할 수 있다. 최만리가 〈상소문〉에서 언문이라 하자,

세종도 대화하는 가운데 언문이라는 말을 5회에 걸쳐 사용하였다는 것이 기록에 의한 증명이다. 세종이 언문이라는 말을 5회에 걸쳐 언급하였다는 것은 언문이라는 실체를 인정하였다는 것이다. 최만리가 언문이라는 말을 23회에 걸쳐 자연스럽게 사용하였다는 것은 무엇을 의미하는가. 적어도 한 가지 분명한 것은, 《훈민정음》의 새로운 문자 28자를 만들기 전에도 언문이 존재하였다는 사실이라 할 수 있다.

그리고 세종은 언문諺文과 언어諺語에 대한 구분을 하였다.

〈합자해〉에서 언어諺語 쓰임을 볼 수 있다.

> "初聲二字三字合用並書, 如諺語ᄯᅡ爲地, ᄧᅡᆨ爲隻, ᄢᅳᆷ爲隙之類 … 諺之入聲無定, 或似平聲, 如긷爲柱, 녑爲脅.
>
> 초성에서 두 개 낱글자 또는 세 개 낱글자를 합쳐 쓰는 합용병서는, 토박이말 땅인 'ᄯᅡ(地)'와, 외짝인 'ᄧᅡᆨ(隻)'과, 틈인 'ᄢᅳᆷ(隙)' 따위와 같다 … 토박이말 입성은 정해진 바가 없으니, 혹은 평성과 비슷하여, 기둥인 '긷(柱)'과, 옆구리인 '녑(脅)'과 같다."

이 문장을 살펴보면, 언어諺語를 토박이말이라 정의할 수 있다.

최만리 이야기를 따르면 새로운 글자가 아닌, 옛날부터 있었던 글자를 가지고 《훈민정음》 28자를 만들었다고 하였으니, 언어는 바로 정음28자의 근원이 되는 것이다. 그렇기에 《훈민정음》은 문자와 토박이말까지도 모두를 아우를 수 있는 문자라는 것이 증명되는 셈이다.

《훈민정음》을 제작하면서 운서를 바로 잡으려 하였다. 그런데 바르지 못한 《홍무정운》이 방대하기만 하여, 신숙주 등에게 명하여 《사성통고범례》를 편찬하게 하였다. 최만리는 지금은 종적을 찾아 볼 수 없는 이 《사성통고범례》를 꼼꼼히 살펴보았고, 지금까지 참고하였던 《홍무정운》과는 완전히 다른 것을 발견하였을 것이다. 여기에 근거하여 이두로서도 가능한 성운을 왜

느닷없이 바꾸려 하는지 물었다. 그러나 세종은 명나라 운서가 불합리하다는 것을 알았기 때문에, 최만리가 조목조목 따지는 것을 개의치 않았다. 아무튼 세종 때에 지어진 《사성통고범례》는 전하여지지 않고, 다만 최세진의 《사성통해》 하권下卷에 불완전한 〈사성통고범례서〉만 실려 있을 뿐이다.

신숙주의 〈사성통고범례서〉는 아래와 같다.

사성통고범례서四聲通攷範例序
최세진崔世珍《사성통해四聲通解》하권下卷
1443년, 세종25년
신숙주申叔舟

以圖韻諸書, 及今中國人所用, 定其字音. 又以中國時音所廣用, 而不合圖韻字, 逐字書俗音於反切之下. 全濁上·去·入三聲之字, 今漢人所用. 初聲與淸聲相近, 而亦各有淸濁之別. 獨平聲之字, 初聲與次淸相近. 然次淸則其聲淸, 故音終直低, 濁聲則其聲濁, 故音終稍厲.

《사성통고 범례》는 그림과 성운에 관한 모든 기록으로, 지금의 나라 안에서 사람이 사용하는 것이니, 그 글자의 음을 정하였다. 또 나라 안에서 현재 소리로써 널리 운용하고 있지만, 그림과 성운에 들어맞지 않는 글자마다, 반절 아래 속음을 써놓았다. 전탁음인 상성·거성·입성 세 소리글자는, 지금 한인漢人들이 사용하고 있다. 초성은 맑은 소리와 서로 가깝지만, 역시 각각 청탁의 구별이 있다. 유독 평성 글자는, 초성과 차청이 서로 가깝다. 그러나 차청음은 그 소리가 맑아, 그런 까닭에 소리가 끝에 가서 곧 바로 낮아지고, 탁성은 그 소리가 탁하니, 그런 까닭에 소리가 끝에 가서 서서히 세진다.

凡舌上聲以舌腰點齶, 故其聲難, 自歸於正齒. 故韻會, 以知·徹·澄·孃歸照·穿·牀·禪. 而中國時音, 獨以孃歸泥. 且本韻混泥, 孃而不別, 今以知·徹·澄歸照·穿·牀, 以孃歸泥. 脣輕聲非·敷二字, 本韻及蒙古韻, 混而一之, 且中國時音亦無別, 今以敷歸非. 凡齒音, 齒頭則擧舌點齒, 故其聲淺. 整齒則券舌點齶, 故其聲深. 我國齒聲ㅅㅈㅊ在齒頭·整齒之間, 於訓民正音, 無齒頭·整齒之別. 今以齒頭爲ㅅㅈㅊ, 以整齒ㅅㅈㅊ以別之.

　모든 혀윗소리는 혀 허리가 잇몸에 닿기 때문에, 그 소리를 발음하기 어려워, 저절로 정치음으로 돌아갔다. 그래서 운회에서는, '지모知母'·'철모徹母'·'징모澄母'·'냥모孃母'가 '조모照母'·'천모穿母'·'상모牀母'·'선모禪母'로 돌아갔다. 그런데 나라 안에서 지금의 음은, 유독 '냥모孃母'만 '니모泥母'로 돌아갔다. 또 본운인《홍무정운》에서는 '니모泥母'와 '냥모孃母'가 섞여 구별되지 않기에, 이제 '지모知母'·'철모徹母'·'징모澄母'가 '조모照母'·'천모穿母'·'상모牀母'로 돌아갔고, '냥모孃母'는 '니모泥母'로 돌아갔다. 순경음인 '비모非母'와 '부모敷母' 두 글자는, 본운인《홍무정운》과《몽고운》과, 뒤섞여 있어, 나라 안에서 사용하는 소리와 역시 차별이 없으니, 지금의 '부모敷母'가 '비모非母'로 돌아갔다. 모든 치음, 치두음은 혀를 들어 이빨에 대니, 그런 이유로 그 소리가 얕다. 정치음은 혀를 말아 잇몸에 대고 발음하므로, 그래서 그 소리가 깊다. 우리나라 치음인 'ㅅㅈㅊ'은 치두음과 정치음 사이에서 있어, 그래《훈민정음》에서는, 치두음과 정치음의 구별이 없다. 지금 치두음은 'ㅅㅈㅊ'으로 하고, 정치음은 'ㅅㅈㅊ'으로 하여 그것을 구별한다.

　本韻, 疑·喻母諸字多相雜. 今於逐字下, 從古韻, 喻則只書ㅇ母, 疑則只書ㆁ母, 以別之. 大抵本國之音, 輕而淺, 中國之音, 重而深. 今訓民正音, 出於本國之音, 若用於漢音, 則必變而通之, 乃得無礙. 如中聲下. 附ㅏㅑㅓㅕ, 張口之字, 則初聲所發之口不變. 附書ㅗㅛㅜㅠ 縮口之字, 則初聲所發之舌不變, 故中聲爲ㅏ之字, 則讀如ㅏ·之間, 爲ㅑ之字, 則讀如ㅑ·之間, ㅓ則ㅓㅡ之間, ㅕ則ㅕㅡ之間, ㅗ則ㅗ·之間, ㅛ則ㅛ·之間, ㅜ則ㅜㅡ之間, ㅠ則ㅠㅡ之間, ㅡ則ㅡ之間, ㅣ則ㅣㅡ之間, 然後庶合中國之音矣. 今中聲變字, 逐韻同中聲首字之下, 論釋之.

　본운인《홍무정운》에서는, '의모疑母'와 '유모喻母' 모든 글자가 서로 뒤섞였다. 지금 글자마다 그 아래에, 옛날 운서를 따라, '유모喻母'는 단지 'ㅇ모ㅇ母'로 쓰고, '의모疑母'는 단지 'ㆁ모ㆁ母'를 써서, 그것을 구별한다. 대체로 본국 소리는, 가벼우면서 얕고, 나라 안의 소리는, 무거우면서 깊다. 지금 《훈민정음》은, 본국의 소리에서 나왔으니, 만약 한음을 사용하려면, 반드시 변화시켜 그것을 통용해야만, 이내 막히지 않는다. 예를 들면 중성 'ㅏㅑㅓㅕ'는, 입을 펴는 글자이니, 바로 처음 소리가 나는 곳의 입은 변하지 않는다. 'ㅗㅛㅜㅠ'는 입을 오므리는 글자이므로, 초성을 펴는 것은 혀이지만 변하지 않으니, 그래서 중성으로 'ㅏ'를 삼은 글자는, 바로 'ㅏ'와 'ㆍ' 중간음처럼, 'ㅑ'를 삼은 글자는, 바로 'ㅑ'와 'ㆍ' 중간음처럼, 'ㅓ'는 'ㅓ'와 'ㅡ' 중간음으로, 'ㅕ'는 'ㅕ'와 'ㅡ' 중간음으로, 'ㅗ'는 'ㅗ'와 'ㆍ' 중간음으로, 'ㅛ'는 'ㅛ'와 'ㆍ' 중간음으로, 'ㅜ'는 'ㅜ'와 'ㅡ' 중간음으로, 'ㅠ'는 'ㅠ'와 'ㅡ' 중간음으로, 'ㅣ'는 'ㅣ'와 'ㅡ' 중간음으로 읽는데, 그런 연후에야 나라 안에서 쓰는 소리에 들어맞는다. 지금 중성으로 변한 글자는, 하나하나 운마다 같은 중성 첫 글자 아래에, 따져서 그것을 풀이하였다.

入聲諸韻終聲, 今南音傷於太白, 北音流於緩弛.* 蒙古韻亦因北音, 故不用終聲. 黃公紹韻會, 入聲如以質韻風日·卒等字, 屬屋韻匊字母, 以合韻閤·榼等字, 屬葛韻字母之類. 牙·舌·脣之音, 混而不別, 是亦不用終聲也. 平·上·去·入四聲, 雖有淸濁·緩急之異, 而其有終聲, 則固未嘗不同. 況入聲之所以爲入聲者, 以其牙·舌·脣之全淸, 爲終聲而促急也. 其尤不可不用終聲也, 明矣

입성인 여러 운모의 종성은, ……. 《몽고운》역시 북음에 바탕을 두고 있기에, 그래서 종성을 사용하고 있지 않다. 황공소 《고금운회거요古今韻會擧要》에서도, 입성은 예컨대 '질운質韻'인 '율風日'과 '졸卒' 등의 글자는, '옥운屋韻'에 속한 '국匊'을 자모로 하고, '합合'운의 '합閤'과 '합榼' 등의 글자는, '갈운葛韻'에 속한 자모 따위이다. 어금니·혀·입술소리는, 섞여 구별되지 않으니, 이 또한 종성을 사용하고 있지 않음이다. 평성·상성·거성·입성의 사성은, 비록 청탁·완

---

* '태백太白'과 '완이緩弛'가 어조사인 '어於'와 관계되었다면, 땅 이름인 고유명사 정도가 되어야 하는데 그렇지 않다. '태백太白'이 우리에게는 익숙한 지명이라 할 수 있겠지만, 어디를 지칭하는지 불명확하다. '완이緩弛'도 혹여 음가를 따온 가차假借라 할 수도 있지만, 그 정확한 것을 알 수 없어, 이 부분을 부득이 공란으로 하였다.

급이 다르지만, 그 종성이 있기에, 진실로 조금도 다름이 없다. 하물며 입성의 경우가 입성으로 되는 까닭은, 어금니·혀·입술의 전청을, 종성으로 하였기에 촉급해진다. 더욱 종성을 사용하지 않을 수 없음은, 명백하다.

本韻之作, 倂同析異, 而入聲諸韻, 牙·舌·脣終聲, 皆別而不雜. 今以 ㄱㄷㅂ 爲終聲, 然直呼以 ㄱㄷㅂ, 則又似所謂南音, 但微用而急終之, 不至太白可也. 且今俗音, 雖不用終聲, 而不至如平·上·去之緩弛, 故俗音終聲, 於諸韻用喉音全淸 ㆆ, 藥韻用脣輕全淸 ㅸ, 以別之.

본운인 《사성통고四聲通攷》를 지음에 있어서도, 같은 것은 아우르고 다른 것은 나누었으니, 입성의 여러 운모는, 아음·설음·순음의 종성인데, 모두 구별하는데 난잡하지 않았다. 지금 'ㄱㄷㅂ'을 종성으로 삼으니, 바로 발음하면 'ㄱㄷㅂ'이니, 바로 이른바 남음과 비슷하니, 다만 가볍게 발음하고 급히 끝내지만, ……*. 또 지금 속음은, 비록 종성을 사용하고 있지 않으나, 평성·상성·거성의 빠르고 느슨한 소리와 같지 않으므로, 속음 종성은, 여러 운모인 후음 전청 'ㆆ'을 쓰되, '약운藥韻'은 순경음인 전청 'ㅸ'을 써서, 그것을 구별한다.

凡字音必有終聲, 如平聲支·齊·魚·模·皆·灰等韻之字, 當以喉音 ㅇ 爲終聲. 而今不爾者, 以其非如牙·舌·脣終之爲明白, 且雖不以 ㅇ 補之, 而自成音爾. 上·去諸韻同. 凡字音四聲, 以點別之, 平聲則無點, 上聲則二點, 去聲則一點, 入聲則一點.

모든 글자 소리는 반드시 종성이 있으므로, 마치 평성 '지支'·'제齊'·'어魚'·'모模', '개皆'·'회灰' 등과 같은 운모의 글자는, 마땅히 후음 'ㅇ'으로 종성을 삼아야 한다. 그러나 지금 그렇게 하지 않는 것은, 아음·설음·순음의 종성처럼 명백하지 않기 때문이며, 또 비록 'ㅇ'으로 보완하지 않는다 하더라도, 저절로 소리가 이루어지기 때문이다. 상성·거성의 여러 운들도 이 점은 같다. 모든 글자 음의 사성은, 점으로써 구별하니, 평성은 점이 없고, 상성은 점이 둘이고, 거성은 점이 하나며, 입성은 또한 점이 하나다.

---

* '不至太白可也'를 '태백에서는 가능하지 못하다' 정도로 해석되는데, '태백'의 의미가 모호하다.

신숙주는 글자의 성운을 이렇게 분별하였다고 밝힌다.

"本韻之作, 倂同析異.
본운을 지음에 있어서, 같은 것은 아우르고 다른 것은 나누었다."

세종이 《홍무정운》을 부정하고 《사성통고범례》를 편찬하였는데, 최만리는 무슨 근거로 같은 것은 아우르고 다른 것은 나누었냐고 따지는 것이다. 그런데 정작 세종은 그 이유를 밝히는데 의외로 옹색하기만 하다. 설총의 이두는 옛날 음이기에 적합하지 않은 음이라고 하다가, 불쑥 신경질적으로 '네가 운서를 아느냐'며 되묻는다. 다시 말해서 성운을 모르니, 4성과 7음 그리고 자모字母도 당연히 모르는 것 아니냐는 논리이다. 세종은 4성과 7음에 근거한 《훈민정음》 28자를 새로 만들어 소리와 그 운용 기준을 세우겠다고 한다. 그렇지만 세종은 '네가 운서를 아느냐'는 반박에서 감정을 자제하지 못한다. 다시 말해 세종은 구체적으로 명나라 《홍무정운》 운서법이 틀렸다느니, 그래서 새로운 운서를 만들어야 한다는 정당한 이유로 최만리를 설득시켜야 하는데, 그러한 논리적 과정이 없다는 것이다.

그런데 신숙주가 이것에 대한 답을 〈홍무정운역훈서〉에서 자세히 밝히고 있다.

명나라 《홍무정운》 운서법을 신뢰할 수 없다는 주장을 펼친다.

"聲韻之學, 最爲難精. 豈四方風土不同, 而氣亦從之, 聲生於氣者也. 故所謂四聲七音, 隨方而異矣. 自沈約著譜, 難以南音, 有識病之, 而歷代未有釐正之者. 洪惟皇明太祖高皇帝, 愍其乖舛失倫, 命儒臣一以中原雅音, 定爲洪武正韻. 實是天下萬國所宗.

我世宗莊憲大王, 留意韻學, 窮硏底蘊, 創制訓民正音若干字. 四方萬物之聲, 無不可傳. 吾東邦之士, 始知四聲七音自無所不具, 非特字韻而已也. 於是, 以吾東國世事中華, 而語音不通, 必賴傳譯. 首命譯洪武正韻, 令今禮曺參議, 臣 成三問, 典農少尹 臣 曹變安, 知金山郡事 臣 金曾, 前行通禮門奉禮郎 臣 孫壽山, 及臣 申叔舟 等. 稽古證閱, 首陽大君 臣 諱, 桂陽君 臣 璔, 監掌出納, 而悉親臨課定. 叶以七音, 調以四聲, 諧之以淸濁, 縱衡經緯, 始正罔缺.

성운이란 학문은, 정말 정밀하기 어렵다. 어찌하여 4방 풍토가 같지 않고, 기운 역시 풍토를 따르고, 소리는 기에서 나오는 것이다. 그래서 4성과 7음은, 지방에 따라 달라졌다. 심약이 《사성보》를 지으면서, 남음으로 뒤죽박죽되어, 그 병폐를 알고는 있었지만, 역대로 아직까지 그것을 바로 잡지 못하였다. 널리 생각해보면 황명 태조 고황조가, 그 어그러지고 없어짐을 걱정하여, 학자에게 명하여 오로지 중원아음으로, 《홍무정운》을 정하라고 하였다. 실로 천하만국의 근원이 되었다.

우리 세종장헌대왕은, 운학에 관심이 있어, 밑바닥까지 살피고 두루 포용하여, 《훈민정음》 28자를 창제하셨다. 사방 만물 소리가, 전하지 못함이 없었다. 우리 동방 선비들은, 처음부터 4성과 7음을 알아 갖추지 못함이 없게 된다는 것을 알았으니, 가히 글자 성운 때문 아니겠는가. 그래서, 우리 동국에 의해 세상일은 꽃을 피우게 되었지만, 말과 음이 통하지 못하여, 반드시 전적으로 통역에 의지하게 되었다. 우선 《홍무정운》을 번역하도록 명하시니, 지금 예조참의 신 성삼문, 전농소운 신 조변안, 지금산군사 신 김증, 전행통례문봉예랑 신 손수산, 그리고 신 신숙주 등이 영에 따랐다. 옛것을 헤아리고 전적으로 증명하라 하셨으니, 수양대군 신 이유와 계양군 신 이증에게, 출납을 관장하게 하였고, 친히 과정에 임하였다. 7음으로 맞추고, 4성으로 고르고, 청탁으로 그것을 조화롭게 하니, 날줄과 씨줄이 종횡으로 어우러져, 이지러진 것이 바로 잡히기 시작하였다."

신숙주는 명나라 태조가 음운의 혼란스러운 병폐를 바로 잡기 위하여 학자에게 명하여 오로지 중원 아음으로, 《홍무정운》을 정하라 하여, 실로 천하 만국의 근원이 되었다면서 명나라를 한껏 추켜세운다.

그러나 바로 우리 세종대왕은 그 《홍무정운》도 역시 불합리한 성운이기에, 《훈민정음》 28자로 소리를 바로 잡은 《홍무정운역훈》이란 운서를 만들었다고 주장한다. 한마디로 명나라 태조가 문제를 제기하였지만, 세종대왕이 깔끔하게 마무리 지었다는 이야기이다.

그리고 최만리는 상소문에서 '언문27자諺文二十七字'라 한다. 최세진 《훈몽자회》에서도 '반절27자反切二十七字'라 하였다.

우선 중종 때 최세진이 말한 반절27자는 논외로 하고, 최만리는 상소문에서 언문27자라 하였다. 임금 앞에서 언문28자를 언문27자라 하였다면, 분명 세종이 제지를 하였다거나 준엄한 시정이 있었을 것이다. 그런데 이러한 오류에 대한 시비가 없다.

무엇을 말하는가.

세종 신제28자와 최만리와 최세진 언문27자와 반절27자 차이에 대한 확실한 학문적 정리가 있어야 할 것이다.

홍기문은 《정음발달사》에서 언문27자에 대하여 이렇게 밝힌다.

"실록實錄의 오기誤記인지 최만리등崔萬理等의 오기誤記인지 미상未詳하다."

홍기문의 어정쩡하고 무책임한 태도가 반복되고 있다.

어째서 그렇게 표기하였는지 철저한 분석도 의문도 가지지 않으면서, 애매모호하게도 오기誤記라는 말을 마구잡이로 사용하고 있다.

아래는 최만리의 〈갑자상소甲子上疏〉와 그에 대한 세종의 〈상람소·위만리등왈上覽疏·謂萬理等曰〉이다.

갑자상소甲子上疏
《조선왕조실록朝鮮王朝實錄, 세종실록世宗實錄》 103권
1444년, 세종26년
최만리崔萬理

庚子. 集賢殿副提學崔萬理等, 上疏曰.

臣等伏觀諺文制作, 至爲神妙. 創物運智, 夐出千古. 然以臣等區區管見, 尙有可疑者. 敢布危懇, 謹疎于後, 伏惟 聖裁.

갑자년 경자일. 집현전 부제학 최만리 등이, 상소를 올려 여쭙습니다.

신 등이 엎드려 보건대 언문 제작이, 신묘하기 이를 데 없습니다. 만물을 창조하고 지혜를 운용하는 것이, 천고에 뛰어나십니다. 그러나 신 등이 구구하게 좁은 소견으로는, 오히려 의심되는 것이 있습니다. 감히 간곡한 정성을 펴서, 삼가 상소를 올리니 뒤에, 성인의 재량이 있기를 엎드려 바랍니다.

我朝自朝宗以來, 至誠事大, 一遵華制. 今當同文同軌之時, 創作諺文, 有駭觀聽. 儻曰, 諺文皆本古字, 非新字也. 則字形雖倣古之篆文, 用音合字, 盡反於古, 實無所據. 若流中國, 或有非議之者, 豈不有愧於事大慕華. 自古九州之內, 風土雖異, 未有因方言而別爲文字者. 有蒙古, 西夏, 女眞, 日本, 西蕃之類. 各有其字, 是皆夷狄事耳, 無足道者. 傳曰, 用夏變夷, 未聞變於夷者也.

우리 왕조는 군주의 조상이래, 지성으로 큰 것을 도모하여, 한결같이 제도를 꽃피웠습니다. 지금 같은 문화와 같은 법도로 어울리고 있는 때, 언문 창작은, 보고 듣기에 놀라움이 있습니다. 임금께서 말씀하시기를, 언문은 모두가 본래는 옛날 글자이고, 새 글자가 아니라 하였습니다. 글자 형태는 비록 옛날 문자를 본떴다고는 하나, 소리를 사용하여 글자를 합하는 것은, 모두 옛것에 위반되니, 실로 근거할 바가 없습니다. 만약 나라 안으로 흘러 들어가, 혹시라도 의견이 다르다고 하는 사람이 있을 때는, 어찌 크게 도모하고 꽃 피우는데 있어 부끄럽지 않겠습니까. 예로부터 구주 안에서, 풍토가 비록 달라졌더라도, 방언 때문에 따로 문자를 만들었던 적은 없습니다. 몽고, 서하, 여진, 일본, 서번 등이 있었을 뿐입니다. 각기 그 글자가 있었지만, 이것은 모두가 오랑캐 일이었을 뿐이니, 족히 말할 바가 아닙니다. 전하여 이르기를, 성인의 도리로 오랑캐를 변하게 하였지, 오랑캐가 변한다는 것은 듣지 못하였습니다.

歷代中國皆以我國有箕子遺風, 文物禮樂, 比擬中華. 今別作諺文, 捨中國而自同於夷狄. 是所謂棄蘇合之香, 而取螗螂之丸也, 豈非文明之大累哉.

新羅薛聰吏讀, 雖爲鄙俚, 然皆借中國通行之字, 施於語助, 與文字完不相離. 故雖至胥吏僕隷之徒, 必欲習之, 先讀數書, 粗知文字, 然後乃用吏讀. 用吏讀者, 須憑文字, 乃能達意, 故因吏讀而知文字頗多, 亦興學之一助也.

역대로 나라 안에서 모두가 기자유풍이 있는 우리나라에 의해서, 문물 예악이, 한껏 꽃피움에 비견된다고 하였습니다. 그런데 지금 따로 언문을 짓는다면, 기자유풍이 살아있는 중국을 버리고 스스로 오랑캐 무리와 같아지는 것입니다. 이것은 소위 소합향을 버리고, 당랑환을 취함이니, 어찌 문명의 큰 흠절이 아니겠습니까.

신라 설총 이두를, 비록 비루하고 속되다고 하지만, 그러나 모두 나라 안에서 통행되는 글자를 빌어다가, 말을 돕는데 쓰고 있으니, 문자와 완전히 서로 괴리되지 않습니다. 따라서 관리나 시중꾼들이라 할지라도, 반드시 그것을 익히려 하면, 먼저 두어 권의 책을 읽어서, 약간의 문자를 대강 익힌 다음에, 비로소 이두를 사용하게 됩니다. 이두를 사용하는 사람은, 모름지기 문자에 의거해야만, 문장의 뜻을 통달할 수 있는데, 그런 까닭에 이두 때문에 문자를 이해하는 사람이 상당히 많으니, 이 또한 학문을 융성시키는데 일조하고 있습니다.

若我國, 元不知文字, 如結繩之世, 則姑借諺文, 以資一時之用猶可. 而執正議者必曰, 與其行諺文以姑息, 不若寧遲緩而習中國通行之文字, 以爲久長之計也. 而況吏讀行之數千年, 而簿書期會等事, 無有防礎者, 何用改舊行無弊之文. 別創鄙諺無益之字乎, 若行諺文, 則爲吏者傳習諺文, 不顧學問文字, 吏員岐而爲二.

만약 우리나라가, 원래 문자를 알지 못하여, 결승을 사용하던 시대 같은 경우면, 비로소 언문을 빌어, 일시적인 필요에 충당하는 것도 가능한 일입니다. 그럴 경우라도 올바른 의견을 가진 사람이라면 반드시 말하기를, 일시적으로 언문을 사용하는 것보다는, 차라리 느리기는 하겠지만 나라 안에서 사용하는 문자를 익히는 것과 같지 않으니, 장구한 계획을 세우는 것이 낫다고 할 것입니다. 하물며 이두가 사용된 지 수천 년이 되어, 관청의 장부나 계약에 사용되는 문서에, 탈을 일으키지 않고 사용되고 있는데, 어찌하여 오랫동안 폐단 없이 사용하던 문자를 바꿔 사용하려 하십니까. 따로 유익하지도 않은 글자인 비루한 토박이말을 창조하여, 만약에 언문으로 행하시려 한다면, 관리들은 오로지 언문만을 익히고, 학문이나 문자를 따르려 하지 않을 것이니, 관청 사람의 갈래는 둘이 될 것입니다.

苟爲吏者以諺文而宦達, 則後進皆見其如此也. 以爲, 二十七字諺文, 足以立身於世. 何須苦心勞思, 窮性理之學哉. 如此則數十年之後, 知文字者必少, 雖能以諺文而施於吏事, 不知聖賢之文字, 則不學墻面. 昧於事理之是非, 徒工於諺文, 將何用哉.

만약 언문으로 관리가 되어 벼슬에 오를 경우, 후진들이 모두 보고서 그와 같이하려고 할 것입니다. 이렇게 하여, 스물일곱 자 언문으로, 족히 세상에 입신할 수가 있습니다. 무엇 하려고 노심초사하여, 성리학을 궁구하려 하겠습니까. 이와 같으면 바로 수십 년 뒤에는, 문자를 아는 사람이 반드시 적어질 것이고, 비록 그들이 언문에 능통하여 관리 일을 능히 한다고 하더라도, 성현의 문자를 알지 못하고, 곧 그것을 배우지 못하면 담벼락을 마주하는 것입니다. 사리의 시비에 대하여 어두운데, 헛되이 언문에만 뛰어난 사람들이, 장차 그 무슨 소용이 있겠습니까.

我國家積累右文之化, 恐漸至掃之矣. 前此吏讀, 雖不外於文字, 有識者尙且鄙之, 思欲以吏文易之. 而況諺文與文字, 暫不干涉, 專用委巷俚語者乎. 借使諺文自前朝有之, 以今日文明之治, 變魯至道之意, 尙肯因循而襲之乎. 必有更張之議者, 此灼然可知之理也. 厭舊喜新, 古今通患, 今此諺文不過新奇一藝耳. 於學有損, 於治無益. 反覆籌之, 未見其可也.

우리 국가에서 그동안 쌓아온 숭문의 교화가, 점차 땅을 쓴 듯 없어질까 두렵습니다. 이 이두보다 앞서, 비록 문자 밖의 것은 아닐지라도, 유식한 사람들은 오히려 이를 비루하게 여기어, 관리가 쓰는 문자로 그것을 바꿀까 생각하고 있습니다. 하물며 언문과 문자는, 전혀 관련이 없으니, 골목길 동네 말 쓰는 사람의 전용이 될 것입니다. 가령 언문이 전대 왕조부터 있었다 할지라도, 오늘날 문명한 정치로서, 노나라를 변화시켜 도에 이르려는 뜻인데, 어찌 그것을 답습하는 것을 수긍하려 하십니까. 반드시 이를 바꾸려는 논의가 있을 것이니, 이는 명확하게 알 수 있는 이치입니다. 옛것을 싫어하고 새것을 좋아하는 것이, 바로 고금의 통환인데, 지금 이 언문은 신기한 하나의 기예에 불과할 뿐입니다. 배우면서도 손해만 가져오고, 다스림에 있어서 아무런 도움도 주지 못합니다. 아무리 반복하여 고찰하여 보아도, 그 좋은 점이 보이지 않습니다.

若曰, 如刑殺獄辭, 以吏讀文字書之, 則不知文理之愚民, 一字之差, 容或致冤. 今以諺文直書其言, 讀使聽之, 則雖至愚之人, 悉皆易曉而無抱屈者. 然自古中國言與文同, 獄訟之間, 冤枉甚多. 借以我國言之, 獄囚之解吏讀者, 親讀招辭, 知其誣而不勝箠楚, 多有枉服者. 是非不知招辭之文意而被冤也明矣. 若然則雖用諺文, 何異於此. 是知刑獄之平不平, 在於獄吏之如何, 而不在於言與文之同不同也. 欲以諺文以平獄辭, 臣等未見其可也.

만약 말하기를, 형살옥사 같은 것을, 이두문자로 쓰면, 문자의 이치를 알지 못하는 어리석은 백성들이, 한 글자 차이로 인하여, 억울한 사정에 처하게 되는 때가 있습니다. 이제 언문으로 그들이 하는 말을 그대로 바로 적게 한 다음, 관리가 읽어 그것을 듣게 하면, 아무리 어리석은 백성이라 하더라도, 모두 쉽게 이해할 수 있으므로 죄 없이 형을 받는 사람은 없을 것이라고 하였습니다. 그러나 자고로 나라 안에서는 말과 문자가 같아도, 옥사와 송사에 있어서, 억울하게 누명을 뒤집어쓰는 일이 매우 많았습니다. 우리나라 경우로 그것을 말씀드리자면, 옥에 갇힌 자가 이두를 이해할 줄 알아서, 직접 자신의 범죄사실을 읽더라도, 그 무고한 것을 알지만 모진 매를 견디지 못하여, 엉뚱한 자백을 하는 사람이 많습니다. 이것은 죄를 자백하는 글의 뜻을 몰라서가 아니라 억울함을 당하는 것이 명백합니다. 만일 그렇다 하면 비록 말과 문자를 사용한다고 하더라도, 무엇이 이와 다르겠습니까. 이것으로 형벌과 옥사의 공평하고 공평하지 못함은 아는 것은, 옥리가 어떠한 사람인가에 달려있는 것이지, 말과 글이 다르고 다르지 않음에 있는 것이 아님을 알 수 있습니다. 언문으로 옥사를 공평하게 한다는 것인데, 신 등은 거기에서 옳은 것을 보지 못하였습니다.

凡立事功, 不貴近速. 國家比來措置, 皆務速成, 恐非爲治之體. 儻日諺文不得已而爲之, 此變易風俗之大者. 當謀及宰相下至百僚國人, 皆曰可, 猶先甲先庚, 更可三思. 質諸帝王而不悖, 考諸中國而無愧, 百世以俟聖人而不惑, 然後乃可行也.

모든 일에 대한 공을 세움에 있어서, 가깝고 빠른 것을 귀하게 여기지 않습니다. 국가의 지금의 조치를 보면, 모두 속성에만 힘쓰니, 염려스럽게도 정치를 하는 근본이 아니라고 여겨집니다. 임금께서 말씀하신 대로 언문은 할 수 없어서 부득이 한다손 치더라도, 이는 풍속을 바꾸는 중대한 일입니다. 마땅히 재상과 논의하여야 하고 아래로 신하나 국민들까지, 모두가 좋다고 하더라도, 마치 재삼, 다시 세 번 생각하시는 것이 마땅합니다. 모든 제왕에게 질정하여도 어그러지지 않고, 모든 나라 안에서 상고하여도 부끄러움이 없으며, 백세 성인을 기다리어도 의혹되지 않는다면, 그런 연후에 시행하는 것이 옳을 것입니다.

今不博採群議, 驟令吏輩十餘人訓習, 又輕改古人已成之韻書, 附會無稽之諺文, 聚工匠數十人刻之, 劇欲廣布, 其於天下後世公議何如. 且今淸州椒水之幸, 特慮年歉, 扈從諸事, 務從簡約, 比之前日, 十減八九. 至於啓達公務, 亦委政府. 若夫諺文, 非國家緩急不得已及期之事, 何獨於行在而汲汲爲之, 以煩聖躬調燮之時乎. 臣等尤未見其可也.

지금 여럿의 논의도 묻지도 않고, 갑자기 관리 십여 인에게 명하여 이를 익히게 하며, 또 가볍게 옛날 사람들이 이미 만들어 놓은 운서를 고치어, 생각해 볼 만한 가치도 없는 언문을 부회시킨 다음, 공방 사람 수십 인을 모아서 이를 새겨, 급히 널리 유포시키려 하시니, 천하 후세 공적인 의견이 이러한 일을 어떻게 생각하겠습니까. 게다가 지금 청주 초수리에 행차하심에 있어서, 흉년인 것을 특별히 염려하시어, 전하를 돕는 모든 일을, 간략하게 시행하도록 하여, 예전에 비한다면, 열에서 여덟 아홉을 줄였습니다. 그리고 공무를 아룀에 있어서도, 역시 의정부에 맡기고 있습니다. 저 언문이라고 하는 것은, 국가의 완급을 요구하는 부득이 기한을 맞추어서 시행하여야 하는 일도 아닐진대, 어찌 유독 행재에서 급급하게 하여, 전하의 신체를 조리하는 것까지 번거롭게 하시는 것입니까. 신 등은 더욱 그 옳음을 알지 못하겠습니다.

先儒云, 凡百玩好, 皆奪志. 至於書札, 於儒者事最近, 然一向好着, 亦自喪志. 令東宮雖德性成就, 猶當潛心聖學, 益求其未至也. 諺文縱曰有益, 特文士六藝之一耳. 況萬萬無一利於治道, 而乃研精費思. 竟日移時, 實有損於時敏之學也. 臣等俱以文墨末技, 待罪侍從, 必有所懷, 不敢含黙, 謹罄肺腑, 仰瀆聖聰.

선대 유학자들이 이르기를, 완상하고 좋아하는 모든 것들은, 선비 뜻을 모두 빼앗아 간다고 하였습니다. 서찰에 이르러서는, 선비에게 있어 가장 친근한 것임에도 불구하고, 지나치게 이를 좋아하면, 이 또한 뜻을 상실하게 만드는 것입니다. 지금 동궁께서는 비록 덕성을 많이 성취하셨지만, 마땅히 성인 학문에 심취하여, 아직 이르지 못한 것을 더욱 공부하여야 할 것입니다. 언문에 하루종일 빠지는 것이 유익하다지만, 단지 문사 육예의 하나에 불과한 것입니다. 하물며 다스리는 도리에는 아무런 이익도 가져다주지 않는 것임에도 불구하고, 정력을 쏟으며 생각을 기울이어, 하루를 보내고 날을 보내니, 이는 실로 시간을 다투는 학문에 손해를 가져오고 있습니다. 신 등은 모두 학문의 보잘 것 없는 재주를 가지고, 임금님을 모시면서도 처벌을 기다리고 있습니다만, 마음에 품은 것이 있으면, 감히 입을 다물고 있지를 못하는지라, 삼가 폐부를 다하여, 우러러 성총을 더럽힙니다.

상람소 · 위만리등왈上覽疏 · 謂萬理等曰
《조선왕조실록朝鮮王朝實錄, 세종실록世宗實錄》 103권
1444년, 세종26년

汝等云, 用音合字, 盡反於古, 薛聰吏讀, 亦非異音乎. 且吏讀制作之本意, 無乃爲其便民乎. 如其便民也. 則今之諺文, 亦不爲便民乎. 汝等以薛聰爲是, 而非其君上之事, 何哉. 且汝知韻書乎. 四聲七音, 字母有幾乎. 若非予正其韻書, 則伊誰正之乎. 且疏云, 新奇一藝, 予老來難以消日, 以書箱爲友耳, 豈厭舊好新而爲之. 且非田獵放鷹之例也, 汝等之言, 頗有過越. 且予年老, 國家庶務, 世子專掌, 雖細事固當參決, 況諺文乎. 若使世子常在東宮, 則宦官任事乎. 汝等以侍從之臣, 灼知予意, 而有是言可乎.

그대들이 이르기를, 소리를 사용하여 글자를 합하는 것, 모두 옛것에 위반된다고 하였는데, 설총의 이두, 역시 달라진 소리가 아니냐. 또 이두를 제작한 본뜻이, 백성을 편리하게 하려 함이 아니겠느냐. 만일 그것이 백성을 편리하게 하기로 말하면, 지금 언문은, 바로 백성을 편리하게 하려 한 것이 아니냐. 너희들이 설총은 옳다 하면서, 군상의 일은 아니라 하는데, 왜냐. 또 너희들이 운서를 아느냐. 4성과 7음, 자모는 몇 개나 있느냐. 만일 내가 그 운서를 바로 잡지 않으면, 누가 이를 바로 잡겠느냐. 또 상소에서 이르기를, 신기한 일예라 하였는데, 내 늙어 소일하기 어려워, 서적을 벗으로 삼은 것뿐인데, 어찌 옛것을 싫어하고 새것을 좋아한다고 하는 것이냐. 또 수렵으로 매사냥을 하는 것도 아닌데, 너희들 말은, 너무 지나치지 않는가. 또 내가 늙어서, 국가 서무를, 세자에게 오로지 맡겼으니, 비록 세미한 일이라도 있으면 마땅히 참여하여 결정하였으니, 하물며 언문이겠느냐. 만약 세자로 하여금 항상 동궁에만 있게 한다면, 환관에게 그 일을 맡길 것이냐. 너희들이 시종하는 신하로서, 내 뜻을 밝게 알면서도, 이런 말을 하는 것이 옳다고 여기는가.

萬理等對曰.

薛聰吏讀, 雖曰異音, 然依音依釋, 語助文字, 元不相離. 今此諺文, 合諸字而竝書, 變其音釋而非字形也. 且新奇一藝云者, 特因文勢而爲此辭耳, 非有意而然也. 東宮於公事則, 雖細事不可不參決, 若於不急之事, 何竟日致慮乎.

만리 등이 대답하여 말한다.

설총 이두는, 비록 달라진 소리라 하지만, 그러나 소리에 따르고 해석에 따라, 말이 문자를 돕지만, 원래 서로 흩어지지 않습니다. 지금 이 언문은, 여러 글자를 합하고 나란히 쓰니, 그 소리와 풀이가 변하면서 문자의 꼴도 아닙니다. 또 새롭고 기이한 한 가지 기예라 한 것은, 특히 문세로 인하여 이 말을 한 것이지, 뜻이 있어 그런 것은 아닙니다. 공적인 일에 있어 동궁이라면, 비록 세세한 일일지라도 참여하여 결정하지 않을 수 없지만, 급하지도 않은 일 때문에, 무엇 하려고 시간을 허비하며 심려하십니까.

上曰.

前此金汶啓曰, 制作諺文, 未爲不可, 今反以爲不可. 又鄭昌孫曰, 頒布三綱行實之後, 未見有忠臣孝子烈女輩出. 人之行不行, 只在人之資質如何耳, 何必以諺文譯之, 而後人皆效之. 此等之言, 豈儒者識理之言乎, 甚無用之俗儒也.

前此. 上敎昌孫曰.

予若以諺文譯三綱行實, 頒諸民間, 則愚夫愚婦, 皆得易曉, 忠臣孝子烈女, 必輩出矣. 昌孫乃以此啓達, 故今有是敎.

上又敎曰. 予召汝等, 初非罪之也. 但問疏內一二語耳. 汝等不顧事理, 變辭以對, 汝等之罪, 難以脫矣. 遂下, 副提學 崔萬理, 直提學 辛碩祖, 直殿 金汶, 應敎 鄭昌孫, 副校理 河偉地, 副修撰 宋處儉, 著作郞 趙瑾, 于義禁府. 翌日, 命釋之. 唯罷昌孫職, 仍傳旨義禁府. 金汶前後變事啓達事由, 其鞫以聞.

辛丑, 義禁府, 劾啓, 金汶律該, 對制上書詐不以實, 杖一百徒三年. 只贖杖一百.

임금이 말한다.

전에 김문이 말하기를, 언문을 제작하는 것은, 불가하지 않다고 하였는데,

지금은 뒤집어서 불가하다고 하였다. 또 정창손이 말하기를, 《삼강행실》을 반포한 후에, 충신·효자·열녀가 배출되는 것을 보지 못하였다고 하였다. 사람이 행하고 행하지 않는 것이, 사람의 자질 여하일 뿐인데, 어찌 반드시 언문으로 그것을 번역한 후에야, 후인들이 모두 그것을 본받을 것입니까 하였다. 이런 말들이, 어찌 논리를 갖춘 선비의 말이겠느냐, 정말로 쓸모없는 속된 선비들이다.

이 전에, 임금께서 정창손에게 하교하기를.

내가 만일 언문으로 《삼강행실》을 번역하여, 민간에 반포하면, 어리석은 남녀가, 모두 쉽게 깨달아서, 충신·열녀·효자가, 반드시 무리로 나올 것이라고 하였다. 정창손이 이것을 나에게 말한 까닭에, 이제 이러한 가르침이 있다.

세종은 또 하교하여 말했다. 내가 그대들을 불렀을 때, 처음에는 그것을 죄하려 한 것이 아니다. 다만 상소 가운데 묻고 한두 가지를 말하려 하였다. 그런데 그대들이 일의 도리를 돌아보지도 않고, 말만 바꾸어서 응대하니, 그대들 죄는, 벗을 수 없다.

명령하기를, 부제학 최만리, 직제학 신석조, 직전 김문, 응교 정창손, 부교리 하위지, 수찬 송처검, 저작랑 조근을 의금부에 하옥하라 하였다. 그리고 다음 날 그것을 풀라고 명하였다. 오로지 창손의 직책은 파하고, 의금부에 내 뜻을 전해, 김문이 전후로 태도를 바꾸어 아뢴 사유를 문초하여 보고하라 하였다.

갑자년 신축일, 의금부에서, 조사하여 아뢰기를, 김문은 법률에 왕에 대한 상서를, 진실하게 하지 않고 거짓되게 하였으니, 곤장 일 백 대에 부역 3년에 처해야 한다고 하였다. 다만 부역은 재물을 바치는 것으로 하고 곤장 일 백 대로 속죄하게 하였다.

2-13 모화사상慕華思想에 대한 오류

사대모화사상事大慕華思想.
'사대事大'를 《맹자》〈양혜왕梁惠王〉에서 그 성격을 파악하였다.
그렇다면 '사대모화사상事大慕華思想'에서 '화華'는 무엇인가.
어려운 주제이다.
우선 역사적으로 '화華'가 소위 중국(China)의 전용어라는 확실한 근거는 찾을 수 없다.
공식적으로 중화민국中華民國에서의 중국中國이라는 국호國號는 1689년 청나라와 러시아가 맺은 네르친스크조약에서 처음으로 등장하는 말이다. 그리고 저들이 중화中華라는 단어를 일관되게 사용한 역사적인 자료도 없다. 다만 그러려니 여겼을 뿐이다.
조박의 경모중화와 세종의 모화관慕華館 그리고 신숙주와 최만리의 모화慕華를 우리는 자세히 살펴야 한다.
중화中華는 바로 위대한 조선의 고유한 언어일 수도 있다.
만약에 그러하다면, 이러한 위대한 역사가 방치되면 안 된다. 위대한 조선이 말하는 사대모화사상, 그 본래 흐름을 반드시 찾아내야 한다. 모화사상의 근원이 밝혀진다면, 위대한 조선의 역사와 《훈민정음》이 본래의 바른 모습으로 돌아갈 수 있다.
이미 언급하였지만, 신숙주〈사성통고범례서〉의 일부이다.

> "大抵本國之音, 輕而淺, 中國之音, 重而深. 今訓民正音, 出於本國之音, 若用
> 於漢音, 則必變而通之, 乃得無礙.
> 　대체로 본국 소리는, 가볍고 얕고, 중국 소리는, 무겁고 깊다. 지금 《훈민정
> 음》은, 본국 소리에서 나왔으니, 만약 한음을 사용하려면, 반드시 변화시켜 그
> 것을 통용해야만, 막히지 않음을 얻을 수 있다."

우선 여기에서 본국本國은 위대한 조선朝鮮이다.
《훈민정음》이 본국의 소리에서 나왔다고 하였으니, 본국은 바로 위대한 조선이다.
　바르지 않은 한음漢音을 사용하지 말고, 반드시 《훈민정음》에 근거하여야 바르게 쓸 수 있다고 주장한다. 한음은 《홍무정운》에 근거하여 사용하는 명나라의 음이 확실하니, 중국은 고유명사가 아니라 문자인 소위 한자를 사용하는 나라를 뜻한다. 그렇기 때문에 중국과 명나라를 같은 뜻으로 보면 절대로 안 된다.
　그리고 여기에서 훈민정음이란 말을 사용하니, 이미 《훈민정음》이 완성된 시점으로 볼 수 있다. 《훈민정음》 제작 이전에 지어진 《사성통고범례》는 명나라의 불합리한 《홍무정운》 폐해를 지적한 것이기 때문에, 〈어제〉에서 중국을 명나라라 한다면 그야말로 엉뚱한 논거가 된다.
　그리고 한음漢音의 정의가 모호하다면, 신숙주 〈동국정운서〉에서 그 범위가 더욱 명확해진다.

> "吾東方表裏山河, 自爲一區. 風氣已殊於中國, 呼吸豈與華音相合歟. 然則語
> 音之所以與中國異者, 理之然也. 至於文字之音則宜若與華音相合矣, 然其呼吸施
> 轉之間, 輕重翕闢之機, 亦必有自牽於語音者, 此其字音之所以亦隨而變也. 其音
> 雖變, 淸濁四聲則猶古也, 而曾無著書以傳其正. 庸師俗儒不知切字之法, 昧於紐
> 躡之要, 或因字體相似而爲一音, 或因前代避諱而假他音, 或合二字爲一, 或分一

音爲二, 或借用他字, 或加減點畫, 或依漢音, 或從俚語. 而字母七音淸濁四聲, 皆有變焉.

　　우리 동방 모든 산하가, 스스로 하나의 구역이 되었다. 바람 기운이 이미 나라 안에서도 다르니, 호흡하는 것이 어찌 화음과 서로 같겠는가. 그런 즉 말소리가 그러한 까닭에 나라 안에서 다른 것은, 이치가 그러하기 때문이다. 문자 음 역시 조화로운 화음으로 서로 일치할 것으로 여겼으나, 호흡의 돌고 구르는 사이, 가볍고 무거움과 열리고 닫힘의 기틀이, 역시 말소리에 저절로 끌림이 있어, 이것으로 문자 음이 또한 따라서 변하게 된 것이다. 그 음이 비록 변하였더라도, 청탁과 사성은 옛날과 같은데, 일찍이 책으로 저술하여 그 바른 것을 전한 것이 없었다. 용렬한 스승과 속된 선비가 반절하는 법칙도 모르고, 자세히 따져 보는 요령이 어두워서, 혹은 문자 모양이 비슷함에 따라 같은 음으로 하기도 하고, 혹은 전대 임금이 조상 이름을 피하여 다른 음으로 빌리기도 하고, 혹은 두 문자로 합하여 하나로 만들거나, 혹은 한 음을 나누어 둘을 만들기도 하고, 혹은 다른 문자를 빌려 쓰거나, 혹은 점이나 획을 더하기도 하고 빼기도 하며, 혹은 한음에 의거하거나, 혹은 리어를 따랐다. 그래서 자모와 7음과 청탁과 4성, 모두 변하였던 것이다."

'혹은 한음에 의거하거나, 혹은 리어를 따랐다(或依漢音, 或從俚語)'에서 한음은 분명《홍무정운》음가를 따르는 명나라의 반절음이다.

　그리고 '우리 동방 겉과 속의 산하가, 스스로 하나의 구역이 되었다. 바람 기운이 이미 나라 안에서도 다르니, 호흡하는 것이 어찌 화음과 서로 같겠는가. 그런 즉 말소리가 그러한 까닭에 나라 안에서 다른 것은, 이치가 그러하기 때문이다. 문자 소리 역시 조화로운 화음으로 서로 일치할 것으로 여겼으나, 호흡의 돌고 구르는 사이, 가볍고 무거움과 열리고 닫힘의 기틀이, 역시 말소리에 저절로 끌림이 있어, 이것으로 문자 소리가 또한 따라서 변하게 된 것이다(吾東方表裏山河, 自爲一區. 風氣已殊於中國, 呼吸豈與華音相合歟. 然則語音之所以與中國異者, 理之然也. 至於文字之音則宜若與華音相合矣, 然其呼吸施轉之間, 輕重翕闢

之機, 亦必有自牽於語音者, 此其字音之所以亦隨而變也)'에서 화음華音이 두 번 나온다.

여기에서도 한음漢音과 화음華音은 분명 성격을 달리한다.

한음漢音은 명나라에서 사용하는 소리이지만, 화음華音은 명나라에서만 사용하는 소리는 분명 아니다. 왜냐하면 이미 언급하였지만, '한음漢音'과 '화음華音'을 구별하였기 때문이다.

결론적으로 세종의 '정음正音'을 신숙주는 '화음華音'이라 명명한 것이다.

무슨 이유인가. 세종의 기획인가, 아니면 신숙주 단독 표현인가.

세종은 신숙주를 자주 불러 가르침을 내렸다. 신숙주의 〈사성통고범례서〉나 〈동국정운서〉 내용은 분명 세종이 치밀하게 검토하고 반복하여 수정을 요구하였을 것이다. 그렇다면 독자적인 것보다는 세종의 세심한 검토를 거친 표현이라고 할 수밖에 없다.

화음華音은 바로 정음正音의 별칭이다.

우리는 화華라는 말만 나오면, 앞뒤 따지지 않고 명나라나 소위 중국을 떠올린다. 그러나 사실 모화慕華라는 말이 명나라를 받들거나 소위 중국을 추종하는 그런 의미로 볼 수는 없다.

신숙주는 〈사서통고범례서〉 이러한 주장을 한다.

"且本韻混泥·孃而不別, 今以知·徹·澄歸照·穿·牀, 以孃歸泥 … 本韻之作, 併同析異, 而入聲諸韻, 牙·舌·脣終聲, 皆別而不雜.

또 본운인《홍무정운》에서는 '니모泥母'·'낭모孃母'가 섞여 구별되지 않기에, 이제 '지모知母'·'철모徹母'·'징모澄母'를 '조모照母'·'천모穿母'·'상모牀母'로 돌리고, '냥모孃母'는 '니모泥母'로 돌려놓았다 … 본운인 《사성통고四聲通攷》를 지음에 있어서도, 같은 것은 아우르고 다른 것은 나누었으니, 입성의 여러 운모는, 아음·설음·순음의 종성인데, 모두 구별하는데 난잡하지 않았다."

신숙주는 처음에는 《홍무정운》을 언급하면서 반드시 본운本韻《홍무정운》이라 한다. 그러면서 《홍무정운》에서의 음운의 폐해를 논리적으로 지적하고 그에 대한 실례를 정확하게 거론한다. 정확하지 않은 《홍무정운》의 사용을 끝내야 한다는 주장은 없지만, 올바르지 않은 운서를 사용하는 것은 문명한 나라에서는 있을 수 없는 미개한 일이라는 것을 강하게 암시한 것이다.

그리고 이 폐해를 바로 잡은 《사성통고범례》를 이야기하면서 《홍무정운》을 수식하던 '본운本韻'이란 단어를 오직 《사성통고범례》에만 사용한다.

'본운'의 주체가 바뀐 것이다.

이제부터 운서는 명나라 것을 따르지 않는다는 것을 강조한 것이다.

지금 《훈민정음》 28자로 편찬된 운서 《사성통고범례》가 정리되었으니, 본운은 지금부터는 위대한 조선의 운서로 바뀌었다고 주장하는 것이다. 위대한 조선인 본국本國의 본운本韻을 사용하여야 말을 할 때 통역도 필요 없는 정확한 말을 사용할 수 있다는 말이다.

세종은 본本을 숭상하였다.

세종은 위대한 조선을 본국本國이라, 위대한 조선의 달력을 본국력本國曆이라, 위대한 조선의 운을 본운本韻이라 하였다.

이것이 세종이 다스리는 위대한 조선의 본뜻이다.

2-14 《홍무정운洪武正韻》을 사용하는 어리석은 사람(愚民)들

《훈민정음》과 《동국정운》은 전무후무한 성운학의 혁명적 이론서이다. 1447년 세종29년, 신숙주의 〈동국정운서〉이다.

"是月, 東國正韻成, 凡六券, 命刊行. 集賢殿應敎申叔舟奉敎序曰.
天地絪縕, 大化流行而人生焉. 陰陽相軋, 氣機交激而聲生焉. 聲旣生焉, 而七音自具, 七音具而四聲亦備. 七音四聲, 經緯相交, 以淸濁輕重深淺疾徐, 生於自然矣 … 夫音非有異同, 人有異同, 人非有異同, 方有異同. 蓋以地勢別而風氣殊, 風氣殊而呼吸異.

이달에, 동국정운이 완성되니, 모두 6권이며, 임금의 명으로 간행되었다. 집현전 응교 신숙주가 교지를 받들어 서문을 지어 말한다.

하늘과 땅이 합하여 어울리면, 커다란 조화가 자연스레 행하여져 사람이 태어난다. 음양이 서로 충돌하고, 기운과 틀이 인접하여 부딪쳐서 소리가 생기는 것이다. 소리가 이미 생기어, 7음이 스스로 어울리고, 7음이 어울리면서 4성 역시 갖추게 된다. 7음과 4성, 경위로 서로 교류하면서, 맑고 흐리고 가볍고 무거움과 깊고 얕고 빠르고 느림이, 자연스럽게 생겨난다 … 대저 소리가 다르고 같음이 있는 것이 아니라, 사람이 다르고 같음이 있고, 사람이 다르고 같음이 있는 것이 아니라, 지방이 다르고 같음이 있는 것이다. 대개 지세가 다름으로 풍습과 기질이 다르니, 풍습과 기질이 다름으로 호흡하는 것이 다르다."

신숙주의 이론이 당당하다.

하늘과 땅이 합하여 어울리고, 조화가 통해야만 사람이 태어난다고 한다. 음양이나 5행은 자연의 질서정연한 법칙이지만, 사람이 없으면 이러한 운행은 아무런 쓸모가 없다는 세종의 생각을 반영한 것이다.

그리고 음양이 서로 만나 기운이 맞닿아 부딪치니 소리가 생긴다. 대저 소리가 다르고 같음이 있는 것이 아니라 사람이 다르고 같음이 있고, 사람이 다르고 같음이 있는 것이 아니라 지방이 다르고 같음이 있으니, 대개 지세가 다름으로 풍습과 기질이 다르다. 풍습과 기질이 다름으로 호흡하는 것이 다르다. 성운이란 학문은 어렵고도 정밀하다. 무릇 온 나라 풍토가 다르니, 기운 역시 그것을 따르고, 소리도 기에서 나온다. 그래서 4성과 7음은 지방에 따라 다르다고 하였다.

문자의 창제에서 소리가 우선이라는 것을 강조하고 또 강조하였다.

1455년 단종3년 신숙주 《홍무정운역훈서》이다.

"聲韻之學, 崔爲難精. 豈四方風土不同, 而氣亦從之, 聲生於氣者也. 故所謂四聲七音, 隨方而異矣 … 我世宗莊憲大王, 留意韻學, 窮硏底蘊, 創制訓民正音若干字. 四方萬物之聲, 無不可傳. 吾東邦之士, 始知四聲七音自無所不具, 非特字韻而已也.

성운이란 학문은, 정말 정밀하기 어렵다. 어찌하여 4방의 풍토가 같지 않으니, 기운 역시 풍토를 따르니, 소리는 기에서 나오는 것이다. 그래서 4성과 7음은, 지방에 따라 다르다 … 우리 세종장헌대왕은, 운학에 관심이 있어, 밑바닥까지 살피고 두루 포용하여, 훈민정음 언문28자를 창제하셨다. 사방의 만물 소리가, 전하지 못함이 없었다. 우리 동방의 선비들은, 처음부터 4성과 7음을 알아 갖추지 못함이 없게 된다는 것을 알았으니, 가히 글자의 운 때문 아니겠는가."

성운이란 학문은 정밀하기 어려운데, 지금까지 전해진 명나라 성운에는 문제가 많다는 것이다. 소리는 같은데, 사람과 지방의 풍습과 기질이 달라서 성운 체계가 변하는 것이기 때문에 소리의 기운은 4성과 7음의 정확한 표준으로 정하여야 한다고 하며, 이것의 해결책이 바로 본국인 위대한 조선의 《훈민정음》 28자라는 주장이다. 그래서 《동국정운》으로 한음을 바로 잡은 운을 정하였는데, 이것은 명나라 《홍무정운》이 정확하지 않기 때문이라는 것이다. 신숙주는 글자의 운인 자운字韻을 내세우며, 성운을 바로 하면 '바른 소리(正音)'가 된다고 하였다. 신숙주는 정확하지 않은 《홍무정운》의 음가를 따르는 것, '이것이 억지로 36자모를 존속시켰으니 옛것에 물들면 안 되는 것이다(此不可强存而泥古也)'라 하며 이치에 맞지도 않는 옛것에 함부로 오염되는 것을 경계하였다.

사실 이러한 주장은 신숙주 단독 의견이라고 볼 수는 없다.

세종의 평소의 지론을 신숙주가 대변한 것일 뿐이다.

《홍무정운》은 1375년 홍무洪武8년 명나라 태조 주원장의 명령으로 악소봉樂韶鳳과 송렴宋濂 등이 편찬한 15권의 방대한 운서이다. 이는 양나라의 심약이 제정하여 800년 동안 통용된 사성四聲의 체계를 대신하여 북경北京의 음운으로 표준한 서적이니, 《예부운략禮部韻略》의 분운分韻을 전면적으로 개편하여 평성·상성·거성을 각각 22운, 입성을 10운으로 한 운서가 《홍무정운》이다.

그러나 이러한 명나라 《홍무정운》의 존재를 부정한 세종은 1443년 《훈민정음》을 창제, 1446년 반포하고, 《동국정운》은 1447년 세종29년 완성, 1448년 세종30년에 반포한다. 이러한 음운론의 창제와 반포 과정이 바로 명나라 《홍무정운》의 고질적 음운의 문제점 극복이다.

명나라 고황제 명에 의하여 제작된 《홍무정운》의 존재를 부정하였다는 것은, 소위 중국에서 사용하던 모든 운서에 대한 지적이다. 그리고 그것을 바로 잡았다고 하는 것은, 세종의 포부가 얼마나 위대하였다는 것을 알 수 있다.

《동국정운》은 평성·상성·거성·입성을 하나로 묶어 문자음을 제시하였는데, 이것이 곧 26운류韻類이며, 운류에 포함된 평성·상성·거성·입성의 대표 운목韻目을 분립시키면 91운으로 구성된다. 또 이 91운을 같은 운모 같은 성조로 다시 구분하면 총 192개로 나뉜다. 특히《동국정운》91운의 중성 배열 순서는 중성 9자인데, 운목의 배열 순서가 소위 중국에서 사용하던 운서와는 다른 독특한 체제라는 학계의 탐구와 보고가 있었다.《동국정운》의 편운이《고금운회》를 비롯한 명나라 운서와는 부합되지 않는다는 것을 확인하였다는 연구이다. 아무튼《동국정운》은 명나라의《홍무정운》과는 성격과 내용을 달리한 위대한 조선에서 편찬된 독창적인 운서이다.

《동국정운》은 6책6권으로 구성되어 있다.

다만 왜 6책6권으로 구성되었는지는 밝혀진 내용이 없다.

위대한 조선이 이룩한 엄청난 역사적 사건이 아닐 수 없다.

신숙주는《홍무정운》36자모를 재차 부정하였다.

    "於我國字音, 未可分辨, 亦當因其自然, 何必泥於三十六字乎.
     우리나라 글자 음에서는, 분별할 수 없으니, 또한 자연에 따라 할 것이지,
     어찌 꼭 36자에 물들 것인가."

이런 음운의 혁명적인 변화가 최만리와 집현전학자들의 반감을 불러일으켰다.

그러나 세종은 그들 의견에 동조하지 않았다.

소위 한음을 사용하는 사람들은 정확하지 않은 음가에 물든《홍무정운》을 사용하는 '어리석은 사람(愚民)'이라 여겼고, '세종은 그러한 병폐를 측은하게 여겼을(予爲此憫然)' 뿐이다. 세종은《훈민정음》28자를 만들어 한편으로는 백

성들이 편하게 사용하고자 하였고, 다른 한편으로는 성운의 체제를 통일시켜 이두로 쓰던 한음과 나아가 《홍무정운》에서 사용하던 불합리한 음가를 바로 잡으려 하였다.

이것이 바로 《훈민정음》에서 추구한 핵심이다.

《훈민정음》 28자를 제작하면서 《홍무정운》을 번역하게 하고, 그 뜻을 받들어 단종3년 《홍무정운역훈》으로 간행한다. 명나라에서 간행된 《홍무정운》은 중원中原과 지방 토속 변음變音의 편찬이니, 그들의 북방과 남방 소리가 뒤엉킨 불안정한 운서였다.

그러나 《훈민정음》 28자는 정확한 음가를 지녔음에도 불구하고 사용하는 데 어려움이 있었다. 《훈민정음》이 반포되었지만, 그 음가와 체제가 정밀하였기에 일반 사람들은 그 숨은 내용을 정확히 파악하지 못하였다. 일상에서 사용하기에 어려웠다.

세종은 그것을 예측하였기에 〈제자해〉에서 다음과 같이 부연하고 있다.

"唯牙之ㆁ, 雖舌根閉喉聲氣出鼻, 而其聲與ㅇ相似, 故韻書疑與喻多相混用. 今亦取象於喉, 而不爲牙音制字之始.

오직 어금닛소리인 'ㆁ'은, 비록 혀뿌리가 목구멍을 막아 소리의 기운이 코로 나오는데, 그 소리가 'ㅇ'과 비슷하니, 그래서 운서에서 의疑와 유喩가 서로 혼용할 수 있다. 이제 또한 목구멍에서 그 모양을 취하였는데, 글자를 만드는 시초를 어금닛소리로 하지는 않았다."

그리고 〈합자해〉에서 다음과 같이 설명하고 있다.

"初聲之ㆆ與ㅇ相似, 於諺可以通用也.

초성 'ㆆ'과 'ㅇ'은 서로 비슷하여, 그래 토박이말에서 통용될 수 있다."

후음인 목구멍소리〔ㆆ〕과〔ㅇ〕은 서로 비슷하기에 일반인이 음가를 정확히 파악할 수 없어, 통상적으로 말을 할 때는 같이 쓸 수는 있지만, 운서에서는 그렇게 사용하지 못한다고 주장한다. 말을 할 때 혼용하는 것은 문제가 안 되지만, 한음에서〔업業〕과〔욕欲〕과〔흡挹〕을 같은 글자로 여겨 버무려 쓴다면 무슨 소리인지 무슨 뜻인지 알아들을 수 없다는 설명이다.

'나라말의 소리가, 나라 안에서 다르기에, 문자와도 서로 통하지 않는다(國之語音, 異乎中國, 與文字不相流通)'가 바로 이것이다.

우리나라 사람들끼리는 언문을 사용하기에 음가가 틀려도 알아들을 수 있고, 그것은 위대한 조선에서 일어나는 일이라면 수습은 가능하다. 그렇지만 명나라 사람들과 대화를 할 때 바른 소리에 따르지 않고 음가를 무시하면서 이야기를 하여 난감하다는 것이다. 그러기에 통역이 옆에서 그것을 말해 주지 않으면 무슨 말인지 서로 통할 수 없다고 한다.

신숙주는〈홍무정운역훈서〉에서 이를 뒷받침한다.

"以吾東國世事中華. 而語音不通, 必賴傳譯. 首命譯洪武正韻.
우리나라 세상일이 꽃을 피우게 되었다. 그러나 말과 소리가 불통하여, 반드시 전적으로 통역에 의지하게 되었다. 우선 홍무정운을 번역하도록 명하였다."

전례가 없는 정확한 성운에 의한 합용병서合用並書의 표기가 위대한 조선에 문자文字, 바로《훈민정음》이다.

2-15 《훈민정음訓民正音》에 대한 정확한 해석이 없다

《훈민정음》에는 비밀스러운 부분이 적지 않다.

글자 그대로 해석하면 앞뒤 문맥이 엉키는 경우가 있다. 그렇다고 세종이 그 이유를 자세히 밝히지도 않았으니, 근거가 없는 것을 억지로 끌어다가 붙일 수도 없다.

그러나 훈민정음을 제대로 읽는 법칙을 무시하면 안 된다.

우선 세종에 관한 호칭이나 존칭이 나오면 줄을 바꾸는 대두법擡頭法, 세자世子가 거론되면 칸을 띄우는 공격법空格法을 취하였다. 특히 줄을 바꾸는 대두법은 깊은 의미를 지니고 있다.

〈합자해〉〈결〉 마지막이다.

"一朝
　制作侔神工
　大東千古開矇矓."

《훈민정음》에서 가장 문제가 되는 문장이며, 가장 위대한 웅변일 수도 있다.

이 뜻을 제대로 풀어야 세종의 위대하고도 숭고한 참모습이 드러난다.

"일조제작모신공一朝制作侔神工."

칠언시七言詩의 형식을 갖춘 운문韻文인데 줄을 바꾸었다.

〈합자해〉〈결〉에서는 분명 일조一朝와 제작모신공制作侔神工을 나란히 같이 쓰지 않았다. 그런데 일조一朝 때문인지 제작모신공制作侔神工 때문에 줄을 바꾸었는지 이론異論이 많다. 언뜻 일조제작모신공一朝制作侔神工의 제작모신공에서 줄을 바꾸어 대두법을 적용한 듯이 보인다. 만약 산문散文이면 어디에서 대두법이 적용되었는지 확연히 알 수 있지만, 운문韻文인 7언고시七言古詩이기 때문에《훈민정음》편집 특성상 그것이 불분명하다.

산문에서 줄을 바꾼 예는 많지만, 운문은 그렇지 않은 것이 사실이기 때문이다.

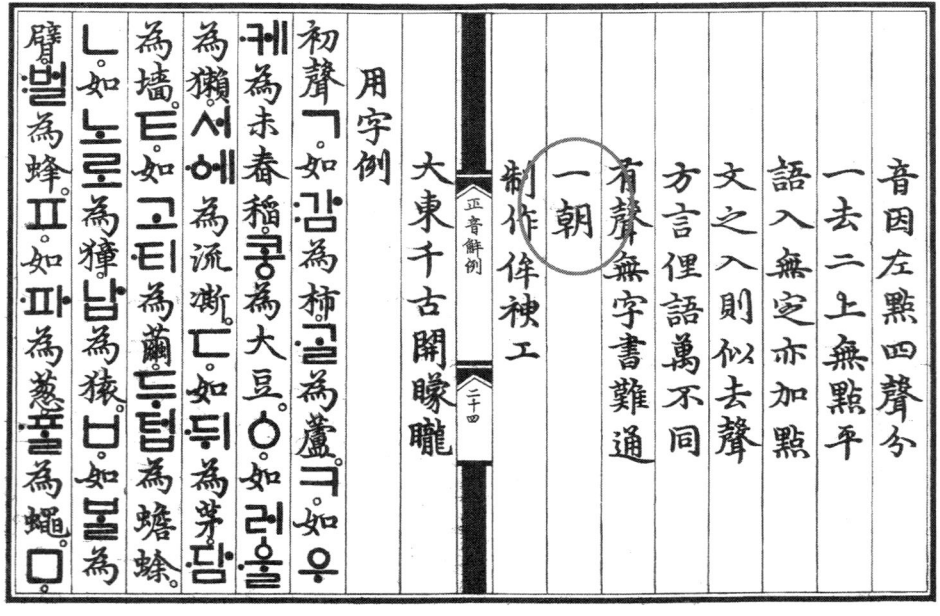

《훈민정음訓民正音》

한글학자는 세종이 '만드신(制)' 정음28자이기 때문에 제작制作의 숭고함을 강조하기 위하여, 제制로 시작되는 제작모신공制作侔神工에서 대두법을 적용하였다고 한다. 그러나 이는 절대로 그렇지 않다.《훈민정음》에서 제작制作

과 유사한 제자制字라는 말이 다섯 번 등장하지만, 줄을 바꾸는 대두법이 적용되지 않았기 때문이다.

운문인 7언고시 체제에서 '일조一朝'를 강조하려고, '제작모신공制作侔神功'에서 줄을 바꾼 것이다. 대두법이 엄격하게 적용된 셈이다. 이런 사실을 뒷받침하기 위하여 일조一朝에서 특히 '조朝'가 무슨 뜻인가 정확한 설명이 필요하다.

방종현과 홍기문은 일조를 그냥 짧은 시간인 하루아침이라 하였다.

"一朝制作侔神工　　하루아침 제작이 신공에 견주니,
　大東千古開矇矓　　대동(우리나라) 천고(오랜 역사)에 어두움 열리도다"

줄을 바꾸지도 않았고, 풀이도 두루뭉술하게 얼버무렸다.

다만 옹색하게도 대구對句를 이루는 7언시 성격만은 무시하지 않았다. 그런데 대동大東은 지명을 뜻하는 고유명사로 풀었는데, 일조一朝는 보통명사인 하루아침으로 하였다. 작시作詩의 기본 법칙이 무시되었다. 특히 이 부분은 운문인 7언고시에서 유일하게 줄을 바꾼 부분이다. 그렇다면 제작制作보다 일조一朝를 강조한 것이 분명하다.

사실 '일一'이 무엇을 뜻하는지는 확실하지 않고, 어떤 주석도 없다.

일조一朝는 일단一旦과 같은 뜻이며, 일一을 축자식逐字式으로 해석하면 그 뜻이 깊어진다. 하늘을 받드는 나라, 위대한 조선이다. 그렇기에 위대한 조선은 커다란 나라인 대동의 중심국이다. 그 위대한 조선이 태양에 의해서 빛나니, 그 태양은 바로 위대한 조선인 하늘이 내린 성인 세종이라는 암시이다.

이 문장에서 '일一'도 복잡하지만, '조朝'도 간단하지 않다.

정인지 《용비어천가서》를 보면, 바로 조朝에서 대두법이 적용되었다.

"謹採民俗稱頌之言, 撰歌詩一百二十五章. 先敍古昔帝王之迹次述我朝

祖宗之事.

삼가 민속에서 칭송하는 말을, 시 125장으로 찬술하였습니다. 먼저 옛날 제왕의 자취를 서술하고 다음으로 우리

왕조

조종 일을 찬술하였습니다."

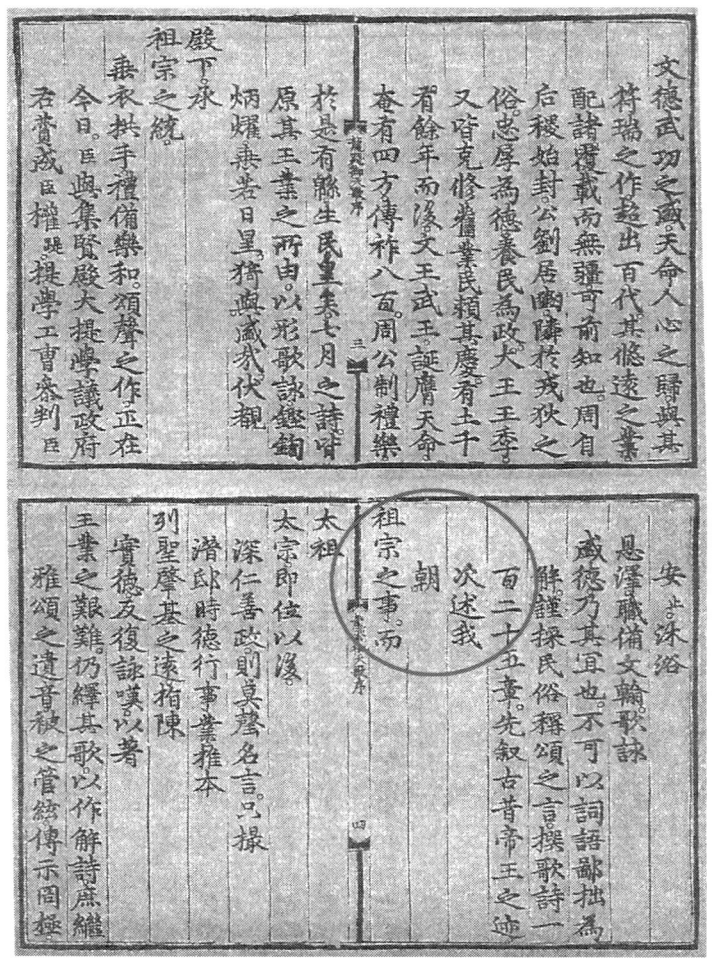

《龍飛御天歌용비어천가 序서》

이를 근거한다면, '조朝'에는 분명 숨겨진 다른 의도가 있는 것이다.

〈합자해〉에서 일조一朝와 대동大東은 완벽하게 짝을 이루는 명사이다. 적어도 대동이 고유명사라면, 일조도 그래야 한다. '대동大東'을 그리하면서 '일조一朝'를 다르게 풀면 세종의 본뜻과 어긋난다. 이미 거론하였지만, 《훈민정음》에서 위대한 조선朝鮮이란 국호가 단 한 차례도 등장하지 않았으며, 신숙주나 정인지 그리고 최만리 상소문에서도 위대한 조선朝鮮이라는 국호가 한 차례도 등장하지 않았다고 이미 밝혔다. 다만 신숙주의 〈사성통고범례서〉에서 본국本國이 두 번 나온다고 설명하였다.

어떤 규칙이나 비밀스러운 약속이 아닐 수 없다.

〈정인지서〉에서 이 문장은 무엇인가.

"故智者不終朝而會, 愚者可浹旬而學.
그래서 지혜로운 사람은 아침나절이 끝나지도 않아 이해할 수 있으며, 어리석은 사람이라도 열흘이면 배울 수가 있다."

정인지가 언급한 아침나절에서의 '아침(朝)'이라는 해석은 전혀 무리가 없다. 그러나 〈합자해〉에서 일조一朝를 하루아침이라 풀이하면 세종의 의도가 와해될 수밖에 없다.

신숙주는 〈동국정운서〉와 〈홍무정운역훈서〉에서 이런 이야기를 한다.

"此我聖上所以留心聲韻, 斟酌古今, 作爲指南, 以開億載之群蒙者也.
이것이 우리 세종대왕이 성운에 마음을 두고, 고금을 참작하여, 지침을 만들어, 억만년의 뭇어리석음을 연 것이다."

"吾東方千百載所未知者, 可不浹旬而學. 苟能沈潛反復, 有得乎是, 則聲韻之學, 豈難精哉.

우리 동방에서 천백 년을 알지 못하던 것을, 불과 열흘도 못 되어 배울 수 있게 되었다. 진정으로 되풀이하여 깊이 생각한 다음, 이것을 얻을 수 있다면, 바로 성운의 배움이, 어찌 어렵다 하겠는가."

신숙주는 정음28자를 제작하면서 세종에게 가장 많은 가르침을 받은 인물이다. 그렇기에 그는 이 서문을 쓰면서 세종이 즐겨 쓰던 말들을 찬찬히 헤아려 보았을 것이다. '억만 년의 뭇어리석음을 연 것이다'와 '우리 동방에서 오랜 세월 알지 못하던 것을, 불과 열흘도 못 되어 배울 수 있게 되었다'라는 줄거리와 '대동에서 오랜 세월의 어둠이 열렸다'가 겹치니, 곧 세종의 당당한 포부는 바로 이것이다.

그리고 〈정인지서〉와 〈홍무정운역훈서〉에서 공통적인 줄거리가 있다.

"故智者不終朝而會, 愚者可浹旬而學.
그래서 지혜로운 사람은 아침나절이 끝나지도 않아 이해할 수 있으며, 어리석은 사람도 열흘이면 배울 수가 있다."

"吾東方千百載所未知者, 可不浹旬而學.
우리 동방에서 오랜 세월 알지 못하던 것을, 불과 열흘도 못 되어 배울 수 있게 되었다."

지자智者와 미지자未知者가 조응한다.
세종은 대지大智로서의 지자智者이다. 세종은 미지자未知者인 '어리석은 백성(愚民)'의 어둠을 밝히는 태양 같은 존재였다.
왕조시대 편집형태에서 대두법과 공격법은 엄정하다.
《훈민정음》과 〈동국정운서〉에서 적용된 예이다.

《훈민정음》

대두법擡頭法

<제자해>	성심聖心
<합자해> <결>	일조一朝
<정인지서>	전하창제殿下創制, 전하천종지성殿下天縱之聖, 명상가해석命詳加解釋, 대지大智

공격법空格法

<정인지서>	세자世子

〈동국정운서〉

대두법擡頭法

신숙주 <동국정운서>	주상主上, 명命(2회), 지指, 신단宸斷, 어제御製, 사賜, 성상聖上

공격법空格法

신숙주 <동국정운서>	교敎(2회)

세종의 덕목과 왕조를 거론할 때는 이러한 편집형태를 지켰다.
정인지는 세종을 이렇게 칭송하면서, 이 문장으로 〈서〉를 마무리한다.

"夫東方有國, 不爲不久, 而開物成務之 大智, 盖有待於今日也歟.
동방에 나라가 있었는데, 오래지 않음이 아니로되, 개물성무(만물의 뜻을 열어 놓는다)의 대지는, 대개 오늘을 기다리고 있음이런가 합니다."

방종현의 해석이다.
그러나 이 해석은 무엇인가 부족하다.

이 문장은 〈합자해〉〈결〉 마지막 '一朝制作侔神工, 大東千古開矇矓'과 뜻이 서로 통한다. 의미가 반복되었으니, 무엇을 강조하려는 의도이다. 세종은 이 문장을 통해 개물성무의 커다란 지혜로 나라 안 온 세계 대동의 어둠을 밝히려고 정음28자를 제작하였다는 것을 강조하였다.

정인지는 세종을 대지大智로 받들었다.

대지는 모든 것을 꿰뚫은 성인聖人이다.

이 문장에서 눈에 띄는 것은 '금일今日'이다.

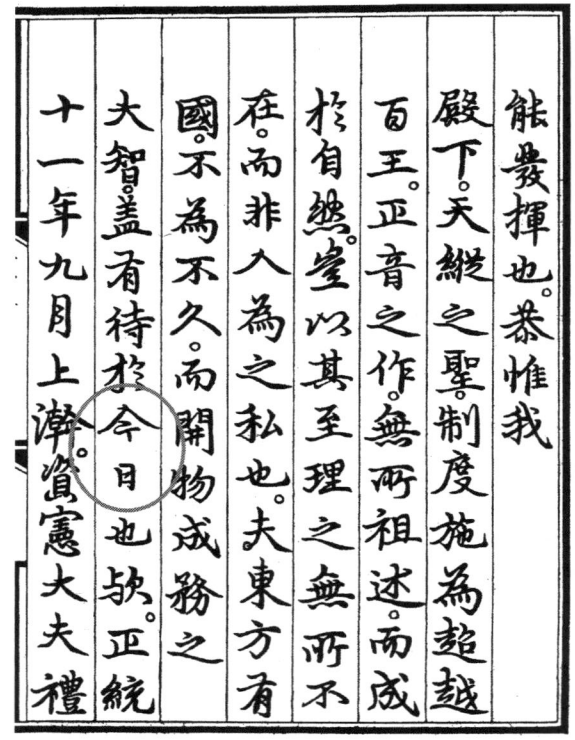

《훈민정음訓民正音》

금일今日의 '일日'은 활자체가 작다. 작지만 오히려 큰 느낌을 주는 모습이다. 무엇을 말하려는 느낌이다. 이러한 것을 참고한다면, 그 풀이도 달라야 한다.

학자들은 오늘날이라 풀고 있다.

〈어제〉의 '이를 가엾게 여겨서, 새로 28자를 만드니, 모든 사람들이 쉽게 익혀서, 날마다 쓰는 데 편안하게 하고자 한다(爲此憫然, 新制二十八字, 欲使人人易習, 便於日用耳)'에서는 분명 날마다 사용하는 일용日用으로 쓰였다. 《훈민정음》에서 일日은 〈어제〉와 〈합자해〉〈결〉에서 두 번 등장한다. 그리고 주목할 것은 모두 작게 쓰였다는 것이다. 물론 《조선왕조실록》에서도 작게 쓰는 것이 범례였기에, 그 규칙을 따랐다고 할 수도 있다.

방종현과 홍기문은 비슷한 의미로 풀었다.

그런데 그 뜻이 분명하지 않다. 작은 활자체를 편집 실수나 필사 오류로 치부하기에는 안이하다. '일日'의 이러한 편집형태는 그 당시 어느 기록에서나 동일하게 적용되었다. 《동국정운》과 《월인석보》에서도 마찬가지이다. 그리고 《조선왕조실록》 표기를 보면, 일日의 문자는 모두 작다. 따라서 '일日'은 세종만 국한된 것이 아니라, 당시 국왕의 상징이기에 그렇게 하였다고 보는 것이 타당하다.

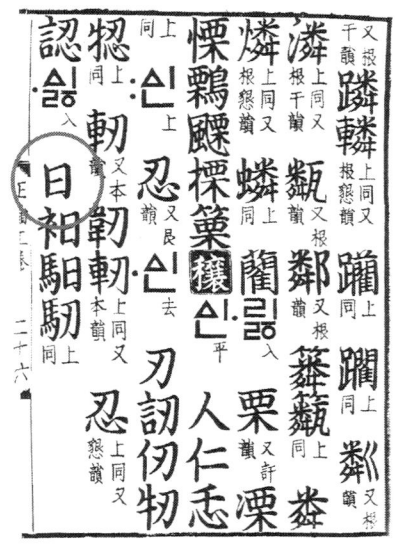
《동국정운東國正韻》

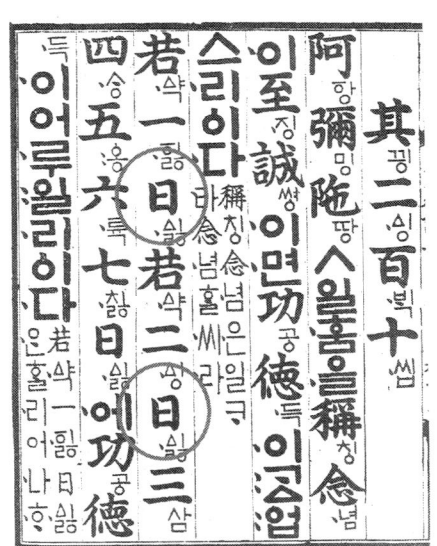
《월인석보月印釋譜》

〈어제御製〉 '일용日用'은 앞뒤 문맥으로 보아 분명 '날마다 쓴다'로 해석되지만, 〈정인지서〉의 '금일今日'은 '오늘날'일 수도 있고, '지금 임금인 세종'일 수도 있다. 그 뜻이 복합적이다. 이러한 비밀스러운 구조와 표기가《훈민정음》의 오묘함이다. 그리고 이러한 일련의 비밀스러움은 명나라 견제를 피하기 위한 고도의 정치적 은유라 여겨진다.

동국東國 중심인 위대한 조선이며, 만물을 밝히고 맡은 일을 이룩한 크나큰 지혜 대지大智의 주체는 세종이다. '일日'은 바로 다름 아닌 태양 같은 세종이다. 이러한 은밀한 편집형태가 명나라가 건재 하는 상황에서 왕조의 위엄을 비밀스럽게 나타낸다고도 할 수 있지만, 뜻의 정확한 전달에서 미흡할 수도 있다. 안타까운 상황이다.

《훈민정음》에는 특이한 부호가 있다.
민民(7회)과 중中(55회) 그리고 토土(9회)에는 반드시 점ヽ을 찍었다.

《훈민정음訓民正音》　　　　《훈민정음訓民正音》

점을 왜 찍었는지 어디에도 밝히지 않았다. 분명 그 뜻이 있을 것이다. 그리고 씨앗이 싹을 틔우는 묘사가 자주 등장한다.

〈제자해〉에서 어금닛소리〔ㆁ〕이 그것이다. 부연하여 어금닛소리〔ㆁ〕와 목구멍소리〔ㅇ〕는 소리가 비슷하지만, 두 음가는 다르다고 하였다. 목구멍소리〔ㅇ〕은 기도氣道 맨 밑에서, 어금닛소리〔ㆁ〕은 그 다음에서 나오는 소리로 규정하기 때문이다.

"牙取舌根閉喉形　　어금닛소리는 혀뿌리가 목구멍 막는 꼴을 취하는데
唯業似欲取義別　　오직 'ㆁ'만은 'ㅇ'과 비슷하지만 취한 뜻이 다르네"

그렇다면 목구멍소리〔ㅇ〕을 씨앗(배아胚芽)이라 여겼다면, 어금닛소리〔ㆁ〕은〔ㅇ〕에서 싹 트는(태아胎芽) 모습을 표현한 셈이다.

세종은〔ㆁ〕을 '나무의 싹(木之萌芽)'으로 생각하였다.

결국〔ㆁ〕은 씨앗에서 싹을 틔우는 모양을 형상화한 것이다.

초성자初聲字 아음牙音

후한後漢 허신許身의 《설문해자說文解字》에서 '민民'을 '모든 싹이다. 고문의 모양에서 나왔다(衆萌也. 從古文之象)'며 '맹萌(싹)'이라 하였고, '토土'는 '토. 생물을 토해내는 땅이다(土. 地之吐生物者也)'로 풀이한 것을 참고하면 '민民'과 '토土'에서 점은 나무 싹 또는 씨앗을 뜻하였을 것이다.

그런데 '중屮'은 무엇인가.

궁색하지만 '중屮'도 싹과 관련 있는 고전古篆의 형상을 품고 있는 문자라 추정할 뿐이다.

정인지는 개물성무開物成務를 실현한 커다란 지혜를 갖춘 분이 세종이라 하였다. 다시 말해서 세종대왕은 만물 모든 변화를 꿰뚫고 있는 성인이라는 찬사이다. 성인의 제작인 《훈민정음》은 경전이라는 뜻도 된다. 그래서 이전 태양과 지금 태양과는 다르다는 것을 강하게 시사한다. 그리고 이러한 위대한 개물성무의 정신에서 《훈민정음》이 만들어졌다는 이야기이다.

개물성무開物成務는 《주역》에 나오는 말이다.

"子曰. 夫易, 何以爲也. 夫易開物成務, 冒天下之道, 如斯而已者也. 是故聖人, 以通天下之志, 以定天下之業, 以斷天下之疑.
공자가 이야기하였다. 무릇 역이라는 것은, 어떻게 만들어졌는가. 무릇 역이란 사물을 열고 업무를 이루어서, 천하의 모든 도를 덮나니, 이와 같을 따름이라. 이런 까닭으로 성인이, 천하의 뜻을 통하며, 천하의 업을 정하며, 천하의 의심스러움을 끊어낸다.
－《주역周易》〈계사전상繫辭傳上 제11장〉에서

정인지는 이 이야기를 하는 것이다.

개물성무의 커다란 지혜를 갖춘 세종은 하늘처럼 세상 모든 이치를 실현하였다고 한다. 천하의 모든 도를 '덮듯이(冒)' 하늘의 '새로운 태양(今日)'이 만물을 밝힌다는 뜻이다. 세종의 언문28자 제작은 만물을 열고 맡은 일을 이룬 새로운 태양처럼 큰 지혜였다는 찬사이다.

이러한 내용을 간추린다.

> "一朝
> 制作侔神工
> 大東千古開矇矓.
> 夫東方有國, 不爲不久, 而開物成務之
> 大智, 盖有待於今日也歟.
> 위대한 조선에서
> 훈민정음 제작이 신의 솜씨와 견줄만하니
> 대동 오랜 세월의 어둠이 열리다
> 무릇 동방에 나라가 있어, 오래되지 않은 것이라 할 수 없지만, 만물을 열고 맡은 일을 이루는
> 큰 지혜는, 대개 오늘의 태양을 기다리고 있을 것인저."

'하늘에 있는 오늘의 태양(今日)'은 바로 대지大智 천종지성天縱之聖 세종世宗이다.

대지 천종지성인 세종이 지은 《훈민정음》은 경전이다.

《훈민정음》과 《동국정운》을 위대한 조선의 음운론서로 추앙하지만, 사실 그것보다 더 높은 곳에서 모든 문화인에게 커다란 메시지를 전하고 있다.

〈훈민정음과 『훈민정음』 해례본〉에서 김무봉金武峰은 이렇게 설명하고 있다.

> "산문散文으로 된 설명이 끝나면 이를 다시 운문韻文으로 요약하는 색다른 방법을 쓰고 있는데, 이러한 설명 방식은 불경佛經에서 불타佛陀의 교설敎說을 내용과 형식에 따라 나눈 열두 가지 방법〔十二部經〕 중 두 번째인 중송重頌에 해당된다. 중송重頌은 앞에 나온 산문의 교설을 운문으로 바꾸어 보충하거나

요약한 형식이다. 이때의 산문을 장항長行이라 하고, 운문을 중송重頌 또는 응송應頌이라고 한다."

〈훈민정음해례〉에는 〈제자해〉·〈초성해〉·〈중성해〉·〈종성해〉·〈합자해〉·〈용자례〉는 5해1례로 구성되었고, 〈용자례〉를 제외한 낱낱이 해마다 칠언고시 〈결〉이 있는데, 〈결〉은 선시禪詩에서 유래하였고, 기리는 노래라 하였으니, 전형적인 《불경》의 게송이다. 5해는 산문과 운문 형식으로 되어 있는데, 산문은 산문체 경문經文인 장항長行이며 운문인 〈결〉은 중송重頌 또는 응송應頌이니 불경 형식이라는 것이다.
《훈민정음》은 《불경》 체제를 갖추었다.
한 글자 한 글자가 천금 같은 문자, 바로 경經의 문자이다.

세종과 정인지 그리고 집현전학자 필진으로 구성된 《훈민정음》을 책임지는 주간이 있었을 것이 분명하다. 문자 크기와 글자 수와 문자 위치까지도 임의대로 할 수 없는 엄격한 편집이기 때문이다.
특이한 것은 5해1례의 마지막 부분 〈용자례〉에서 토박이말의 예례를 들고 있다.
〈용자례〉에서 언문諺文에서 언어諺語의 쓰임을 밝혔으니, 이는 우리 위대한 조선의 소중하고도 찬란한 문자의 위용이다. 언어諺語와 문자文字가 완벽한 조화를 이루는 언문諺文이 정음이라는 것이라는 것을 만방萬邦에 과시한 것이다.
그리고 〈용자례〉를 두루 살피면 언어諺語의 쓰임은 초성과 중성 그리고 종성의 법칙으로 쓰여지지 않았다. 문자와 달리 언어諺語인 리어俚語는 독특한 고유의 음가를 가지고 있었고, 그것을 존중하였다는 증명이다. 세종대왕이 언문28자를 창제하면서 문자가 이두표기에서 벗어나 비로소 초성과 중성 그리고 종성으로 구성되지만, 고유어인 언어諺語는 초성과 중성으로 이루어진 것도 있고, 초성과 중성 그리고 종성으로 구성된 본래의 토박이말을 아꼈다는 것이다.

〈용자례〉에서 초성과 중성으로만 쓰여진 예는 아래와 같다.

우케(안 찧은 벼未舂稻), 러울(수달獺), 서에(성에流凘), 뒤(따茅), 고티(고치繭), 노로(노루獐), ·파(파葱), 뫼(산山), 마(마薯藇), 사뵈(새우蝦), 드뵈(뒤웅박瓠), 자(자尺), 죠히(종이紙), 체(체簁), 채(채찍鞭), 부헝(부엉이鵂鶹), 비육(병아리鷄雛), 부얌(뱀蛇), 어름(어름氷), 아수(아우弟), 너싀(너새鴇).

《훈민정음》과 《동국정운》은 예사로운 저서가 아니다.

《훈민정음》은 대동인 온 세계 최고의 지식인들에게 전하는 전무후무한 고급 문자서이다.

《훈민정음》의 정음28자를 바로 사용하면 대동에서 - 중국(나라 안에서) - 모든 음이 통일되어 통역이 없이도 대화를 자유롭게 할 수 있다는 세종의 바람이다. 바로 문자서의 세계통일이다. 그것을 증명하는 엄청난 저서가 바로 《동국정운》이다.

알파벳의 보고寶庫 《훈민정음》을 바로 익혀서 《동국정운》의 발음대로 온 세계에서 편리하게 사용되기를 바랐던 것이다. 특히 《동국정운》에는 리어俚語인 위대한 조선의 토박이말의 음가도 적용하였기 때문에, 위대한 조선은 물론 대동의 모든 백성들이 사용하면 지혜로운 인인人人이 될 수 있다는 주장이다.

세종은 문자와 마찬가지로 항간巷間의 소중한 사투리를 아꼈다.

그래서 언문諺文이라 한 것이다.

위대한 조선의 토박이말에는 조상의 지혜와 철학이 담겨 있었기 때문이다.

다만 정확하고 과학적이기 때문에 많은 사람들이 《동국정운》의 체제와 성격을 이해하지 못하였다. 이러한 정황은 지금까지도 그렇다. 그러나 모르면 모르는 것을 부끄럽게 여겨서 더욱 정진하여야 마땅한 일인데, 일부 학자들은 《동국정운》의 복잡함과 특이함을 조롱하기까지 하였다.

세조대왕世祖大王

2-16 《훈민정음訓民正音》 반포일頒布日은 언제인가

우리는 10월 9일을 한글날로 정하였다.

이날을 국경일로 정하여, 세종대왕 《훈민정음》을 기리고 있다.

유례가 없는 정음28자를 가진 문화민족으로서 자부심이다.

그런데 10월 9일이 《훈민정음》을 반포한 날이라는 근거가 타당성을 갖추지 못한다.

그 이유는 세종이 정확하게 언제 창제하고 반포하였는지, 구체적인 날짜를 명시하지 않았기 때문이다. 다만 《훈민정음해례》를 면밀히 분석하고, 그 당시 역사적 사실을 참고한다면, 정확한 반포일을 밝힐 수 있다.

우선 창제와 반포에서 창제는 무엇인가.

세종25년(1443년), 《훈민정음》을 알린다.

"是月, 上親制諺文二十八字. 其字倣古篆. 分爲初中終聲, 合之然後乃成字. 凡干文字及本國俚語, 皆可得而書. 字雖簡要, 轉換無窮. 是謂訓民正音.

이달에, 세종대왕께서 친히 언문28자를 지었다. 그 글자는 옛 전자를 본떴다. 나누면 초성·중성·종성으로 되고, 그것을 합한 후에 글자가 된다. 무릇 문자에서 우리나라 시골말까지, 모두를 표현해 쓸 수 있다. 글자 수는 간단하면서 명료하지만, 전환은 무궁하다. 이를 훈민정음이라 한다."

《조선왕조실록朝鮮王朝實錄》〈세종장헌대왕실록권102世宗莊憲大王實錄卷第一百

二)에 실린 내용이다. 소위 신라 설총 이후의 불합리한 문자 반절법反切法이 도태되고, 새롭게 모색된 언문28자를 지어 초성과 중성 그리고 종성에 의한 과학적 문자 표기법을 제창한 것이다. 위대한 조선에서 창조적 문자 역사의 합주곡을 알린 것이다. 그런데 특이한 것은, 세종은 왜 창제일과 반포일을 나누었는가 하는 것이다.

어느 문서에도 이 내용에 대한 설명이 없다.

다만 미루어 짐작되는 것은, 적어도 1445년 창제를 발표할 때까지 세종의 자신감을 엿볼 수가 있었다. 그런데 3년이 지난 1446년 반포에 이르러서는 거스를 수 없는 어두운 국면을 맞이한 느낌이다.

세종28년 《조선왕조실록》의 알량한 기록이 그것을 말해 준다.

"是月. 訓民正音成.
이달. 훈민정음이 완성되었다."

시작부터 《훈민정음해례》의 모진 고난을 엿보는 것 같다.

사관史官들은 문서를 작성하면서, 날짜를 적지 않았다. 초기 《조선왕조실록》이나 〈동국정운서〉에서는 날짜를 구체적으로 표기하지 않고 '시월是月' 바로 '이달'이라 뭉뚱그렸다.

"是月, 上親制諺文二十八字. 其字倣古篆. 分爲初中終聲, 合之然後乃成字. 凡于文字及本國俚語, 皆可得而書. 字數簡要, 轉換無窮. 是謂訓民正音.

이달에, 세종대왕께서 친히 언문28자를 지었다. 그 글자는 옛날 전자를 본떴다. 나누면 초성·중성·종성으로 되고, 그것을 합한 후에 글자가 된다. 모든 문자에서 우리나라 시골말까지, 모두를 표현해 쓸 수 있다. 글자 수는 간단하면서 명료하지만, 전환은 무궁하다. 이를 훈민정음이라 한다."
– 세종25년(1443년 9월 29일), 《조선왕조실록》

> "是月. 訓民正音成.
> 이달. 훈민정음이 완성되었다."
>
> — 세종28년(1446년 9월 29일), 《조선왕조실록》

> "是月, 東國正韻成, 凡六卷, 命刊行. 集賢殿應敎申叔舟奉敎序曰.
> 이달에, 동국정운이 완성되었으니, 모두 6권이고, 간행을 명하였다. 집현전 응교 신숙주가 가르침을 받들어 서에서 말하였다."
>
> — 세종29년(1447년 9월 29일), 신숙주 〈동국정운서〉

여기에서 공통으로 9월 29일이라 한다.

왜 9월 29일인가.

이는 단지 《조선왕조실록》 편찬 규정일 뿐이다. 바로 그달에 일어난 일을 마지막 날 29일에 기록하였기 때문일 것이다. 그런데 날짜를 왜 적지 않았는가.

날(日)은 태양이며, 태양은 나아가 임금을 상징한다.

그래서 날(日)은 다른 문자와 모양이 달라야 하였을 것이며, 앞에 구체적인 숫자를 명기한다는 것은 태양을 함부로 척량하는 것이기에, 칸을 비워 두었을 가능성을 배제할 수 없다.

세종 둘째 아들인 세조世祖는 세종29년 《석보상절釋譜詳節》과 세조5년 《월인석보月印釋譜》를 간행하면서, 직접 서문을 쓰고서 날짜를 정확히 밝힌다.

> "正統 十二年 七月 二十五日 首陽大君 謹序
> 天順 三年 己卯 七月 七日 首陽君 謹序"

수양군首陽君 세조世祖는 1447년 7월 25일과 1459년 7월 7일이라 하여 날짜를 분명히 적었다. 《석보상절》 서문을 쓸 때는 왕족이었고, 《월인석보》 서문을 쓸 때는 일국의 왕이었기 때문이다.

특이한 것은 세조世祖가 군호君號인 수양首陽을 즐겨 사용하고 있다는 것이다. 대군시절은 물론 세조로 등극하고서도, 문서에다가 수양首陽이라 쓰고 있기 때문이다.

《훈민정음》 제작에 직접 참가하였다는 정인지는 서문에서 정통11년 9월 상한(正統11년 九月 上澣)이라고 밝혔다.

"正統十一年九月上澣. 資憲大夫禮曺判書集賢殿大提學知春秋館事 世子右賓
客臣鄭麟趾拜手稽首謹書
정통11년 9월 초순. 자헌대부 예조판서 집현전 대제학 지춘추관사 세자 우빈객 신 정인지는 손을 맞잡고 머리를 조아려 삼가 쓰다"

정통正統11년은 세종28년 1446년이다.
그리고 9월九月 상한上澣은 음력이다.
상한은 초순初旬이니 10일이다.
결론적으로 음력 9월 10일은 확실한 날짜임을 부정할 수 없는 것이다.
일부에서는 명나라 연호인 정통正統을 사용하였기에, 중국을 명나라라고 한다. 패배적 사대주의가 아닐 수 없다. 외교적인 이소사대以小事大의 개념에서 넌지시 정통正統으로 표기하였을 뿐이라고 그 이유를 설명하고 싶다.
세종26년 2월, 최만리가 언문28자 제작 부당성을 상소하였고, 최만리에 대한 반론을 〈정인지서〉에서 직접 밝힌다. 그렇다면 《훈민정음》 28자를 제작한 세종25년 1443년 그리고 반포한 세종28년 1446년은 무엇을 뜻하는가. 물론 바른 소리를 정확하게 파악하여 새롭게 28자를 제작하였기에, 그것을 검토하고 문제점을 파악하는 시간이라 할 수도 있다. 그리고 세종25년에 28자가 완성되었지만 세종28년을 기다렸다는 개연성을 무시할 수 없다.

언문28자와 세종28년의 숫자 일치이다.

우연이라기보다는 어떤 깊은 뜻을 지닌 비밀스러운 기획이 아닌가 하는 느낌이 강하다.

그리고 '한澣'은 열흘이기에 막연히 상순上旬이라 여길 뿐이다. 주목할 것은 《훈민정음》과 《동국정운》에 대한 기록은 모두 9월 29일이다. 정인지가 언급한 상한이라는 말을 유념할 때, 10일에 있었던 일을 이달 마지막 날인 29일에 기록한 것일 뿐이다. 때문에 29일은 훈민정음 제작일과는 아무런 상관이 없다.

정인지와 신숙주는 '열흘(旬)'이라는 말을 똑같이 사용한다.

"故智者不終朝而會, 愚者可浹旬而學.
그래서 지혜로운 사람은 아침나절이 끝나지도 않아 이해할 수 있으며, 어리석은 사람도 열흘이면 배울 수가 있다."
― 《훈민정음》〈정인지서〉

"吾東方千百載所未知者, 可不浹旬而學.
우리 동방에서 오랜 세월 알지 못하던 것을, 불과 열흘도 못 되어 배울 수 있게 되었다."
― 신숙주〈홍무정운역훈서洪武正韻譯訓序〉

물론 우연의 일치라고도 할 수 있겠지만, 협순浹旬이라는 단어가 같은 의미로 쓰였다는 것은 간과할 수 없다. 그렇다면 이는 세종이 바로 '열(十)'이라는 숫자에 집착하지 않았나 하는 추정이다.

모든 것이 열리고 모든 것이 창조된다는 뜻을 품은 '열(十)'이다.

그래서 우리는 10일 또는 순旬을 무시할 수 없다.

〈제자해〉에서 세종은 중성中聲을 강조하였다.

하늘과 땅 작용도 있지만, 핵심은 사람이라 하였다. 어미 글자 소리마다 제각기 중성이 있으니, 모름지기 중성에서 열림과 닫힘을 찾아야 한다고 강조하였다. 하늘과 땅의 작용이 사물에서 피어나지만, 사람이 없으면 그것은 아무 의미가 없다고 한다. 사람은 만물의 영령으로 능히 음양에 참여할 수 있고, 모든 중성11자는 하늘과 땅과 사람의 모습을 취하므로 3재의 이치를 갖춘다고 하는 것이다.

하늘과 땅 그리고 사람의 조화는 3재의 원만한 만남이다.

세종은 〈제자해〉에서 이를 밝힌다.

"中聲凡十一字. •舌縮而聲深, 天開於子也. 形之圓, 象乎天也. ㅡ舌小縮而聲不深不淺, 地闢於丑也. 形之平, 象乎地也. ㅣ舌不縮而聲淺, 人生於寅也. 形之立, 象乎人也.

중성자는 모두 11자이다. '•'는 혀가 줄어들면서 소리가 깊으니, 하늘이 자시에 열리는 것과 같다. 꼴이 둥그니, 하늘을 본떴다. 'ㅡ'는 혀가 조금 줄어들면서 소리가 깊지도 얕지도 않으니, 땅이 축시에 열리는 것과 같다. 꼴이 평평하니, 땅을 본떴다. 'ㅣ'는 혀가 줄어들지 않고 소리가 얕으니, 사람은 인시에 태어나는 것과 같다. 꼴은 서 있으니, 사람을 본떴다."

3재에 대한 설명이다.

둥글어 하늘을 본뜬〔•〕는 자시子時에 열리는 것과 같고, 평평하여 땅을 본뜬〔ㅡ〕는 축시丑時에 열리는 것과 같고, 서 있어 사람을 본뜬〔ㅣ〕는 인시寅時에 태어나는 것과 같다라고 한다. '하늘이 열리는 천개天開'와 '땅이 열리는 지벽地闢' 그리고 '사람이 태어나는 인생人生'이 중성11자의 요체라 한다.

하늘이 '열리고(開)' 또 땅이 '열리어(闢)', 하늘과 땅이 온전한 것은 바로 사람이 존재하기 때문이라는 것을 강조하였다. 바로 인생人生이 없으면 하늘과 땅의 개벽은 아무런 의미가 없다는 것이며, 우주 모든 이치가 여기에 부합된다는 것을 말한다.

종합하면 개벽인생開闢人生이다.

그리고 개開와 벽闢은 어떤 호흡을 말하고 있다. 동動과 정靜의 움직임에 의한 음양陰陽의 활동이라고 말할 수 있다. 언뜻 이 움직임은 두 가지 혹은 두 개의 동작으로 볼 수 있지만, 정확히 말하면 개벽생開闢生, 세 개의 과정으로 보아야 한다. 그리고 이러한 동정은 궁극적으로 완벽한 '열(十)'로 가는 과정이기 때문이다.

하늘과 땅이 열렸지만, 무극지진無極之眞의 사람이 태어나는 상징을 '열(十)'로 보았다.

세종의 독특한 인본사상에 입각한 음양5행론이다. 따라서 하늘과 땅 그리고 사람의 원만한 움직임을 3극三極 또는 3재三才의 절정絶頂이라 할 수 있다. 다시 한 번 강조하지만, '사람(人)' 또는 훈민정음을 사용하는 '사람들(人人)'이 없으면 만사가 무의미하기 때문이다.

이것이 세종의 진정한 인본사상이다.

이러한 내용은 오로지 위대한 조선의 세종이 말하고, 세종이 강조하였다.

다시 말해서 '열(十)'이라는 것은 사람의 온존한 존재를 말하기 때문이다.

1432년 세종14년 이순지李純之가 중심이 되어 《칠정산내편七政算內篇》 편찬을 시작하였다. 명나라를 따르던 천체관측을 위대한 조선 한양漢陽 중심으로 관찰한다는 주장이다. 7정七政은 해·달 그리고 수성·화성·목성·금성·토성의 움직임이니, 정음28자 제작원리인 음양과 5행을 근본부터 철저히 파악한다는 취지였을 것이다. 어디에서도 유례가 없이 정확한 음력과 양력을 절충한 태음태양력太陰太陽曆이 시행되었다.

태음태양력은 달의 삭망朔望으로 기준하면서, 태양의 운행도 참고한 역법이다. 비록 동양권에서 오래전부터 모두 사용하던 태음태양력이지만, 세종의 실시한 태음태양력이 가장 정확한 역법이라 평가받고 있다.

위대한 조선에서 제작한 태음태양력을 본국력本國曆, 명나라의 것은 넓은 의미의 중국력中國曆 또는 대통력大統曆이라 하였다. 암묵적으로 명나라에서 시행하였던 천체관측을 지금부터 위대한 조선에서는 인정하지 않겠다는 주장이다.

세종의 《칠정산七政算》 제작은 엄청난 역사적 사건이다.

《훈민정음》과 《동국정운》에 버금가는 일이다. 천문학에서 위대한 조선의 정확함과 세밀함을 다시 한 번 온 세계에 천명한 것이다. 《칠정산》은 〈내편〉과 〈외편〉으로 구성되었다. 〈내편〉은 당시 가장 정밀하다는 원나라 역법 《수시력授時曆》을 근거하여 보완하였으며, 〈외편〉은 최신 역법인 아라비아 《회회력回回曆》을 참고하였다고 한다. 그러나 지금은 《칠정산내편》도 두 권의 음운론서와 마찬가지로 박물관에서의 존재이다. 이러한 저간의 사정을 종합한다면, 세종이 《훈민정음》 28자 반포일을 정할 때 허투루 하지는 않았을 것이다.

정인지가 말한 정확한 날짜는 음력 9월 상한, 세종28년 병인년丙寅年인 1446년 9월 10일이다.

세종은 신숙주 〈동국정운서〉와 〈홍무정운역훈서〉를 통해 다음과 같은 포부를 밝혔다.

"此我聖上所以留心聲韻, 斟酌古今, 作爲指南, 以開億載之群蒙者也.
　이것이 우리 세종대왕이 성운에 마음을 두고, 고금을 참작하여, 지침을 만들어, 억만년의 뭇 어리석음을 연 것이다."

> "吾東方千百載所未知者, 可不浹旬而學.
> 우리 동방에서 오랜 세월 알지 못하던 것을, 불과 열흘도 못 되어 배울 수 있게 되었다."

신숙주는 세종대왕이 억만년의 모든 어리석음을 활짝 열었다고, 《동국정운》의 편찬을 칭송하고 있다.

이러한 이야기는 〈합자해〉〈결〉 마지막 부분과 논조가 흡사하다.

> "一朝
> 制作侔神工
> 大東千古開矇矓
> 위대한 조선에서
> 훈민정음 제작이 신의 솜씨와 견줄만 하니
> 대동 오랜 세월의 어둠이 열리다"

《훈민정음》으로 대동의 오랜 세월에서 어둠이 열렸고, 《동국정운》으로 억만년의 뭇어리석음을 깬 것이라 하였다. '개억재지군몽開億載之群蒙'과 '개몽롱開矇矓'에서 '군몽群蒙'과 '몽롱矇矓'은 바로 '어둠(暗)'이다.

그런데 태양 같은 성상聖上 세종대왕에 의해서 어둠이 밝음으로 바뀌었다는 것을 이야기한다. 우연인지 기획된 의도인지는 몰라도 암暗은 '날 일日'과 '소리 음音'의 형성문자形聲文字이다. 소리가 어둠에 묻혀있다가 밝음으로 나왔다는 뜻이다. 그리고 소리를 바른 소리로 정한 사람은 바로 하늘에서 해 같은 세종이라 할 수도 있는 것이다.

세종은 어려움을 무릅쓰고 어둠을 밝혔지만, 그 소리와 문자를 사용하는 사람들은 불과 열흘도 못되어 배울 수 있다고 하였다. 사실 불과 열흘은 비유이며 강조일 뿐이다.

'열(十)'을 강조한 것이다.

세종은 《훈민정음》이 동방인 대동에서 억만년의 뭇어리석음을 깬, 오랜 어둠을 연 – 해도 열리고 달도 열리는 – 개몽롱開曚曨같은 촉매제가 되기를 간절히 바랐던 것이다.

세종28년 음력 9월 10일이 정확한 훈민정음 반포일이지만, 태음태양력에 근거한 양력과 음력이 조화를 이루는 '10월(양력)' '10일(음력)'을 언문28자 반포일로 정하였다고 생각한다.

지금의 한글날은 10월 9일인데, 이것은 세종28년 음력 9월 10일을 태양력으로 환산하였다고 주장한다. 그렇다면 이는 세종의 뜻을 완전히 저버린 결론이다.

방종현의 이야기이다.

"그러므로 이 반포 기념일에 관해 지나간 병인(1926)년 즉 훈민정음 반포 8주갑(480주년)에 처음으로 이 기념의 날(가갸날)을 가지게 될 때에 부득이 9월 그믐인 29일로 정하였다가 그 후 태양력으로 이 날을 환산하여 10월 29일로 2년간을 지내 왔고, 다시 역서 관계로 10월 28일로 작정되어 여러 해 지내 왔는데, 지나간 1940년에 이 원본인 해례본이 발견되어 그 정인지 서문 연대기 중에 있던 모든 기록보다는 좀 더 자세히 9월 상한上澣이라고 기록되었으므로, 지금까지 어느 날인지 퍽 막연하던 것이 상한이란 두 글자의 명기에 의하여 좀 더 좁혀져서 9월 10일로 정하고 나니 이만큼 줄어진 날짜를 10월 28일에서 뽑으매 양력으로 10월 9일이 되는 것이다. 그리하여 올해(1946년)에도 《훈민정음》 반포 500주년 기념일(한글날)을 이 10월 9일로 지내게 된 것이다."

방종현은 세종의 태음태양력 무시하고서 엉뚱하게도 태양력에 근거하여 10월 9일이라 하였다. 세종은 태음태양력을 훈민정음 반포의 시기를 기해 정식으로 공포하였는데, 이러한 엄청난 활동을 그는 완전히 부정한 셈이다.

　세종28년은 언문28자와 관계가 있고 – 양陽인 '하늘도 열리고(天開)' 음陰인 '땅도 열리는(地闢)' – 하늘과 땅의 정기를 이어받은 사람들이 한없이 밝아지는 10월 10일이 바로《훈민정음》반포일이다.

　10월 10일을 소위 한글날이라고 하여야 맞다.

　10월 10일은 곧 세종이 의도한 진정한《훈민정음》반포일頒布日이다.

2-17 《훈민정음訓民正音》을 아악雅樂으로 지었는가

세종은 분명《훈민정음訓民正音》을 널리 알리기 위하여 장중한 아악雅樂을 지었을 것이다.

그러나 지금 어디에도 그런 흔적이 없다.

《훈민정음訓民正音》 언문諺文28자는 음절마다 각각 고유한 뜻과 음을 가지고 있는 음소문자音素文字이다.

정음28자 체계는 우랄어나 알타이어가 아니다.

물론 현재 사용하고 있는 우리나라 말에서 알타이어 음운체계가 나타남을 부정하지는 못하지만, 언문에 뿌리를 둔 정음은 분명 표음문자도 교착어도 아니다. 정음28자는 음과 뜻을 가지고 조화를 이룬다. 음절문자인 음소문자이다. 다시 말해서 음운언어音韻言語, 각각 음절마다 개념을 가지고 있으며, 글자가 그 뜻을 연결시킬 수 있는 언어체계를 가지고 있다. 정확히 말하면 정음28자는 음소音素가 자유자재로 조합되어 만들어지는 음소조합문자音素組合文字라 할 수 있다. 그러기에 세종이 정음28자를 만들 때, 음가를 평가하여 음계를 이루는 일곱 가지 소리에 근거한 7음七音에 대한 연구를 철저히 하였다.

세종은 음률과 아악雅樂의 요체를 살펴서 나라를 다스리는 도구로 삼으려 하였다.

궁중음악인 아악을 정비하였는데, 당나라 음악인 당악唐樂은 박자와 음률이 예법과 어울리지 않았기 때문이다. 또다시 세종은 명나라를 부정한 셈이다. 그렇다면 《훈민정음》은 악보는 존재하지 않지만, 4성과 7음의 음률이 장중하게 어우러지는 성대한 아악雅樂이라 할 수 있다.

신숙주 〈동국정운서〉의 끝부분이다.

> "吁. 審聲以知音, 審音以知樂, 審樂以知政, 後之觀者, 其必有所得矣.
> 아아. 소리를 살펴서 음을 알고, 음을 살펴서 음악을 알며, 음악을 살펴서 정치를 알게 되니, 뒤에 그것을 보는 사람들이, 반드시 얻는 바가 있으리라."

우선 여기에서 특이한 것은 신숙주가 성聲과 음音에 대하여 확실한 구분을 하였다는 것이다. '소리를 살펴서 음을 알았다(審聲以知音)'에서 소리(聲)는 우주 만물이 내는 모든 소리이고, 음音은 그 소리 무늬를 파악한 것이다. 음音을 살폈기 때문에 음악音樂을 알았다는 논리이다.

성음학聲音學(Phonetics)의 출발이다.

초성初聲·중성中聲·종성終聲 그리고 사성四聲으로 바른 음을 제도화한 것이 정음正音이라는 것이다. 혹자는 음성학音聲學과 성음학聲音學을 동일시하는데, 세종의 논리라면 성聲을 먼저 살피고 음音을 정하였다고 하였으니, 성음학聲音學이란 정의가 더 근거를 갖추고 있다.

《훈민정음해례》에는 성음聲音이라 하였지, 음성音聲이라 하지는 않았다.

세종은 당나라 음악은 4성과 7음이 뒤틀어졌기에 인정하지 않았고, 4성과 7음이 종횡으로 어우러진 바른 소리인 정음으로 아악을 만들었다. 세종은 서적을 간행하면 반드시 그것을 음악으로 옮겼다. 분명 《훈민정음》도 예외는 아니었을 것이다. 세종이 음악에 문외한이었고, 절대음감의 능력을 가지고 있지 않았으면 불가능한 작업이었다.

그리고 세종은 음악의 정치적·예술적 효능을 누구보다 잘 알고 있는 사람이었다.

《예기禮記》〈악기樂記〉 2장이다.

> "樂者, 音之所由生也, 其本在人心之感於物也. 是故其哀心感者, 其聲噍以殺; 其樂心感者, 其聲嘽以緩; 其喜心感者, 其聲發以散; 其怒心感者, 其聲粗以厲; 其敬心感者, 其聲直以廉; 其愛心感者, 其聲和以柔. 六者非性也, 感於物而後動.
> 악이라는 것은 음에서 생겨나는 것이니, 그 근본은 사람의 마음이 사물에서 느껴지는 것이다. 이러한 까닭으로 슬픈 마음이 느껴지면, 그 소리는 급하여서 빠르다. 즐거운 마음이 느껴지면, 그 소리는 분명하여서 완곡하다. 기쁜 마음이 느껴지면, 그 소리는 발산하여서 흩어진다. 성난 마음이 느껴지면, 그 소리는 거칠어서 세진다. 존경하는 마음이 느껴지면, 그 소리는 곧아서 검박해진다. 사랑하는 마음이 느껴지면, 그 소리는 조화로워서 유순하게 된다. 여섯 가지 느낌은 본성이 아니니, 사물에서 느껴진 다음에야 움직이는 것이다."

희로애락에다가 존경과 사랑의 마음까지를 전하는 음악의 효능을 이용하여, 위대한 조선의 훈민정음을 널리 전하는 기능을 세종이 마다할 이유는 전혀 없다. 소리를 살펴서 음을 알고, 음을 살펴서 음악을 알며, 음악을 살펴서 정치를 알게 되니, 그것을 보는 사람들이, 반드시 얻는 바가 있다고 믿었다. 해서 바른 소리를 바른 음으로 전하는데 한껏 마음을 쏟았을 것이다. 최종민崔鍾敏은 《훈민정음과 세종악보》에서 이런 이야기를 하고 있다.

> "훈민정음 창제에 대한 기록은 있으나, 준비과정에 대하여 명시된 기록은 없다. 그러므로 관련되는 요소나 상황에 대한 기록을 통하여 추정할 수밖에 없다.
> 훈민정음 제작 배경이 된 것은 당시 역학과 운학 그리고 음악원리 등이다. 이 가운데 음악요소가 《훈민정음》에 기록되어 있는데, 이 음악요소는 당시에 세종대왕이 창제한 《세종악보》에도 사용된 것이므로, 두 문헌은 같은 음악요소로 관련되어 있는 것이다."

최종민도 세종이 《훈민정음》을 아악으로 지었을 것이라 추정은 하지만, 그 흔적을 찾을 수 없기에 확실한 이야기를 하지 못하고 있다. 만약 세종이 《훈민정음》의 악보를 지었는데 역사적 정변에 의하여 유실되었거나 어떤 조직적인 움직임에 의해서 일거에 사라졌다면, 이는 우리나라의 엄청난 비극이다.

세종과 난계蘭溪 박연朴堧.

봉상판관奉常判官 박연은 세종에게 12율관律管 5성五聲에 대하여 상소한다.

"臣願悉取南方諸州所養之黍, 以三等擇之, 纍以爲管, 其間有如中國之音合者. 則三分損益, 以製十二律管, 以和五聲, 度量權衡, 因亦可察也. 但歷代制律, 因黍而不一, 聲音高下, 世世差異, 則安知今日中國之律, 爲非眞也, 而我朝秬黍乃得其眞也耶? 然同律度量衡, 乃天子之事, 非侯邦之所自傳也. 若今秬黍, 終不協於中國黃鍾, 則姑從權宜, 假用他鍾之黍, 纍成律管, 求協於中國黃鍾, 然後依法損益, 以正聲律可也. 今若不制律管, 則五音淸濁, 未免失眞.

신이 원하옵건대 남방 여러 고을에서 기른 기장을 모두 취하여, 세 등급으로 이를 골라, 쌓아 올려 관을 만들면, 그 가운데 나라 안의 음과 합하는 것이 있을 것입니다. 이를 셋으로 나누어 빼고 더하여, 12율관을 만들고, 5성을 조화시키면, 자·되·저울이 되니, 따라서 살필 수 있게 될 것입니다. 다만 역대로 음률을 제작할 때에, 기장으로 하였으므로 일정하지 않았고, 성음의 높낮이도, 시대마다 차이가 있었을 것인데, 어찌 오늘날 나라 안의 음률이, 참된 것이 아니고, 우리나라 기장이 도리어 진짜인지를 알 수 있겠습니까? 그러나 음률과 자·되·저울을 같이하는 것은, 곧 천자 일이고, 제후 나라에서 스스로 마음대로 할 수는 없습니다. 만약 지금 검은 기장이, 끝내 나라 안의 황종과 적합하지 않다면, 아직은 임시 계량을 좇아, 다른 종류 기장을 빌려 사용하여, 쌓아 올려 율관을 만들어, 나라 안의 황종에 합치시키고, 그런 연후에 규칙에 의거하여 가감하여, 성률을 바로 잡는 것이 옳을 것입니다. 이제 만약 율관을 제작하지 않는다면, 5음의 청탁도, 참된 것을 잃게 될 것입니다."

박연은 고구려 왕산악王山岳, 신라 우륵于勒과 함께 3대 악성樂聖으로 추대받는 위대한 조선의 음악가였다. 그는 음률에서 12율관을 바로 잡는 것은 곡식인 기장(서黍)을 정확히 재는 것에서 시작하는 것이라고 밝힌다. 그런데 명나라에서 사용하는 것은 기장도 좋지 않고, 그 척량하는 기준이 적합하지 않아 음률이 참되지 않다는 것이다. 그래서 위대한 조선에서 임시방편으로라도 다른 종류 기장을 사용하여 성률을 바로잡기 위하여, 새로이 12율관을 제작하자고 주장한다.

아악에서 기준 음을 설정하려면, 가장 낮은 음을 내는 황종黃鍾으로 측정한다. 황종은 12율律의 첫째 율로 삼분손익법三分損益法의 기준음이 되며, 율관律管은 직경 3푼, 길이 9치 9푼인 대나무 통에 기장 1,200알을 담는다고 한다. 이 율려는 음악의 기준이 될 뿐만 아니라 이후 도량형度量衡의 척도로 여겨졌다.

세종과 박연 모두가 절대음감을 가지고 있었다.

악학별좌樂學別坐 박연이 종묘제례악에서 사용하는 편경編磬을 제작하여, 세종이 보는데서 시연하였다. 그런데 세종은 단번에 이칙夷則 음정이 맞지 않은 것을 지적하였다고 하는 일화가 있다.

세종과 박연은 당대 최고 음악가였다.

그렇지만 음악 천재 박연의 삶은 순탄하지 않았다. 박연은 음률을 제작하는 일이 천자 소관이니, 제후 나라에서는 함부로 12율관을 정비할 수 없다고 하였다. 아마도 그 순간 정적이 흘렀을 것이다. 세종은 아무 말 아니하였다. 박연은 세종의 원대한 포부를 가늠하지 못하였던 것이다.

세종이 박연朴堧과 함께 제작한 《종묘제례악宗廟祭禮樂》과 《여민락與民樂》은 어지러운 향악鄕樂을 대신한 장중하면서도 우아한 관현악이다. 절대음감 소유자 세종은 분명, 이 무렵에 정음28자 우수성이 반영되어 탄생한 《훈민정음》도 아악으로 만들어 널리 전파하려 하였을 것이란 추정도 가능하다.

세종은 《용비어천가》와 《월인천강지곡》 등을 짓고서는 반드시 악보를 만들어 연례악宴禮樂으로 사용하였다. 세종이 정음28자를 제작하면서, 아악으로 옮기지 않았다는 것은 이해할 수 없다. 세종은 분명 아악인 정음으로 《훈민정음》이라는 노래를 지었을 가능성이 농후하지만, 이것에 대한 어떤 기록을 안타깝게도 찾을 수가 없을 뿐이다.

3

빛바랜 세계 최초 음운서音韻書

3-1 한글학자

1527년 중종22년 최세진이 《훈몽자회》에서 3,360자를, 1542년 중종37년 동궁東宮(인종仁宗)을 위한 문자 교습본으로 유희춘柳希春이 《신증유합新增類合》에서 3,000자를 고찰하였지만, 여기에서는 4성과 방점 그리고 합용병서가 사라졌으니, 언문이 가지고 있는 고유한 소리와 음가를 무시했다는 평가이다.

다시 말해서 세종이 소리를 그려낸 《훈민정음》 본래 의도는 최세진 《훈몽자회》에서 이미 그 빛이 완연하게 바래졌다.

그리고 정조正祖 때, 실학자 이덕무李德懋도 《청장관전서靑莊館全書》〈앙엽기盎葉記〉에서 이런 엉뚱한 이야기를 한다.

> "훈민정음 중 초성初聲, 종성終聲에 모두 쓰이는 여덟 자는 다 고전古篆의 모양이다. 'ㄱ'은 옛글의 '급及'자에서 나온 것인데, 물건들이 서로 어울림을 형상화한 것이다. 'ㄴ'은 '익匿'자에서 나온 것인데, '은隱'처럼 읽는다. 'ㄷ'은 물건을 담은 그릇 모양인데, '방方'처럼 읽는다. 'ㄹ'은 전서篆書 '기己'자이다. 'ㅁ'은 옛 '위圍'자 이다. 'ㅂ'은 전서篆書의 '구口'자이다. 'ㅅ'은 전서篆書의 '인人'자 이다. 'ㅇ'은 옛날의 '원圓'이다."

규장각奎章閣 검서관檢書官을 지냈던 실학파 이덕무는 《훈민정음해례》를 전혀 알지 못하였다. 모르면 모른다고 하는 것이 학자의 본분일 터인데, 황당한 추측을 마구 늘어놓은 것이다.

《훈민정음》은 초성과 중성 그리고 종성이 어우러져 발달한 언어이다.

반절에 의한 불합리한 음가를 정음28자가 극복한 것이다.

초성·중성·종성이 만나 문자를 만들 수 있으며, 이들의 원만한 조합으로 무궁무진한 어휘가 탄생한다. 초성과 중성의 조직적인 배합만으로도 언어생활을 이어갈 수 있지만, 거기에 종성까지 가세하였고, 그 종성이 정확하고 과학적인 성운학에 근거하여 음가를 정한 《훈민정음》이라는 것이 공통된 평가다.

> "以初中終合成之字言之, 亦有動靜互根陰陽交變之義焉.
> 초성과 중성 그리고 종성이 어울려서 이루는 글자에 대해 말하자면, 역시 움직임과 고요함이 서로 뿌리가 되어 음과 양이 교차하면서 바뀌는 뜻이 있다."

〈제자해〉에서 초성과 중성 그리고 종성에 대한 정의를 확실히 하고 있다. '움직임(動)'과 '고요함(靜)'이 서로 한 뿌리가 되고 음陰과 양陽은 서로 원만하게 교변交變하는 완벽한 조화에서 정음28자가 탄생하였다고 주장한다. 그렇기 때문에 세종은 이러한 성찰을 '훈민정음 제작이 신의 솜씨와 견줄만하다(制作侔神功)'고 자신 있게 강조한 것이다. 소리를 그려낸 《훈민정음》 제작이 신의 솜씨와 견줄만하다는 자신감은 훈민정음 28자에 대한 지극한 연구가 있었기에 그리 된 것이다.

송나라 《광운》과 명나라 《홍무정운》은 성모聲母와 운모韻母로 나누어서 음가를 정하려 하였지만, 반절에 의한 성모와 운모 운용은 훈민정음에서의 중성과 종성의 음가를 정확히 따지지 못한 불합리한 표기법이다. 이러한 반절에 근거한 운서 표기는 한계가 있기에 세종은 초성과 중성 그리고 종성의 음가를 정확히 규명하여 정밀한 성운으로 그것을 바로 잡고자 하였다.

아무튼 《훈민정음》은 위대한 조선의 흥망을 비켜 가지 못하였다.

세종은 이 경전을 무한정으로 간행하려고 하였을 것이다.

그러나 지금 간송본조차도 훼손되었다.

《훈민정음》을 간송에게 전한 사람은 경학원經學院 김태준金台俊이다. 뜯기어진 원본 2장 즉 낙장落張을 이용준李用準이 어떻게 멋대로 보완하였는지 전후 사정을 알 수는 없다. 적어도 《조선왕조실록》〈세종실록 113권〉의 〈어제〉를 참고하지는 않았다.

〈어제〉에는 분명 '인인人ㅅ'이라 하였는데, 《조선왕조실록》에는 '인ㅅ'이라 하였기 때문이다.

마찬가지로 《월인석보》 언해본을 참고할 수 있었겠지만, 여기에서도 활자체가 완전히 다름을 알 수 있다.

김태준과 그 제자였던 이용준은 누구 확인과 검증도 거치지 않고 보완했고, 무엇을 보고 모사하였는지 모른다. 제대로 옮기지도 못하여 '便於日用耳'의 마지막 耳를 엉뚱하게 矣로 적었다. 이耳나 이矣는 어조사로서 그것이 그것 아니겠냐 하겠지만, 세종은 〈어제〉 54자字에다가

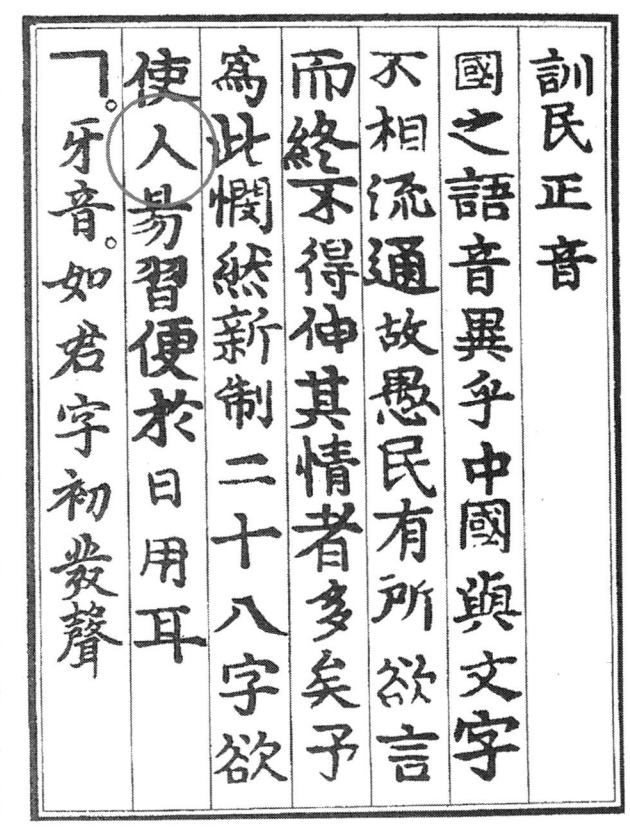

이정호의 《훈민정음訓民正音》에서

함축적인 내용을 조합하려 고심하였을 것이다. 다시 말해, 조사助詞 하나도 허투루 하지 않았을 것이다.

만약 이耳자를 쓴 세종의 의도가 각별하다면, 의矣와 이耳의 차이는 엄청나다.

특히 〈어제〉에서 아음牙音인 〔ㆁ〕의 표기를 보면 엉뚱하다.

〈예의〉에서 〔ㆁ〕와 〈훈민정음해례〉에서 〔ㆁ〕가 확연히 다르기 때문이다.

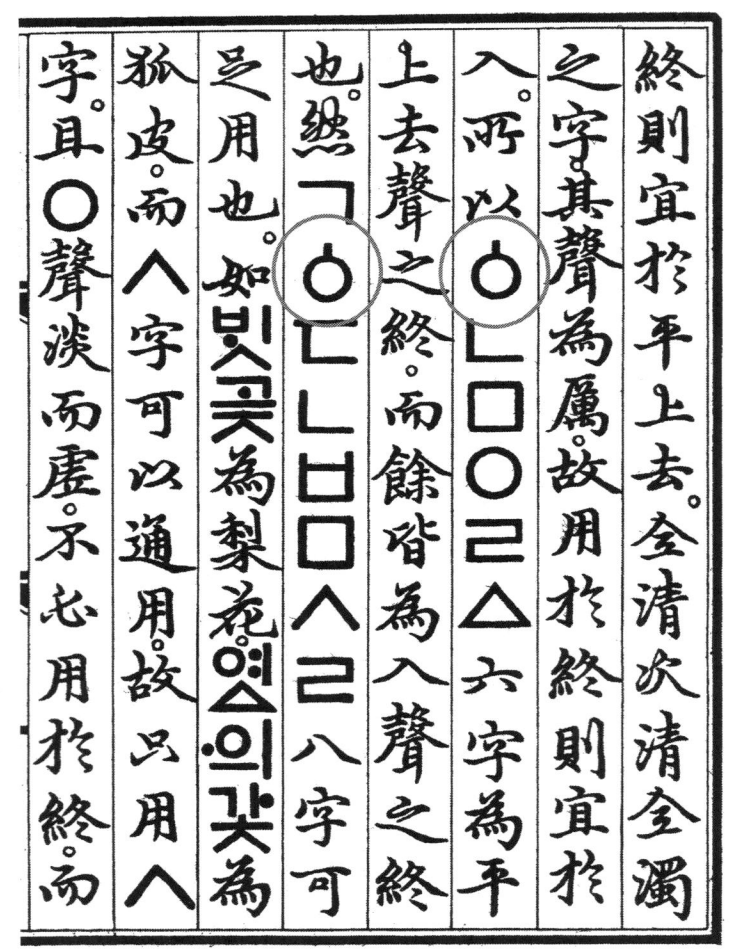

《훈민정음訓民正音 해례解例》

《훈민정음訓民正音 예의例義》

〈예의〉에서 〔ㆁ〕는 동그라미 위에 점을 찍은 것 같고, 〈훈민정음해례〉에서 〔ㆁ〕는 동그라미 위가 작대기처럼 기다란 모습이다. 점과 작대기는 분명 의미하는 바가 다를 것이다.

《훈민정음해례》에서는 아음 〔ㆁ〕이 〈예의〉에서 1회, 〈제자해〉에서 4회, 〈초성해〉에서 2회, 〈종성해〉에서 7회, 〈합자해〉에서 1회, 〈용자례〉에서 2회로, 총17회 등장한다.

그런데 〈예의〉에서는 〔ㆁ〕 꼭지가 마치 부러진 모습이며, 나머지 〈해례〉

3 빛바랜 세계 최초 음운서音韻書   331

16회 형상은 꼭지가 늠름하고 온전한 모습이다. 이는 지금의 〈간송본〉을 보완할 때, 몰상식하게 멋대로 하여 실수를 저지른 결과일 것이다. 그리고 제본을 할 때도 명나라나 일본에서나 하는 4침안정법四針眼釘法으로 책을 묶었고, 본래 규격을 무시하고서 잘라 버렸다. 국가에서 지정한 보물이라지만, 처음부터 끝까지 도대체가 개운하지 않다.

《훈민정음》의 이러한 오류에 대하여 국문학자 안병희가 말한다.

"처음 두 장 낙장을 제대로 복원도 하지 않고, 약 50년 전(1940) 잘못된 보사補寫를 그대로 이용함은 부끄러운 일이다."

양심적 학자의 소견이다.

1910년 주시경周時經을 비롯한 학자들이 훈민정음을 한글이라 하였다.
1912년 일제 보통학교용 언문철자법으로 〔•〕가 사라졌다.
〈제자해〉에서는 중성의 의미를 이렇게 설명하고 있다.

"中聲承初之生, 接終之成, 人之事也. 盖字韻之要, 在於中聲, 初終合而成音, 亦猶天地生成萬物, 而其財成輔相則必賴乎人也.
　중성은 초성의 생김을 잇고, 종성의 이룸을 받드니, 사람의 일이다. 대개 자운의 주요함은, 중성에 있는데, 초성과 종성이 합하여 소리를 이루니, 또한 천지가 만물을 생성해도, 그 재성하는 것을 보상하는 것은 곧 반드시 사람을 의지하는 것과 같다."

중성을 사람의 역할로 보았다. 천지가 만물을 낳으면 그것을 운행하는 것은 사람이라 한다. 〔•〕는 하늘을 상징하지만, 사람이 없으면 이것은 무의미하다. 중성의 대표적인 음가인 〔•〕는 소리의 핵심이다. 그리고 또 다른 핵심은 사람이다. '중성이 부르면 초성이 화답하니(中聲唱之初聲和)', '하늘이 땅보다 앞섬이니 자연의 이치이네(天先乎地理自然)'라고 하였으니, 이는 초성과 중성이 만나야만 정확한 음가를 만든다는 것이다.

이〔•〕를 보통학교용 언문철자법으로 없애 버렸다는 것은, 사실《훈민정음》을 포기한 것이다. 그리고 이러한 일본인의 만행에 대하여 어느 누구도 당당하게 반론을 제기하지 못한 것은 부끄러운 일이었다.

반재원·허윤정의《훈민정음 창제원리와 기능성 한글》에서는 1930년 무렵의 이야기를 상세히 전한다.

> "1930년에 조선총독부는 한글 24자와 종성 21자를 사용하는 언문철자법을 다시 만들었다. 여기에 참여한 사람은 경성제국대학 교수 오꾸라신뻬이, 다까하시도루와 조선총독부 통역관 다나까도꾸따로, 후지나미기데이, 니시무라신따로 등 일본인이 5명이고 한국인은 연희전문대학 교수인 최현배와 중앙고등보통학교 교원 권덕규, 중동고등보통학교 교원 정열모, 진명여자 고등보통학교 교사인 이세정, 경성사범 부속보통학교 훈도 심의린, 조선교육학회 이사 신명균, 조선어연구회 회장 이완응 그리고 조선일보사 지방부장 장지영, 매일신보사 편집국장 김상회 등 9명이었다. 또 1933년 10월 29일에 정인섭, 이극로, 이희승 등 한국인 18명이 모여 한글 24자로 된〈한글 맞춤법 통일안〉을 제정하였지만 옛날 글자와 합용병서를 사용하지 않으면 외국어를 표기할 수 없는데도 앞의 조선총독부 언문철자법을 그대로 따라 '외국어 표기에는 옛 글자를 쓰지 아니한다'라고 다시 대못을 박았다. 이번에는 한국인만 참여하였지만 오꾸라신뻬이의 입김이 그대로 작용하였다."

나라를 빼앗기면, 모든 것을 잃는 것이다.

그러나 적어도 우리나라 국어학자들은 나라말이 훼손당하면 어찌 되는 것을 알고 있을 터인데, 점령국 일본학자들과 함께 모국어를 말살하였는데 동조했다는 사실이 안타깝다.

　1933년 조선어학회에서 한글맞춤법통일안으로, 우리나라 고유글자인 〔•〕·〔ㆁ〕·〔ㆆ〕 그리고 〔△〕이 공식적으로 폐기되었다.

　그리고 1936년 《조선어표준말모음》을 펴내면서 이를 근거로 《큰사전》을 비롯한 국어사전들이 간행되면서 우리나라 표준어가 정착하게 되었는데, 표준말은 대체로 현재 중류사회에서 쓰는 서울말로 한다는 규정이었다. 이 여파로 조상들 소중한 언어諺語 토박이말인 리어俚語가 어둠 속으로 사라질 수밖에 없었다.

　1965년 김방한金芳漢은 〈국어모음체계國語母音體系의 변동變動에 관한 고찰考察〉에서 〔•〕가 《훈민정음》에서 빠진 것에 대하여 의견을 제시하였지만, 그는 무책임하게도 우리나라 말을 막연하게 우랄어나 알타이어로 규정하였다.

　물론 주시경에 의한 한글로의 쓰임에 대하여 세종의 본뜻을 어긴 것이라며 일방적인 매도만 할 수는 없다. 그 시대 그 당시에도 정음28자를 제대로 사용하기가 까다로웠다. 이러한 것을 간과하고서 무조건 본래 《훈민정음》 체제로 돌아가자는 주장도 불합리하다. 그러나 한글학자들 활동은 세종의 본래 음운정책에 위반하는 행동이었고, 지금도 그러한 불합리한 학문적인 접근은 계속되고 있다.

　현대국어학 개척자라는 이숭녕李崇寧은 《훈민정음》과 《동국정운》 관계를 이렇게 설명하고 있다.

　　"훈민정음의 자모 체계는 우리 현실 국어의 표기를 위한 것이 아니고 《동국정운》을 이해하기 위한 연습장 구실을 하게 한 것이라 볼 수 있다. 오늘날 한글을 제정한다고 가정할 때, 그 체계가 현실 국어음을 기준으로 한 것이 아니고, 장차 개혁할 한자음의 체계를 실었다고 하면 큰 시비를 받을 것이다. 그와 같이 한 것이 바로 이 훈민정음의 체계다. 그러므로 훈민정음은 《동국정운》의 이해를 위한 연습장의 구실을 한 것이다. 그러고 보면 한자음의 개선을 둘러싸고 문제점이 많으며 세종의 언어정책의 진위가 어디에 숨겨져 있는가가 의심될 것이다."

그의 이야기는 애매하기도 타당하기도 하다.

정음28자의 해설서인 《훈민정음》과 음운론서인 《동국정운》는 매우 긴밀한 관계가 있다는 이숭녕의 견해는 이치에 어긋나지는 않았다.

세종은 이러한 이야기를 누차에 걸쳐 언급하였기 때문이다.

"盖字韻之要, 在於中聲, 初終合而成音.
대개 자운의 요체는, 중성에 있는데, 초성과 종성이 합하여 소리를 이룬다."

〈제자해〉의 끝부분이다.

세종은 자운字韻이라 하였다.

정음28자는 문자의 표준음도 되지만, 음운의 기준인 표준운도 된다는 것을 설명한 것이다. 《훈민정음》이 성공하면 당연히 《동국정운》도 빛을 보게 될 것이기에, 그렇게 말한 것이다. 물과 고기 같은 《훈민정음》과 《동국정운》의 경중을 따지려 한다면 어려운 일이다. 세종은 문자의 음과 운을 통일하려 하였기 때문이다.

"正音初聲, 卽韻書之字母也.
정음 초성, 바로 운서의 자모이다."

〈초성해〉의 첫머리이다.

세종은 운서韻書에 역점을 두고, 최초의 《훈민정음》을 신제하였다. 그렇기 때문에 이숭녕이 언급한 '세종의 언어정책의 진위가 어디에 숨겨져 있는가가 의심될 것이다'는 견해는 타당성을 갖추고 있다. 그렇지만 세종의 위대한 업적인 《훈민정음》이 《동국정운》을 위한 연습장이라 한 것은 거칠었고 지나쳤다.

그는 몽매하고도 참담한 이야기를 이어간다.

> "세종 때에 명나라의 대표적인 사상전집이라 《성리대전性理大全》, 또는 그 속에 있는 《황극경세서皇極經世書》의 사상을 그대로 옮겼다. 이것은 중국의 언어철학인 설명으로 권위를 장식한 셈이다."

북송北宋 소옹邵雍의 《황극경세서皇極經世書》가 나름대로 역리易理를 응용하여 수리數理로 천지만물 생성변화를 관찰하였다는 것을 인정하지만, 세종은 그의 사상을 그대로 옮겼다고 한 흔적을 찾아볼 수는 없다.

신숙주는 〈동국정운서〉에서 이런 이야기를 한다.

> "及至沈陸, 諸子彙分類集, 諧聲協韻, 而聲韻之說始興. 作者相繼, 各出機杼, 論議旣衆, 舛誤亦多. 於是, 溫公著之於圖, 康節明之於數, 探賾鉤深, 以一諸說, 然其五方之音各異, 邪正之辨紛紜.
>
> 심약과 육법언에 이르러, 모든 것을 무리로 나누고 종류로 모아서, 성을 고르게 하고 운을 맞추어서, 성운 학설이 처음으로 흥하였다. 성운을 만드는 것에 서로 이어서, 각각 제 소리를 하게 되고, 이론이 하도 많아, 잘못됨이 역시 많았다. 이에, 사마온공이 그림으로 짓고, 소강절이 수로 밝히어서, 궁극한 것을 찾고 깊은 것을 건져 올려, 여러 말을 하나로 하였지만, 그러나 5방 소리가 각각 다르므로, 그르니 옳다면서 같고 다름을 가리느라 시끄러웠다."

신숙주는 심약과 육사 그리고 사마광과 소옹이 음운을 바로 하는데 기여하였지만, 이론만 많았을 뿐 잘못된 것이라 못을 박았다. 특히 소옹이 《황극경세서皇極經世書》에서 5행의 수로 밝혔다고는 하지만, 그것을 정론으로 받아들이기에는 문제가 있었다고 밝힌 것이다.

사실 신숙주의 이야기는 바로 세종의 속내라 할 수 있다.

소위 국어학자라 하는 이숭녕, 그는 세종이 아니 한 말을 하면서, 왜 위대한 조선의 정음28자를 부끄럽게 하는가.

세종은 〈제자해〉에서 5행에 근거하여 사람의 소리가 생겨난다고 하였다.

"夫人之有聲, 本於五行. 故合諸四時而不悖, 叶之五音而不戾.
무릇 사람에게 소리가 있는 것은, 5행에 근거하였기 때문이다. 그래서 4계절과 어우러져도 어그러짐이 없고, 5음에 맞춰 보아도 틀리지 않다."

천지天地의 도道는 음양陰陽과 5행五行에 의하여 동력을 얻는다고 하였다. 동정動靜에서 음양陰陽이 결정되면, 5행五行이 제자리를 찾아 소리가 생겨난다고 하였다.

〈제자해〉 시작이 그것이다.

"天地之道, 一陰陽五行而已. 坤復之間爲太極, 而動靜之後爲陰陽.
하늘과 땅의 도는, 하나의 음양과 5행일 뿐이다. 곤괘와 복괘 사이에서 태극이 되니, 움직이고 멎고 한 뒤에야 음양인 것이다."

여기에서 '곤괘와 복괘 사이에서 태극이 된다(坤復之間爲太極)'에서 곤복지간坤復之間을 홍기문은 이렇게 설명하였다.

> "'곤복지간坤復之間'이란 역의 괘도 '상곤괘上坤卦'에서 '복괘復卦'에 이르는 사이이며(순서는 복괘에서 시작해서 곤괘로 끝남), 곤坤이나 복復이나 모두 역의 괘명卦名인 바 '곤과 복 사이(坤復之間)'는 역의 괘도상 곤괘에서 복괘에 이르는 사이를 이름이다."

그는 주회암朱晦庵의 《역학계몽易學啓蒙》을 인용하여 괘도상 곤坤괘로부터 구姤괘까지 거꾸로 올라가는 그 사이가 '무극 앞無極前'임에 대하여 '복괘까지 이르는 그 사이가 무극이다'라고 하였다. 요약하면, 태극太極과 무극無極의 관계를 설명한 것이다. 그런데 이 설명을 읽고 있으면, 무슨 이야기인지 전혀 감이 잡히지 않는다.

정인지는 《훈민정음》에서 송나라의 정초를, 신숙주는 《동국정운서》에서 심약과 육법언 그리고 사마온공과 소강절을 부정하였다. 다만 《주역》 이론이나 송나라 주자朱子의 학설을 차용하였지만, 그 내용에 대하여 가타부타 언급을 안 하였을 뿐이다.

세종은 이러한 소모적인 논쟁을 피하려 하였을 것이다.

그래서 고인古人·고전古篆·고운古韻이라 한 것이다.

이러한 사실이 엄연한데, 이숭녕은 무엇에 근거하여 그런 말을 하는지 도대체 모르겠다.

아무튼 지금, 《훈민정음》은 제 모습을 드러내지 못하고 있다.

3-2 빛바랜 세계 최초 음운서音韻書

《훈민정음》을 다시 읽었다.

세종의 숭고한 '훈민졍흠'을 우리는 엉뚱하게도 '훈민정음'이라 한다. 이것이 불합리하다고 하여 원래 표기로 바꿔 쓰자고 주장하는 것도 어렵다. 한글은 익숙하여 쓰기 편한 현대어고, 정음28자 체계는 골치 아픈 고어古語이다. 국립중앙박물관에 가면 《훈민정음》을 설명한다고 하면서, 초성자를 자음子音이라, 중성자를 모음母音이라 한다. 게다가 세종대왕의 '정음正音'을 '한글'이라 소개하고 있으니, 그곳을 방문하는 사람들이 무엇을 배우겠는가.

참담하고 부끄러운 일이다.

《훈민정음》 언문28자는 최고 성음학의 결정結晶이다.

그리고 초성17자와 중성11자 체계 그리고 초성·중성·중성의 정확한 합용병서에 의하여 《훈민정음》 언문28자를 제대로 사용하기란 버거운 것에 틀림이 없다. 하물며 일반 백성은 더더욱 그렇다. 다만 세종이 고민하여 만든 3재 핵심인 〔ㆍ〕와 반치음인 〔ㅿ〕과 가획加劃인 〔ㆆ〕 그리고 아음 〔ㆁ〕가 사라졌다. 다시 말해서 정연하면서도 과학적인 음가 그리고 위대한 조선의 철학적인 어원이 도태된 셈이다. 그리고 청음淸音과 탁음濁音이 어우러져 구성지면서도 우아하였던 언어체계는 경직되고 다급한 소리로 변했다. 이러한 내용을 소상히 정리하고 분석하여서 언어 음운학에 가감 없이 등재하여 《훈민정음》 본연의 뜻을 제대로 파악해야 한다. 우리는 소위 한글24자모子母로도 불편 없이 문자 생활을 구가하고 있다. 그리고 주시경이 제안하였다는 '한글'이라는 말은 친숙하면서도 나름 품위는 있다.

모두 세종대왕 훈민정음 창제 결과라 칭송하고 있으며, 세계적인 음운학자들조차도 존경과 경이의 마음을 보내고 있다. 《훈민정음》은 세계문화유산이며, 우리 소중한 문화적 자산이다. 다만 세종이 뜻한 숭고한 정신을 바로 알고 제대로 새겨야 한다. 알고 하는 것과 모르고 하는 것은 다르기 때문이다.

학자들은 입을 모아 《훈민정음》보다 뛰어난 문자는 없다고 말한다.
1985년 샘프슨(G. Sampson)은 이렇게 말한다.

> "훈민정음은 각 음소들이 여러 가지 변별적 자질 총체라는 구조주의 인식을 그대로 반영한 문자이다. 1970년 촘스키(N. Chomsky), 할레(M. Halle) 등에 의하여 주창된 생성음운론에 의거하여 비로소 설명할 수 있는 변별적 자질을 문자화한 세계 최초 문자라고 평가된다."

어느 외국 언어학자는 이런 이야기를 한다.

> "젊은 시절 처음 거리에서 한국어를 들었을 때, 매우 날카롭고, 뭔가 급한 듯한 느낌을 받았는데, 지금은 전혀 그렇지 않다."

외국인인 그가 정음28자를 어떻게 이해하고 있는지 몰라도, 이러한 이야기를 한다면 우리나라의 바른 소리를 모르는 셈이다. 정음28자가 제대로 사용되었다면 우리나라 말은 세상 어느 소리나 어떤 모습이라도 문자로 옮길 수 있고, 부드럽고 우아한 말로 표현할 수 있을 것이다. 그러나 안타깝게도 지금은 세종이 의도한 제 기능을 발휘하지 못하는 불완전한 언어다.

바른 것을 바르게, 틀린 것을 틀리게 하는 것이 살아있는 역사다.
《훈민정음》에는 조상들 이야기가 맑은 샘처럼 솟아나고 있다.
그것을 못 쓰게 만들었지만, 그 이유는 바로 알고 있어야 한다.
훈민정음을 다시 읽어야 한다.

부록

《훈민정음訓民正音》〈원문原文과 해석解釋〉
〈어제御製〉와 〈예의例義〉 영문

《훈민정음訓民正音》 한글학회 해성사 다듬본(1997)
※ 이 자료는 김슬옹 선생님이 제공하였다.

《훈민정음訓民正音》

訓民正音

國之語音, 異乎中國, 與文字不相流通. 故愚民, 有所欲言, 而終不得伸其情者, 多矣. 予, 爲此憫然, 新制二十八字, 欲使人人易習, 便於日用耳

백성을 가르치는 바른 소리

나라말의 소리가, 나라 안에서 다르기에, 문자와도 서로 통하지를 않는다. 때문에 어리석은 백성들이, 말하고자 하여도, 끝내 그 사정을 펼쳐내지 못하는 것이, 많다. 내, 이를 가엾게 여겨서, 새로 28자를 만드니, 모든 사람들이 쉽게 익혀서, 날마다 쓰는 데 편안하게 하고자 한다.

ㄱ. 牙音. 如君字初發聲	ㄱ.	어금닛소리이다. '군君'자 처음 피어나는 소리 같다
並書. 如虯字初發聲		나란히 쓴다. '끃虯'자 처음 피어나는 소리 같다
ㅋ. 牙音. 如快字初發聲	ㅋ.	어금닛소리이다. '쾡快'자 처음 피어나는 소리 같다
ㆁ. 牙音. 如業字初發聲	ㆁ.	어금닛소리이다. '업業'자 처음 피어나는 소리 같다

ㄷ. 舌音. 如斗字初發聲　　　　ㄷ. 혓소리이다. '듣斗'자 처음 피어나는 소리 같다

　並書. 如覃字初發聲　　　　　나란히 쓴다. '땀覃'자 처음 피어나는 소리 같다

ㅌ. 舌音. 如吞字初發聲　　　　ㅌ. 혓소리이다. '튼呑'자 처음 피어나는 소리 같다

ㄴ. 舌音. 如那字初發聲　　　　ㄴ. 혓소리이다. '낭那'자 처음 피어나는 소리 같다

ㅂ. 脣音. 如彆字初發聲　　　　ㅂ. 입술소리이다. '볃彆'자 처음 피어나는 소리 같다

　並書. 如步字初發聲　　　　　나란히 쓴다. '뽕步'자 처음 피어나는 소리 같다

ㅍ. 脣音. 如漂字初發聲　　　　ㅍ. 입술소리이다. '픃漂'자 처음 피어나는 소리 같다

ㅁ. 脣音. 如彌字初發聲　　　　ㅁ. 입술소리이다. '밍彌'자 처음 피어나는 소리 같다

ㅈ. 齒音. 如卽字初發聲　　　　ㅈ. 잇소리이다. '즉卽'자 처음 피어나는 소리 같다

　並書. 如慈字初發聲　　　　　나란히 쓴다. '쫑慈'자 처음 피어나는 소리 같다

ㅊ. 齒音. 如侵字初發聲　　　　ㅊ. 잇소리이다. '침侵'자 처음 피어나는 소리 같다

ㅅ. 齒音. 如戌字初發聲　　　　ㅅ. 잇소리이다. '슗戌'자 처음 피어나는 소리 같다

　並書. 如邪字初發聲　　　　　나란히 쓴다. '썅邪'자 처음 피어나는 소리 같다

ㆆ. 喉音. 如挹字初發聲　　　　ㆆ. 목구멍소리이다. '흡挹'자 처음 피어나는 소리 같다

ㆆ. 喉音. 如虛字初發聲　　　ㆆ. 목구멍소리이다. '헝虛'자 처음 피어나는
　　　　　　　　　　　　　　　소리 같다
　　並書. 如洪字初發聲　　　　나란히 쓴다. '等洪'자 처음 피어나는
　　　　　　　　　　　　　　　소리 같다
ㅇ. 喉音. 如欲字初發聲　　　ㅇ. 목구멍소리이다. '욕欲'자 처음 피어나는
　　　　　　　　　　　　　　　소리 같다
ㄹ. 半舌音. 如閭字初發聲　　ㄹ. 반혓소리이다. '령閭'자 처음 피어나는
　　　　　　　　　　　　　　　소리 같다
ㅿ. 半齒音. 如穰字初發聲　　ㅿ. 반잇소리이다. '샹穰'자 처음 피어나는
　　　　　　　　　　　　　　　소리 같다

・. 如吞字中聲　　　　　　・. '튼呑'자 가운데소리 같다
ㅡ. 如卽字中聲　　　　　　ㅡ. '즉卽'자 가운데소리 같다
ㅣ. 如侵字中聲　　　　　　ㅣ. '침侵'자 가운데소리 같다
ㅗ. 如洪字中聲　　　　　　ㅗ. '等洪'자 가운데소리 같다
ㅏ. 如覃字中聲　　　　　　ㅏ. '땀覃'자 가운데소리 같다
ㅜ. 如君字中聲　　　　　　ㅜ. '군君'자 가운데소리 같다
ㅓ. 如業字中聲　　　　　　ㅓ. '업業'자 가운데소리 같다
ㅛ. 如欲字中聲　　　　　　ㅛ. '욕欲'자 가운데소리 같다
ㅑ. 如穰字中聲　　　　　　ㅑ. '샹穰'자 가운데소리 같다
ㅠ. 如戌字中聲　　　　　　ㅠ. '슗戌'자 가운데소리 같다
ㅕ. 如彆字中聲　　　　　　ㅕ. '볋彆'자 가운데소리 같다

終聲復用初聲. ㅇ連書脣音之下, 則爲脣輕音. 初聲合用則並書, 終聲同. ㆍㅡ
ㅗㅜㅛㅠ, 附書初聲之下. ㅣㅏㅓㅑㅕ, 附書於右. 凡字必合而成音. 左加一點
則去聲, 二則上聲, 無則平聲. 入聲加點同而促急

종성자를 다시 초성자로 쓴다. 'ㅇ'을 입술소리 아래에 잇닿아 쓰면, 곧 입술가벼운소리가 된다. 초성자를 같이 쓴다는 것은 곧 합쳐 나란히 쓰는 것인데, 종성자도 마찬가지이다. 'ㆍㅡㅗㅜㅛㅠ', 초성자 아래에 붙여 쓴다. 'ㅣㅏㅓㅑㅕ', 오른쪽에 붙여 쓴다. 모든 글자는 반드시 합쳐야 소리가 된다. 왼쪽에 한 점을 더하면 거성이 되고, 두 점을 더하면 상성이 되고, 없으면 평성이다. 입성도 점을 더하는 것은 같지만 촉급하여 빠르다.

訓民正音解例

制字解

天地之道, 一陰陽五行而已. 坤復之間爲太極, 而動靜之後爲陰陽. 凡有生類在天地之間者, 捨陰陽而何之. 故人之聲音, 皆有陰陽之理, 顧人不察耳. 今正音之作, 初非智營而力索, 但因其聲音而極其理而已. 理旣不二, 則何得不與天地鬼神同其用也.

훈민정음 설명과 범례

글자를 만든 설명

하늘과 땅의 이치는, 하나의 음양과 5행일 뿐이다. 곤괘와 복괘 사이에서 태극이 되니, 움직이고 멎고 한 뒤에야 음양이다. 하늘과 땅 사이에 살아있는 모든 것들이 그러하니, 음양을 버리고 어디로 가겠는가. 그러기에 사람의 소리에는, 모두 음양의 이치가 있는 것인데, 생각해보면 사람이 살피지 못하였을 뿐이다. 이제 바른 소리를 만든 것도, 처음부터 지혜로 마련하여 힘써 찾은 것이 아니라, 다만 그 소리에 따라서 그 이치를 다한 것일 뿐이다. 이치가 원래부터 둘이 아니었으니, 곧 어찌 천지 귀신과 더불어 그 쓰임을 같이 하지 않을 수 있겠는가.

正音二十八字, 各象其形而制之. 初聲凡十七字. 牙音ㄱ, 象舌根閉喉之形. 舌音ㄴ, 象舌附上腭之形. 脣音ㅁ, 象口形. 齒音ㅅ, 象齒形. 喉音ㅇ, 象喉形. ㅋ比ㄱ, 聲出稍厲, 故加畫. ㄴ而ㄷ, ㄷ而ㅌ, ㅁ而ㅂ, ㅂ而ㅍ, ㅅ而ㅈ, ㅈ而ㅊ, ㅇ而ㆆ, ㆆ而ㅎ, 其因聲加畫之義皆同, 而唯ㆁ爲異. 半舌音ㄹ, 半齒音ㅿ, 亦象舌齒之形而異其體, 無加畫之義焉.

정음28자는, 각각 그 꼴을 본떠서 글자를 만들었다. 초성은 모두 17자이다. 어금닛소리 'ㄱ'은, 혀뿌리가 목구멍 막는 꼴을 본떴다. 혓소리 'ㄴ'은, 혀가 윗잇몸에 붙는 꼴을 본떴다. 입술소리 'ㅁ'은, 입 꼴을 본떴다. 잇소리 'ㅅ'은, 이빨 꼴을 본떴다. 목구멍소리 'ㅇ'은, 목구멍 꼴을 본떴다. 'ㅋ'은 'ㄱ'에 비해, 소리 나는 것이 점차 세지니, 그래서 획을 더했다. 'ㄴ'에서 'ㄷ', 'ㄷ'에서 'ㅌ', 'ㅁ'에서 'ㅂ', 'ㅂ'에서 'ㅍ', 'ㅅ'에서 'ㅈ', 'ㅈ'에서 'ㅊ', 'ㅇ'에서 'ㆆ', 'ㆆ'에서 'ㅎ'은, 그 소리 때문에 획을 더한 뜻은 모두 같지만, 그런데 오직 'ㆁ'만 다르다. 반혓소리 'ㄹ'과, 반잇소리 'ㅿ'은, 역시 혀와 이빨의 꼴을 본떴지만 그 형상을 달리해서 만들었기에, 획을 더한 뜻은 없다.

夫人之有聲, 本於五行. 故合諸四時而不悖, 叶之五音而不戾. 喉邃而潤, 水也. 聲虛而通, 如水之虛明而流通也. 於時爲冬, 於音爲羽. 牙錯而長, 木也. 聲似喉而實, 如木之生於水而有形也. 於時爲春, 於音爲角. 舌銳而動, 火也. 聲轉而颺, 如火之轉展而揚揚也. 於時爲夏, 於音爲徵. 齒剛而斷, 金也. 聲屑而滯, 如金之屑瑣而鍛成也. 於時爲秋, 於音爲商. 脣方而合, 土也. 聲含而廣, 如土之含蓄萬物而廣大也. 於時爲季夏, 於音爲宮. 然水乃生物之源, 火乃成物之用, 故五行之中, 水火爲大. 喉乃出聲之門, 舌乃辨聲之管, 故五音之中, 喉舌爲主也. 喉居後而牙次之, 北東之位也. 舌齒又次之, 南西之位也. 脣居末, 土無定位而寄旺四季之義也. 是則初聲之中, 自有陰陽五行方位之數也.

무릇 사람에게 소리가 있는 것은, 5행에서의 근원이다. 때문에 4계절과 어우러져도 어그러짐이 없고, 5음에 맞춰 보아도 틀리지 않다. 목구멍은 깊고 젖어 있으니, 물이다. 소리는 빈 듯하면서 통하니, 마치 물이 비어 있으면서 맑아 잘 흐르는 것과 같다. 계절로는 겨울이고, 음률로는 우음이다. 어금니는 어긋나고 길어, 나무이다. 소리가 목구멍소리와 비슷하여 실하니, 나무가 물에서 나는 것처럼 형체가 있는 것과 같다. 계절로는 봄이고, 음률로는 각음이다. 혀는 빠르게 움직이니, 불이다. 소리가 구르고 날리는 것은, 불이 이글거리는 것처럼 활활 타오르는 것과 같다. 계절로는 여름이고, 음률로는 치음이다. 이빨은 단단하고 끊을 수 있으니, 쇠다. 소리는 부스러지고 엉기니, 쇠가 부수어졌다가 다시 단단해지는 것과 같다. 계절로는 가을이고, 음률로는 상음이다. 입술은 모나면서 합치므로, 땅이다. 소리가 머금고 넓으니, 흙이 만물을 함축하는 것처럼 넓은 것과 같다. 계절로는 늦여름이고, 음률로는 궁음이다. 그래서 물은 곧 생물의 근원이고, 불은 곧 성물의 용도이니, 때문에 5행 가운데, 물과 불이 크다. 목구멍은 소리를 내는 문이고, 혀는 소리를 구별하는 기관이니, 그래서 5음 가운데, 목구멍소리와 혓소리가 주인이 된다. 목구멍은 뒤에 있고 어금니는 그 다음이니, 북동 위치이다. 혀와 이빨도 또한 그 다음이니, 남서 위치이다. 입술은 끝에 위치하지만, 흙은 정한 위치가 없어 사계절을 왕성하게 한다는 뜻이다. 이런 까닭에 초성자 가운데서, 저절로 음양과 5행 방위의 수가 있는 것이다.

又以聲音淸濁而言之. ㄱㄷㅂㅈㅅㆆ, 爲全淸. ㅋㅌㅍㅊㅎ, 爲次淸. ㄲㄸㅃㅆㆅ, 爲全濁. ㆁㄴㅁㅇㄹㅿ, 爲不淸不濁. ㄴㅁㅇ, 其聲㝡不厲, 故次序雖在於後, 而象形制字則爲之始. ㅅㅈ雖ㅇ皆爲全淸, 而ㅅ比ㅈ, 聲不厲, 故亦爲制字之始. 唯牙之ㆁ, 雖舌根閉喉聲氣出鼻, 而其聲與ㅇ相似, 故韻書疑與喩多相混用, 今亦取象於喉, 而不爲牙音制字之始. 盖喉屬水而牙屬木, ㆁ雖在牙而與ㅇ相似, 猶木之萌芽生於水而柔軟, 尙多水氣也. ㄱ木之成質, ㅋ木之盛長, ㄲ木之老壯, 故至此乃皆取象於牙也. 全淸並書則爲全濁, 以其全淸之聲凝則爲全濁也. 唯喉音次淸爲全濁者, 盖以ㆆ聲深不爲之凝, ㅎ比ㆆ聲淺, 故凝而爲全濁也. ㅇ連書脣音之下, 則爲脣輕音者, 以輕音脣乍合而喉聲多也.

또 성음의 청탁으로 음양과 오행 방위의 수를 말하겠다. 'ㄱㄷㅂㅈㅅㆆ', 전청이다. 'ㅋㅌㅍㅊㅎ', 차청이다. 'ㄲㄸㅃㅉㅆㆅ', 전탁이다. 'ㆁㄴㅁㅇㄹ△', 불청불탁이다. 'ㄴㅁㅇ', 그 소리가 가장 세지 않고, 그래서 순서로는 비록 뒤에 있지만, 꼴을 본떠 글자를 만드는 시초가 된다. 'ㅅㅈ'은 비록 모두 전청이지만, 'ㅅ'이 'ㅈ'에 비하여, 소리가 세지 않으니, 그런 까닭에 역시 글자를 만드는데 시초가 되었다. 오직 어금닛소리 'ㆁ'은, 비록 혀뿌리가 목구멍을 막아 소리의 기운이 코로 나오지만, 그 소리가 'ㅇ'과 비슷하니, 그래서 운서에서 의疑와 유喩가 혼용될 수 있고, 이제 또한 목구멍에서 그 꼴을 취하였지만, 글자를 만드는 시초를 어금닛소리로 하지는 않았다. 대개 목구멍소리는 물에 속하고 어금닛소리는 나무에 속하니, 'ㆁ'가 비록 어금닛소리지만 목구멍소리 'ㅇ'와 유사한 것은, 나무의 움이 물에서 나와 부드럽고 연하여, 더욱이 물기운이 많은 것과 같다. 'ㄱ'은 나무가 바탕을 이룬 것이고, 'ㅋ'은 나무가 성장한 것이고, 'ㄲ'은 나무가 나이가 들어 굳건해진 것이니, 그래서 여기까지는 모두 어금니에서 꼴을 취하였다. 전청을 나란히 쓰면 전탁이 되는데, 전청소리가 엉기게 되면 전탁이 되기 때문이다. 유일하게 목구멍소리 차청이 전탁이 되는데, 대개 'ㆆ'은 소리가 깊어 엉기지 않고, 'ㅎ'은 'ㆆ'에 비해 소리가 얕아서, 엉기기 때문에 전탁이 된다. 'ㅇ'을 입술소리 아래 붙여 쓰면, 입술가벼운소리가 되는데, 가벼운 소리는 입술이 잠깐 합쳐지면서 목구멍소리가 많아진다.

中聲凡十一字. •舌縮而聲深, 天開於子也. 形之圓, 象乎天也. ㅡ舌小縮而聲不深不淺, 地闢於丑也. 形之平, 象乎地也. ㅣ舌不縮而聲淺, 人生於寅也. 形之立, 象乎人也. 此下八聲, 一闔一闢. ㅗ與•同而口蹙, 其形則•與ㅡ合而成, 取天地初交之義也. ㅏ與•同而口張, 其形則ㅣ與•合而成, 取天地之用發於事物待人而成也. ㅜ與ㅡ同而口蹙, 其形則ㅡ與•合而成, 亦取天地初交之義也. ㅓ與ㅡ同而口張, 其形則 • 與ㅣ合而成, 亦取天地之用發於事物待人而成也. ㅛ與ㅗ同而起於ㅣ. ㅑ與ㅏ同而起於ㅣ. ㅠ與ㅜ同而起於ㅣ. ㅕ與ㅓ同而起於ㅣ.

 중성자는 모두 11자이다. '•'는 혀가 줄어들면서 소리가 깊으니, 하늘이 자시에 열리는 것과 같다. 꼴이 둥그니, 하늘을 본떴다. 'ㅡ'는 혀가 조금 줄어들면서 소리가 깊지도 얕지도 않으니, 땅이 축시에 열리는 것과 같다. 꼴이 평평하니, 땅을 본떴다. 'ㅣ'는 혀가 줄어들지 않고 소리가 얕으니, 사람은 인시에 태어나는 것과 같다. 꼴은 서 있으니, 사람을 본떴다. 이 아래 여덟 소리, 하나가 닫히면 하나가 열린다. 'ㅗ'는 '•'와 같지만 입이 오므려지니, 그 꼴은 바로 '•'와 'ㅡ'가 합하여 이루어지는데, 하늘과 땅이 처음 어우르는 뜻을 취하였다. 'ㅏ'는 '•'와 같지만 입이 벌어지니, 그 꼴은 'ㅣ'와 '•'가 합하여 이루어지는데, 하늘과 땅의 작용이 사물에서 피어나되 사람을 기다려서 이루어지는 것을 취하였다. 'ㅜ'는 'ㅡ'와 같지만 입이 오므려지니, 그 꼴은 'ㅡ'와 '•'가 합하여 이루어지니, 역시 하늘과 땅이 처음 어우러지는 뜻을 취하였다. 'ㅓ'는 'ㅡ'와 같지만 입이 벌어지니, 그 꼴은 '•'와 'ㅣ'가 합하여 이루어지니, 역시 하늘과 땅의 작용이 사물에서 피어나되 사람을 기다려서 이루어지는 것을 취하였다. 'ㅛ'는 'ㅗ'와 같지만 'ㅣ'에서 일어난다. 'ㅑ'는 'ㅏ'와 같지만 'ㅣ'에서 일어난다. 'ㅠ'는 'ㅜ'와 같지만 'ㅣ'에서 일어난다. 'ㅕ'는 'ㅓ'와 같지만 'ㅣ'에서 일어난다.

 ㅗㅏㅜㅓ始於天地, 爲初出也. ㅛㅑㅠㅕ起於ㅣ而兼乎人, 爲再出也. ㅗㅏㅜㅓ之一其圓者, 取其初生之義也. ㅛㅑㅠㅕ之二其圓者, 取其再生之義也. ㅗㅏㅛㅑ之圓居上與外者, 以其出於天而爲陽也. ㅜㅓㅠㅕ之圓居下與內者, 以其出於地而爲陰也. •之貫於八聲者, 猶陽之統陰而周流萬物也. ㅛㅑㅠㅕ之皆兼乎人者, 以人爲萬物之靈而能參兩儀也. 取象於天地人而三才之道備矣. 然三才爲萬物之先, 而天又爲三才之始, 猶 • ㅡ ㅣ 三字爲八聲之首, 而 • 又爲三字之冠也.

'ㅗ ㅏ ㅜ ㅓ'는 하늘과 땅에서 시작되어서, 처음으로 나왔다. 'ㅛ ㅑ ㅠ ㅕ'는 'ㅣ'에서 일어나고 사람을 겸하였으니, 다시 나왔다. 'ㅗ ㅏ ㅜ ㅓ'에서 그 둥근 것(•)이 하나인 것은, 처음에 생긴 뜻을 취하였다. 'ㅛ ㅑ ㅠ ㅕ'에서 그 둥근 것(•)이 둘인 것은, 다시 생겨난 뜻을 취하였다. 'ㅗ ㅏ ㅛ ㅑ'에서 둥근 것(•)이 위와 밖으로 놓인 것은, 하늘에서 나와 양이 되기 때문이다. 'ㅜ ㅓ ㅠ ㅕ'에서 둥근 것(•)이 아래와 안에 놓인 것은, 그것이 땅에서 나오고 음이 되기 때문이다. '•'이 여덟 소리에 꿰임은, 양이 음을 거느리며 만물에 두루 흐름과 같다. 'ㅛ ㅑ ㅠ ㅕ'가 모두 사람을 겸함은, 사람은 만물의 영령으로 능히 음양에 참여할 수 있기 때문이다. 하늘과 땅과 사람의 모습을 취하므로 3재의 이치를 갖춘다. 그러나 3재가 만물의 우선이더라도, 하늘은 또한 3재의 시작이니, 마치 '• ㅡ ㅣ' 세 글자가 여덟 소리의 머리가 되고, 다시 '•'이 또 세 글자의 갓이 되듯이 말이다.

ㅗ初生於天, 天一生水之位也. ㅏ次之, 天三生木之位也. ㅜ初生於地, 地二生火之位也. ㅓ次之, 地四生金之位也. ㅛ再生於天, 天七成火之數也. ㅑ次之, 天九成金之數也. ㅠ再生於地, 地六成水之數也. ㅕ次之, 地八成木之數也. 水火未離乎氣, 陰陽交合之初, 故闔. 木金陰陽之定質, 故闢. •天五生土之位也. ㅡ地十成土之數也. ㅣ獨無位數者, 盖以人則無極之眞, 二五之精, 妙合而凝, 固未可以定位成數論也. 是則中聲之中, 亦自有陰陽五行方位之數也.

'ㅗ'는 처음으로 하늘에서 낳으니, 하늘의 수 1은 물을 낳는 자리이다. 'ㅏ'는 다음으로, 하늘의 수 3이며 나무를 낳는 자리이다. 'ㅜ'는 처음으로 땅에서 생기니, 땅의 수 2이며 불을 낳는 자리이다. 'ㅓ'는 다음으로, 땅의 수 4이며 쇠를 낳는 자리이다. 'ㅛ'는 다시 하늘에서 생겼는데, 하늘의 수 7이며 불을 이루는 수이다. 'ㅑ'는 그 다음으로, 하늘의 수 9이며 쇠를 이루는 수이다. 'ㅠ'는 다시 땅에서 생겼는데, 땅의 수 6이며 물을 이루는 수이다. 'ㅕ'는 그 다음으로, 땅의 수 8이며 나무를 이루는 수이다. 물과 불은 떨어지지 않는 기운이기에, 음과 양이 교차하여 합하여지는 시초이니, 그래서 닫힌다. 나무와 쇠는 음양이 고정된 바탕이니, 그래서 열린다. 'ㆍ'는 하늘의 수 5이며 흙을 낳는 자리이다. 'ㅡ'는 땅의 수 10이며 흙을 이루는 수이다. 'ㅣ'만 홀로 자리와 수가 없는 것은, 대개 사람은 무극의 참과, 음양과 5행 정기가, 신묘하게 합치고 엉기니, 진실로 자리를 정하고 수를 이루는 것을 이야기할 수 없기 때문이다. 이런 까닭에 중성자 가운데서 또한 저절로 음양과 오행 방위의 수가 있는 것이다.

以初聲對中聲而言之. 陰陽, 天道也. 剛柔, 地道也. 中聲者, 一深一淺一闔一闢, 是則陰陽分而五行之氣具焉, 天之用也. 初聲者, 或虛或實或颺或滯或重若輕, 是則剛柔著而五行之質成焉, 地之功也. 中聲以深淺闔闢唱之於前, 初聲以五音淸濁和之於後, 而爲初亦爲終. 亦可見萬物初生於地, 復歸於地也. 以初中終合成之字言之, 亦有動靜互根陰陽交變之義焉. 動者, 天也. 靜者, 地也. 兼乎動靜者, 人也. 蓋五行在天則神之運也, 在地則質之成也, 在人則仁禮信義智神之運也, 肝心脾肺腎質之成也.

초성과 중성을 대조하여 음양과 오행 방위의 수를 말하겠다. 중성의 음양은, 하늘의 도이다. 초성의 강하고 유연한 것은, 땅의 도이다. 중성은, 하나가 깊으면 하나는 얕고 하나가 닫히면 하나는 열리니, 이는 음양으로 나뉘고 5행의 기운이 갖추어지는 것이니, 하늘의 작용이다. 초성은, 혹 허하고 혹 실하고 혹 날리고 혹 막히고 혹 무겁거나 마치 가벼워서, 강하고 부드러운 것이 드러나 5행의 바탕이 이루어지니, 땅의 공적이다. 중성이 깊고 얕고 닫히고 열리면서 앞에서 노래하면, 초성이 5음과 청탁으로 뒤에서 화답하니, 초성이 되기도 하고 역시 종성이 되기도 한다. 또한 가히 만물이 땅에서 처음으로 나는 것을 볼 수 있으니, 다시 땅으로 돌아간다. 초성과 중성 그리고 종성이 어울려 이루는 글자에 대한 음양과 5행을 말하자면, 역시 움직임과 고요함이 서로 뿌리가 되어 음과 양이 교차하면서 바뀌는 뜻이 있다. 움직이는 것은, 하늘이다. 머무는 것은, 땅이다. 움직임과 머무는 것을 겸한 것은, 사람이다. 대개 5행은 하늘에게 곧 신의 운행이요, 땅에게 곧 바탕의 이룸이니, 사람에게 어짊·예의·믿음·정의·슬기는 신의 운행이요, 간장·심장·비장·폐장·신장은 바탕의 이룸이다.

初聲有發動之義, 天之事也. 終聲有止定之義, 地之事也. 中聲承初之生, 接終之成, 人之事也. 盖字韻之要, 在於中聲, 初終合而成音. 亦猶天地生成萬物, 而其財成輔相則必賴乎人也. 終聲之復用初聲者, 以其動而陽者乾也, 靜而陰者亦乾也, 乾實分陰陽而無不君宰也. 一元之氣, 周流不窮, 四時之運, 循環無端, 故貞而復元, 冬而復春. 初聲之復爲終, 終聲之復爲初, 亦此義也. 吁. 正音作而天地萬物之理咸備, 其神矣哉. 是殆天啓
聖心而假手焉者乎. 訣曰

초성은 움직임이 피어나는 뜻이 있으니, 하늘의 일이다. 종성은 정한 곳에서 멈추는 뜻이 있으니, 땅의 일이다. 중성은 초성의 생김을 잇고, 종성의 이룸을 맞이하니, 사람의 일이다. 대개 자운의 요체는, 중성에 있는데, 초성과 종성이 합하여 소리를 이룬다. 마치 역시 천지가 만물을 생성한다고 하여도, 그 재성하는 것을 보상하는 것은 곧 반드시 사람을 의지하는 것과 같다. 종성에 초성을 다시 쓰는 것은, 움직여서 양인 것도 하늘이요, 머물러서 음인 것도 하늘 때문이니, 하늘이 실제로는 음양으로 나뉜다 해도 주재하지 아니함이 없다. 일원의 기운이, 두루 흘러 막히지 않고, 4계절 운행이, 돌고 돌아 끝이 없고, 그래서 정이 다시 원이 되고, 겨울이 다시 봄이 된다. 초성이 다시 종성이 되고, 그 종성이 다시 초성이 되는 것도, 역시 이 뜻이다. 아아. 정음이 만들어지면서 천지 만물 이치를 모두 갖추어졌으니, 그 신령스러움이여. 이것은 아마도 하늘이

성인의 마음을 열어서 손을 빌려준 것이다. 기리는 노래로 이르기를

天地之化本一氣	하늘과 땅 조화는 본래 하나의 기운이니
陰陽五行相始終	음양과 5행이 서로 처음과 끝이 되네
物於兩間有形聲	사물은 둘 사이에서 꼴과 소리가 있으니
元本無二理數通	원래 근본은 둘이 아니기에 이치와 수로 통하네
正音制字尙其象	바른 소리로 글자를 만들 때 그 꼴로 꾸몄고
因聲之厲每加畫	소리의 세기 때문에 낱낱이 획을 더 하였네
音出牙舌脣齒喉	소리는 어금니·혀·입술·이빨·목구멍의 기능으로 나오니
是爲初聲字十七	그것이 초성이 되어 글자는 열 일곱이네
牙取舌根閉喉形	어금닛소리 글자는 혀뿌리가 목구멍 막는 꼴을 취하는데
唯業似欲取義別	오직 'ㆁ'만은 'ㅇ'과 비슷하지만 취한 뜻이 다르네
舌迺象舌附上腭	혓소리 글자는 잇몸 위에 혀가 붙은 것을 본뜨고

脣則實是取口形	입술소리 글자는 실제로 입의 꼴을 취하였네
齒喉直取齒喉象	잇소리 글자와 목구멍소리 글자는 바로 이빨과 목구멍을 본떴으니
知斯五義聲自明	이 다섯 글자 뜻을 알면 소리의 이치는 저절로 밝혀지네
又有半舌半齒音	또한 반혓소리 글자와 반잇소리 글자가 있는데
取象同而體則異	꼴을 취한 것은 같지만 형체는 다르네
那彌戌欲聲不厲	'ㄴㅁㅅㅇ' 소리는 세지 않으므로
次序雖後象形始	순서는 비록 뒤이지만 모양과 형태에서는 처음이네
配諸四時與冲氣	모든 것이 네 계절과 충기가 배합되어서
五行五音無不協	5행과 5음에 어울리지 않음이 없네
維喉爲水冬與羽	목구멍소리는 물과 겨울과 우음이 되고
牙迺春木其音角	어금닛소리는 봄이며 나무이고 그 소리는 각음이네
徵音夏火是舌聲	치음은 여름이며 불이니 혓소리요
齒則商秋又是金	잇소리는 곧 상음이며 가을이니 또한 금이네
脣於位數本無定	입술소리는 방위와 수가 본래 정해지지 않았어도
土而季夏爲宮音	흙이며 늦여름이니 궁음이 되네
聲音又自有淸濁	성음에는 또한 스스로 맑고 흐림이 있으니
要於初發細推尋	중요한 것은 처음 소리가 피어날 때 자세히 살펴야 하네
全淸聲是君斗彆	전청소리는 'ㄱㄷㅂ'이며
卽戌挹亦全淸聲	'ㅈㅅㆆ'도 역시 전청소리네
若迺快呑漂侵虛	'ㅋㅌㅍㅊㅎ' 같은 것은
五音各一爲次淸	5음에서 낱낱이 하나씩 차청이 되네
全濁之聲虯覃步	전탁소리는 'ㄲㄸㅃ'이며
又有慈邪亦有洪	또 'ㅉㅆ'과 있고 역시 'ㆅ'이 있네
全淸並書爲全濁	전청을 나란히 쓰면 전탁이 되는데
唯洪自虛是不同	오직 'ㆅ'은 전탁음인 'ㅎ'에서 나왔지만 이것은 같지 않네
業那彌欲及閭穰	'ㆁㄴㅁㅇ'과 'ㄹㅿ'는
其聲不淸又不濁	그 소리가 맑지도 또 흐리지도 않네

欲之連書爲脣輕	'ㅇ'을 이어 쓰면 입술가벼운소리가 되는데
喉聲多而脣乍合	목구멍소리가 많아지면서 입술을 살짝 합해 주어서네
中聲十一亦取象	중성 열 한자 또한 꼴을 본떴는데
精義未可容易觀	뜻이 정밀하여서 옳은 모양을 쉽게 볼 수 없네
呑擬於天聲最深	'•'는 하늘소리와 비슷하여 가장 깊으니
所以圓形如彈丸	둥근 꼴 때문에 마치 탄환 같네
卽聲不深又不淺	'ㅡ' 소리는 깊지도 또한 얕지도 않아
其形之平象乎地	그 꼴의 평평함은 땅 모양이네
侵象人立厥聲淺	'ㅣ'는 사람이 서 있음을 본떠 그 소리가 얕으니
三才之道斯爲備	천지인 이치가 이에 갖추어지네
洪出於天尙爲闔	'ㅗ'는 하늘에서 나와 입이 거의 닫혀지니
象取天圓合地平	모양은 하늘의 둥근 것을 취하였지만 땅의 평평함에 합당하네
覃亦出天爲已闢	'ㅏ'도 하늘에서 나와 입이 이미 열려 있으니
發於事物就人成	사물에서 피어나지만 곧 사람이 이루네
用初生義一其圓	처음 나는 뜻으로 그 둥근 것을 하나로 하고
出天爲陽在上外	하늘에서 나와 양이 되니 위와 밖이네
欲穰兼人爲再出	'ㅛㅑ'는 사람을 겸하여 다시 나오니
二圓爲形見其義	두 개 둥근 모양으로 그 뜻이 드러나네
君業戌彆出於地	'ㅜㅓㅠㅕ'는 땅에서 나니
據例自知何須評	예를 들면 저절로 알 것을 어찌 꼭 풀이가 필요하나
呑之爲字貫八聲	'•'란 그 글자가 여덟 소리를 꿴 것은
維天之用徧流行	오직 하늘의 쓰임을 두루 유통한 것이네
四聲兼人亦有由	네 글자 'ㅛㅑㅠㅕ'이 사람'ㅣ'을 겸함도 또한 까닭이 있으니
人參天地爲最靈	사람이 하늘과 땅에 참여하여 최고로 신령스럽게 되었기 때문이네
且就三聲究至理	또 초성·중성·종성 세 소리의 깊은 이치를 살피면

自有剛柔與陰陽	단단함과 부드러움 그리고 음과 양이 절로 있네
中是天用陰陽分	중성은 하늘 작용에서 음양으로 나뉘고
初迺地功剛柔彰	초성은 땅의 공으로 단단함과 부드러움이 드러나네
中聲唱之初聲和	중성이 부르면 초성이 화답하니
天先乎地理自然	하늘이 땅보다 앞섬이니 자연의 이치네
和者爲初亦爲終	화답하는 것이 초성도 되고 또 종성도 되니
物生復歸皆於坤	사물이 생기어 다시 돌아가는 곳은 모두 땅이네
陰變爲陽陽變陰	음이 변해 양이 되고 양이 변해 음이 되니
一動一靜互爲根	한 번 움직이고 한 번 머무름이 서로 뿌리가 되네
初聲復有發生義	초성은 다시 피어나는 뜻이 있으니
爲陽之動主於天	양의 움직임이 되어서 하늘의 주인이 되네
終聲比地陰之靜	종성은 땅에 비유되어 음의 고요함이니
字音於此止定焉	글자의 소리가 여기에 이르러서 정해지네
韻成要在中聲用	운을 이루는 요점은 중성의 쓰임에 있으니
人能輔相天地宜	사람이 능히 하늘과 땅의 마땅함을 도울 수 있기 때문이네
陽之爲用通於陰	양에서 쓰임은 음에서도 통함이니
至而伸則反而歸	이르고 펴면 곧 다시 돌아오네
初終雖云分兩儀	초성과 종성이 비록 음과 양으로 나뉘지만
終用初聲義可知	종성에 초성을 쓰는 뜻으로 알 수 있네
正音之字只卄八	정음의 글자는 단지 28자이지만
探賾錯綜窮深幾	여러 가지가 뒤섞인 것을 탐색하여 깊은 움직임을 밝히네
指遠言近牖民易	뜻은 멀어도 말은 가까워 백성을 이끌기 쉬우니
天授何曾智巧爲	하늘이 주신 것이지 어찌 지혜와 기교로 되었겠는가

初聲解

正音初聲, 卽韻書之字母也. 聲音由此而生, 故曰母. 如牙音君字初聲是ㄱ, ㄱ與ㅜ而爲군. 快字初聲是ㅋ, ㅋ與ㅙ而爲:쾌. 虯字初聲是ㄲ, ㄲ與ㅠ而爲ㄲᅲ. 業字初聲是ㆁ, ㆁ與ㅓᆸ而爲업之類. 舌之斗呑覃那, 脣之彆漂步彌, 齒之卽侵慈戌邪, 喉之挹虛洪欲, 半舌半齒之閭穰, 皆倣此. 訣曰

초성 설명

정음 초성, 바로 운서의 자모이다. 성음이 이런 이유로 생기니, 어미라 한다. 어금닛소리 '군(君)'자 초성은 'ㄱ'과 같으니, 'ㄱ'과 'ㅜ'이 '군'이 된다. '쾌(快)'자 초성은 'ㅋ'이니, 'ㅋ'과 'ㅙ'가 '쾌'가 된다. 'ㄲᅲ(虯)'자 초성은 'ㄲ'이니, 'ㄲ'와 'ㅠ'가 'ㄲᅲ'가 된다. '업(業)'자 초성은 'ㆁ'이니, 'ㆁ'과 'ㅓᆸ'은 '업'이 되는 따위다. 혓소리 'ㄷㅌㄸ'와, 입술소리 'ㅂㅍㅃㅁ'과, 잇소리 'ㅈㅊㅉㅅㅆ'과, 목구멍소리 'ㆆㅎㆅㅇ'과, 반혓소리와 반잇소리 'ㄹㅿ'도 모두 이를 따랐다. 기리는 노래로 이르기를

君快虯業其聲牙	'ㄱㅋㄲㆁ'은 어금닛소리이고
舌聲斗呑及覃那	혓소리는 'ㄷㅌ'과 'ㄸㄴ'이네
彆漂步彌則是脣	'ㅂㅍㅃㅁ'은 곧 입술소리이며
齒有卽侵慈戌邪	잇소리엔 'ㅈㅊㅉㅅㅆ'이 있네
挹虛洪欲迺喉聲	'ㆆㅎㆅㅇ'은 곧 목구멍소리이고
閭爲半舌穰半齒	'ㄹ'은 반혓소리, 'ㅿ'는 반잇소리네
二十三字是爲母	23자는 어미가 되니
萬聲生生皆自此	만 가지 소리가 다 여기서 생기고 생겨나네

中聲解

中聲者, 居字韻之中, 合初終而成音. 如吞字中聲是•, •居ㅌㄴ之間而爲툰. 卽字中聲是ㅡ, ㅡ居ㅈㄱ之間而爲즉. 侵字中聲是ㅣ, ㅣ居ㅊㅁ之間而爲침之類. 洪覃君業欲穰戌彆, 皆倣此. 二字合用者, ㅗ與ㅏ同出於•, 故合而爲ㅘ. ㅛ與ㅑ又同出於ㅣ, 故合而爲ㆇ. ㅜ與ㅓ同出於ㅡ, 故合而爲ㅝ. ㅠ與ㅕ又同出於ㅣ, 故合而爲ㆊ. 以其同出而爲類, 故相合而不悖也. 一字中聲之與ㅣ相合者十, ㆎㅢㅚㅐㅟㅔㆉㆌㆊㆋ是也. 二字中聲之與ㅣ相合者四, ㅙㅞㆈㆋ是也. ㅣ於深淺闔闢之聲, 並能相隨者, 以其舌展聲淺而便於開口也. 亦可見人之參贊開物而無所不通也. 訣曰

중성 설명

중성은, 자운의 가운데 있으니, 초성과 종성이 합치면 소리가 된다. '툰(呑)'자 중성인 '•'와 같으니, '•'가 'ㅌ'과 'ㄴ' 사이에 있어 '툰'이 된다. '즉(卽)'자 중성은 'ㅡ'이니, 'ㅡ'가 'ㅈ'과 'ㄱ' 사이에 있어 '즉'이 된다. '침(侵)'자 중성은 'ㅣ'이니, 'ㅣ'가 'ㅊ'과 'ㅁ' 사이에 있어 '침'이 되는 따위다. '홍(洪), 땀(覃), 군(君), 업(業), 욕(欲), 샹(穰), 슏(戌), 별(彆)'의 'ㅗㅏㅜㅓㅛㅑㅠㅕ'는, 모두 이를 따랐다. 두 글자가 합하여 쓸 때, 'ㅗ'와 'ㅏ'는 같이 '•'에서 나왔으므로, 합하여져서 'ㅘ'가 된다. 'ㅛ'와 'ㅑ'도 같이 'ㅣ'에서 나왔으므로, 합하여져서 'ㆇ'가 된다. 'ㅜ'와 'ㅓ'는 같이 'ㅡ'에서 나왔으므로, 합하여져서 'ㅝ'가 된다. 'ㅠ'와 'ㅕ'도 같이 'ㅣ'에서 나왔으므로, 합하여져서 'ㆊ'가 된다. 모두 함께 나와 같은 그렇게 되었으므로, 서로 합하여서 어그러짐이 없다. 한 글자 중성자가 'ㅣ'와 서로 어울린 것은 열 개로, 'ㆎㅢㅚㅐㅟㅔㆉㆌㆊㆋ'가 그것이다. 두 글자 중성자가 'ㅣ'와 서로 어울린 것은 네 개로, 'ㅙㅞㆈㆋ'가 그것이다. 'ㅣ'가 깊고 얕고 닫히고 열리는 소리에, 어울려서 능히 서로 따르는 것은, 혀가 펴지고 소리는 얕아 입을 벌리기 편하기 때문이다. 또

한 가히 사람이 만물을 여는 데 참여하여 통하지 않음이 없음을 볼 수 있다. 기리는 노래로 이르기를

母字之音各有中　　어미글자의 소리마다 제각기 중성이 있으니
須就中聲尋闢闔　　반드시 중성에서 열림과 닫힘을 찾아야 하네
洪覃自呑可合用　　'ㅗ'와 'ㅏ'는 'ㆍ'에서 나왔으니 합하여 쓸 수 있고
君業出卽亦可合　　'ㅜ'와 'ㅓ'는 'ㅡ'에서 나왔으니 역시 합할 수 있네
欲之與穰戌與彆　　'ㅛ'와 'ㅑ'나 'ㅠ'와 'ㅕ'나
各有所從義可推　　각각 좇는 바가 있으니 뜻을 미루어 알 수 있네
侵之爲用最居多　　'ㅣ'자의 쓰임새가 가장 많아서
於十四聲徧相隨　　열네 소리에서 두루 서로 따르네

終聲解

終聲者, 承初中而成字韻. 如卽字終聲是ㄱ, ㄱ居즈終而爲즉. 洪字終聲是ㅇ, ㅇ居堃終而爲薲之類. 舌脣齒喉皆同. 聲有緩急之殊, 故平上去其終聲不類入聲之促急. 不淸不濁之字, 其聲不厲, 故用於終則宜於平上去. 全淸次淸全濁之字, 其聲爲厲, 故用於終則宜於入. 所以ㆁㄴㅁㅇㄹㅿ六字爲平上去聲之終, 而餘皆爲入聲之終也.

종성 설명

종성은, 초성과 중성을 이어받아 자운을 이룬다. 가령 '즉(卽)'자 종성은 'ㄱ'과 같으니, 'ㄱ'은 '즈'의 아래에 있어서 '즉'이 된다. '薲(洪)'자 종성은 'ㅇ'이니 'ㅇ'은 '堃' 아래에 있어서 '薲'이 되는 것 따위다. 혓소리·입술소리·잇소리·목구멍소리도 마찬가지이다. 소리에는 느리고 빠름의 다름이 있으니, 그래서 평성·상성·거성은 그 종성이 입성의 촉급과 같지 않다. 불청불탁 글자는, 그 소리가 세지 않기에, 종성으로 쓰면 평성·상성·입성에 마땅하다. 전청·차청·전탁의 글자는, 그 소리가 세기에, 종성으로 쓰면 입성에 마땅하다. 그래서 'ㆁㄴㅁㅇㄹㅿ'의 여섯 글자는 평성·상성·거성의 종성이 되고, 그 나머지는 모두 입성의 종성이 된다.

然ㄱㆁㄷㄴㅂㅁㅅㄹ八字可足用也. 如빗곶爲梨花, 영의갗爲狐皮, 而ㅅ字可以通用, 故只用ㅅ字. 且ㅇ聲淡而虛, 不必用於終, 而中聲可得成音也. ㄷ如볃爲彆, ㄴ如군爲君, ㅂ如업爲業, ㅁ如땀爲覃, ㅅ如諺語·옷爲衣, ㄹ如諺語실爲絲之類. 五音之緩急, 亦各自爲對. 如牙之ㆁ與ㄱ爲對, 而ㆁ促呼則變爲ㄱ而急, ㄱ舒出則變爲ㆁ而緩. 舌之ㄴㄷ, 脣之ㅁㅂ, 齒之ㅿㅅ, 喉之ㅇㆆ, 其緩急相對, 亦猶是也. 且半舌之ㄹ, 當用於諺, 而不可用於文. 如入聲之彆字, 終聲當用ㄷ, 而俗習讀爲ㄹ, 盖ㄷ變而爲輕也. 若用ㄹ爲彆之終, 則其聲舒緩, 不爲入也.

訣曰

　그리하여 'ㄱㆁㄷㄴㅂㅁㅅㄹ' 여덟 글자로 족히 쓸 수 있다. 가령 배꽃 '븻곶(梨花)'과, 여우가죽인 '엿의갗(狐皮)'처럼, 'ㅅ'자는 가히 통용할 수 있기에, 단지 'ㅅ'자만 쓰는 것과 같다. 그리고 'ㅇ'은 소리가 맑고 비어서, 반드시 종성으로 쓰지 않아도, 중성으로도 소리를 이룰 수 있다. 'ㄷ'은 '볃(彆)'의 종성 'ㄷ'이 되고, 'ㄴ'은 '군(君)'의 종성 'ㄴ'이 되고, 'ㅂ'은 '업(業)'의 종성 'ㅂ'이 되며, 'ㅁ'은 '땀(覃)'의 종성 'ㅁ'이 되고, 'ㅅ'은 토박이말인 '옷(衣)'의 종성인 'ㅅ'이 되고, 'ㄹ'은 토박이말인 '실(絲)'의 종성 'ㄹ'이 되는 따위와 같다. 5음의 느리고 빠름이, 낱낱이 저절로 짝이 된다. 가령 어금닛소리 'ㆁ'은 'ㄱ'과 짝이 되니, 'ㆁ'을 빠르게 하면 'ㄱ'으로 변하여 빨라지고, 'ㄱ' 음을 천천히 내면 'ㆁ'로 바뀌어 느린 것과 같다. 혓소리 'ㄴ'과 'ㄷ', 입술소리 'ㅁ'과 'ㅂ', 잇소리 'ㅿ'과 'ㅅ', 목구멍소리 'ㅇ'과 'ㆆ'도 그 느리고 빠름이 짝이 된다. 또 반혓소리 'ㄹ'은, 마땅히 토박이말이나 쓸 것이며, 글자에는 쓸 수 없다. 가령 입성 '볃(彆)'자도, 종성에 마땅히 'ㄷ'을 써야만 될 것이나, 세속에서는 'ㄹ'로 읽으니, 대개 'ㄷ'이 변해 가볍게 되었다. 만약 'ㄹ'을 '볃(彆)'자 종성으로 쓴다면, 그 소리가 퍼지고 느려져, 입성이 되지 않는다. 기리는 노래로 이르기를

不淸不濁用於終	맑지도 흐리지도 않은 소리를 종성에 쓴 것은
爲平上去不爲入	평성·상성·거성은 되지만 입성이 안 되어 그렇네
全淸次淸及全濁	전청과 차청 또 전탁은
是皆爲入聲促急	모두 다 입성이 되어 촉급하네
初作終聲理固然	초성이 종성으로 되는 이치가 틀림없이 그러한데
只將八字用不窮	다만 여덟 글자만 써도 막힘이 없네
唯有欲聲所當處	오직 'ㅇ' 소리만 있어야 마땅한 자리이기에
中聲成音亦可通	중성이 소리를 이루어 역시 통할 수 있네

若書卽字終用君	만약 '즉'자를 쓰려면 종성은 'ㄱ'이고
洪彆亦以業斗終	'홍'과 '볃'은 'ㆁ'과 'ㄷ'으로 끝나네
君業覃終又何如	'군, 엄, 땀'자 종성은 또 어떠한지는
以那彆彌次第推	'ㄴㅂㅁ'으로써 순서를 미루어 알겠네
六聲通乎文與諺	여섯 글자 'ㄱㆁㄷㄴㅂㅁ'은 문자와 토박이말에 통하는데
戌閭用於諺衣絲	'ㅅ'과 'ㄹ'은 토박이말 '옷'과 '실'에 쓰이네
五音緩急各自對	5음의 느림과 빠름이 낱낱이 저절로 짝을 이루니
君聲迺是業之促	'ㄱ' 소리는 'ㆁ' 소리를 빠르게 낸 것이네
斗彆聲緩爲那彌	'ㄷㅂ' 소리가 느려지면 'ㄴㅁ'이 되고
穰欲亦對戌與挹	'ㅿ'과 'ㅇ'은 그것 또한 'ㅅ'과 'ㆆ'의 짝이 되네
閭宜於諺不宜文	'ㄹ'은 토박이말에는 적당하나 문자에는 적당하지 않고
斗輕爲閭是俗習	'ㄷ' 소리가 가볍게 'ㄹ' 소리가 된 것은 습속이네

合字解

初中終三聲, 合而成字. 初聲或在中聲之上, 或在中聲之左. 如君字ㄱ在ㅜ上, 業字ㆁ在ㅓ左之類. 中聲則圓者橫者在初聲之下, ㆍㅡㅗㅛㅜㅠ是也. 縱者在初聲之右, ㅣㅏㅑㅓㅕ是也. 如呑字ㆍ在ㅌ下, 卽字ㅡ在ㅈ下, 侵字ㅣ在ㅊ右之類. 終聲在初中之下. 如君字ㄴ在구下, 業字ㅂ在어下之類.

합자 설명

초성과 중성 그리고 종성 세 소리가, 합하여 글자를 이룬다. 초성자는 혹은 중성자 위에 있기도 하고, 혹은 중성자 왼쪽에 있다. 이를테면 '군字'의 'ㄱ'이 'ㅜ' 위에 있는 것과 같고, '업字'의 'ㆁ'이 'ㅓ' 왼쪽에 있는 따위다. 중성자에서 둥근 것 가로로 된 것은 초성자 아래에 있는데, 'ㆍㅡㅗㅛㅜㅠ'가 그것이다. 세로로 된 것은 초성자 오른쪽에 있는데, 'ㅣㅏㅑㅓㅕ'가 그것이다. 마치 '툰(呑)'자의 'ㆍ'은 'ㅌ' 아래에 있는 것과 같고, '즉(卽)'자의 'ㅡ'는 'ㅈ' 아래에 있고, '침(侵)'자의 'ㅣ'는 'ㅊ' 오른쪽에 있는 따위다. 종성자는 초성자과 중성자 아래에 있다. 마치 '군(君)'자의 'ㄴ'은 '구' 아래에 있는 것과 같고, '업(業)'자의 'ㅂ'은 '어' 아래에 있는 따위다.

初聲二字三字合用並書, 如諺語ㅼㅏ爲地, ㅽㅕㄱ爲隻, ㅄㅳㅣ爲隙之類. 各自並書, 如諺語혀爲舌而ᅘㅕ爲引, 괴여爲我愛人而괴ㆁㅕ爲人愛我, 소다爲覆物而쏘다爲射之類. 中聲二字三字合用, 如諺語과爲琴柱, ㅙ爲炬之類. 終聲二字三字合用, 如諺語흙爲土, 낛爲釣, ㄺㅽㅳ爲酉時之類. 其合用並書, 自左而右, 初中終三聲皆同. 文與諺雜用則有因字音而補以中終聲者, 如孔子ㅣ魯ㅅ사룸之類. 諺語平上去入, 如활爲弓而其聲平, 돌爲石而其聲上, 갈爲刀而其聲去, 붇爲筆而其聲入之類. 凡字之左, 加一點爲去聲, 二點爲上聲, 無點爲平聲.

초성자에서 두 개 글자 또는 세 개 글자를 합쳐 쓰는 합용병서는, 토박이말 땅인 '짜(地)'와, 외짝인 '쫙(隻)'과, 틈인 '쁨(隙)' 따위와 같다. 낱낱이 글자를 합쳐 쓰는 병서는, 이를테면 토박이말 혓바닥인 '혀(舌)'와 끈다는 '혀(引)'이며, 내가 사람은 사랑한다는 '괴여(我愛人)'와 사람이 나를 사랑한다는 '괴여(人愛我)', 물건을 싣는다는 '소다(覆物)'와 활을 쏘는 '쏘다(射之)' 따위다. 중성자 두 개 글자 세 개 글자를 합쳐 쓰는 것은, 이를테면 토박이말 거문고 발인 '과(琴柱)'와, 횃불인 '홰(炬)' 따위와 같다. 종성자 두 개 글자 세 개 글자로 합쳐 쓰는 것은, 이를테면 토박이말인 흙인 '흙(土)'과, 낚시인 '낛(釣)'과, 유시인 '닭ᄢᅵ(酉時)' 따위와 같다. 이들 합용병서는, 왼쪽에서 오른쪽으로 쓰며, 초성·중성·종성 모두 같다. 문자와 토박이말을 섞어 쓸 때는 글자 소리 때문에 중성과 종성을 보좌하는 일이 있으니, 공자는 노나라 사롬이라는 따위와 같다. 토박이말인 평성·상성·거성·입성은, 예를 들면 '활(弓)'이 평성이 되고, '돌(石)'은 상성이 되고, '갈(刀)'은 거성이 되며, '붇(筆)'은 입성이 되는 따위와 같다. 모든 글자 왼쪽에, 한 점을 더하면 거성이 되고, 두 점을 더하면 상성이 되고, 점이 없으면 평성이다.

而文之入聲, 與去聲相似. 諺之入聲無定, 或似平聲, 如긷爲柱, 녑爲脅. 或似上聲, 如낟爲穀, :깁爲繒. 或似去聲, 如몯爲釘, 입爲口之類. 其加點則與平上去同. 平聲安而和, 春也, 萬物舒泰. 上聲和而擧, 夏也, 萬物漸盛. 去聲擧而壯, 秋也, 萬物成熟. 入聲促而塞, 冬也, 萬物閉藏. 初聲之ㆆ與ㅇ相似, 於諺可以通用也. 半舌有輕重二音. 然韻書字母唯一, 且國語雖不分輕重, 皆得成音. 若欲備用, 則依脣輕例, ㅇ連書ㄹ下, 爲半舌輕音, 舌乍附上腭. •一起ㅣ聲, 於國語無用. 兒童之言, 邊野之語, 或有之, 當合二字而用, 如ㄱㅣㄱㅣ之類. 其先縱後橫, 與他不同. 訣曰

게다가 문자의 입성은, 거성과 비슷하다. 토박이말 입성은 정해진 바가 없으니, 혹은 평성과 비슷하여, 기둥 '긷'(柱)과, 옆구리 '녑'(脅)과 같다. 혹은 상성과 비슷하여, 곡식인 '낟'(穀)과, 비단인 '깁'(繒)과 같다. 혹은 거성과 비슷하여, 못인 '몯'(釘)과, 입인 '입'(口)과 같은 따위이다. 점을 더하는 것은 평성·상성·거성의 경우와 같다. 평성은 편안하고 부드럽고, 봄이니, 만물이 퍼져서 커진다. 상성은 부드럽고 들어 올리니, 여름이고, 만물이 점점 무성해지는 것과 같다. 거성은 높고 장대하니, 가을이고, 만물이 무르익는다. 입성은 빠르고 막히니, 겨울이고, 만물이 닫히고 갈무리된다. 초성 'ㆆ'과 'ㅇ'은 서로 비슷하여, 토박이말에서 통용될 수 있다. 반혓소리에는 가볍고 무거운 두 소리가 있다. 그러나 운서 자모에서는 오직 하나이고, 또한 나라말에서는 비록 가볍고 무거움으로 나누지 않으나, 모두 소리를 이룰 수 있다. 만약 갖추어 쓰고자 한다면, 입술가벼운소리 예시에 따라, 'ㅇ'을 'ㄹ' 아래 붙여 쓰면, 반혀가벼운소리가 되는데, 혀를 살짝 윗잇몸에 붙인다. 'ㆍ'와 'ㅡ'가 'ㅣ' 소리에서 일어나는 것은, 나라말에서 쓰임이 없다. 아이들 말이나, 변두리 시골말에는, 간혹 있기도 한데, 마땅히 두 글자를 합하여 쓰는 것으로, 'ㄱㅣㄱㅗ' 같은 따위이다. 그 세로된 것을 먼저하고 가로된 것은 나중에 하는 것이, 다른 것과 다르다. 기리는 노래로 이르기를

初聲在中聲左上	초성자는 중성자 왼쪽이나 위에 위치하고
挹欲於諺用相同	'ㆆ'과 'ㅇ'은 토박이말에서 쓰임이 서로 같네
中聲十一附初聲	중성자 열하나는 초성자에 붙여 쓰는데
圓橫書下右書縱	둥근 것과 가로로 된 것은 아래 쓰고 세로로 된 것은 오른쪽에 쓰네
欲書終聲在何處	종성자를 쓰려면 어느 곳인가 하면
初中聲下接着寫	초성자와 중성자 아래 붙여 쓰네
初終合用各並書	초성자와 종성자를 합쳐 쓰려면 낱낱이 나란히 쓰고

中亦有合悉自左	중성자도 함께 사용하여 모두 왼쪽부터 쓰네
諺之四聲何以辨	토박이말에서 사성을 어떻게 가리나
平聲則弓上則石	평성은 '활'이요 상성은 '돌'이네
刀爲去而筆爲入	'갈'은 거성이 되고 '붇'은 입성이 되니
觀此四物他可識	이 네 가지 사물을 보아서 다른 것도 알 수 있네
音因左點四聲分	소리 때문에 왼쪽 점으로 사성을 분별하니
一去二上無點平	하나면 거성이고, 둘이면 상성이고, 없으면 평성이네
語入無定亦加點	토박이말 입성은 정함이 없으나 평성·상성·거성처럼 찍고
文之入則似去聲	문자의 입성은 거성과 같네
方言俚語萬不同	방언과 리어가 만 가지로 달라
有聲無字書難通	소리는 있지만 글자가 없어서 글로 통하기 어렵네
一朝	위대한 조선에서
制作侔神工	훈민정음 제작이 신의 솜씨와 견줄만 하니
大東千古開矇矓	대동 오랜 세월의 어둠이 열리다

用字例

初聲ㄱ, 如감爲柿, 골爲蘆. ㅋ, 如우케爲未舂稻, 콩爲大豆. ㆁ, 如러울爲獺, 서에爲流澌. ㄷ, 如뒤爲茅, 담爲墻. ㅌ, 如고티爲繭, 두텁爲蟾蜍. ㄴ, 如노로爲獐, 납爲猿. ㅂ, 如볼爲臂, 벌爲蜂. ㅍ, 如파爲葱, 풀爲蠅. ㅁ, 如뫼爲山, 마爲薯藇. ㅸ, 如사비爲蝦, 드뵈爲瓠. ㅈ, 如자爲尺, 죠히爲紙. ㅊ, 如체爲籭, 채爲鞭. ㅅ, 如손爲手, 셤爲島. ㅎ, 如부헝爲鵂鶹, 힘爲筋. ㅇ, 如비육爲鷄雛, 부얌爲蛇. ㄹ, 如무뤼爲雹, 어름爲氷. ㅿ, 如아수爲弟, 너싀爲鴇.

글자 쓰임 범례

초성 'ㄱ'은, '감(감柿)', '골(갈대蘆)'에서 'ㄱ'과 같다. 'ㅋ'은, '우케(안 찧은 벼未舂稻)', '콩(대두大豆)'에서 'ㅋ'과 같다. 'ㆁ'은, '러울(수달獺)', '서에(성에流澌)'에서 'ㆁ'과 같다. 'ㄷ'은, '뒤(띠茅)', '담(담장墻)'에서 'ㄷ'과 같다. 'ㅌ'은, '고티(고치繭)', '두텁(두꺼비蟾蜍)'에서 'ㅌ'과 같다. 'ㄴ'은, '노로(노루獐)', '납(원숭이猿)'에서 'ㄴ'과 같다. 'ㅂ'은, '볼(팔臂)', '벌(벌蜂)'에서 'ㅂ'과 같다. 'ㅍ'은, '파(파葱)', '풀(파리蠅)'에서 'ㅍ'과 같다. 'ㅁ'은, ':뫼(산山)', '·마(마薯藇)'에서 'ㅁ'과 같다. 'ㅸ'은, '사비(새우蝦)', '드뵈(뒤웅박瓠)'에서 'ㅸ'와 같다. 'ㅈ'은, '자(자尺)', '죠히(종이紙)'에서 'ㅈ'과 같다. 'ㅊ'은, '·체(체籭)', '채(채찍鞭)'에서 'ㅊ'과 같다. 'ㅅ'은, '손(손手)', '셤(섬島)'에서 'ㅅ'과 같다. 'ㅎ'은, '부헝(부엉이鵂鶹)', '힘(힘筋)'에서 'ㅎ'과 같다. 'ㅇ'은, '비육(병아리鷄雛)', '부얌(뱀蛇)'에서 'ㅇ'과 같다. 'ㄹ'은, '무뤼(우박雹)', '어름(어름氷)'에서 'ㄹ'과 같다. 'ㅿ'은, '아수(아우弟)', ':너싀(너새鴇)'에서 'ㅿ'와 같다.

中聲 ·, 如톡爲頤, 팟爲小豆, 두리爲橋, 그래爲楸. ㅡ, 如믈爲水, 발측爲跟, 그력爲雁, 드레爲汲器. ㅣ, 如깃爲巢, 밀爲蠟, 피爲稷, 키爲箕. ㅗ, 如논爲水田, 톱爲鉅, 호미爲鉏, 벼로爲硯. ㅏ, 如밥爲飯, 낟爲鎌, 이아爲綜, 사솜爲鹿. ㅜ, 如숫爲炭, 울爲籬, 누에爲蠶, 구리爲銅. ㅓ, 如브섭爲竈, :널爲板, 서리爲霜, 버

들爲柳. ㅛ, 如 종爲奴, 고욤爲梬, 쇼爲牛, 삽됴爲蒼朮菜. ㅑ, 如남샹爲龜, 약爲
鼉鼇, 다야爲匜, 쟈감爲蕎麥皮. ㅠ, 如율믜爲薏苡, 쥭爲飯㷞, 슈룹爲雨繖, 쥬
련爲帨. ㅕ, 如 엿爲飴餹, 뎔爲佛寺, 벼爲稻, 져비爲燕.

중성 'ㆍ'는, '톡(턱頤)', '풋(팥小豆)', '두리(다리橋)', 'ᄀ래(가래나무楸)'에서 'ㆍ'와
같다. 'ㅡ'은, '믈(물水)', '발측(발꿈치跟)', '그력(기러기雁)', '드레(두레박汲器)'에서
'ㅡ'와 같다. 'ㅣ'은 '깃(깃巢)', '밀(납蠟)', '피(피稷)', 'ㆍㅣ(키箕)'에서 'ㅣ'와 같다.
'ㅗ'는, '논(논水田)', '톱(톱鉅)', '호미(호미鉏)', '벼로(벼루硯)'에서 'ㅗ'와 같다. 'ㅏ'는,
'밥(밥飯)', '낟(낫鎌)', '이아(베틀의 굵은 실綜)', '사ᄉᆞᆷ(사슴鹿)'에서 'ㅏ'와 같다. 'ㅜ'는,
'숫(숯炭)', '울(울타리籬)', '누에(누에蠶)', '구리(구리銅)'에서 'ㅜ'와 같다. 'ㅓ'는, '브
섭(부엌竈)', '널(널판板)', '서리(서리霜)', '버들(버들柳)'에서 'ㅓ'와 같다. 'ㅛ'는, '종
(종奴)', '고욤(고욤梬)', '쇼(소牛)', '삽됴(삽주蒼朮菜)'에서 'ㅛ'와 같다. 'ㅑ'는, '남샹
(남생이龜)', '약(거북鼉鼇)', '다야(손대야匜)', '쟈감(메밀껍질蕎麥皮)'에서 'ㅑ'와 같다. 'ㅠ'는,
'율믜(율무薏苡)', '쥭(밥주걱飯㷞)', '슈룹(우산雨繖)', '쥬련(장식용 걸개帨)'에서 'ㅠ'와
같다. 'ㅕ'는, 'ㆍ엿(엿飴餹)', '뎔(절佛寺)', '벼(벼稻)', '져비(제비燕)'에서 'ㅕ'와 같다.

終聲ㄱ, 如닥爲楮, 독爲甕. ㆁ, 如굼벙爲蠐螬, 올창爲蝌蚪. ㄷ, 如갇爲笠, 싣
爲楓. ㄴ, 如신爲屨, 반되爲螢. ㅂ, 如섭爲薪, 굽爲蹄. ㅁ, 如범爲虎, 심爲泉.
ㅅ, 如잣爲海松, 못爲池. ㄹ, 如돌爲月, 별爲星之類.

종성 'ㄱ'은, '닥(닥나무楮)', '독(독甕)'에서 'ㄱ'과 같다. 'ㆁ'은, '굼벙(굼벵이蠐螬)',
'올창(올챙이蝌蚪)'에서 'ㆁ'과 같다. 'ㄷ'은, '갇(갓笠)', '싣(신나무楓)'에서 'ㄷ'과 같
다. 'ㄴ'은, '신(신발屨)', '반되(반디螢)'에서 'ㄴ'과 같다. 'ㅂ'은, '섭(섶나무薪)', '굽
(발굽蹄)'에서 'ㅂ'과 같다. 'ㅁ'은, '범(범虎)', '심(샘泉)'에서 'ㅁ'과 같다. 'ㅅ'은 '잣
(잣海松)', '못(못池)'에서 'ㅅ'과 같다. 'ㄹ'은, '돌(달月)', '별(별의 종류星之類)'에서
'ㄹ' 따위와 같다.

]有天地自然之聲, 則必有天地自然之文. 所以古人因聲制字, 以通萬物之情, 以載三才之道, 而後世不能易也. 然四方風土區別, 聲氣亦隨而異焉. 盖外國之語, 有其聲而無其字. 假中國之字以通其用, 是猶枘鑿之鉏鋙也, 豈能達而無礙乎. 要皆各隨所處而安, 不可强之使同也. 吾東方禮樂文章, 侔擬華夏. 但方言俚語, 不與之同. 學書者患其旨趣之難曉, 治獄者病其曲折之難通. 昔新羅薛聰, 始作吏讀, 官府民間, 至今行之. 然皆假字而用, 或澁或窒. 非但鄙陋無稽而已, 至於言語之間, 則不能達其萬一焉.

천지자연의 소리가 있으면, 반드시 천지자연의 무늬가 있다. 그래서 옛날 사람은 소리에 따라 글자를 만들어, 만물의 사정이 통하고, 3재의 도리가 실려 있으니, 따라서 후세에 쉽게 바꿀 수가 없다. 그러나 사방 풍토에는 구별이 있으니, 소리 기운 역시 따르는 것이 달랐다. 대개 외국 말은, 그 소리는 있어도 그 글자는 없다. 나라 안에서 글자를 빌려서 쓰임에 통하려 하였지만, 이것은 마치 모난 자루를 둥근 구멍에 끼는 것과 같으니, 어찌 능한 전달에 있어서 장애가 없겠는가. 요컨대 모두 각기 처지에 따라 편안하게 해야 하는 것이지, 억지로 같게 할 수는 없다. 우리 동방 예악 문장은, 화하와 비견할 수 있다. 그러나 방언과 리어는, 더불어 같지 않다. 글을 배우는 사람은 그 뜻을 이해하기 어려워 고심하였고, 옥사를 다스리는 사람은 그 곡절이 통하기 어려워 괴로워하였다. 옛날 신라 설총은, 이두를 처음으로 행하여, 관가나 민간에서, 지금까지 그것을 사용하였다. 그러나 모두 글자를 빌려 사용하였기에, 껄끄럽고 막혔다. 다만 고루하고 생각해 볼 가치도 없을뿐더러, 말과 말의 쓰임에 이르러서도, 만에 하나도 통할 수 없을 뿐이다.

癸亥冬. 我

殿下創制正音二十八字, 略揭例義以示之, 名曰訓民正音. 象形而字倣古篆, 因聲而音叶七調. 三極之義, 二氣之妙, 莫不該括. 以二十八字而轉換無窮, 簡而要, 精而通. 故智者不終朝而會, 愚者可浹旬而學. 以是解書, 可以知其義. 以是聽訟, 可以得其情. 字韻則淸濁之能辨, 樂歌則律呂之克諧. 無所用而不備, 無所往而不達. 雖風聲鶴唳, 鷄鳴狗吠, 皆可得而書矣. 遂

계해년 겨울. 우리

전하께서 정음28자를 만드시고, 간략히 예의를 들어 보이고는, 훈민정음이라 이름하였다. 꼴을 본뜬 글자는 고전을 본떴으니, 소리에 근거하였기에 음은 7조에 맞았다. 3극의 뜻과, 음양의 정묘함이, 어우러지지 않는 것이 없다. 28자로서도 전환이 무궁하니, 간결하면서 요점이 드러나고, 정밀하면서도 통달하였다. 그래서 지혜로운 사람은 아침나절이 끝나지도 않아 이해할 수 있으며, 어리석은 사람이라도 열흘이면 배울 수가 있다. 이로써 글을 풀면, 그 뜻을 알게 된다. 이로써 송사를 들으면, 가히 그 사정을 알아낼 수 있다. 글자의 운으로서 청탁을 능히 분별할 수 있고, 악가로는 곧 율려가 능히 화합할 수 있다. 사용하는 데 갖추어지지 않는 바가 없으니, 어디를 가서도 통하지 않는 곳이 없다. 비록 바람 소리와 학이 우는 소리, 닭 우는 소리와 개가 짖는 소리라도, 모두 표현해 쓸 수 있다. 드디어

命詳加解釋, 以喩諸人. 於是, 臣與集賢殿應敎臣崔恒, 副敎理臣朴彭年, 臣申叔舟, 修撰臣成三門, 敦寧府注簿臣姜希顔, 行集賢殿副修撰臣李塏, 臣李善老等, 謹作諸解及例, 以敍其梗槩. 庶使觀者不師而自悟. 若其淵源精義之妙, 則非臣等之所能發揮也. 恭惟我

殿下, 天縱之聖, 制度施爲超越百王. 正音之作, 無所祖述, 而成於自然. 豈以

其至理之無所不在, 而非人爲之私也. 夫東方有國, 不爲不久, 而開物成務之 大智, 盖有待於今日也歟.

   전하의 명에 따라 설명을 상세히 하니, 모든 사람들이 깨우치게 되었다. 이에, 신 정인지가 집현전 응교 최항, 부교리 박팽년, 신 신숙주. 수찬 성삼문, 돈녕부 주부 강희안, 행 집현전 수찬 이개, 신 이선로 등과 함께, 삼가 모든 설명과 범례를 지어서, 그 줄거리를 적었다. 이것을 보는 사람은 스승이 없어도 스스로 깨닫게 된다. 진실로 그 연원의 정밀한 뜻이 오묘한 것은, 신 등이 능히 발휘할 수 없는 바이다. 공손히 생각하기를 우리
   전하께서는, 하늘이 내린 성인이니, 제도를 시행하는 것이 백대 제왕을 뛰어넘는다. 바른 소리를 지으면서, 전대의 것을 본받은 바도 없이, 자연스럽게 이루었다. 그 지극한 이치가 있지 않은 곳이 없으므로, 사람에 의해 사사로이 된 것이 아니라 할 수 있다. 무릇 동방에 나라가 있어, 오래되지 않은 것이라 할 수 없지만, 만물을 열고 맡은 일을 이루는
   큰 지혜는, 대개 오늘의 태양을 기다림이 있을 것인저.

   正統十一年九月上澣. 資憲大夫禮曺判書集賢殿大提學知春秋館事 世子右賓客 臣鄭麟趾拜手稽首謹書
   정통11년 구월 상한. 자헌대부예조판서집현전대제학지춘추사관 세자우빈객 정인지는 손을 맞잡고 머리를 조아리며 삼가 쓰다.

Hunminjeongeum

《The right sound to teach the people》

〈Preface〉

The right sound* to teach the people

Because the sound of country language is different in country**, it is difficult to communicate with each other by using characters***. Therefore, even if the ordinary people want to express their opinion, there are many things that cannot get over in the end. Out of compassion for them, I create these 28 characters for everyone to learn easily and use during their daily lives

---

* King Sejong(世宗) of Chosen(朝鮮) created 《Hunminjeongeum訓民正音》 based on the correct sound-Jeongeum(正音). Jeongeum is the right sound, not the character. Many people say King Sejong made the character, but it should be said that King Sejong organized the sound of the character. That's why it was called Jeongeum 28 characters(正音28字).

《Hunminjeongeum》 is the world's first phonological theories book, and such a systematic and scientific phonological book would be unprecedented. Peoples all over the world should truly celebrate this wonderful 《Hunminjeongeum》.

** It's mentioned in this <Preface> '中國' is not a Ming dynasty(明). It's a country called China(中國) that was not there at the time. In short, the Ming dynasty(明) is a proper noun form, which is the dynasty of Zhuyuanzhuang(朱元璋). And '中國' is a common noun that refers to all countries that use characters. Therefore, it should be interpreted as 'In country', is not China.

*** People call character(文字) so-called Chinese letters(漢字), but this is a absolutely wrong view. Characters should be called all the letters that people used. Each of the 28 characters presented by 《Hunminjeongeum》 consists of a first sound characters(初聲字), a middle sound characters(中聲字), and a final sound characters(終聲字). It's not what we call letters composed of so-called consonants and vowels. If there is a character composed of consonants and vowels, it would be the 《Hongmujongun洪武正韻》 character of the dynasty of Zhuyuanzhuang. King Sejong denied this unreasonable use of characters.

⟨Illustration⟩

ㄱ. Molar sound. It is like the first sound of characters [군君]
　　Write side by side. It is like the first sound of characters [꾿虯]

ㅋ. Molar sound. It is like the first sound of characters [쾡快]

ㆁ. Molar sound. It is like the first sound of characters [업業]

ㄷ. Tongue sound. It is like the first sound of characters [듣斗]
　　Write side by side. It is like the first sound of characters [땀覃]

ㅌ. Tongue sound. It is like the first sound of characters [튼呑]

ㄴ. Tongue sound. It is like the first sound of characters [낭那]

ㅂ. Labial sound. It is like the first sound of characters [븅彆]
　　Write side by side. It is like the first sound of characters [뽕步]

ㅍ. Labial sound. It is like the first sound of characters [픔漂]

ㅁ. Labial sound. It is like the first sound of characters [밍彌]

ㅈ. Tooth sound. It is like the first sound of characters [즉卽]
　　　Write side by side. It is like the first sound of characters [쫑慈]

ㅊ. Tooth sound. It is like the first sound of characters [침侵]

ㅅ. Tooth sound. It is like the first sound of characters [슗戌]
　　Write side by side. It is like the first sound of characters [쌍邪]

ㆆ. Throat sound. It is like the first sound of characters [읍挹]

ㅎ. Throat sound. It is like the first sound of characters [헝虛]
　　Write side by side. It is like the first sound of characters [뽕洪]

ㅇ. Throat sound. It is like the first sound of characters [욕欲]

ㄹ. Semi-tongue. It is like the first sound of characters [령閭]

ㅿ. Semi-tooth sound. It is like the first sound of characters [샹穰]

•. It is like the middle sound of the characters [튼呑]
ㅡ. It is like the middle sound of the characters [즉卽]
ㅣ. It is like the middle sound of the characters [침侵]
ㅗ. It is like the middle sound of the characters [薨洪]
ㅏ. It is like the middle sound of the characters [땀覃]
ㅜ. It is like the middle sound of the characters [군君]
ㅓ. It is like the middle sound of the characters [업業]
ㅛ. It is like the middle sound of the characters [욕欲]
ㅑ. It is like the middle sound of the characters [샹穰]
ㅠ. It is like the middle sound of the characters [슓戌]
ㅕ. It is like the middle sound of the characters [볋彆]

The final character consonants are the same as those used for the first character consonants. If [ㅇ] is used right after a labial sound, it sounds light labial sound. If first character consonants are used together, they are placed side by side. In case of final consonants, they are the very same. [•ㅡㅗㅜㅛㅠ] are placed below first consonants. [ㅣㅏㅓㅑㅕ] are placed to the right of first consonants. In general, character must always be together to form syllables. One dot on the the left of the characters sounds a high tone, two dots sound a rising tone, and without a dot it sounds an even tone. As for a short and swift tone, the usage of dots is the same, but it sounds faster.

Hunminjeongeum

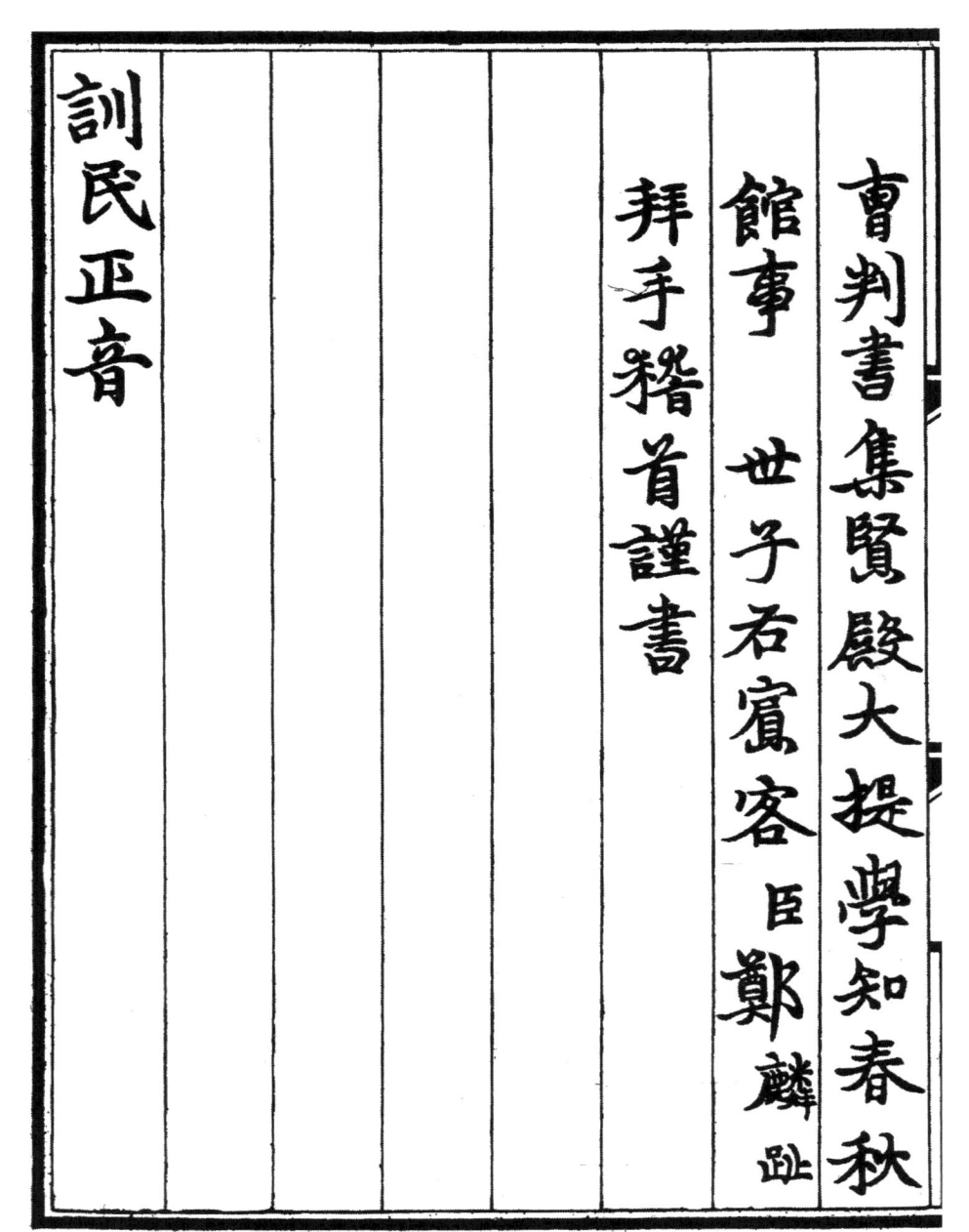

能變揮也。恭惟我
殿下。天縱之聖制度施為超越
百王。正音之作。無所祖述。而成
於自然。豈以其至理之無所不
在。而非人為之私也。夫東方有
國。不為不久。而開物成務之
大智蓋有待於今日也欤。正統
十一年九月上澣。資憲大夫禮

命詳加解釋。以喻諸人。於是。臣
與集賢殿應敎臣崔恒。副校理
臣朴彭年。臣申叔舟。修撰臣成
三問。敦寧府注簿臣姜希顏行
集賢殿副修撰臣李塏。臣李善
老等謹作諸解及例。以叙其梗
槩。庶使觀者不師而自悟。若其
淵源精義之妙。則非臣等之所

정음해례 28ㄴ

括。以二十八字而轉換無窮。簡
而要精而通。故智者可浹旬而
會愚者可浹旬而學。以是解書
可以知其義。以是聽訟。可以得
其情。字韻則清濁之能辨。樂歌
則律呂之克諧。無所用而不備。
無所往而不達。雖風聲鶴唳。雞
鳴狗吠。皆可得而書矣。遂

讀官府民間至今行之。然尚僞
字而用。或澁或窒。非但鄙隨無
稽而已。至於言語之間。則不能
達其萬一焉。癸亥冬。我
殿下創制正音二十八字。略揭
例義以示之。名曰訓民正音。象
形而字倣古篆。因聲而音叶七
調。三極之義。二氣之妙。莫不該

之語。有其聲而無其字。假中國
之字以通其用。是猶枘鑿之鉏
鋙也。豈能達而無礙乎。要皆各
隨所處而安。不可強之使同也。
吾東方禮樂文章。侔擬華夏。但
方言俚語。不與之同。學書者患
其旨趣之難曉。治獄者病其曲
折之難通。昔新羅薛聰。始作吏

되為螢。ㅁ。如싑為薪굽為蹄。如
:범為虎심為泉ㅅ。如깟為海송
為池。ㄹ。如돌為月별為星之類
有天地自然之聲則必有天地
自然之文。所以古人因聲制字
以通萬物之情以載三才之道
而後世不能易也。然四方風土
區別聲氣亦隨而異焉。盖外國

爲榴. ㅅㅗ爲牛. ㅅㅏㅂ됴爲蒼朮菜. ㅏ. 如
ㄴㅏㆁ爲龜. ㅑㄱ爲龜鼊. ㄷㅑ爲匜. ㅓ. 如
ㄱㅏㆁ爲蕎麥皮. ㅛ. 如ㅇㅠㅁㅣ爲鷰薏苡. ㅛㄱ
爲飯. ㅅㅠㄹ爲雨繖. ㅅㅠㄹㅕ爲帨. ㅕ. 如
如ㅇㅕㅅ爲飴餹. ㄷㅕㄹ爲佛寺. ㅂㅕ爲稻. ㅈㅕ
ㅂㅣ爲鷰. 終聲ㄱ. 如ㄷㅏㄱ爲楮. ㄷㅗㄱ爲甕.
ㅇ. 如ㄱㅜㅁㅂㆁ爲蠐螬. ㅇㅗㄹㅊㆁ爲蝌蚪. ㄷ.
如ㄱㅏㄷ爲笠. ㅅㅣㄷ爲楓. ㄴ. 如ㅅㅣㄴ爲屨. ㆍㅂㅏㄴ

·믈為水。발측為跟。그력為雁。드
·레為汲器。·如깃 ㅅ為巢。밀為蠟。·피
為稷。키為箕。·如논為水田。톱為
鉅。호·미為鉏。벼·로為硯。밥為
飯。낟為鎌。이아為綜。사솜為鹿。
·如ㅅ為炭。울為籬。누에為蚕。구·리
為銅。·如브업為竈。널為板。서·리
為霜。버들為柳。·如죵為奴。곱

如뫼為山。마為薯藇。붕如사비為蝦。드뵈為瓠。ㅈ如자為尺。죠히為紙。大如체為籭。채為鞭。ㅅ如손為手。셤為島。ㆆ如부헝為鵂鶹。힘為筋。ㅇ如비육為鷄雛。ᄇᆞ얌為蛇。ㄹ如무뤼為雹。어름為氷。△如아ᅀᆞ為弟。너시為鴇。中聲ㆍ如ᄐᆞᆨ為頤。ᄑᆞᆺ為小豆。ᄃᆞ리為橋。ᄀᆞ래為楸。

大東千古開矇矓

用字例

初聲ㄱ。如 :감 爲柿 ·골 爲蘆ㅋ。如 우 ·케 爲未舂稻 콩 爲大豆。ㆁ。如 러·울 爲獺 서·에 爲流澌ㄷ。如·뒤 爲茅 ·담 爲墻ㅌ。如 고·티 爲繭 두·텁 爲蟾蜍ㄴ。如 노로 爲獐 남 爲猿ㅂ。如 불 爲臂 ·벌 爲蜂ㅍ。如 ·파 爲蔥 ·폴 爲蠅ㅁ。

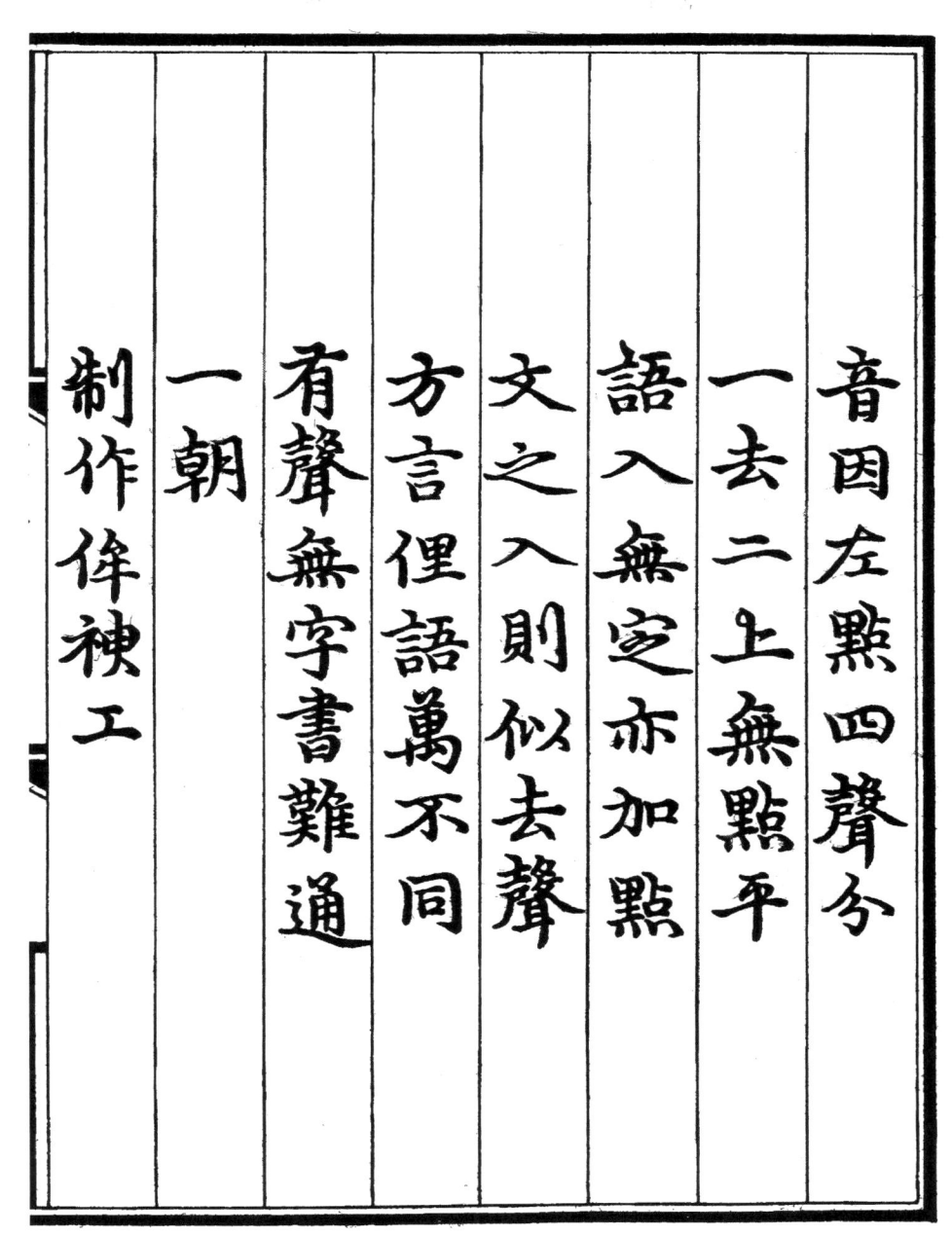

정음해례 24ㄱ

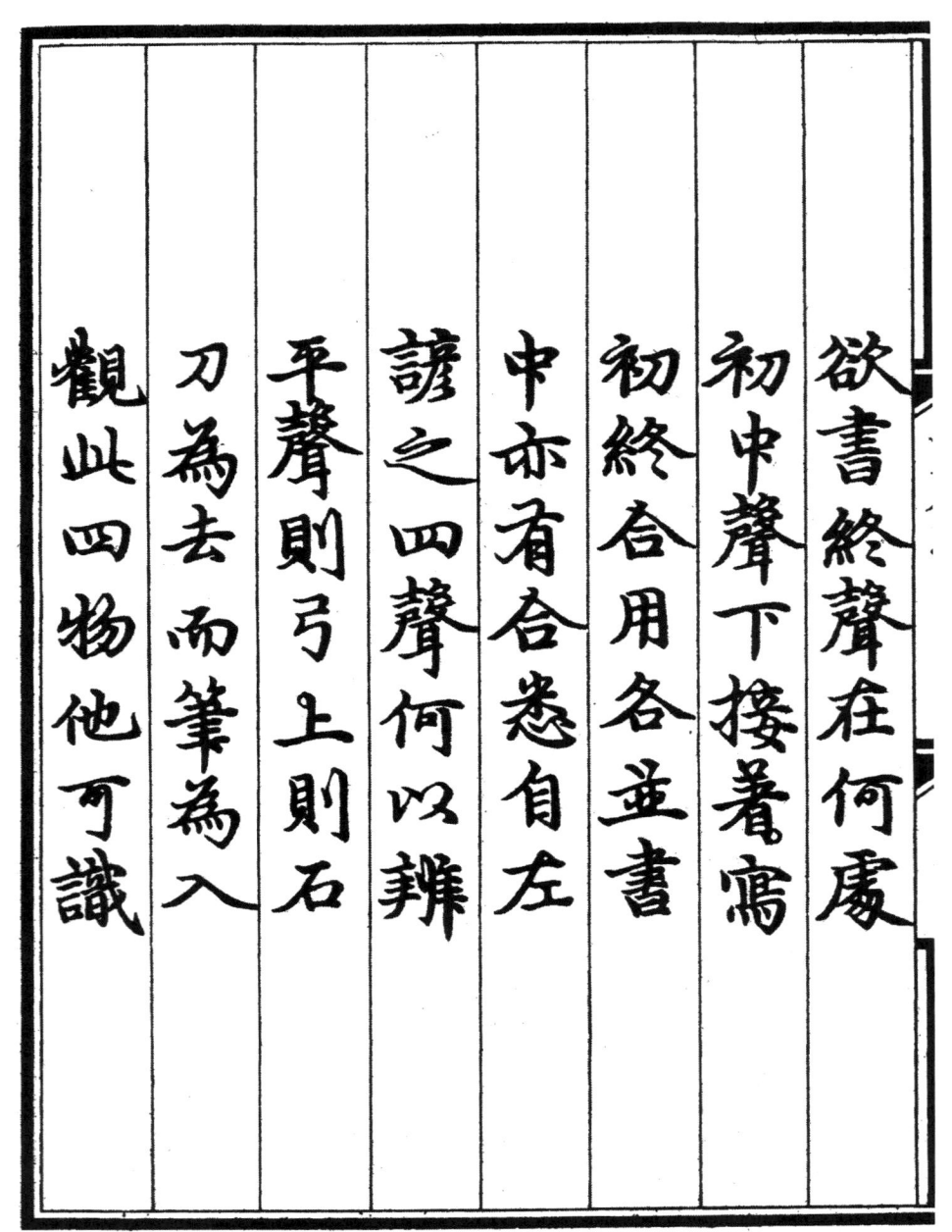

起ㅣ聲於國語無用。兒童之言邊
野之語或有之。當合二字而用。如
기ᆡ꼬之類其先縱後橫。與他不同。

訣曰

　初聲在中聲左上
　挹欲於諺用相同
　中聲十一附初聲
　圓橫書下右書縱

萬物舒泰。上聲和而舉。夏也。萬物漸盛。去聲舉而壯。秋也。萬物成熟。入聲促而塞。冬也。萬物閉藏。初聲之ㆆ與ㅇ相似。於諺可以通用也。半舌有輕重二音。然韻書字母唯一。且國語雖不分輕重。皆得成音。若欲備用。則依脣輕例。ㅇ連書ㄹ下。爲半舌輕音。舌乍附上腭。・一

上ㆍ갈為刀而其聲去ㆍ붇為筆而其聲入之類凡字之左ㆍ加一點為去聲ㆍ二點為上聲ㆍ無點為平聲ㆍ而文之入聲與去聲相似ㆍ諺之入聲無定ㆍ或似平聲ㆍ如긷為柱ㆍ녑為脅ㆍ或似上聲ㆍ如ː낟為穀ː김為繒ㆍ或似去聲ㆍ如ㆍ몯為釘ㆍ입為口之類其加點則與平上去同ㆍ平聲安而和ㆍ春也ㆍ

字三字合用。如諺語과為琴柱。홰
為炬之類。終聲二字三字合用。如
諺語흙為土。낛為釣。돐빼為酉時
之類。其合用並書自左而右。初中
終三聲皆同。文與諺雜用則有因
字音而補以中終聲者。如孔子ㅣ
魯ㅅ사람之類。諺語平上去入。如
활為弓而其聲平。돌為石而其聲

下即字ㅣ在天下侵字ㅣ在大
之類。終聲在初中之下。如君字ㄴ
在ㄱ下業字ㅂ在어下之類初聲
二字三字合用並書如諺語
地ᄯᅡ為隻ᄧᅡᆷ為隙之類各自並書
如諺語혀為舌而ᅘᅧ為引괴ᅇᅧ為
我愛人而괴ᅇᅧ為人愛我ᅀᅩ다為
覆物而쏘다為射之之類中聲二

ㅌ爲閭是俗習

合字解

初中終三聲合而成字。初聲或在
中聲之上。或在中聲之左。如君字
ㄱ在ㅜ上。業字ㅇ在ㅓ左之類。中
聲則圓者橫者在初聲之下。・ㅡ
ㅗㅛㅜㅠ是也。縱者在初聲之右。
ㅣㅏㅑㅓㅕ是也。如吞字・在ㅌ

以那彆彌次第推
六聲通乎文與諺
戍閭用於諺衣絲
五音緩急各自對
君聲迺是業之促
斗彆聲緩為那彌
穰欲亦對戍與挹
閭宜於諺不宜文

정음해례 19ㄴ

也。且半舌之ㄹ。當用於諺而不可
用於文。如入聲之彆字終聲當用
ㄷ而俗習讀為ㄹ。盖ㄷ變而為輕
也。若用ㄹ為彆之終則其聲舒緩
不為入也。訣曰

不清不濁用於終
為平上去不為入
全清次清及全濁

정음해례 18ㄴ

終則宜於平上去。全清次清全濁
之字其聲為厲。故用於終則宜於
入。所以ㆁㄴㅁㅇㄹㅿ六字為平
上去聲之終。而餘皆為入聲之終
也。然ㄱㆁㄷㄴㅂㅁㅅㄹ八字可
足用也。如빗곶為梨花영ᄉᆡ갗為
狐皮。而ㅅ字可以通用。故只用ㅅ
字。且ㅇ聲淡而虛。不必用於終。而

終聲解

終聲者承初中而成字韻。如即字
終聲是ㄱㄱ居즉終而爲즉洪字
終聲是ㆁㆁ居홍終而爲홍之類。
舌唇齒喉皆同聲有緩急之殊。故
平上去其終聲不類入聲之促急。
不清不濁之字其聲不厲。故用於

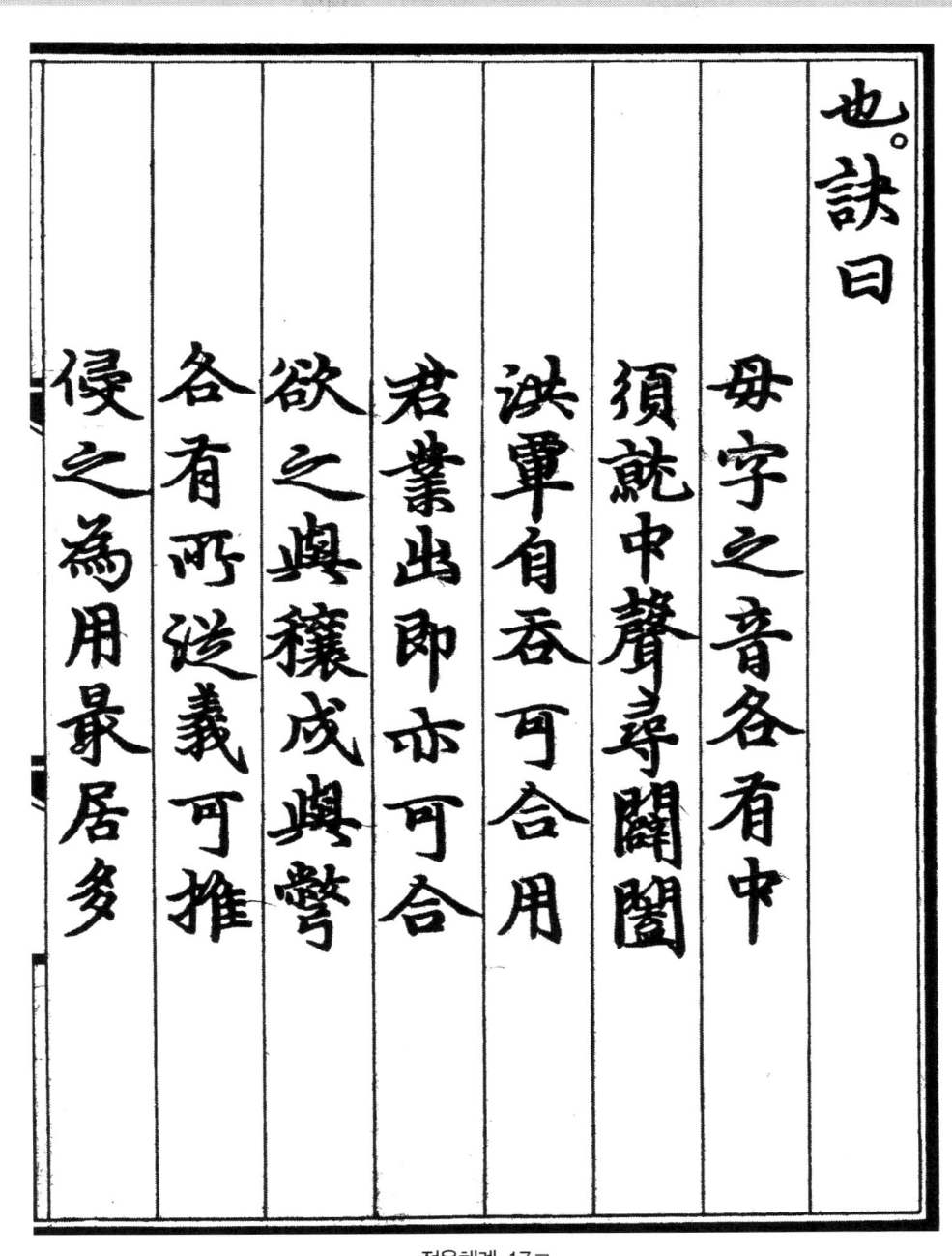

정음해례 17ㄱ

ㅑ又同出於ㅣ故合而為ㅠㅣ。以其同出而為類。故相合而不悖也。一字中聲之與ㅣ相合者十。ㅣㅢㅚㅐㅔㅚㅐㅖㅞㅙ是也。二字中聲之與ㅣ相合者四。ㅙㅞㆉㆌ是也。ㅣ於深淺闔闢之聲並能相隨者以其舌展聲淺而便於開口也。亦可見人之參贊開物而無所不通

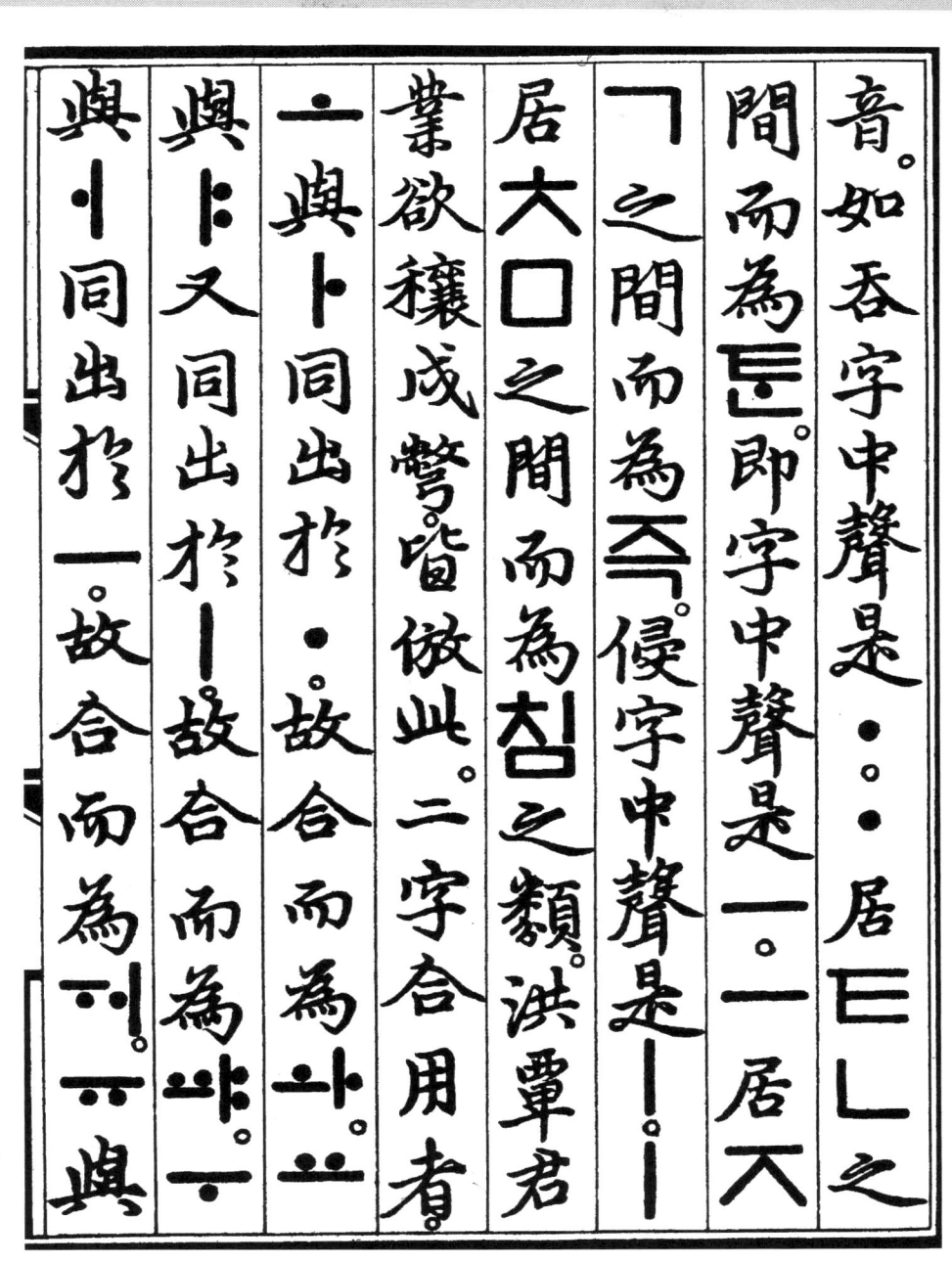

정음해례 16ㄱ

彆漂步彌則是脣
齒有即侵慈戌邪
挹虛洪欲迺喉聲
閭爲半舌穰半齒
二十三字是爲母
萬聲生生皆自此

中聲解

中聲者居字韻之中合初終而成

是ㅋ그與ㅐ而為괘ㅢ字初聲是
ㄲ꾸與ㅠ而為ㆀ業字初聲是ㅇ
ㅇ與ㅂ而為ㅓ之類舌之斗吞覃
那脣之彆漂步彌齒之即侵慈戌
邪喉之挹虛洪欲半舌半齒之閭
穰皆倣此。訣曰

　　君快虯業其聲牙
　　舌聲斗吞及覃那

正音之字只廿八

探賾錯綜窮深幾

指遠言近牖民易

天授何曾智巧爲

初聲解

正音初聲。即韻書之字母也。聲音
由此而生。故曰母。如牙音君字初
聲是ㄱ。ㄱ與ㅜㄴ而爲군。快字初聲

終聲比地陰之靜
字音於此止定焉
韻成要在中聲用
入能輔相天地宜
陽之為用通於陰
至而伸則反而歸
初終雖云分兩儀
終用初聲義可知

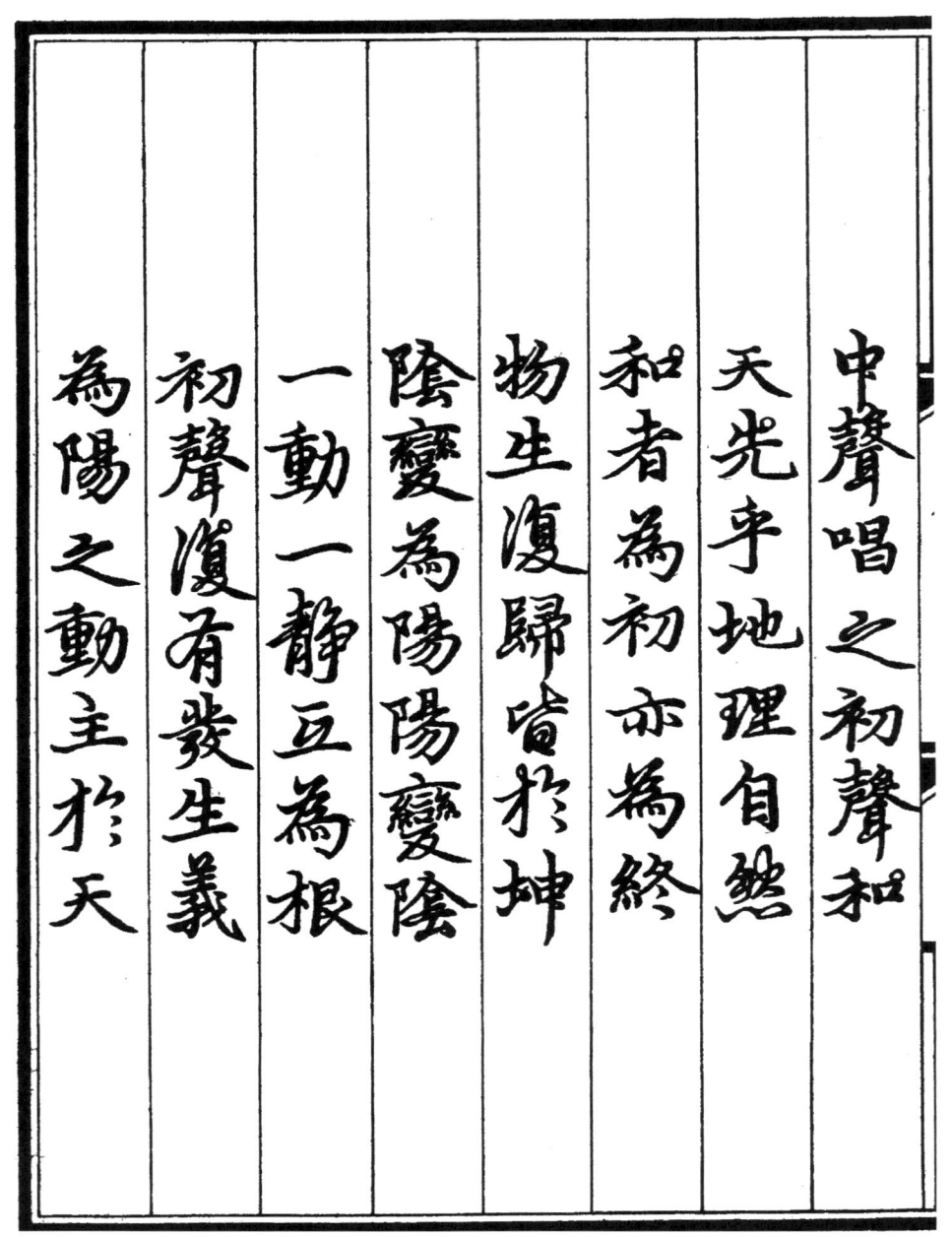

정음해례 13ㄴ

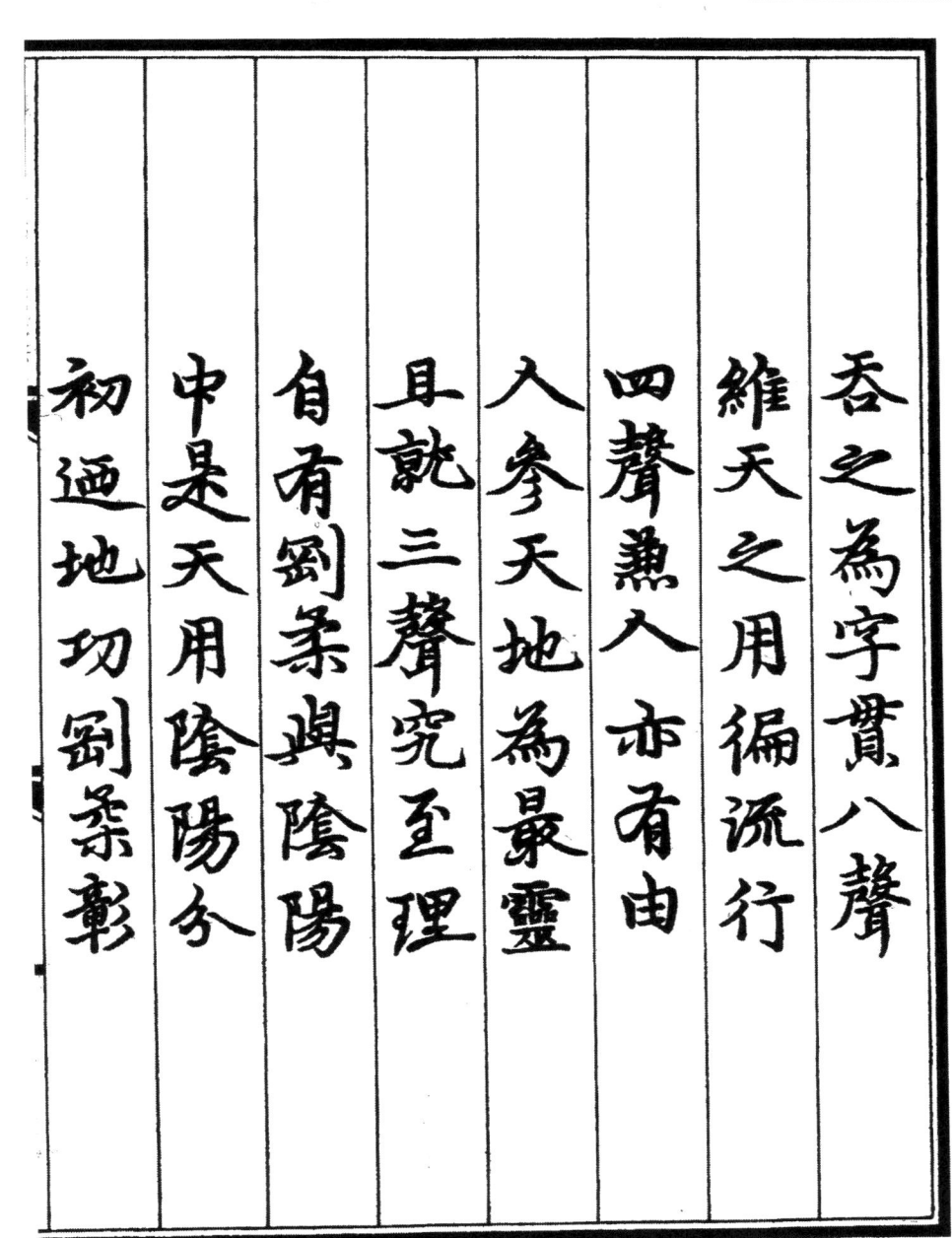

정음해례 13ㄱ

정음해례 12ㄴ

呑擬於天聲最深
所以圓形如彈丸
即聲不深又不淺
其形之平象乎地
侵象人立厥聲淺
三才之道斯為備
洪出於天尚為闔
象取天圓合地平

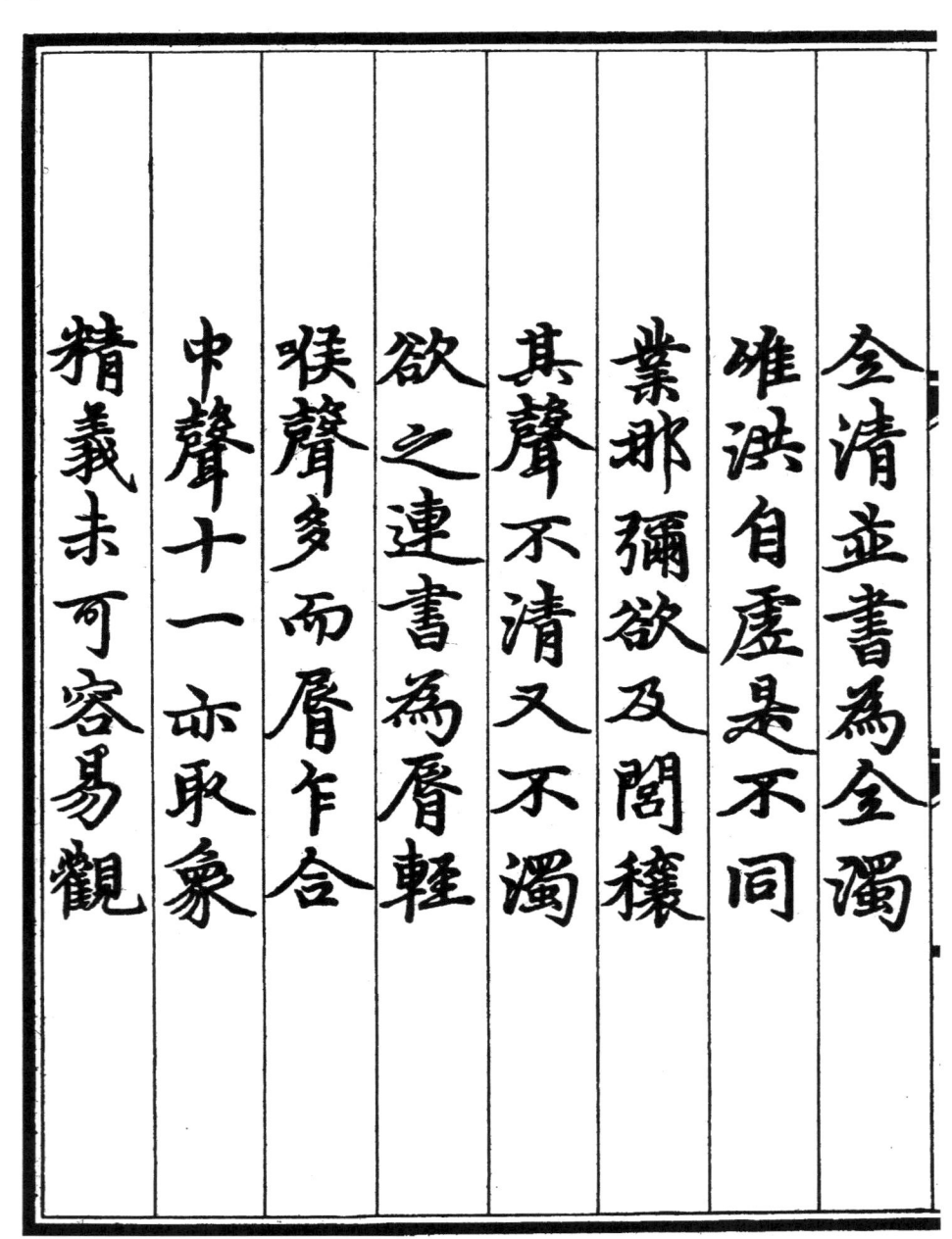

정음해례 11ㄴ

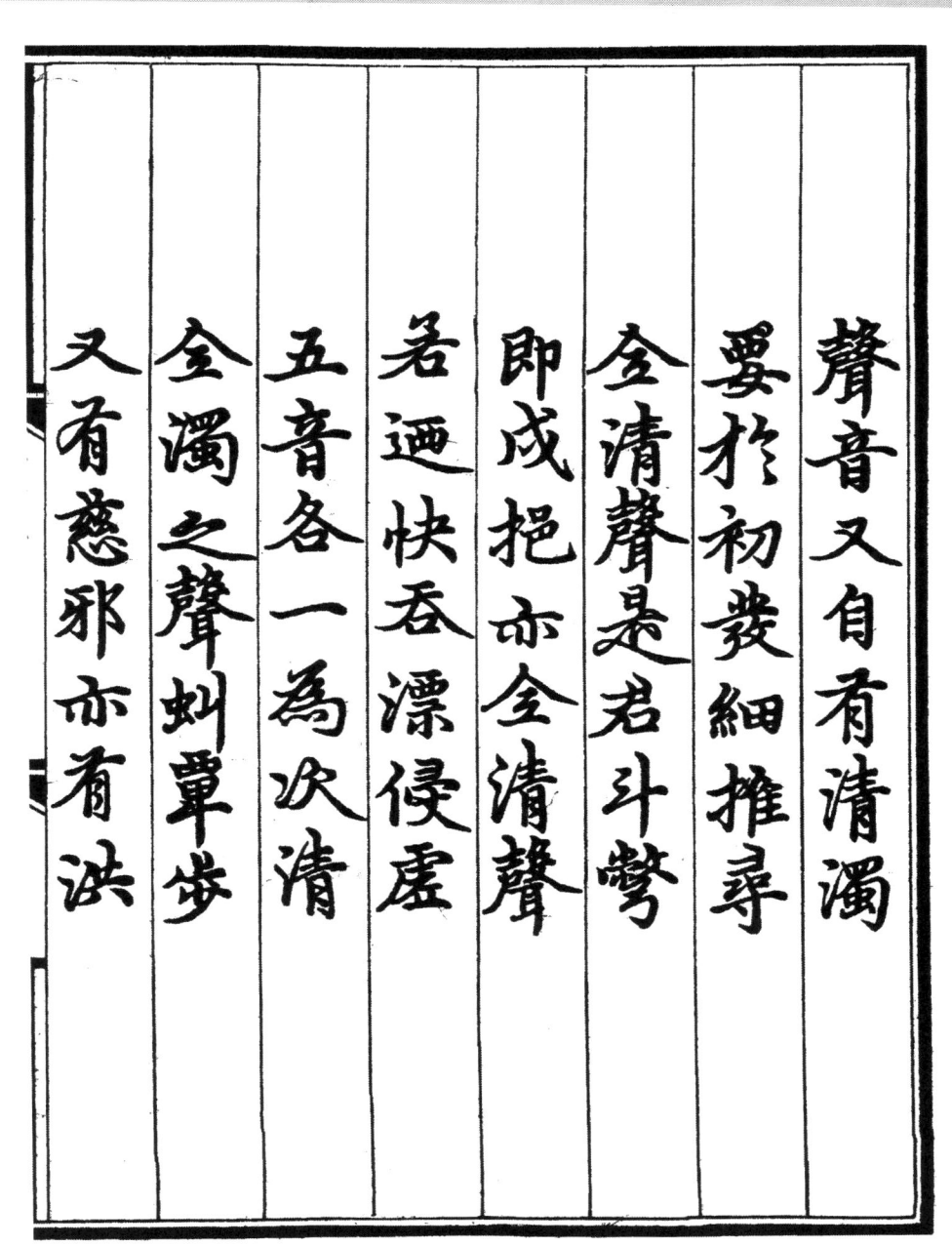

聲音又自有清濁焉要於初發細推尋即戌挹亦全清聲全清聲是君斗彆若迺快吞漂侵虛五音各一為次清全濁之聲虯覃步又有慈邪亦有洪

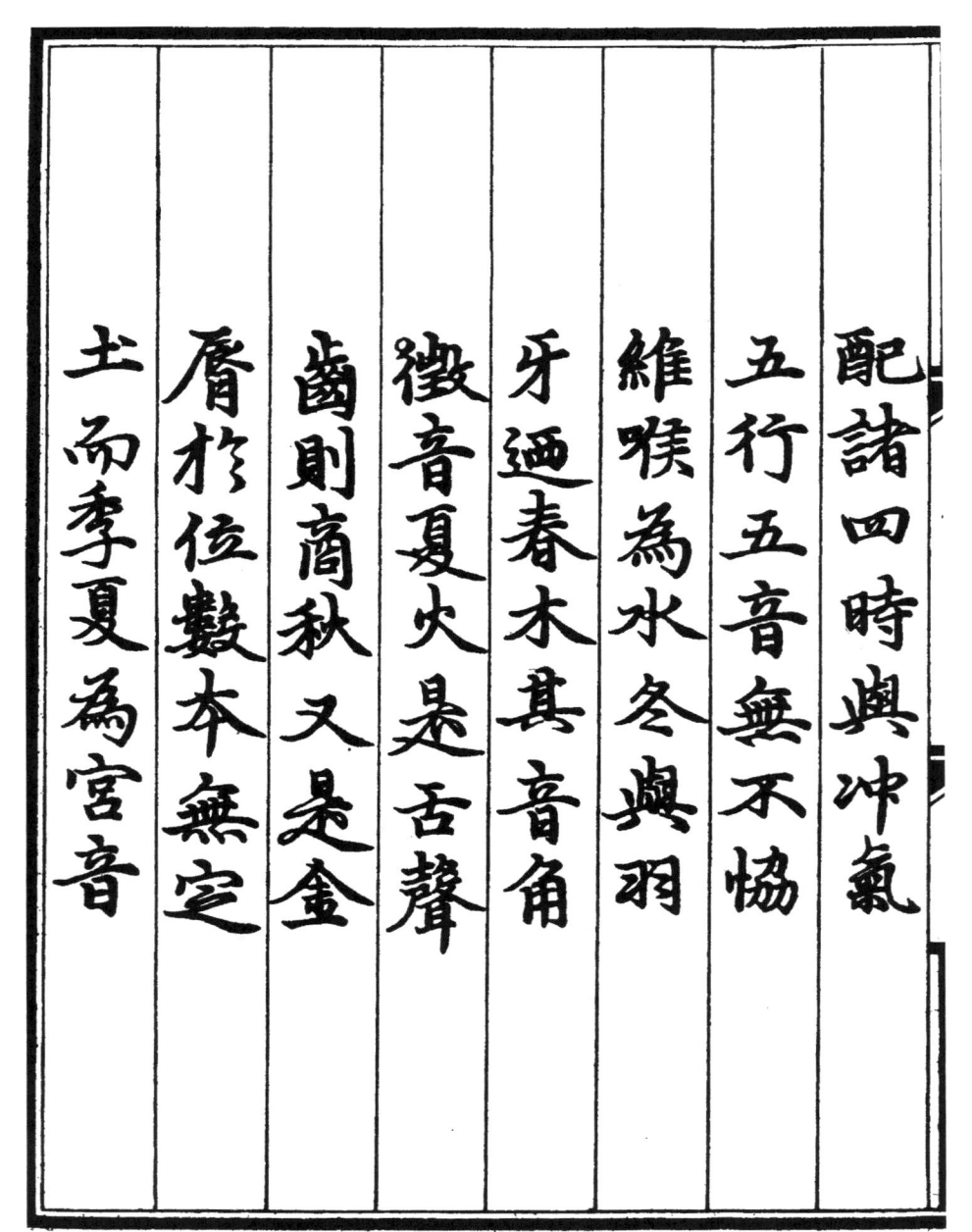

配諸四時與冲氣
五行五音無不協
維喉為水冬與羽
牙迺春木其音角
徵音夏火是舌聲
齒則商秋又是金
脣於位數本無定
土而季夏為宮音

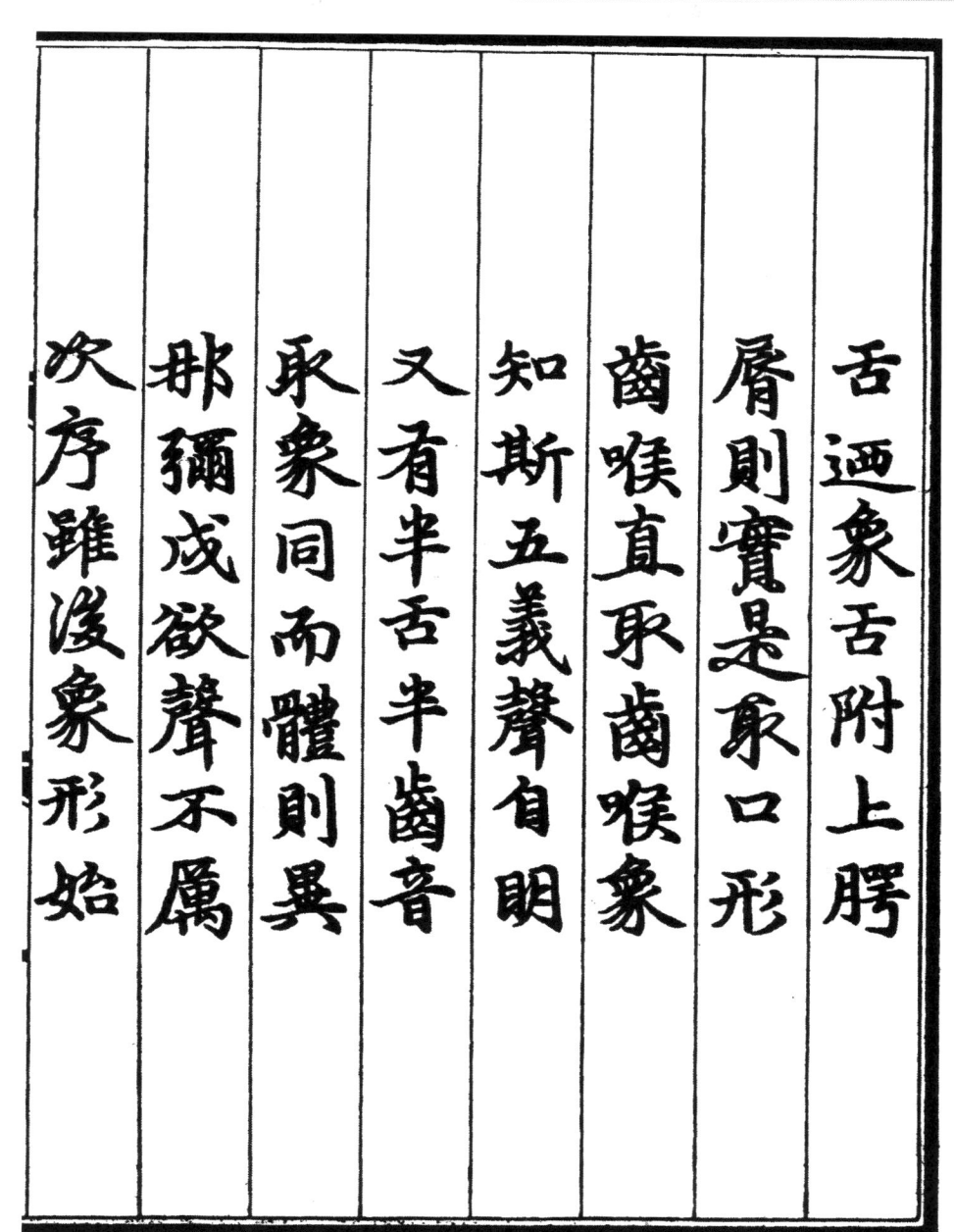

舌迺象舌附上腭
脣則實是取口形
齒喉直取齒喉象
知斯五義聲自明
又有半舌半齒音
取象同而體則異
那彌戌欲聲不厲
次序雖後象形始

物於兩間有形聲
元本無二理數通
正音制字尙其象
因聲之厲每加畫
音出牙舌脣齒喉
是爲初聲字十七
牙取舌根閉喉形
唯業似欲取義別

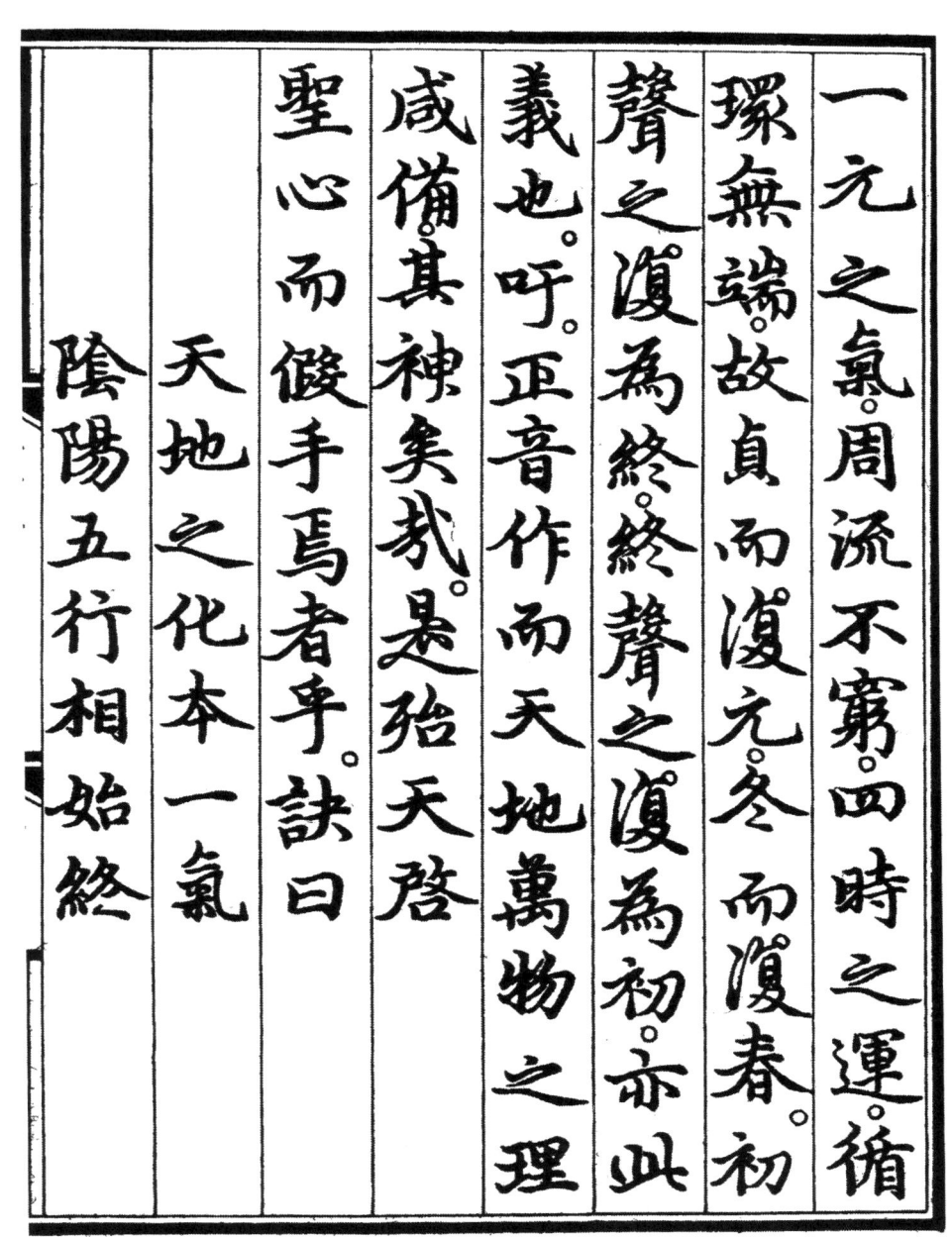

정음해례 9ㄱ

聲有欻動之義。天之事也。終聲有止定之義。地之事也。中聲承初之生。接終之成。人之事也。盖字韻之要。在於中聲。初終合而成音。亦猶天地生成萬物。而其財成輔相則必賴乎人也。終聲之復用初聲者。以其動而陽者乾也。靜而陰者亦乾也。乾實分陰陽而無不君宰也。

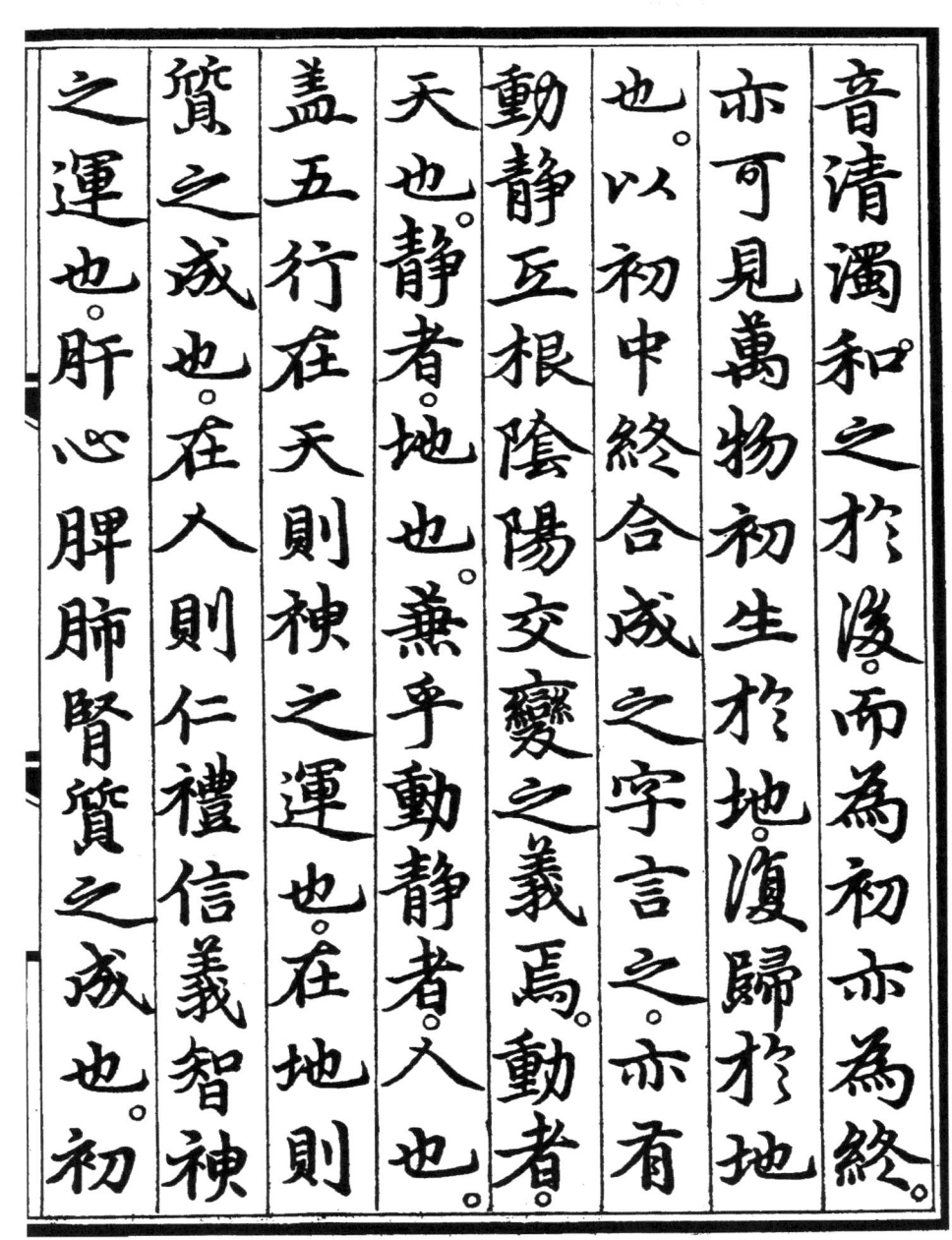

정음해례 8ㄱ

亦自有陰陽五行方位之數也。以
初聲對中聲而言之。陰陽。天道也。
劉闔。地道也。中聲者。一深一淺
闔一闢。是則陰陽分而五行之氣
具焉。天之用也。初聲者。或虛或實
或颺或滯或重若輕。是則剛柔著
而五行之質成焉。地之功也。中聲
以深淺闔闢唱之於前。初聲以五

成金之數也。ㅛ再生於地。地六成
水之數也。ㅕ次之。地八成木之數
也。水火未離乎陰陽交合之初。
故闔。木金陰陽之定質。故闢。天
五生土之位也。一地十成土之數
也。一獨無位數者。盖以人則無極
之眞。二五之精。妙合而凝。固未可
以定位成數論也。是則中聲之中

而三才之道備矣。然三才爲萬物之先。而天又爲三才之始。猶・一丨三字爲八聲之首。而・又爲三字之冠也。・初生於天。天一生水之位也。ㅏ次之。天三生木之位也。ㅜ初生於地。地二生火之位也。ㅓ次之。地四生金之位也。ㅛ再生於天。天七成火之數也。ㅑ次之。天九

정음해례 6ㄱ

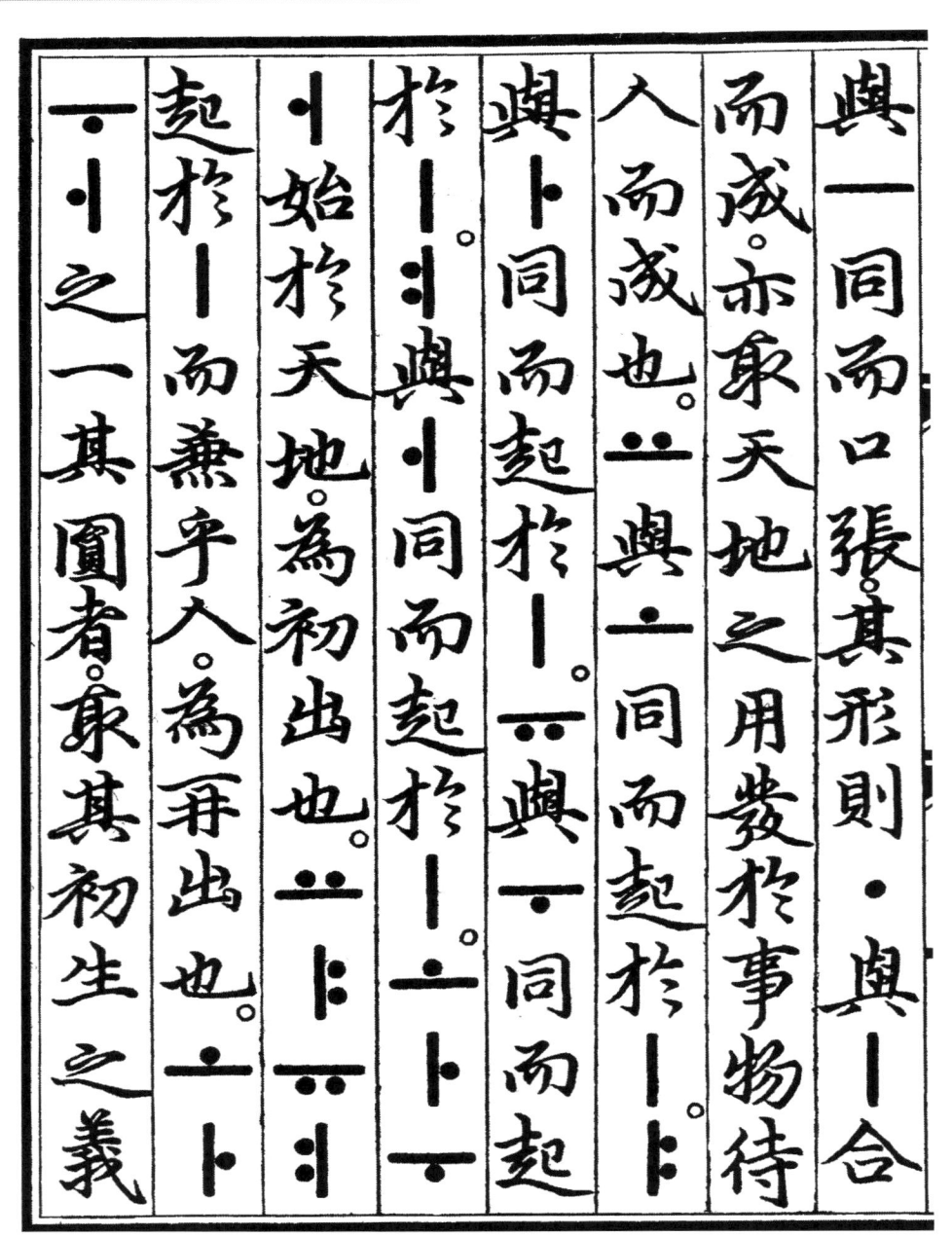

정음해례 5ㄴ

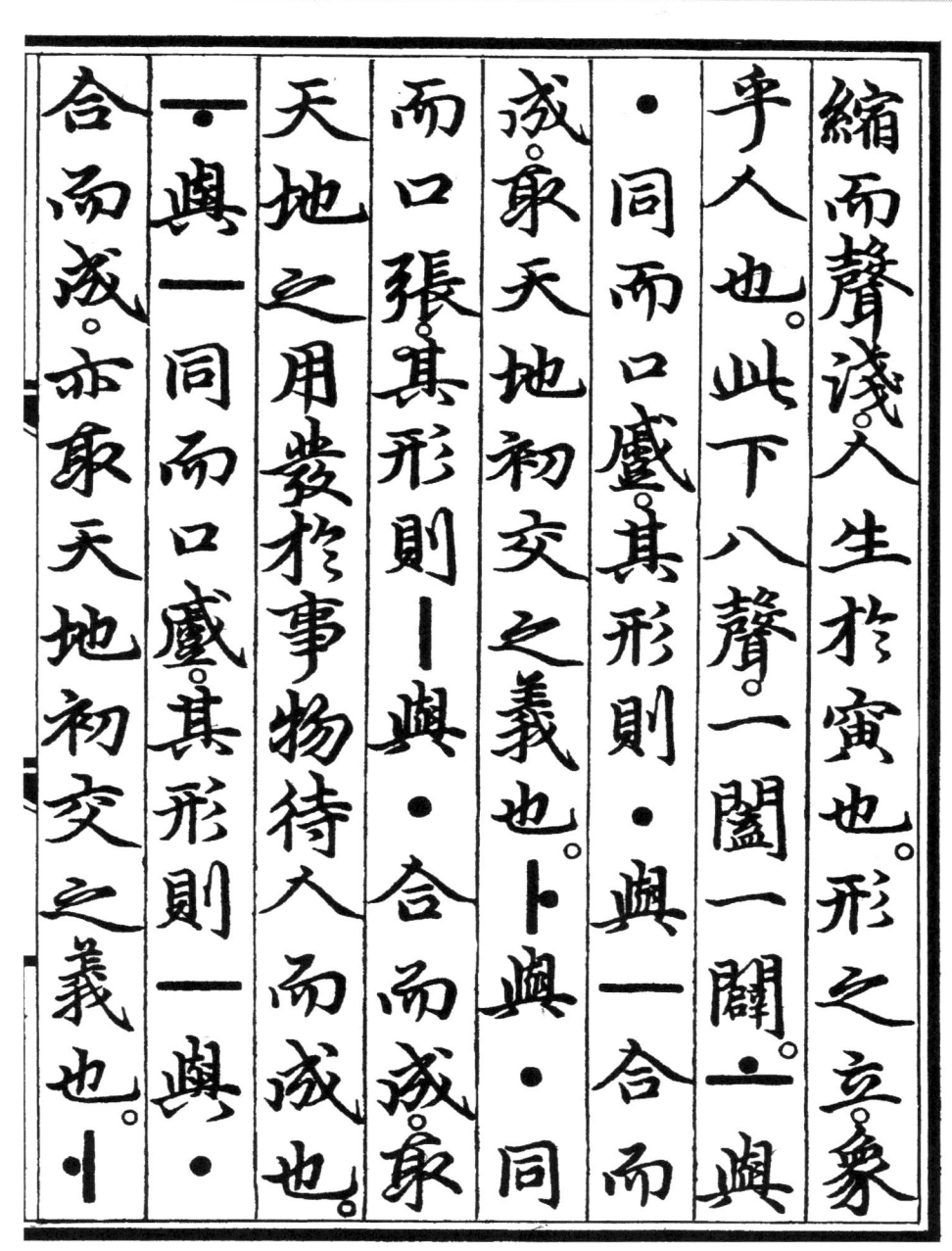

정음해례 5ㄱ

也。唯喉音次清爲全濁者。盖以
聲深不爲之凝。ㆆ比ㅇ聲淺。故凝
而爲全濁也。ㅇ連書脣音之下則
爲脣輕音者。以輕音脣乍合而喉
聲多也。中聲凡十一字。・舌縮而
聲深。天開於子也。形之圓。象乎天
也。ㅡ舌小縮而聲不深不淺。地闢
於丑也。形之平。象乎地也。ㅣ舌不

정음해례 4ㄱ

濁而言之ㄱㄷㅂㅈㅅㆆ為全清。ㅋㅌㅍㅊㅎ為次清。ㄲㄸㅃㅉㅆㆅ為全濁。ㆁㄴㅁㅇㄹㅿ為不清不濁。ㄴㅁㅇ。其聲冣不厲。故次序雖在於後。而象形制字則為之始。ㅅㅈ雖皆為全清。而ㅅ比ㅈ。聲不厲。故亦為制字之始。唯牙之ㆁ。雖舌根閉喉聲氣出鼻。而其聲與ㅇ

宮。然水乃生物之源火乃成物之
用。故五行之中水火為大。喉乃出
聲之門舌乃辨聲之管故五音之
中喉舌為主也。喉居後而牙次之。
北東之位也。舌齒又次之。南西之
位也。脣居末。土無定位而寄旺四
季之義也。是則初聲之中有有陰
陽五行方位之數也。又以聲音清

喉而實。如木之生於水而有形也。
於時為春。於音為角舌銳而動火
也聲轉而颺。如火之轉展而揚揚
也於時為夏。於音為徵齒剛而斷
金也聲屑而滯如金之屑瑣而鍜
也於時為秋。於音為商脣方而
合。土也聲含而廣。如土之含蓄萬
物而廣大也。於時為季夏。於音為

ㅊ。ㅇ而ㆆ。ㆆ而ㅎ。其因聲加畫之
義皆同。而唯ㆁ為異。半舌音ㄹ。半
齒音△。亦象舌齒之形而異其體。
無加畫之義焉。夫人之有聲本於
五行。故合諸四時而不悖。叶之五
音而不戾。喉邃而潤。水也。聲虛而
通。如水之虛明而流通也。於時為
冬。於音為羽。牙錯而長。木也。聲似

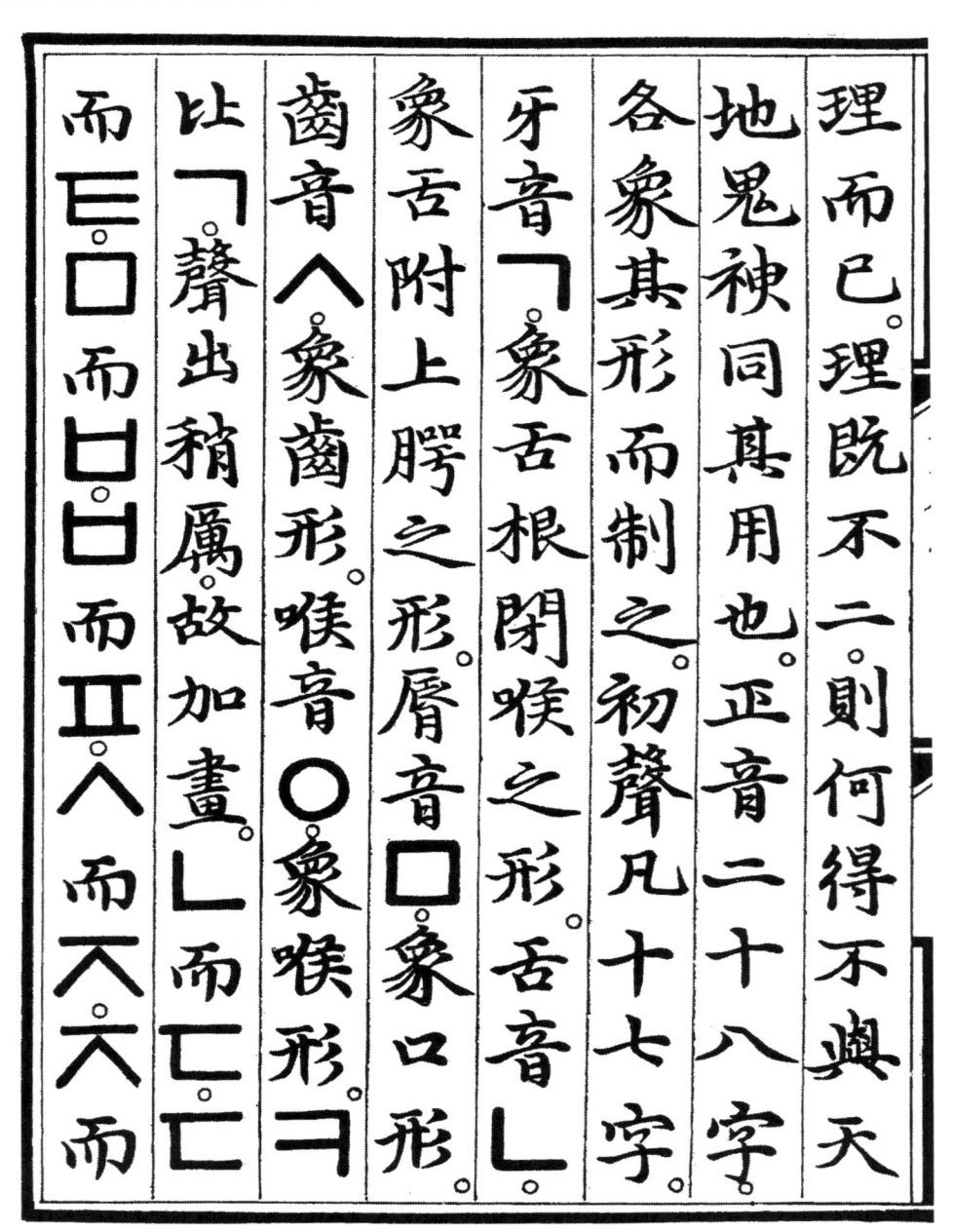

訓民正音解例

制字解

天地之道。一陰陽五行而已。坤復之間為太極。而動靜之後為陰陽。凡有生類在天地之間者。捨陰陽而何之。故人之聲音皆有陰陽之理。顧人不察耳。今正音之作。初非智營而力索。但因其聲音而極其

정음 4ㄴ

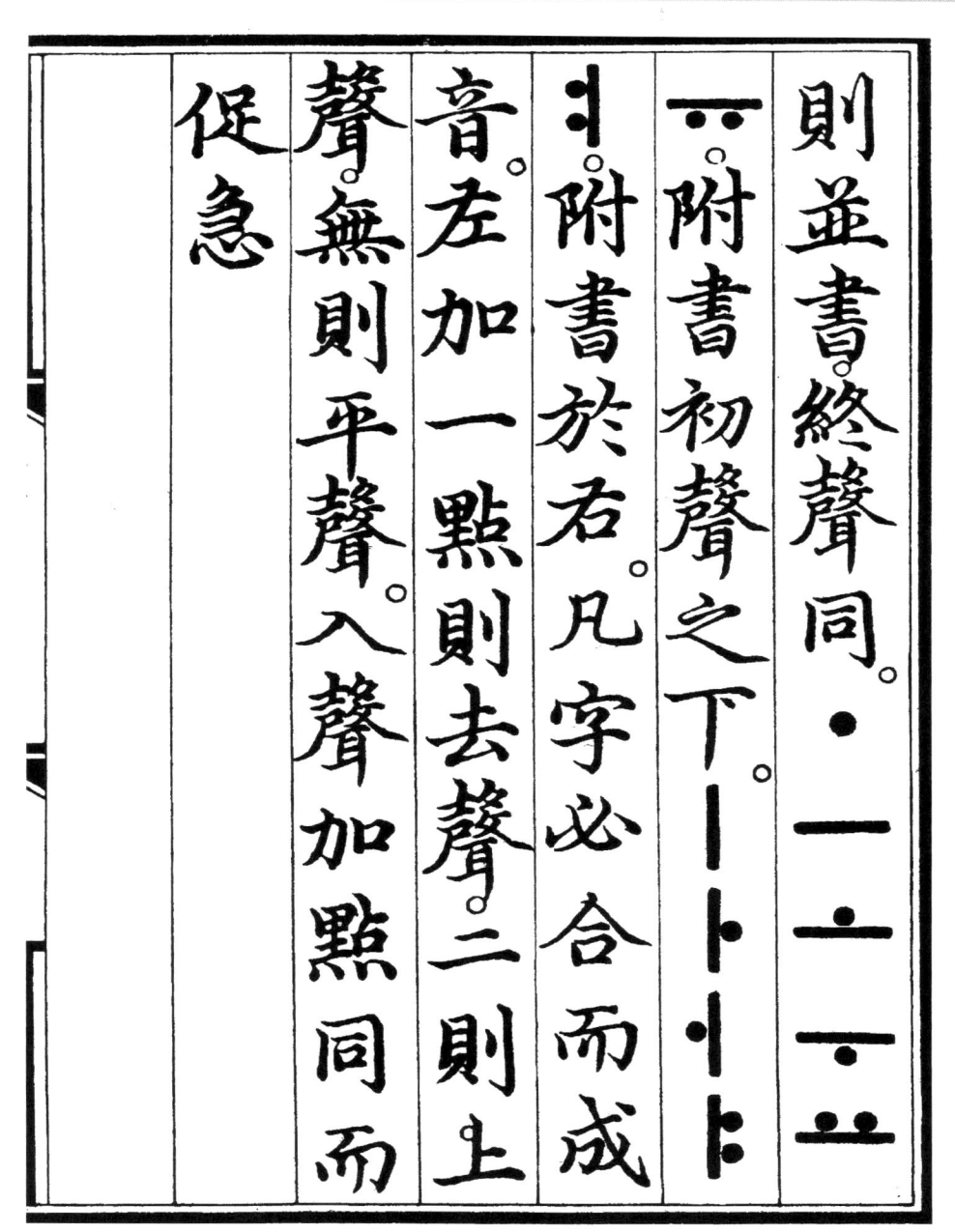

정음 4ㄱ

ㅓ。如業字中聲
ㅠ。如欲字中聲
ㅑ。如穰字中聲
ㅛ。如戌字中聲
ㅕ。如彆字中聲
終聲復用初聲。○連書脣音
之下則爲脣輕音。初聲合用

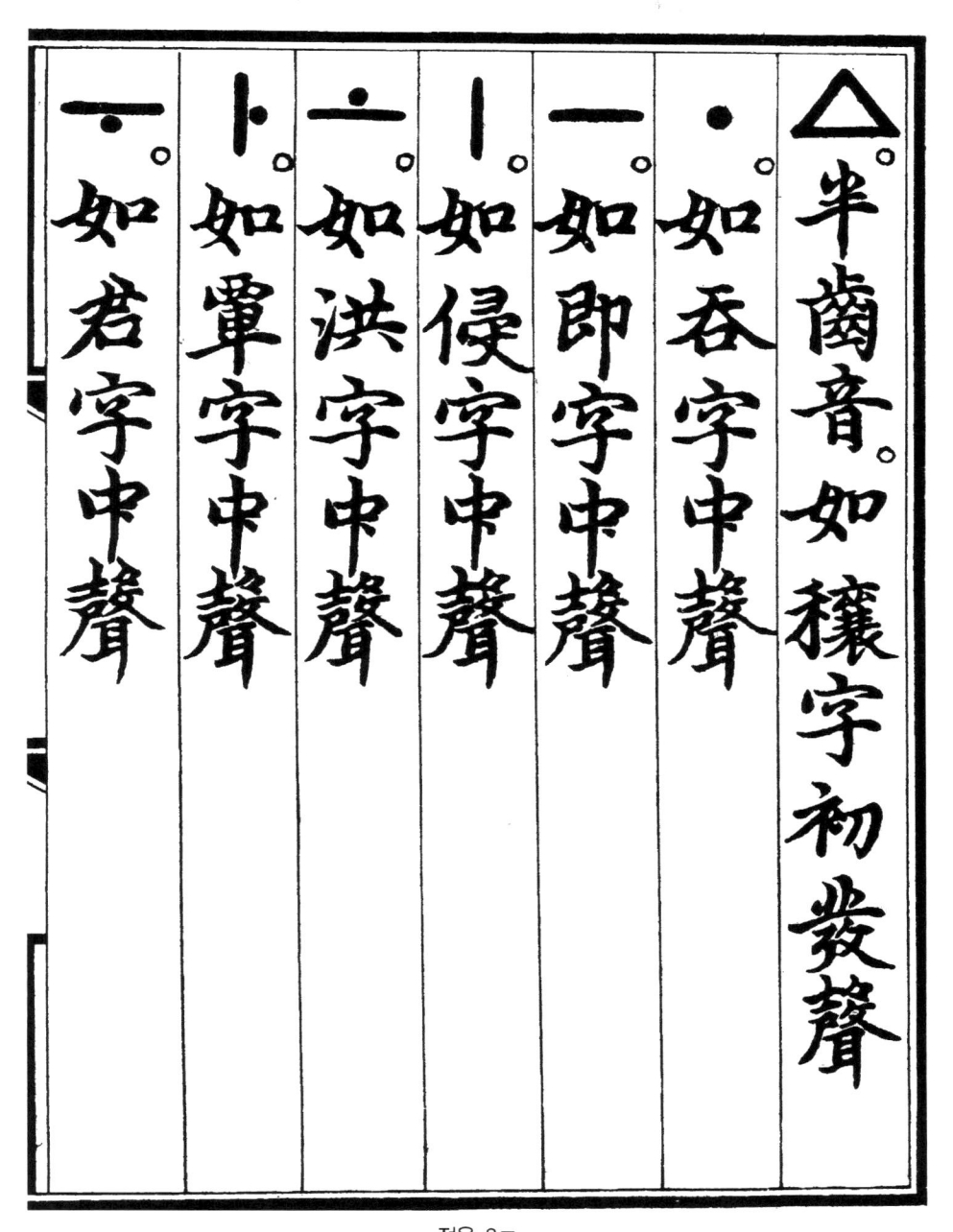

ㅂ。脣音。如彆字初發聲
ㅍ。脣音。如漂字初發聲
ㅁ。脣音。如彌字初發聲
ㅈ。齒音。如即字初發聲
ㅊ。齒音。如侵字初發聲
並書。如步字初發聲
並書。如慈字初發聲

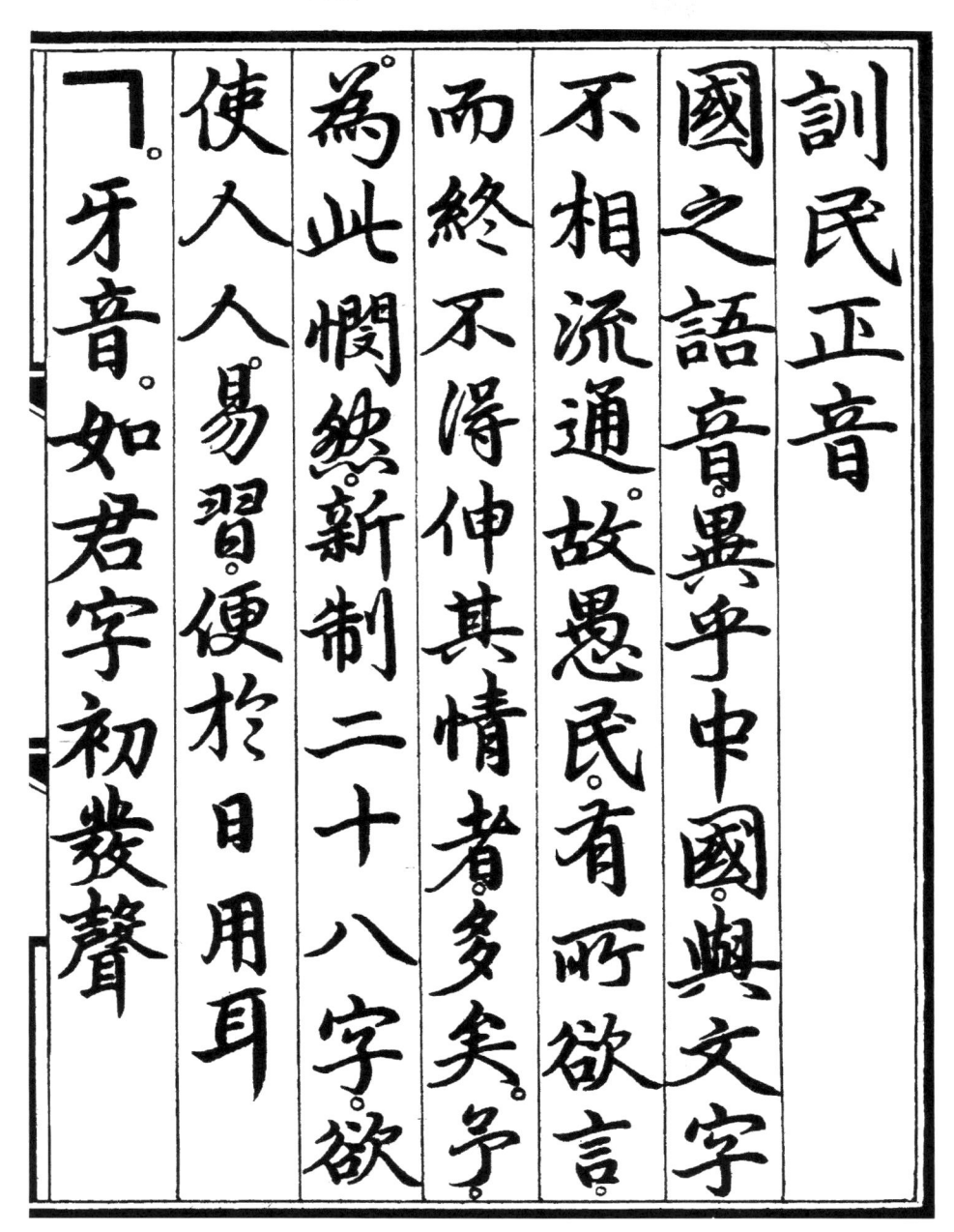

訓民正音